# 南方抗大

塘田战时讲学院纪念文集

吕坚 易昌良 主编

中国出版集团有限公司
研究出版社

图书在版编目（CIP）数据

南方抗大：塘田战时讲学院纪念文集 / 吕坚, 易昌良主编. -- 北京：研究出版社, 2024.5（2024.10重印）

ISBN 978-7-5199-1667-1

Ⅰ.①南… Ⅱ.①吕… ②易… Ⅲ.①抗日战争 – 史料 – 湖南 – 纪念文集 Ⅳ.①K265.06-53

中国国家版本馆CIP数据核字（2024）第075763号

出 品 人：陈建军
出版统筹：丁　波
责任编辑：寇颖丹

# 南方抗大
## NANFANG KANGDA
——塘田战时讲学院纪念文集

吕　坚　易昌良　主编

研究出版社 出版发行

（100006　北京市东城区灯市口大街100号华腾商务楼）

北京建宏印刷有限公司印刷　新华书店经销
2024年5月第1版　2024年10月第2次印刷
开本：710毫米×1000毫米　1/16　印张：25.5
字数：467千字
ISBN 978-7-5199-1667-1　定价：88.00元
电话（010）64217619　64217652（发行部）

版权所有·侵权必究
凡购买本社图书，如有印制质量问题，我社负责调换。

## 南方抗大——塘田战时讲学院纪念文集
## 编委会

顾　　问：王文珍　蒋　伟　袁胜良　周玉祥

主　　编：吕　坚　易昌良

委　　员：龙宪提　刘安刚　吕开虎　朱清平　汪书路
　　　　　李小坚　李红平　吴宇欣　陈　林　周　琦
　　　　　周　琼　易昌勇　高　鹏　萧　华　萧海滨
　　　　　彭茂华　舒　文　戴开柱

# 中国国民党革命委员会中央委员会

中共邵阳县委、县政府：

　　欣闻湖南邵阳塘田战时讲学院建院八十周年研讨会即将召开，特致祝贺！

　　该院创办人吕振羽同志是我国老一辈杰出的马克思主义历史学家，他坚定的政治信仰，高尚的人格情操，以及严谨的治学精神，永远值得我们纪念和学习。他所倡导的"忠诚勤敏"院训，至今对我们都有着深刻的启迪和教育意义。希望通过此次研讨会，进一步挖掘史料，深入总结历史经验，更好地弘扬爱国主义精神和中华民族优秀文化传统，为早日实现中华民族伟大复兴的中国梦而奋斗！

　　此致

敬礼！

郑建邦

2019年五一国际劳动节于北京

▲时任全国政协副主席郑建邦为塘田战时讲学院建院八十周年研讨会贺信

**中国人民政治协商会议全国委员会**

纪念塘田战时讲学院建院八十周年

忠诚勤敬

郑建邦敬题

二〇一九年四月廿日

▲时任全国政协副主席郑建邦为塘田战时讲学院建院八十周年研讨会题字

▲全国文物保护单位塘田战时讲学院旧址

▲塘田战时讲学院旧址第一进院

▲塘田战时讲学院旧址庭院

▲修复后的位于金称市镇的吕氏留念亭（系吕振羽、吕持平兄弟于1936年11月捐建），民国政府主席林森题写亭名与对联

◀1983年10月,曾在塘田战时讲学院学习过的老同志们在院门外合影

▶老同志在参观讲学院旧址(右起分别为江明、林居先、邓晏如)

◀2019年5月17日,中共邵阳县委县政府召开塘田战时讲学院建院八十周年研讨会(右起分别为蒋伟、杨期林、吕坚、刘志刚、郑跃邦)

▲研讨会议现场

▲湖南省政协、邵阳市县有关领导等与电影《烽火塘田》主要演艺人员在开机仪式上合影

◀2022年8月1日中共邵阳县委书记袁胜良在电影《烽火塘田》开机仪式上讲话

▲袁胜良书记向吕振羽之子吕坚颁发捐赠珍贵档案证书

◀邵阳县长周玉祥（右一）在塘田战时讲学院旧址检查工作

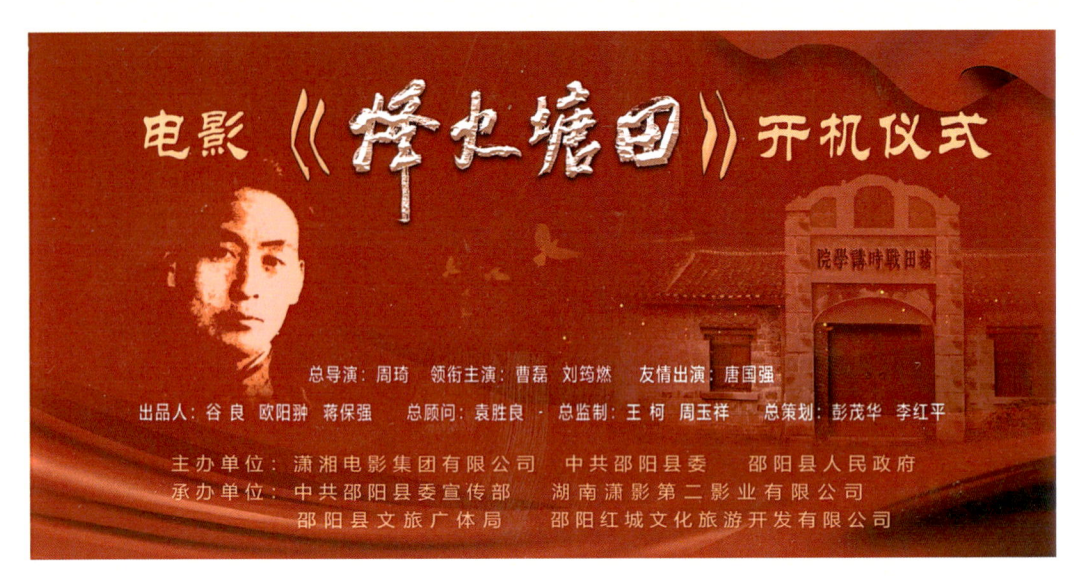

▲《烽火塘田》电影开机仪式海报

▲潇湘电影集团有限公司总经理王柯与电影《烽火塘田》演职员在塘田战时讲学院旧址外合影

# 目 录
CONTENTS

## 纪念会议学术评论篇

| | |
|---|---|
| 纪念塘田战时讲学院建院80周年研讨会的欢迎词和结束词 | /002 |
| 弘扬红色文化　服务经济发展 | /006 |
| 庆祝塘田战时讲学院建院80周年 | /011 |
| 红色基因，需要传承 | /013 |
| 继往开来，塘院精神永放光芒 | /016 |
| 塘田战时讲学院的历史贡献 | /022 |
| 吕振羽与塘田战时讲学院 | /028 |
| 中共党史中的沧海遗珠 | /037 |
| 抗战背景下的塘田战时讲学院 | /044 |
| 缅怀前辈　共创美好未来 | /050 |
| 吕振羽唯物史观的一次生动实践 | /053 |
| 塘田战时讲学院的办学特色 | /061 |
| 缅怀吕振羽创办"南方抗大"的业绩 | /065 |
| 塘田战时讲学院被誉为"南方抗大"初探 | /070 |
| 在战火中锤炼成长的"南方抗大" | /076 |
| 塘田战时讲学院旧址党性教育、爱国主义教育<br>　　和国防教育深入人心 | /079 |
| 塘田战时讲学院的历史作用 | /082 |

塘田战时讲学院折射的邵阳精神及其对党员干部党性教育的现实意义
　　　　　　　　　　　　　　　　　　　　　　　　　　　　/ 088
塘院军事教官李华柏对亲人的影响　　　　　　　　　　　　/ 093
西南抗大　　　　　　　　　　　　　　　　　　　　　　　　/ 095
我听江明忆塘田战时讲学院　　　　　　　　　　　　　　　 / 101
恩师之托，终生相守　　　　　　　　　　　　　　　　　　　/ 103
振羽借"宝地"办讲学院　　　　　　　　　　　　　　　　　/ 106
一首气势磅礴的院歌　　　　　　　　　　　　　　　　　　　/ 111
一座大宅院的历史见证　　　　　　　　　　　　　　　　　　/ 113
江明介绍入党的塘院苗族学员李子华　　　　　　　　　　　　/ 118
周维合与塘田战时讲学院　　　　　　　　　　　　　　　　　/ 121
"南方抗大"的光辉历程　　　　　　　　　　　　　　　　　/ 126
"一元钱精神"及其他　　　　　　　　　　　　　　　　　　/ 129
育得桃李春天下　　　　　　　　　　　　　　　　　　　　　/ 133
匠心传承红色文化　　　　　　　　　　　　　　　　　　　　/ 137
突出红色文化资源　整体推进红、绿、古、俗旅游产业协同发展　/ 140
咏塘田战时讲学院八十周年庆典（外二首）　　　　　　　　　/ 145
破阵子·访塘田战时讲学院旧址　　　　　　　　　　　　　　/ 146
塘田，塘田，战时讲学院（另一首）　　　　　　　　　　　　/ 147
吕振羽故居社田村踏春（外一首）　　　　　　　　　　　　　/ 150
吕振羽故居社田村观油菜花海有记　　　　　　　　　　　　　/ 150

## 历史档案文献篇

徐特立在湘十个月的工作报告（节选）　　　　　　　　　　　/ 152
徐特立关于湖南二、三两个月统一战线工作情况给中央的报告　/ 162
聂洪钧关于湖南党三个月工作的总结　　　　　　　　　　　　/ 167
郭光洲关于湖南近况的报告　　　　　　　　　　　　　　　　/ 185

郭光洲关于湖南党的工作概况给中央的报告 /192
任作民关于湖南诸般情形及党的工作的报告 /204
塘田战时讲学院第二期招生广告 /239
塘田战时讲学院二十八年春季招生 /241
塘田战时讲学院院歌 /242
年青的学校——邵阳通讯 /243
抗战戏剧在塘田 /246
塘田战时讲学院全体学生告别武冈人士书 /249
塘田学院被勒令解散 /251
写在塘田解散以后 /252
抗日战争时期党在邵阳的组织和活动 /255
中共金称市支部的建立及其活动 /266
抗日战争时期邵阳东乡党的组织与活动概述 /271
塘田战时讲学院 /276

## 亲历者回忆篇

高文华同志召开的座谈会记录（摘抄） /286
访问高文华同志记录 /292
高文华同志给邵阳市委党史办的信 /293
关于中共湖南省委及邵阳地下党组织的一些情况 /295
忆从北平沦陷后到湖南工作 /297
湖南王船山学术讨论会日记 /301
忆油塘地下建党工作 /324
回塘田（二首） /325
回忆塘田战时讲学院 /327
忆塘田战时讲学院 /337

| | |
|---|---|
| 焦土上的火光 | /351 |
| 忆塘田战时讲学院 | /357 |
| 在白色恐怖下坚持斗争的金称市党支部 | /363 |
| 中共新宁地下党支部的活动情况 | /371 |
| 邵阳青年抗战服务团与雷一宇 | /374 |
| "民先队"在邵阳的活动 | /377 |
| 塘田战时讲学院琐忆 | /381 |
| 杨黎原同志在塘田战时讲学院史料座谈会上的发言 | /383 |
| 林居先同志在塘田战时讲学院史料座谈会议上的发言 | /386 |
| 塘田战时讲学院史料座谈会议纪要 | /388 |

## 电影《烽火塘田》篇

| | |
|---|---|
| 在电影《烽火塘田》开机仪式上的欢迎词 | /394 |
| 电影《烽火塘田》在邵阳县开拍，唐国强将友情出演 | /396 |
| 电影《烽火塘田》综述 | /397 |
| 《牵手塘田》歌曲 | /399 |

## 编后记　　　　　　　　　　　　　　　　　　　　/400

## 纪念会议学术评论篇

# 纪念塘田战时讲学院建院 80 周年研讨会的欢迎词和结束词

蒋 伟

各位领导、各位嘉宾、同志们、朋友们：

大家上午好！

在这个莺飞草长、生机盎然的孟夏时节，我们欢聚在这里，学习贯彻习近平总书记"把红色资源利用好、把红色传统发扬好、把红色基因传承好"等重要讲话精神，隆重举办塘田战时讲学院建院80周年研讨会。借此机会，我谨代表中共邵阳县委、县人民政府和107万邵阳县人民向出席今天研讨会的各位领导和嘉宾表示热烈的欢迎，向长期关心支持邵阳县经济社会发展的各级领导、各位嘉宾朋友、各界人士表示衷心的感谢！

参加今天研讨会的人员主要有：省委党史研究院人物研究处处长朱柏林，中国第一历史档案馆研究员、吕振羽之子吕坚，清华大学马克思主义学院党委书记舒文，省市的各位领导、塘院[1]教职员工及学员后代，专家学者，征文获奖作者代表，社会各界热心人士，县直相关单位责任人等。

今天的研讨会共有七项议程：一是我代表中共邵阳县委、县政府致欢迎词；二是郑跃邦同志宣读全国政协副主席郑建邦贺信；三是吕振羽的儿子吕坚先生发言；四是塘院教官后代谭安利同志代表发言；五是专家学者和社会热心人士发言；六是县委副书记夏贤钦同志宣读表彰通报；七是省委党史研究院人物研究处处长朱柏林同志讲话。

首先，我代表邵阳县委、县政府致欢迎词。

在座的多数同志都是邵阳县人，或者与邵阳县的山水田湖和历史人文有着很深的渊源和难得的缘分，今天大家都怀着对吕振羽先生创办的塘田战时讲学院的景仰、缅怀、追思和纪念，从全国各地来到了中国油茶之乡、中国茶油之都、蓝印花布之乡，有着优良革命传统、在党的创建早期孕育了很多革命先贤和发生很多革命故事的邵阳县，来到了这一片红色的土地。在座各位对邵阳县也许比较熟悉，也有可能不太了解，借此难得的机会，我简单地给大家介绍一下。

邵阳县很朴实，也很厚重。邵阳县历史悠久，境内有新石器时代居住遗址、夫夷侯国古城遗址、著名的衡宝战役遗址，始建于汉，唐、宋、元、明、清、民国诸代一直是全国的第一大县。邵阳县人非常纯朴、正直、豪放、有血性、敢为人先，凡事就讲"呷得的"，有不怕事、不服输的基因，有吃得苦、霸得蛮的狠劲，说话哪里来哪里去，见不得不公平，是邵阳"宝古佬"精神的传承地和发源地。翻开邵阳县的历史，从来不乏胆识过人、思想先进的先人前贤。唐代胡曾《答南诏牒》一纸退兵，是雄才胆略的典范，传为历史佳话；宋代周仪严峻刚直，敢言敢为，史称"嘉祐直臣"；车氏一族，跨明、清两朝的7代之内就有35人著作1000多卷，以《声律启蒙》为代表影响深远。

邵阳县很平凡，也很出色。邵阳县地处湘中偏西南、资水上游，面积2001平方公里，辖20个乡镇、3个农林场。县内物产丰富，石膏贮量3.46亿吨，储量和品位均居全国第一；农产品以油茶、烤烟、花生、水稻、生猪最负盛名，素有"湘中油库"之美誉，其中油茶林面积达到68.4万亩，先后获得"中国茶油之都""中国油茶之乡""国家地理标志证明商标"等11个国字金名片。

邵阳县很普通，也很出彩。邵阳县没有高"颜值"，也缺少像邻县新宁崀山那样独特的自然风光，但这里山清水秀、人杰地灵。这里有独一无二的红色旅游文化资源——塘田战时讲学院。塘院是1938年由中共地下党员、马克思主义史学家吕振羽受中共湖南省委和中共驻湘代表徐特立委派，最早运用党的统一战线政策，在国统区创办的一所抗日军政大学，也是中共湖南省委直接领导的一所专门培训基层抗日干部的学校，被誉为"南方抗大"。关于"南方抗大"这一称谓的来历，参加这次会议的刘振华同志的学术论文，考证得非常清楚。"南方抗大"这一称谓，虽然是一个比喻，但鲜明地体现了塘田战时讲学院当时的社会影响和它的历史作用。塘院虽然只存在短短的8个月，但其培养了250余名优秀的学员，播撒了革命的种子，推动了湖南抗战文化运动的发展，打击妥协速战的舆论，宣传落实中国共产党的持久战思想，巩固抗日民族统一战线，其意义重大、影响深远。近年来，县委、县政府借助全国重点文物保护单位、湖南省爱国主义教育基地、湖南省全民国防教育基地、3A级旅游景区平台，加大对塘院的保护和投入，推动红色旅游产业融合发展，为红色旅游注入了新活力，为打好打赢脱贫攻坚战注入了新动力。大家可以看到，今日的塘院在邵阳县这块红丘陵上重新绽放出耀眼的光芒。

邵阳县很贫乏，也很富足。邵阳县是国家扶贫开发工作重点县和革命老区县。这里的自然资源和禀赋相对贫乏，但是勤劳善良的邵阳县人民用自己的双手自力更生、艰苦创业、脱贫致富。如今的邵阳县的经济总量、发展环境、城乡面貌、基础设施等已经走在加速发展的大道上。80年，弹指一挥间。今天，我们相聚在这里，共同缅怀塘院的光辉岁月，重嚼塘院"经世致用""心忧天下""呷苦霸蛮""敢为人先"的精神食粮，是为了"不忘初心、牢记使命"，是为了更好地践行习近平新时代中国特色社会主义思想，是为了传承和发扬邵阳人弥足珍贵的精神财富。一代人有一代人的使命，一代人有一代人的担当。希望我们像塘院院歌中唱到的那样：我们是迎着大时代的巨浪，勇敢热情的青年聚集一堂……同学们起来，走向光明的路上……我们是创造新中国的健将……

近年来，县委、县政府对塘院倾注了很多心血和汗水，社会各界人士也给予了塘院很多的关注和关爱，今天参加研讨会的各位嘉宾，特别是很多省市领导和专家学者，为塘院研究、保护、发展作出了卓越的贡献。借此机会，我再次代表县委向各位嘉宾表示衷心感谢。同时，也恳请各位领导、专家学者、企业家、社会各界人士一如既往地关心、支持塘院和邵阳县的发展，多为我们传经送宝，多给我们指点迷津，多来邵阳县走走、看看。我们一定会不忘初心、牢记使命，保护好塘院旧址，传承好塘院精神，让塘院成为红色旅游的热门景区，让塘院成为邵阳县的另一张名片，让塘院成为邵阳人民永远的骄傲。

……

各位领导、各位嘉宾、同志们，今天座谈会的会议议程已全部结束。刚才，省委党史研究院人物研究处处长朱柏林同志作了讲话，对塘院寄予了期望，对塘院的发展提出了要求；专家学者也对塘院的发展提出了很多很好的建议和意见。会后，我们要按照各位领导的要求和专家学者的建议，充分吸收，抓好落实。

因为有吕振羽，所以有了塘院；因为有了塘院，所以我们记住了南方抗大；因为有了南方抗大，所以很多人因此知道了邵阳县。今天，我们追忆历史、缅怀先烈，是为了弘扬红色文化，传承革命精神，以史资政，以史育人，以史推新。我真心希望并相信，本次研讨会以后，在全县人民和社会各界的共同努力下，塘院一定会得到更好的保护和传承，邵阳县的红色旅游一定会蒸蒸日上，邵阳县的知名度一定会进一步提升。

各位领导，各位专家，由于我们是站在前人肩膀上，今天的邵阳实现了新的更大的发展，城乡面貌发生了深刻而巨大的变化。研讨会期间，热忱欢迎各位领导、各位来宾在邵阳县多走走，多看看，领略夫夷侯国的文明，品味山茶油的醇香，感受如今邵阳人民的热情。研讨会结束后，我们诚挚邀请各位领导、各位朋友常来视察指导，也恳请各位老领导、各位专家一如既往地为邵阳县的发展鼓与呼，对邵阳县的发展给予更多的重视、关心和支持。

最后，祝各位领导、各位嘉宾、各位朋友身体健康、家庭幸福、工作顺利！

谢谢大家。散会。

● 注释

[1] 塘院为塘田战时讲学院的简称。

（作者系时任中共湖南邵阳县委书记）

# 弘扬红色文化　服务经济发展

王文珍

在全党即将开展"不忘初心、牢记使命"专题教育的重要时刻，邵阳县委、县政府以高度的政治自觉隆重举办塘田战时讲学院建院 80 周年学术研讨会，缅怀革命先辈的丰功伟绩，感悟他们不畏艰难、英勇斗争、敢于胜利的精神风范和伟大情操，对于我们不忘初心、牢记使命，把革命先辈开创的、一代代共产党人为之奋斗的伟大事业不断推向前进具有十分重要的意义。

为此，我就深化塘院历史研究、做好塘院旧址的修缮利用工作和弘扬好塘院的革命精神，谈几点粗浅的想法。

深化塘田战时讲学院历史和时代价值研究，多出精品，服务于社会主义文化建设。

2019年3月4日下午，习近平总书记在看望参加全国政协十三届二次会议的文艺界和社科界委员时强调，一个国家、一个民族不能没有灵魂。文化文艺工作、哲学社会科学工作就属于培根铸魂的工作，在党和国家全局工作中居于十分重要的地位。共和国是红色的，我们的文化文艺工作、哲学社会科学工作不能淡化这个颜色。深入研究和弘扬党史文化，是社会主义文化建设的重要内容。塘田战时讲学院在党史上具有重要地位，作出了重要贡献。深化塘田战时讲学院历史研究，可以弥补党史研究中的不足，丰富党史文化内涵，促进红色文化建设。

一是要以习近平新时代中国特色社会主义思想为指导，加强对塘院历史进行研究。1938年9月，为适应抗战形势发展的需要，经中共中央批准，中共湖南省委和中共驻湘代表徐特立，执行党的抗日民族统一战线策略，委派吕振羽在邵阳县塘田创办了一所培训基层抗日干部的学校——塘田战时讲学院。如果说延安"抗大"是北方培养党的高层抗日干部的摇篮，那么塘院则是南方基层抗日干部的一座革命熔炉，它为湖南乃至全国的抗战作出了贡献。塘院坚持抗日民族统一战线，不仅维系了湖南国共团结抗战的局面，推动了湘西南民众抗日救亡运动蓬勃发展，而且为抗日救亡运动培养了不少人才，促进了地方党组织的建设和发展。80年来，关于塘院的历史研究，取得了一定的进展，特别是这次学术研讨会，论文征集通知发出后，得到了学术界的热烈响应，共征集到论文130余篇，取得了不小成绩。但是，这些研究成果与塘院在党史上的贡献与历史影响相比，还远远不够。需要我们以习近平新时代中国特色社会主义思想为指导，尤其是以习近平总书记关于党史、国史工作的若干重要论述和"四个坚持"为指导，继续深化塘院历史研究。主要是要加强对塘院历史贡献和影响的研究，加强对吕振羽等老一辈革命家的精神风范的研究，加强对塘院时代价值的研究，加强对塘院史料和文物收集、整理、保护，从而为加强社会主义文化建设，提供来自历史的智慧和营养。

二是坚持以精品奉献人民。我们研究塘田战时讲学院的成果，绝不是为了搁在高高的书架上不让人接触，也不是为了让那些学富五车的专家教授去研究参考，而是为了服务于广大人民群众，让广大人民群众从中汲取来自历史的智慧和营养。这就要求我们的作品文字必须鲜活、生动、通俗易懂，必须雅俗共赏，而不是晦涩难懂，要不然人民群众都看不懂，还怎么谈得上传播历史智慧和经验？以精品奉献人民，还要求我们的研究成果史实必须准确、文字必须顺畅、结构必须合理、主题必须鲜明，必须要有精神高度、文化内涵，不能是粗制滥造的。所以，我们要把出精品研究成果力作当作奋斗目标。近些年来，在县委、县政府的坚强领导与大力支持下，邵阳县委党史研究室充分发挥主观能动性，在有限的条件下努力工作，取得了很大的工作成绩，出了不少有价值有分量的研究成果，如坚持创办了季刊《夫夷史苑》，影响大效果好，成为全省县级党史部门创办的刊物中的明星期刊。希望邵阳县委党史研究室在新时期，充分发挥敢打硬仗的光荣传统，再创辉煌。

把塘田战时讲学院旧址精心打造成全省乃至全国党性教育基地和红色旅游新热点，服务经济社会发展的需要。

塘院在湖南抗战史上写下了光辉的一页。2006年，塘院旧址被国务院批准为第六批全国重点文物保护单位，成为爱国主义教育基地。可是，由于受经济社会发展水平的制约，塘院旧址长期以来没有被很好地保护利用起来。习近平总书记多次强调，要把红色资源利用好、把红色传统发扬好、把红色基因传承好。应该说，现在各方面的因素都已经具备了，我们要把塘院的旧址好好保护利用起来，服务于经济社会的发展。

一是讲好塘院的故事，把它打造成全省有影响的"不忘初心、牢记使命"专题教育基地。党性教育永远在路上，我们需要不断为之提供丰富的教学内容。继开展党的群众路线教育实践活动、三严三实教育实践活动和"两学一做"学习教育之后，在全党开展"不忘初心、牢记使命"主题教育。为了扎实搞好湖南的党性教育活动，省委组织部正在组织在全省建立一批党性教育基地和教学点。塘院旧址承载着党组织人民进行伟大的民族独立战争和解放战争所取得的伟大成就、形成的优良传统、积累的成功经验和留下的历史教训等丰富的党史文化，完全可以建设成为在全省乃至全国有相当影响的党性教育基地，为全省党员干部的党性教育作出自己独特的贡献。为此，我们要抓住全党上下即将开展的"不忘初心、牢记使命"主题教育重要契机，认真做好统筹规划，尽快整理好塘院的故事，加快党性教材开发，形成自己独具特色的基本课程、特色课程，培养自己的讲课名师，并搞好教学配套设施建设，争取早日把塘院建设成为全省乃至全国有重要影响的党性教育金字招牌。

二是搞好塘田战时讲学院旧址修缮工作和配套旅游设施建设，促进当地红色旅游业的发展。党的十八大以来，特别是近年来，党中央和省委高度重视发展红色旅游业，借此推动全社会的社会主义核心价值观的培育和带动地方经济社会发展。近年来，随着人民生活水平的迅速提高，社会主义核心价值观教育的日益深入，党史文化价值的认同度越来越高，到革命纪念地感悟红色精神逐渐成为人们的精神向往，红色旅游成为一种潮流，呈井喷式发展势头。凭借塘田战时讲学院在党史上的重要贡献和特殊地位，其旧址完全可以开发为一处红色旅游热点。为此，一要做好红色旅游的顶层设计，在打造特色和品质上下功夫。二要进一步抓好党史资源的挖掘整理，丰富红色旅游文化内涵。还要在此基础上精心打造一批特色鲜明、感人至深的文化产品，形成党史文化的集合体、产业链。三要切实搞好周边的环境治理。在完善基础设施的同时，大力改善卫生状况，尤其要提高当地居民的文明素质，严防和杜绝乱收费、乱摆摊设点、欺客宰客、强买强卖、围追兜售等不文明行为的发生。四要大力培养旅游人才，特别是要打造一支高素质的导游和讲解员队伍。

弘扬塘田战时讲学院革命精神，助推新时代中国特色社会主义社会建设。

塘院虽然存在的时间不长，但是其办学过程中体现出的忠诚担当的家国情怀、艰苦奋斗的革命精神、灵活机动的统战策略，为我们留下了弥足珍贵的精神财富和红色传承，对实现中华民族伟大复兴具有极强的指导作用和深刻的现实启示。我们要把塘院的革命精神深刻总结好，广泛宣传好，努力传承好，使塘院革命精神不断发扬光大，成为激励广大党员干部的强大动力。

忠诚担当的爱国情怀是塘院革命精神的底色。1938年台儿庄战役胜利以后，国民党军队受挫。在日寇的铁蹄下，国土沦陷，生灵涂炭。学院的师生把民族解放和抗日救亡当成自己的使命和追求，坚持自己的信仰，忠于理想、勇于担当。在校期间，不仅自己认真学习理论知识，组织战术演练，讨论时事政治，还通过各种形式积极宣传马克思主义和党的抗战主张，广泛开展抗日救亡活动，把革命的种子种进广大人民群众的心里，鼓舞了人民群众的抗日热情，有力地推动了抗日救亡工作的开展，在抗战史上写下了光辉的一页。新时期我们更要学习革命先辈忠诚担当的爱国情怀，坚持国家至上、民族至上、人民至上，攻坚克难，协调推进"五位一体"总体布局、"四个全面"发展战略，贯彻落实新发展理念，争取早日实现"两个一百年"奋斗目标。

艰苦奋斗的革命精神是塘院革命精神的内核。学院创立时条件非常艰苦，连基本的教学设施都没有，教材也都需要教师自己编写，用木板刻字油印，甚至是抄写。由于缺乏经费来源，所收学费微不足道，因此教职工的待遇也很低，没有工资，只有饭吃。每个月只有四块到五块大洋的伙食费，和学员同吃同住，过着艰苦的生活。这些教员原来都是在城市和大学工作，起码有两百块到三百块大洋，过着优越的生活。但在这种情况下，学院教职员工没有一句怨言。看到学院办学经费紧张，吕振羽夫妇节衣缩食，还从微薄的工资中拿出钱来，支持办学。为了节约开支，他们经常只吃红薯。今天，我们的综合国力固然取得了举世瞩目的伟大成绩，但是城乡、地区、行业发展不平衡的问题依然存在，人民日益增长的美好生活需要和不平衡不充分的发展之间的矛盾仍然存在，我们必须学习革命先辈们艰苦奋斗的革命精神，树立为党和人民长期艰苦奋斗的思想，保持旺盛的革命意志和坚韧的革命品格。牢记历史责任，自觉加强党性锻炼，弘扬艰苦朴素的作风，切实提高工作效率，坚决反对铺张浪费。

灵活机动的统战策略是塘院革命精神的亮色。学院是在国民党反动派推行消极抗日、积极反共的形势下建立起来的，整个办学过程困难重重，波折不断，创办人吕振羽始终坚持在党的领导下灵活运用各种关系，想方设法冲破国民党顽固派的重重阻挠和破坏，为办学创造便利条件，这样一所党的干部培训学校才得以在国统区建立和发展起来。今天我们同样面对复杂的国际国内形势，需要我们学习革命先辈们灵活机动的统战工作策略，做好新时期统战工作，团结一切可以团结的力量，保证建设中国特色的社会主义事业顺利、健康地向前发展。

习近平总书记曾说过，"观今宜鉴古，无古不成今"，历史是一面镜子，它照亮现实，也照亮未来。了解历史、尊重历史，才能更好把握当下，以史为鉴、与时俱进才能更好走向未来。在塘田战时讲学院的历史经验里，蕴含着丰富的时代精神内涵。我们研究塘田战时讲学院的历史，就是要学习和弘扬吕振羽等革命先辈崇高的精神风范，以习近平新时代中国特色社会主义思想为指导，增强"四个意识"，坚定"四个自信"，做到"两个维护"，以更加坚定的信心、更加昂扬的斗志、更加务实的作风，大力实施创新引领开放崛起战略，为建设富饶美丽幸福新湖南而不懈奋斗！

（作者系中共湖南省委党史研究院副院长）

# 庆祝塘田战时讲学院建院 80 周年

高　鹏

尊敬的吕坚老师，各位领导、各位专家，各位同仁：

大家好！

首先，我代表吉林大学、代表吉林大学图书馆热烈祝贺我们的老校长吕振羽先生筹建的塘田战时讲学院建院80周年！在党中央、国务院和国家相关部门的关怀下，塘院由原来的"塘田战时讲学院旧址"逐步变身成为"全国文物保护单位"、湖南省爱国主义教育基地和国家3A级红色旅游景区。相信在当地党委政府的继续关心支持下，塘院在贵县新时代的发展建设中，将会发挥越来越重要的作用。

抗战期间，吕振羽先生受党组织委托在湖南创办塘田战时讲学院，并出任主持工作的副院长兼党代表。尽管塘院办学时间短，但是发展了共产党员50多人，建立了五个省直属县支部，培养了大批革命青年，为全国的民族解放战争作出了重大贡献，被誉为"南方抗大"。吕振羽先生是中国当代马克思主义史学家，中国早期马克思主义历史科学拓荒者之一，先生运用马克思主义的历史观和方法论，分析研究中国历史的发展规律，从经济史、社会通史、思想史、民族史等方面构成一个体系，为中国马克思主义史学的建立和发展以及民族史研究作出了重要贡献。塘院办学期间，先生亲自为塘院学员讲授"中国民族解放运动史"课程，被称为红色教授，是最受欢迎的一位老师。

吕振羽先生1951年10月担任东北人民大学（吉林大学的前身）校长，1952年11月至1955年7月担任东北人民大学党委书记。其时正值全国高校实行院系调整，正是在先生的正确领导下，学校把握住了这次历史机遇，使吉林大学成为东北地区最有影响、文理学科兼备的新型综合大学。

先生一直对学校怀着深厚的感情。先生逝世后，其夫人江明同志及子女遵照先生的遗愿，捐款在吉林大学设立了"吕振羽奖学金"，并将其收藏的两万五千余册珍贵图书，连同在北京的一套四合院住宅，无偿地捐献给学校,表现了先生对于社会主义高等教育事业的支持和热爱,寄怀着老校长对吉林大学全体师生的殷切希望。学校通过评选"吕振羽奖学金"鼓励青年学生继承和弘扬先生立志报国的革命精神和扎实严谨的学习态度,大胆探索,学以致用。文科学生都将获得"吕振羽奖学金"作为在校追求的殊荣!

先生的继任者、我们的老校长、著名教育家匡亚明同志曾这样说过:"我很崇敬吕振羽同志,他是真正的新型马克思主义学者。真正的学者走进书斋就是学问家,走出书斋就是革命家,吕振羽同志就是这样真正的学者,他的治学和革命实践是紧紧相连的。"

值此机会,致敬先生!

再次祝贺塘院建院80周年!谢谢大家。

(作者系吉林大学图书馆党委书记)

# 红色基因，需要传承
## ——在塘田战时讲学院建院80周年研讨会上的发言

刘志刚

今天，县委县政府主持召开"塘田战时讲学院建院80周年研讨会"。大家欢聚一堂，畅谈研学成果和体会，真是太好了！与会者有吕振羽同志的乡人和亲人，有吕振羽同志革命思想、革命实践的崇拜者和传播者，尤其有一批对吕振羽同志的理论和思想研究在全国很有影响力的专家、学者和教授，他们千里迢迢前来参会，可喜可颂。我应邀参会，很高兴，听了大家讲的，很感慨。有感而发，谈两点感想。

### 一、塘田战时讲学院虽然历时不长，但意义重大而深远

1938年，吕振羽同志受中共湖南省委和中共驻湘代表徐特立的委派，来到塘田市这个偏远的小镇创办塘田战时讲学院，为抗日战争培养基层干部。这一主张是吕振羽给党组织的建议，他又身体力行去组织实施，这说明他心中装的是国家大局，也说明这里是一方热土，这里的人民对抗战有一片热心。学院开办8个月即遭国民党勒令解散，革命斗争环境的恶劣、形势的艰困。

学院解散后，吕振羽夫妇去了重庆，在周恩来直接领导下从事理论研究、历史研究和统战工作；后去苏北抗日根据地，1942年，随刘少奇去了延安；抗战后去了东北，任东北人民大学校长。那么这个学院只是吕振羽革命生涯的一个点，该怎么给它定位？我以为，吕振羽作为一位老革命家、著名的马克思主义史学家、中国马克思主义史学的开拓者和奠基人之一，学院的历史定位因吕振羽在中国革命斗争中的定位而定了位，因吕振羽在那场革命斗争中所作的贡献的定格而定了格。尽管如此，今天仍然需要研讨，需要挖掘，需要深化，需要弘扬，让历史在人民心中得以延续，得以传承。红色基因，红色故事，红色传承，顺理成章，理所当然。

## 二、景仰与敬仰

我对吕振羽很景仰,对吕振羽夫人江明很敬仰,我们这种关系有来由,有因缘。他们的革命人生、革命精神和品质深深地影响了我的人生。

1962年12月,吕振羽夫妇回了趟家乡,并且在邵阳县一中为全校师生作了一场精彩动人的报告。1963年我进一中,就听闻了吕振羽的许多美好故事,这在我年轻的心里激起了浓浓的兴趣,有一段时间我经常在校图书馆借阅吕老的著作。直到今天我的家里还收藏有几本吕振羽关于中国近现代史的著作。另外,邵阳县一中与学院还有不为人知的一层关系,那就是学院遭解散后,曾秘密迁移到武东中学(一中的前身)一段时间,武东即武冈东乡,吕老的档案中填的籍贯就是武冈东乡,而非邵阳。

江明同志也是一位老革命,20世纪30年代即投身革命。1938年,随吕振羽参与创办学院,并在斗争中结为夫妻,成为终身伴侣。在几十年的革命生涯中,他们相依相伴,相濡以沫。吕振羽对革命的贡献,自有江明的一份功绩,吕振羽在劫难的岁月里,江明如煎如焚,奔走呼号,直至平反昭雪。

江明在老一辈革命家中很有人缘,生前身后都获得高度评价。

她家客厅挂有开国上将张爱萍题词书写的赠给江姐的条幅:"暮年傲霜雪,壮志激雷霆"。

2005年,江明九十岁过世后,中央国家机关工委编辑出版了《身边的榜样》一书,将江明的事迹收录其中。

2007年,为了庆祝建军80周年,全国妇联编辑了《巾帼英雄》邮册,江明位列380位巾帼英雄之中。

我第一次与江老见面是在1987年元月,地点是北京西黄城根南街50号,他们家的那个四合院。偌大的一个四合院当时住了一家五口,其他都是藏书。时隔两年多后我再去看望江老时,她住进了新建的普通楼房:她把四合院和二万五千余册藏书都捐献给了吉林大学。其中很多精装线装古籍为国家的孤本或绝本,她没有把这些留给儿孙而是献给了国家。她当时跟我的解说是,她在落实吕振羽的遗愿。江明同志的高风亮节、一腔忠诚由此可见。我深深感到,人也好,事也好,精神境界也好,就是怕比,一比就能分出个高低,分出个美丑。

从我们第一次见面结识起,江明同志就认可了我,她主要认可我的可信和可靠;认可我有公道心,有正义感的秉性,认可我疾恶如仇,不惜冒个人风险也坚持实事求是的品格。实际上我一开始就深切感受到江明同志对革命的忠诚、思想的纯真,在她心目中真正占据位置的只有革命。她有思想、有个性,爱憎分明,她评人判事,以对革命态度的真假来划分好坏和亲疏。

在我和江老长达19年的交往中,她对我如同家人,视同亲人。只要一见面她就给我讲革命传统,嘱咐我要守住本色,保持纯洁、保持对党的忠诚。尤其在复杂的大气候下,要把控好自己,不能变质。在与她交往的岁月里,她又让我接触了一批老革命,我从他们身上才真正明白了什么叫志同道合,什么才称得上真正的革命者,什么样才算得上是真正的共产党人。

江老对我关爱有加,细致入微,殷殷之情,溢于言表。只要有一段时间未通音信,她就会打电话来询问情况;只要有熟人去北京与她见了面,就要问及我的近况;我只要去北京就要去她家吃饭,如果哪一次没去吃饭还会打电话责备。1995年,我在北京全国市长学习班学习两个多月,哪天天气变化了,她都要打电话来,让我增添衣服,不要受寒;天气干燥了,就会嘱咐我要多喝开水……江老的关爱感动了我一家人,我的妻子或女儿只要去北京也必定登门看望、问候江老。

今天回忆起来,往事仍然历历在目,情感的暖流仍然涌流在心。

(作者系湖南省邵阳市政协原主席)

# 继往开来，塘院精神永放光芒

吕 坚

80年前，在中共湖南省委和中共驻湘代表徐特立同志领导下，我的父亲吕振羽在这里亲手创办了塘田战时讲学院这所革命学校，我的母亲江明和其他革命前辈在此学习、工作、生活，度过了他们一生最为难忘的宝贵时光，甚至有的学员后来在抗日、解放战场上光荣牺牲了。我要感谢新中国成立后邵阳县第四中学在此办学，除为国家培养了大批优秀人才外，也对塘田战时讲学院旧址起了保护作用。我还要感谢国家文物局等政府部门及文化学术专家于2006年把塘院旧址评为全国重点文物保护单位。在中共邵阳县委、人民政府关心下，经过这些年来的精心修缮，根据"修旧如旧"的古建施工要求，塘田战时讲学院旧址得到了充分维护，成为开展红色教育的重要场所。让我们表示衷心感谢！下边我谈谈对塘田战时讲学院的认识，并着重介绍父亲与塘田战时讲学院的关系。

## 一、为什么创办塘田战时讲学院

简要地说，这是为了适应全民抗日战争形势和加快培养抗战人才的需要。为什么建在塘田？这与我父亲有很大的关系。因为他是土生土长的邵阳人，在这出生、成长、上学，熟悉这里的一山一水一物。1928年，他来北平从事理论研究与著述。1935年11月，受中共北方局派驻南京与国民党当局进行国共第二次合作谈判。1937年9月，接党组织指示回湘开展抗日救亡工作。他除在长沙报纸杂志发表大量抗战救亡政论外，还参与组建了湖南文化界抗敌后援会，其中就包括不少知名人士，如湖南及南下来湘的文化教育界拥护抗战的大量爱国人士、知识分子。1938年6月，基于日寇南下的潜在威胁，他和翦伯赞联名向民国政府湖南省主席张治中写信，提出保卫大湖南的主张，即彻底发动和组织群众，积极准备条件，于日寇进攻湖南时全面开展游击战争与正面战场配合。与此同时，出于敏锐政治视觉和高度的政治远见，他向中共湖南省委郑重提出在自己家乡武冈借用塘田别墅来创办战时讲学院；为适应日后日寇进攻湖南，开辟游击根据地，培养区乡级地方干部和连排级游击战争干部的战略需要。他的这一建议很快获得了省委和中共驻湘代表徐特立的赞同。省委决定由父亲负责筹办塘田战时讲学院。1938年9月，徐特立在《在湘十个月的工作报告》中说："一月以前，我们的同志吕振羽在宝庆办了一个学校，名战时讲学院，已经找好校舍，开始招生。由司法院副院长覃理鸣当院长，吕振羽当副〔院〕长……不久以前，我曾写信给泽东、洛甫两同志，要求派几个下级干部出〔去〕当学生，将陕公和抗大的学风带去，以便在湖南进行抗战教育。"[1]高文华同志曾任抗战时期中共湖南省委书记，他把自己女儿也送到这里上学。四十余年后，1984年6月16日，他在北京接受中共邵阳市党史办戴中翔、刘兴汤采访时说："1938年创办塘田战时讲学院是吕振羽同志提出来的，经省工委研究同意，我也发表了意见，同意办这所学校。当时，日本打进来了，郑州失守，武汉、湖南也可能沦陷。我们要办这所学校，目的是培训党的干部，准备打游击，保卫湖南。"[2]高老还在采访记录上签名，以示郑重。

## 二、呕心沥血建设塘院和作好塘院善后工作

在得到湖南省委批准后，父亲开始积极筹办讲学院的各项工作。他亲自出面取得国民党高层人士的支持并成立了院董事会，以便取得合法地位。如请国民政府司法院副院长覃振为院长，请湖南省参议会议长赵恒惕为董事长，请省主席张治中、六区公署专员李琼、六区保安司令岳森、武冈县县长林拔萃等社会名流为董事。这是正确和规范运用党的统一战线政策和工作的生动体现。此外，开展招生、充实教师队伍、制订教学计划等，他都亲历其中。学院除设立院长、教务长外，还设立研究部、补习部、生活指导部、事务部、院长办公室。学院前后共计招生二百五十余名，除本省武冈、邵阳、新宁、绥宁、东安、祁阳、湘乡、湘潭、宁乡为主外，还有江西、湖北、福建、江苏、东北来的学生。父亲是讲学院副院长、中共"三人小组"成员（不公开党员身份），还亲自讲授"中国民族解放运动史"等课程，自编了教材。这是一门关于鸦片战争以来的中国近代史的课程。过去在北平时他的学术研究着重点在中国古代经济史和社会史。这门课程是专为塘院学生了解中国半封建半殖民地国情而设立的，具有很强的针对性。授课讲义经整理后现已编入《吕振羽全集》[3]。

由于讲学院直属中共湖南省委领导，也得到中共南方局的关注，它正确

执行了中共省委提出的教育方针和教学计划，同学们思想进步很快，迫切要求抗战，渴求真理，追随伟大的中国共产党。讲学院地下党组织正确地执行了建党方针和建立"民先队"的工作。从学院建校至1939年4月被国民党查封止，共吸收民先队员180余名、中共党员50余名。

塘田战时讲学院的不断发展壮大引起了国民党当局的注意，特别是1938年11月13日长沙大火后，湖南省政府主席张治中被蒋介石免职，由薛岳接任湖南省政府主席，执行国民党五届五中全会制定的"溶共""防共""限共""反共"政策。之后，薛岳接到国民党教育部长陈立夫电令派兵强行解散塘院。1939年4月20日，武冈县政府发出布告，勒令解散塘院。六区保安司令部派出部队从邵阳、武冈、桃花坪三路包围学院。父亲一方面召开党组会议，决定应对方案和撤退步骤，另一方面与前来包围学院的国军进行针锋相对的斗争，要求军队一律撤退至对河，拒绝上交院牌、院印、花名册。面对国军查封塘院、索要教职员花名册的高压态势，父亲义正词严地说："为什么故意提出这种毫无道理的要求……你们要报功请赏，可拿我的脑袋去，何必在这些青年学生和忠于民族抗战教育的教职员身上打主意！"[4]他起草了《塘田战时讲学院全体学生告别武冈人士书》[5]，邀请附近部分群众与塘田师生举行了话别会。学院被解散后，父亲和母亲等同志们撤退到油塘村，举办了两期建党训练班，分别建立了金称市、洞口、绥宁、城步、新宁党的支部。经父亲去邵阳将上述地区支部关系转交给省委。父母亲与阎丁南等同志们在油塘的建党活动，为在湘西部空白地区重新建立中共党组织作出了贡献。同年7月，父亲接到了省委转来中共南方局周恩来书记要他去重庆工作的调令，8月经广西、贵州去重庆。从此告别了邵阳家乡。

### 三、什么是塘田战时讲学院的宝贵遗产

塘院办学的宗旨是"树文化据点于农村""树救亡工作据点于农村"。塘院的校训，是"忠诚勤敏"，以"精诚团结、英勇活泼、紧张严肃"作为院风，与延安抗大校训"团结、紧张、严肃、活泼"大体相同。徐老曾写信给毛泽东、张闻天"要求派几个下级干部出〔去〕当学生，将陕公和抗大的学风带去，以便在湖南进行抗战教育"。关于塘院的宝贵遗产，我的体会如下：

（1）树立坚定正确的政治方向

塘院自始至终是中国共产党为适应抗战需要而创办的学校，它的教学方

针是紧扣抗日救国这一中心，向广大青年进行阶级教育、民族爱国主义和战时教育。除了让学生认真学习科学文化知识外，还要关心国家大事，了解抗战形势，具备政治军事常识，开展民众教育，参加救亡工作。

（2）善于运用党的统一战线政策

塘田战时讲学院组织关系直属于中共湖南省委，为了取得社会合法地位，征得省委批准，在创办之初，父亲多方奔走，尽可能通过广泛的统一战线形式与湖南省国民党上层人士广泛联系，如先后聘请司法院副院长覃振任讲学院院长，省参议会议长赵恒惕任院董事会董事长。如利用国民党CC派、复兴派、何键派之间的矛盾，取得何键派国民党省党部执委刘子奇的支持，省第六区专员公署专员李琼、第六区保安司令岳森等共三十余人任院董事会董事。同时请覃振、赵恒惕亲自写信给湖南省政府主席张治中，请他担任名誉董事。这些都保证了学院能在几个月内迅速开展招生与教学工作。

这里有必要对覃振进行简单介绍。覃振是湖南桃源人，资产阶级民主革命先驱，"桃源三杰"之一，与中国共产党保持长时期的联系。1924年，他被选为国民党中央执行委员，毛泽东、林伯渠当选为候补委员。覃振先后任民国政府立法院、司法院副院长。1930年以后，经好友翦伯赞介绍，父亲与覃振相识。覃振十分器重翦伯赞与父亲，认为他们是难得的爱国人才。1934年，父亲曾请覃振出面保释过中共地下党员刘亚生、王愚夫从苏州反省院出狱。1936年，父亲参加南京国共合作谈判期间，向覃振转交过中共领导毛泽东、朱德等署名信。1937年11月，父亲创办湖南文化界抗敌后援会，通过覃振邀请湖南省政府主席何键帮助。1938年，父亲创办塘田战时讲学院，请覃振担任院长，他欣然接受，并把自己图章交给父亲使用，从不过问讲学院的事。讲学院的招生报告上有院长覃振、副院长吕振羽的名字。国民党反动当局查封讲学院时，曾追究过覃振。他轻松地说："我怎么知道吕振羽是共产党哩！"[6]覃振还营救过辛亥革命元老、老红军李六如、越南共产党领袖胡志明。1945年9月，覃振还两次在重庆家中设宴招待来与蒋介石会谈的中共领袖毛泽东及周恩来等。（见《覃振传》，中华书局2005年版）在此我们不应忘记覃振先生为塘田战时讲学院作出的贡献。

（3）密切与人民群众的血肉关系

为了加强当地群众对学院的了解、信任和支持，塘田战时讲学院派学员走出校门，通过举办各种民众识字班的形式开展群众工作。先后创办儿童识字班（均为附近农家子弟）、妇女识字班、对河识字班、水西唐家识字班、油塘李家识字班等。识字班有国文、算术、唱歌三门课。国文教材的内容，除了识字、造句，还有日常生活、社会情况和抗战形势。学院的街头剧团和歌咏队在附近及周围几十里乡村、集市多次演出，教唱抗战歌曲，宣传抗日，受到群众热烈欢迎和称赞。附近几十里的如白仓小学、古峰小学、黄亭寺小学等校还邀请学院派学员前去任教。在国民党军队查封塘院时，当地群众表达了极大的愤懑："这样好的学堂也不许办……想必要我们的崽女当瞎子！"

1944年，党的七大代表、中共邵阳中心县委书记谢竹峰在延安时说过："塘田战时讲学院在邵阳一带群众中的影响是大的、深的，为后来的工作准备了条件。"[7]

父亲对邵阳家乡、塘田战时讲学院的关心一直萦绕在心。1947年，在东北解放战争期间，他曾分别致信中央书记处书记刘少奇、中共东北局负责同志，要求回邵阳开辟第二条战线工作。[8]刘少奇同志曾复电表示同意。后因交通安全原因没有成行。

1952年1月，他任东北人民大学校长时，为去上海招聘教师之事顺便回到邵阳家乡，他还从亲戚手中获得塘田战时讲学院《中国民族解放运动史教程》手稿三册。

1959年5月，他应湖南省历史研究所之约，撰写了《记湖南文化界抗敌后援会》一文[9]，曾经徐特立、高文华、贾琏、刘道衡审阅。同年收到过中共邵阳县委请他撰写塘院回忆录的信。因工作忙，他于同年5月委托母亲和原塘院学生、湖南林业厅干部王建中撰写了《抗大式的学校塘田战时讲学院》回忆录[10]，并亲自审查、修改。这是最早一篇全面介绍塘田战时讲学院历史的回忆录。

1962年，父亲回湖南参加王船山学术研讨会后，于12月专程回邵阳访问。18日回到阔别多年的塘田，讲学院旧址已成立了邵阳县立四中，他在当天日记中有如下记录：看了当年"院长办公室、党委办公室、民先办公室、讲义印刷处等故址，历历如昨，令人感奋"。与过去塘院院工周维合、理发工等见面，并为塘田区干部作了形势报告。在周家院子、昌家院子还见到了当年识字班的学生，大家"如久别家人"，热泪盈眶。[11]

在县里父亲与过去塘院学生李树荣交谈，听他讲述分别十余年后塘院学生的组织、政治待遇以及油塘保存塘院教学器具情况。他得知在新中国成立后一些学生的政治面貌因种种原因没有得到组织承认，因此在邵阳县、市停留期间，他多次与邵阳县委书记车仁光等谈塘院地下党组织及如何处理地下党员的组织关系等落实政策问题。[12]

今天我们重温塘田战时讲学院建院历史，是为了不忘初心，珍惜当下。让我们在习近平新时代中国特色社会主义思想指引下，继承革命前辈艰苦创院光荣传统，发扬塘院革命精神，为邵阳家乡早日脱贫、早日实现小康而奋斗！

● **注释**

[1]徐特立：《在湘十个月的工作报告》，载《抗日战争时期湖南地下党历史文献选编》，湖南人民出版社1985年版，第12页。

[2]《抗日战争时期党在邵阳的活动》第247页，《访问高文华同志记录》。

[3]《吕振羽全集》（第二卷），人民出版社2014年版，第285-324页。

[4]《抗日战争时期党在邵阳的活动》第194页。

[5]《抗日战争时期党在邵阳的活动》第74页。

[6]湖南省政协文史学习委员会：《长留雅韵足三湘》，民主与建设出版社2016年版，第385页。

[7]《抗日战争时期党在邵阳的活动》第197页。

[8]《吕振羽全集》（第十卷），人民出版社2014年版，第580、584、585页。

[9]《革命回忆录》（四），人民出版社1982年版，第116页。

[10]《抗日战争时期党在邵阳的活动》第183页。

[11]《吕振羽全集》（第十卷）第532页。

[12]《吕振羽全集》（第十卷）第533、534页。

（作者系中国第一历史档案馆研究员、吕振羽之子）

# 塘田战时讲学院的历史贡献

易昌良　汪书路

1938年，著名历史学家吕振羽、翦伯赞依据武汉被日军围攻的紧急形势，预测湖南抗战形势将空前紧张，以名流学者身份向时任国民党湖南省政府主席张治中提出了"保卫大湖南"的建议。同时吕振羽向中共湖南省委提出，在湖南建立一所培养军政干部的学校，为开展游击战争做准备。中共湖南省委和中共驻湘代表徐特立同意了吕振羽的建议，并及时向党中央和毛泽东同志、张闻天同志请示。经党中央批准，吕振羽被派往湖南武冈筹办学校。当年9月，吕振羽创办的塘田战时讲学院正式开学上课。这是中国共产党在国民党统治区创办的以统一战线形式出现的战地干部培训学校，被人们誉为"南方抗大"。塘田战时讲学院成立于全面抗战时期战略防御和战略相持这两个阶段的相交之际，虽然其存在时间不长，但意义重大，影响力很广，为中国的革命作出了重要的贡献。

## 一、为我国的革命事业播撒了红色种子

塘田战时讲学院最初的目的就是"培养地方乡级工作干部和连排级游击战争军事干部"[1]，其教育方针是以阶级教育为中心，《共产党宣言》《论持久战》《大众哲学》等名篇论著被选为教材。教育内容涉及国文、数学、政治经济学、中国民族解放运动史、抗日民族战争讲座、战时防护常识和体操等。这些课程主要围绕爱国教育、阶级教育和战时教育而开设，具有很强的针对性和可操作性。其中，中国民族解放运动史、抗日民族战争讲座、战时防护常识和体操是公共课，所有学生都需要参加学习。吕振羽主讲中国民族解放运动史，根据每一讲的主要内容设置讨论问题，以引发学生的思考和深入学习。他认为，在目前的形势下，又发展为反日斗争，并不可避免地要连同去反汉奸[2]。在"中国殖民地化的过程"一讲中，吕振羽认为，日寇的侵略引起了中国国内主要矛盾的变化以及国际关系的变化，中华民族的国际援助友人也会增加。透彻的时政分析和翔实的历史事实使得吕振羽的这门课备受

学生欢迎。时任讲学院补习部主任陈啸天回忆，吕振羽"讲起课来，学识渊博，语言深入浅出，寓意很深，同学们很敬佩他"[3]。除了在学生中发展革命力量以外，讲学院还积极发动周边乡村群众，组织举办民众识字班，开设国文、算术、音乐等课程，提高老百姓的文化素养，鼓动人民群众积极抗日。同时，讲学院每周都会派学生去各乡、村的学校上课，宣传抗日救亡，发动广大人民群众加入抗日的队伍中来。至1939年4月讲学院被国民党反动派"查封"停办时，已有250余人参加学习。这些学生撤退后，一部分人奔赴延安，一部分人回乡建立党组织，一部分人留在国统区为党从事地下工作，一部分人加入新四军转战祖国各个战场，他们在各自岗位上为祖国的革命事业奉献着自己的青春和智慧。七大代表、邵阳中心县委书记谢竹峰曾对吕振羽说："塘田战时讲学院在邵阳一带群众中的影响是大的、深的，为后来的工作准备了条件。"[4]

## 二、对抗日民族统一战线进行有益探索

塘田战时讲学院的创办过程就是抗日民族统一战线的实践探索过程。在讲学院创办之时，吕振羽利用各种统战关系，邀请国民党名人显要加入讲学院董事会。湖南省政府主席张治中担任塘田战时讲学院名誉董事，国民政府司法院副院长覃振担任院长，湖南省参议会议长赵恒惕担任董事长，刘子奇、李琼、岳森、林拔萃等国民党人担任董事；同时，还有地方开明绅士吕惠阶、李心徐、李梯云等人担任董事。如此一来，既有国民党政府高层的支持，也有地方行政主官的加入，还有地方乡绅的拥护，为讲学院的顺利开办打下了坚实的基础。但时任省政府教育厅长的朱经农却从中作梗，欲迫使讲学院的创办计划流产落空。吕振羽等人客观分析后认为国民党的CC派短时间之内不可能强力阻挠讲学院的开办，一方面从国民党高层入手，加紧对覃振、赵恒惕的统战；同时，复函CC派的教育厅长朱经农，解释讲学院并非正式大专院校，不应履行正式大专院校的手续。经过吕振羽等人的积极周旋，讲学院顺利开学。中共驻湘代表徐特立"曾写信给泽东、洛甫两同志，要求派几个下级干部出〔去〕当学生，将陕公和抗大的学风带去，以便在湖南进行抗战教育"[5]。讲学院的教师中既有张天翼、李仲融等中共党员，也有陈润泉等党外人士；学员有工人、教师、失业军人等，全国各地不同职业身份的爱国人士为了祖国的抗战事业而会聚在一起。但是，国民党反动派也差人混进了讲学院的学生之中，他们恶意传播谣言以动摇同学们革命的决心和热情，故

意破坏当地群众物资以破坏群众和师生的关系，后来竟公然拿出手枪威胁进步学生。针对这些情况，吕振羽等人进行了反谣言斗争，并发动师生向院外群众做好解释工作，同时通过乡自卫队勒令反动派交出私藏枪支，发动全体师生揭露持枪者以孤立他们。吕振羽等人采取卓有成效的措施与国民党反动派进行了复杂的斗争，破灭了他们的那些卑劣企图。1938年11月，陈立夫令时任湖南省主席薛岳解散讲学院。得到这一命令后，国民党政府的县长、乡长、区专员等人均采取拖延的办法帮助讲学院，但最终还是以失败告终而被国民党军队包围了讲学院。在讲学院解散之际，面对国民党反动派的威胁，吕振羽等人挺身而出，拒绝交出学院的花名册，由此而使得讲学院积攒的革命力量全部得以保存下来。

### 三、推动了抗战时期农村基层党的建设

党的建设是革命时期的一项极其重要的任务，是保证中国革命胜利最为关键的一步。塘田战时讲学院是由中国共产党党员吕振羽创办的，但出于时局考虑，吕振羽、游宇、阎丁南三人党小组成员的这一身份并未公开，但是党的建设工作一直在全力推进。一是在课堂教学中推进时政教育，加强马克思主义教育。吕振羽在讲课中，对中国当时的社会矛盾作了精准的分析："中国民族和日寇间的矛盾，提进到主导地位，从而在中国民族内部各阶级阶层各党派间平日的矛盾，都降到次要地位，各别的利害，都只有在全民族共同利害的原则下去争取"。[6]吕振羽强调要从生产力与生产关系的矛盾中去把握历史的研究方法，用阶级分析法去剖析历史，并对中国民族资产阶级的两面性等问题进行了理论解读。他不仅讲解了中国民族解放运动的历史，还介绍了苏联革命，增强中国人民的革命信心。二是在院内推行民主集中制。在与国民党顽固派斗争的过程中，吕振羽等院领导坚持民主集中讨论，共同商量研究应对措施，如在与朱经农的斗争中，聂洪钧、王凌波与吕振羽三人共同商讨研究对策。全院师生间也坚持民主集中的原则，"每周的民主生活会上，和风细雨地开展批评和自我批评，及时克服自己生活上、思想上的一些不良倾向"。[7]三是在日常工作中锤炼艰苦朴素的作风。讲学院的领导、教授都没有工资，每月只有少量津贴，和所有学生一样过着艰苦朴素的生活；教室是祠堂，没有门窗，桌凳都是七拼八凑的，晴天通常是在室外的河滩或是竹林上课；讲学院每周都轮流派学生步行几十里路前往各地学校讲课，教学生们唱抗战歌曲，宣传抗日。这些都很好地锤炼了师生的革命意志，为日

后加入革命打下了坚实的基础。四是在师生中发展党员，鼓励学生回乡建立党组织。至讲学院停办时，已发展中国共产党员50余人、中华民族解放先锋队员180余人。在讲学院师生撤退之际，根据省委指示，从家居武冈、新宁、城步、绥宁等县的学生党员中选拔优秀人才进行党建工作培训，以回乡建立党组织填补这些地区的空白。这一举措为邵阳等地的党组织空白地区的建党工作准备了条件，如此一来湖南各县均建立起了党的组织。

### 四、推进马克思主义中国化的历史进程

塘田战时讲学院的教学结合中国抗战时局，从现实出发来宣传抗日，并以马克思主义的基本原理来阐释中国的实际问题，是马克思主义中国化、时代化、大众化的典型范例。首先是大力宣传马克思主义。讲学院在教学中运用马克思主义的基本原理来解读中国的抗战形势，透彻地分析中国的现状，广泛地唤起广大学生的抗战意识。如吕振羽在中国民族解放运动史这门课程中，其第一讲就介绍了唯物史观的基本内容，并让同学们讨论生产力、历史发展的动力、中国的资本主义等问题。在日常的教学工作中，积极宣传、解读新民主主义理论，如抗日民族统一战线等时代热点问题。这既是向学生传授如何研究历史的科学方法，更是在传播马克思主义。此外，"星期日上午，以小组形式深入农村进行抗日宣传活动"。[8]这些活动拉近了师生与群众间的关系，扩大了党在群众中的影响力。后来讲学院遇到困难挫折时，周边群众放下自己手中的农活主动帮助师生。吕振羽后来回忆："塘院师生受到了平时难以受到的实际教育，加深了对党的群众路线的理解"。[9]其次是结合中国的实际，运用马克思主义解决中国实际问题。创办塘田战时讲学院这件事本身就是一个将理论运用于实践的过程，吕振羽在湖南文化界抗敌后援会中积极宣传抗日，但这还只是停留在理论的宣传阶段，而创办讲学院则是将理论运用于实践，普遍唤起民众的抗战意识，培训军政后备干部。正如毛泽东所说："无产阶级认识世界的目的，只是为了改造世界，此外再无别的目的。"[10]在一些具体问题上，如对于如何研究历史，吕振羽提出了运用唯物史观的方法去研究；如对于中国社会矛盾的分析，吕振羽运用辩证唯物主义的方法从理论和现实方面进行了充分的解读。这些都是将马克思主义的基本原理与中国当代的实际结合起来，从而提出解决方案，进而付诸实践行动，进一步强化了马克思主义同中国具体实际相结合，提升了马克思主义在中国运用的效能。

2006年，塘田战时讲学院旧址被国务院批准为第六批全国重点文物保护单位，成为爱国主义教育基地。塘田战时讲学院的革命实践是中国革命"三大法宝"的一个缩影，为中国的革命事业作出了重要的贡献。办好新时代的讲习所，我们要大力发扬塘田战时讲学院师生的革命精神，深入基层践行党的群众路线，用马克思主义理论来武装人民，推进马克思主义中国化、时代化。

## ●注释

[1] 江明、王建中：《抗大式的学校塘田战时讲学院》，载湖南省政协文史学习委员会：《长留雅韵足三湘：吕振羽纪念文集》，民主与建设出版社2016年版，第112页。

[2] 吕振羽：《吕振羽全集》（第二卷），人民出版社2014年版，第292页。

[3] 陈啸天：《对塘田战时讲学院的回忆》，载湖南省政协文史学习委员会：《长留雅韵足三湘：吕振羽纪念文集》，民主与建设出版社2016年版，第125页。

[4] 江明、王建中：《抗大式的学校塘田战时讲学院》，载湖南省政协文史学习委员会：《长留雅韵足三湘：吕振羽纪念文集》，民主与建设出版社2016年版，第121页。

[5] 湖南省档案馆：《抗日战争时期湖南地下党历史文献选编》，湖南人民出版社1985年版，第12页。

[6] 吕振羽：《吕振羽全集》（第二卷），人民出版社2014年版，第298页。

[7] 陈啸天：《对塘田战时讲学院的回忆》，载湖南省政协文史学习委员会：《长留雅韵足三湘：吕振羽纪念文集》，民主与建设出版社2016年版，第125页。

[8] 陈啸天：《对塘田战时讲学院的回忆》，载湖南省政协文史学习委员会：《长留雅韵足三湘：吕振羽纪念文集》，民主与建设出版社2016年版，第125页。

[9] 江明、王建中：《抗大式的学校塘田战时讲学院》，载湖南省政协文史学习委员会：《长留雅韵足三湘：吕振羽纪念文集》，民主与建设出版社

2016年版，第115页。

[10] 毛泽东：《毛泽东文集》（第八卷），人民出版社1999年版，第321页。

（易昌良，国家发展改革委宏观经济管理专家委员会秘书长、现代经济研究院执行院长，法学博士、博士生导师、政治经济学讲席教授。）

# 吕振羽与塘田战时讲学院
## ——纪念"塘田战时讲学院"创建 80 周年

戴开柱

（一）

"塘田战时讲学院"，是抗日战争时期吕振羽受中共湖南省委和中共中央驻湘代表徐特立委派筹办并由中共湖南省委领导的一所培训基层抗日干部的学校，是抗日战争时期我党建立在国民党统治区域的一所新型的革命大学。因其创办地——院址在湖南武冈县塘田寺（今属邵阳县）境内的清末太子少保席宝田的塘田宅院内[1]，并"非正式大专院校性质"，而"系旧时书院式的战时讲学机构"[2]，故名"塘田战时讲学院"。塘院于1938年6月开始筹备，9月上旬正式开学。塘院的创办，曾经过中共湖南省委和徐特立向党中央、毛泽东和洛甫（张闻天）汇报过。徐特立在他写的《在湘十个月的工作报告》中说："我们的同志吕振羽在宝庆办了一个学校，名战时讲学院，已经找好校舍，开始招生。由司法院副院长覃理鸣当院长，吕振羽当副〔院〕长……不久以前，我曾写信给泽东、洛甫两同志，要求派几个下级干部出〔去〕当学生，将陕公和抗大的学风带去，以便在湖南进行抗战教育。"[3]

由于国民党"对教育事业'严格的监察'"，和实行"异党操纵者不让其存在"的反动政策，1939年4月塘院被国民党反动派"武装强迫解散"[4]。塘院从其开始筹备，到被国民党"强迫解散"，仅存8个月，但它存在时间虽短，却以其突出的业绩和深远的历史影响载入了中国共产党的史册，"如果说当年的延安'抗大'是培养党的高层次抗日干部，它象'一块磨刀石，把那些小资产阶级的意识……磨得精光，把自己变成一把雪亮的利刃去革新社会，去打倒日本'的话，那么，'塘院'即是南方基层抗日干部的一座革命熔炉，可以说，它与'抗大'交相辉映，其播下的革命火种和培养的人才为湖南乃至全国的民族解放战争做出了贡献"。[5]此说有史为证：一是据原中共湖南省委统战部副部长、省政协秘书长、塘院当年学生邓晏如同志回忆："1945年冬，周恩来同志在延安出席湖南工作座谈会时，对塘院有很好的评价。"[6]二是从当年塘院办学在国民党中央引起的震动，导致被国民党"武力解散"的史实即可看出。1939年4月23日，徐特立在给中共中央的报告中明确指出："最近……塘田战时讲学院的武力解散，即是执行国民党最高的决定"。[7]同时，据吕振羽于1959年5月委托江明、王建中执笔，稿成后亲自审订、修改的回忆录，即《回忆塘田战时讲学院》一文记载，当年时任国民党教育部长陈立夫就"电令薛岳强行解散塘院"，薛岳当时为湖南省政府主席、保安司令。"电文大意说：'据报湖南塘田战时讲学院，实即奸党之西南抗大，宣传错综复杂的思想，愚弄青年，欺骗群众，希图捣乱社会秩序，危害三民主义，应严加查办，制乱未萌……'"[8]正是由于塘院的历史贡献，中国改革开放后，1983年9月，开国上将、时任中华人民共和国国务委员兼国防部长的张爱萍将军亲笔题写"塘田战时讲学院旧址"；2006年6月，国务院将塘院旧址列为第六批全国重点文物保护单位；2010年，塘院被列为湖南省爱国主义教育基地。

## （二）

塘院的创办，在抗战初期的西南地区，"就像新建的一座灯塔，指引着抗日的航船奋勇前进"[9]，从而铸就了它在党的抗战历史上所具有的重要历史地位。

第一，拟在日寇攻入湖南时"开辟湘桂黔边区抗日民主根据地"，准备"党的骨干"。在当时想"利用已有的学校"培训尚"不可能"的情况下，成功地通过统一战线形式在国民党统治区域建立了中国共产党"青年干部训练的大本营"。

全面抗战爆发后，由于国民党实行片面抗战路线和消极防御的战略方针，结果虽取得一些局部胜利，但总趋势是其军队接连败退，武汉即将失守，长沙岌岌可危。因此，中共湖南省委和徐特立都主张在日寇攻入湖南时，"我党独立领导开展游击战争"，以湖南四明山为据点，"开辟湘桂黔边区抗日民主根据地"[10]。因此，"培训党的骨干，已是当务之急"[11]。是时，虽然已是国民党著名爱国将领张治中被调任湖南省政府主席，主持湘政，出现了我们"可以放手工作的'黄金时代'"[12]，但是，"由于国民党顽固派从中作梗，国共合作的障碍仍然不少"[13]。如"在常德，我们有同志曾亲眼看见过国民党上级党部的指令上这样说：'抗战或和战，还待三·二九会议之最后决定，应严密防止共产党活动'等语"[14]。特别是，国民党"CC派占据教育界，对我们极坏"[15]。如CC分子、湖南省教育厅长朱经农就百般刁难塘院的成立，不但"回信拒绝担任名誉董事"，并"声称'须按合法手续进行筹备'，企图迫使我们半途下马"[16]。

为使塘院尽快建立，中共湖南"省委决定尽可能通过广泛的统一战线形式来建立这个学院"[17]。在中共湖南省委的领导下，吕振羽不辞辛苦，上下周旋，通过各种关系，终于邀请到了湖南省政府主席张治中、国民政府司法院副院长覃振、湖南省参议会议长赵恒惕、国民党湖南省党部执委刘岳厚（字子奇）、湖南省第六区邵阳专员李琼、湖南省第六区保安司令岳森、湖南省武冈县县长林拔萃等一些湖南政界、文化教育界等领域的国民党著名人士参加塘院董事会，使该"学院董事会共有三十余人，包括了湖南各方面的人物"[18]，并邀请覃振担任塘院院长、赵恒惕担任塘院董事长。

"塘院是当时中共湖南省委在国民党统治区所办的一所以统一战线形式出现"[19]的共产党"青年干部训练的大本营"[20]。为什么"以统一战线形式"出现？徐特立解释：当时"党训练干部采取秘密的方式，部分的党员在公开的群众训练班学习一般的政治，但数量十分不够。想要利用已有的学校，目前不可能。过去曾经利用过临时大学的训练班，目前省党部防范严密，不可能进行"[21]。

从塘院创办的目的、任务、教育过程、教育效果以及对国家民族的贡献来看，它"可称为当时国内西南地区仅有的一颗璀璨的明珠"[22]。吕振羽名义上只是副院长，但"实际上是全院工作的负责人"[23]，在办学过程中，"他极其灵活地运用了抗日民族统一战线的策略思想，使'塘院'的工作得到了国民党爱国民主人士的拥护和大力支持"[24]。新中国成立后吕振羽回忆说："当时我是塘田战时讲学院副院长……国民党多次想查封，都给覃振顶住了，覃振对我的工作大力支持，甚至把他私人的图章都交给我使用"[25]。不但国民党上层爱国民主人士支持，"学生的父兄也很赞成该院的办法"，"社会环境算十分的好"[26]。所以"这些，对于当时'不适宜统战工作'的地区和党的干部，怎样团结国民党爱国民主人士抗日、巩固和发展党的抗日民族统一战线无疑起到了榜样作用"[27]。

第二，以马克思主义教育为统领，致力于"阶级教育"与"爱国主义教育"的"抗战教育"，竭尽心智，培养"追随伟大的中国共产党"的抗战急需人才。

塘院学生来源广泛，差别较大。这是因为入校学生既"无学历资格之限制"[28]，又无"性别年龄之限制"[29]，只要愿意献身于抗日事业的青年都可报名，参加学习。因此每个入校学生的思想基础、觉悟程度、文化水平极为不同。那么，如何把他们培养成为我党所需的抗日干部？以吕振羽为首的"塘院人"竭尽心智，倾注在塘院育人上。首先，"根据学生文化程度的差别，学院分设研究班、补习班两级"[30]。研究班开设文学、哲学、政治经济学、社会科学大纲、中国近代史、西洋近代史、军事常识和抗战常识等专修课，补习班开设国文、数学、史地、自然、社会科学、战时防护和抗战常识等专修课。在办学的指导思想上，吕振羽坚持一点，即我们"不只是叫青年认识现实，忠于抗战，最重要的，是从理论上坚定青年对于坚持抗战，坚持持久战，拥护团结统一，反对分裂，反对敌探汉奸亲日派分子……争取最后胜利的信心和信念"[31]。为此，在课程设置上，学院特别开设了"中国民族解放运动史""抗日民族战争讲座"（为了冲淡颜色，以孙中山先生纪念周会的形式出现）等课程，作为研究班、补习班"两级共修课程"，这些课程大都聘请中共党员教师主讲，并且其教材也是教师根据"《延安日报》《新华日报》《观察日报》《资本论》《共产党宣言》《国家与革命》《联共（布）党史》《大众哲学》《"左"派幼稚病》《论持久战》《抗日游击战争的战略问题》《中国共产党在民族战争中的地位》《统一战线的独立自主问题》《战争和战略问题》等书报编写"[32]。吕振羽以身作则，率先垂范，专门主讲"中国民族解放运动史"和辅讲"抗日民族战争讲座"等必修课程。为保证教学目标的实现，他在教学中又精心设计了一系列重大的理论问题，诸如："近代中国社会，是资本主义，封建主义，还是半封建半殖民地社会？""什么是历史发展的动力？""历史上的革命是从什么基础上发生出来的？""中国为什么没有发展到资本主义时代？""中国民族资本何以有两面性，这对于近代中国民族革命的影响如何？""历史上为什么在同一阶级或阶层内部也有着冲突？""中国戊戌运动和日本明治维新运动有何异同？""国际帝国主义瓜分中国的阴谋，缘何不曾实现？""经济史观、地理史观、唯心史观为什么都是错误的？"[33]，等等，然后围绕这些问题进行教学和讨论，以提高他们的马克思主义理论水平，树立学生献身民族解放事业的"决心和信心"。

塘院还"师古人经义治事并行之遗意"，认为"学生在抗战期间，应有一技之长"[34]，因此，塘院十分重视教学相长，教学一致，强调理论与实践相结合，"教""学""做"相结合。学生"在这里既要学习，也要工作"[35]。塘院尤其支持成立"学生自治"组织，通过它们积极引导学生深入社会，深入农村，深入民众之中。在学生自治组织中，成立了宣传队、歌咏队、壁报组、戏剧组、访问组、募捐组、膳食组、治安组、妇女组，举办各种民众识字班，进行农村扫盲，还经常组织各种会议，诸如业务会、研究会、讨论会、座谈会、生活检讨会、文娱晚会等，规定"每个学生要参加一至两项工作"[36]，让他们在实践中提高自己的能力，锤炼自己的品格。

由于塘院在办学过程中，重视马克思主义思想教育，重视社会实践活动，因而虽只有8个月教学，但却历练培养出一大批"渴求真理，追随伟大的中国共产党"[37]的抗战急需的精英人才。时"至1939年4月学院被'查封'止，共吸收民先队员一百八十余人，党员五十余人"[38]。

第三，受中共湖南省委地下党的重托，塘院在湖南邵阳地区的金称市（时属武冈）、新宁、洞口、绥宁、城步等地建立了中共地下党组织，填补了抗战时期党在这些地区的空白。

邵阳昔称宝庆，为湘省大行政区之一，自古以来，为兵家必争之地。位于资水上游，雪峰山脉峙于西，五岭山脉屏于南，余皆为丘陵起伏及河谷两岸的冲积平原。辖境东接衡岳，北连湘乡和益阳，西倚怀化和贵州开泰，南邻东安和广西资源、龙胜。"明清而后，邵阳便成为湘西南的重镇和通衢。"[39]控制邵阳，就"可以控制湘桂、湘黔、川黔桂各铁路，湘桂、湘黔、湘川、川黔桂各公路——这些交通要道，或环绕或穿过这纵横数千里的山区"[40]。因此，我党早在第一次大革命时期，就密切关注此地，先后在该地区建立了党的早期地下组织，"1925年秋，李秋涛在武冈建立了思思学校特别支部""同年冬，罗卓云在宝庆建立了党小组，次年春建立中共宝庆支部""1926年秋至1927年春，新宁、武冈、城步、绥宁先后建立了省直特别支部"[41]"这时，邵阳及各县共有党的支部30余个……各地在党组织的领导下，开展了轰轰烈烈的革命运动"[42]。1927年，大革命失败后，国民党在全国实行惨无人道的白色恐怖，"捕杀"共产党人的"网罗张遍了全中国"[43]，邵阳地下党的组织也惨遭严重破坏，从1928年9月开始，该地区党组织活动有将近10年基本处在停顿状态。

塘院创办伊始，首先建立了学院"党的三人领导小组"，塘院被"武力解散"后，遵照中共湖南省委地下党的指示，又组织了一部分当时"家居武冈、新宁、城步、绥宁县（当时均未建立党组织）的党员同学"，"回家建立空白县的省直属党支部"，"指定王时真同志为书记"，建立了金称市党支部,"指定郑圭田为书记",建立了新宁直属支部,并"开办建党训练班"。之后,"在洞口、绥宁、城步建立了党的支部。洞口支部由雷震寰同志任书记,绥宁支部由李子华任书记,城步支部由肖强钦同志任书记"。[44]至此,圆满完成中共湖南"省委交给的建党任务"[45],填补了抗战时期党在这些地区的空白。

(三)

岁月如梭,时间一晃离塘院办学已有80周年。在这80年中,塘院和"塘院人"经历了时代的风雨,见证了历史的磨难和岁月的峥嵘。我们今天纪念它,首先要全面认识它对我党和人民的历史贡献,进一步明确它的历史定位。我们认为,塘院具有重大的时代意义。

第一,为当时全国怎样团结国民党爱国民主人士抗日救国提供了一种可资借鉴、适时的合作模式。

塘院在筹建和开办过程中,正处在武汉即将失守、国民党第一次反共高潮即将来临的前夕,正面临国民党自抗战以来在政策上即将发生重大转变的时刻,也就是国民党从形式上的国共合作,到实际上即将公开确立"溶共""防共""限共""反共"的反动方针,其政策重点即将由对外(抗日)转向对内(反共反人民)。那么,在这样一个"山雨欲来风满楼"的政治大环境下,我党如何坚持抗战、坚持团结、坚持进步,保持和发展国共合作,发展抗日民族统一战线?以吕振羽为首的塘院即提供了上述这样一种可资借鉴、适时的合作模式。应当说,这种合作形式在当时西南地区产生了很大影响,因为在它之后,在这些地区也相继出现了类似的合作形式。无疑这是塘院的一大历史贡献。

第二,塘院的战时教育模式,为现代国民教育提供了"因材施教""通识"教育,和"学生自治"的成功教育范式,特别是在教育指导思想上,其中突出的一点是:塘院坚决贯彻吕振羽的正确主张,认为教育"最重要的",是"坚定"青年的"决心和信念",这种"坚定""决心和信念"教育,对我们今天加强青年的政治思想教育,引导青年树立和践行社会主义核心价值观,培养中国特色社会主义事业的建设者和可靠接班人,具有战略指导意义。因为在这里,吕振羽所倡导的"坚定"青年的"决心和信念"教育,实际上也是我们今天所说的对青年,尤其是青年学生进行思想政治品德教育的重要内容之一,其关键点是"理想信念"教育。"理想信念"教育对当今青年之教育意义重大,诚如习近平总书记所指出的,理想信念就是共产党人精神上的"钙",没有理想信念,理想信念不坚定,精神上就会"缺钙",就会得"软骨病"[46]。由此可见吕振羽当年所倡导的对青年进行"坚定"其"决心和信念"教育,对如何在新形势下教育、引领当代青年发展具有重大的指导意义。

第三,塘院在湖南邵阳地区的洞口、新宁、城步、绥宁、金称市等地建立了中共地下党的组织,为后来中国共产党在邵阳地区的工作创造了条件,对邵阳地区的革命斗争产生了重要的作用。如1949年2月底,在中国人民解放战争节节胜利,全国解放大局已定的形势下,邵阳四望乡(今邵阳白仓镇)国民党乡队副莫新春和唐道光、李梦麟等发动武装起义。在他们"要求帮助寻找"中共地下党组织之时,时在蛰伏状态的中共金称市支部立即果断决定"先派"党员"张必烈、易延耀加入莫部,协助抓好部队工作"[47],后"又陆续派出彭义方、李众卿、曾英民、唐建梧等十四个党员到莫部工作"[48],并使其及时得到上级党组织的有力领导和改造,为这支部队后来编入湖南人民解放总队湘中第二支队、配合解放大军解放邵阳和武冈等地准备了条件。

第四,塘院历练、培养出了一大批"渴求真理,追随伟大的中国共产党"的抗战急需的精英人才。据不完全统计,塘院虽只办学几个月,但培养学生250余人。这批人后来或参加新四军,或去延安,或继续在国统区进行党的地下革命工作,他们均为抗日战争和尔后的解放战争的胜利作出了重大贡献。

我们今天纪念塘院创建80周年,一定要继承和发扬塘院对党无比忠诚、勇于开拓、勇于创新的精神。当年,以吕振羽为首的塘院共产党人,当党的工作需要之际,毫不犹豫"为实现抗战建国的主张,开拓战时教育阵地"[49],并积极开展卓有成效的工作。"忠诚勤敏",既是塘院的"院训",也是塘院共产党人的真实写照,彰显了塘院的"院魂"。在国民教育上,我们要学习塘院的教育思想,发扬光大塘院的学风,借鉴塘院战时教育模式,倡导"坚定""决心和信念"教育,以加强青少年的思想政治教育工作。

总之,1937年全面抗战爆发之后,吕振羽奉党之命,"回湘开荒",他舍生取义,不辱使命,创办了塘院,并与塘院所有的办学同仁一道,全身心地投入塘院这所学校,他们"正确地执行和实现了省委规定的方针和任务,培养了一批干部,教育和组织了群众,建立了空白地区的党组织,宣传了革命的思想,播下了红色的种子"[50],在湖南乃至全国抗战史上写下了光辉的一页,我们在纪念塘院建校80周年的时候,应当铭记他们的这一历史功绩。

## ●注释

[1] 席宝田(1829—1889),湖南东安人,清末湘军将领。其以镇压贵州兄弟民族人民暴动起家,史称清廷"专倚席宝田,戡定苗疆"。早随新宁人刘长佑等,镇压太平军。1864年,在江西石城俘太平天国干王洪仁玕及幼天王洪天贵福,升布政使。因掠夺致富,引起舆论谴责,称病退职。清廷曾赏穿黄袍马褂,诰授中宪大夫,赐太子少保。席宝田曾费时多年,修建了这座占地近20亩,由17座砖木结构房子组成,四周高墙围绕、规模恢宏、精雕细镂、豪华气派的大宅院,即塘田宅院。塘田宅院是席宝田的府邸之一。

[2][8][10][11][16][17][18][19][30][37][38][40][44][45][50]《吕振羽全集》(第十卷),人民出版社2014年版,第132页,第136页,第130—131页,第130页,第132页,第131页,第131页,第133页,第133页,第134页,第134页,第581页,第139页,第139页,第139页。

[3][15][21]徐特立:《在湘十个月的工作报告》(1938年9月),载湖南省档案馆:《湖南革命历史文件汇集·中央及中央局省级文件(1937年至1945年)》(甲·12),长沙飞鹏印刷有限公司2007年版,第219—220页,第214页,第219页。

[4]《郭光洲关于湖南党的工作概况给中央的报告》(1939年11月30日写于重庆),载湖南省档案馆:《湖南革命历史文件汇集·中央及中央局省级文件(1937年至1945年)》(甲·12),长沙飞鹏印刷有限公司2007年版,第319页。

[5][13][22][24][27] 戴开柱:《论抗战初期吕振羽在湖南的革命活动及其历史地位》,《史学集刊》1996年第1期。

[6][9][32][35][36] 邓晏如:《忆塘田战时讲学院》,载《湖南文史资料选辑》(第18辑),湖南人民出版社1984年版,第40页,第24页,第27—28页,第28页,第28页。

[7][26]《徐特立关于湖南二、三两个月统一战线工作情况给中央的报告》(1939年4月23日),载湖南省档案馆:《湖南革命历史文件汇集·中央及

中央局省级文件（1937年至1945年）》（甲·12），长沙飞鹏印刷有限公司2007年版，第286页，第286页。

[12]《聂洪钧关于中共湖南省委一九三八年至一九四〇年的工作报告》（1941年1月中写），载湖南省档案馆：《湖南革命历史文件汇集·省级特委及中心县委级文件（1938年至1941年）》（甲·13），长沙飞鹏印刷有限公司2007年版，第90页。

[14] 湖南省档案馆：《抗日战争时期湖南地下党历史文献选编》，湖南人民出版社1985年版，第47页。

[20]《任作民关于湖南诸般情形及党的工作的报告》（1940年2月21日），载湖南省档案馆：《湖南革命历史文件汇集·中央及中央局省级文件（1937年至1945年）》（甲·12），长沙飞鹏印刷有限公司2007年版，第391页。

[23][49] 陈啸天：《忆塘田战时讲学院》，载《峥嵘岁月》第5集，湖南人民出版社1984年版，第231页，第228页。

[25] 杨仲子：《爱国老人覃振》，《人物》1986年第5期。

[28][34]《吕振羽全集》（第九卷），人民出版社2014年版，第495页，第495—496页。

[29]《塘田战时讲学院第二期招生广告》，载吕坚主编：《吕振羽画传》，紫禁城出版社2008年版，第61页。

[31] 为容：《写在塘田解散以后》，《抗战日报》1939年5月19日。

[33]《吕振羽全集》（第二卷），人民出版社2014年版，第292—293页，第299页，第316页，第321页。

[39]《邵阳市交通志》，中州古籍出版社1991年版，第1页。

[41][42] 戴中翔、姚克俭、刘兴汤：《建国前邵阳党史概述》，《湘潮》1987年第8期，第31页，第31页。

[43]《鲁迅全集》（第四卷），人民文学出版社1981年版，第190页。

[46]《习近平在十八届中共中央政治局第一次集体学习时的讲话》，http://www.gov.cn/ldhd/2012—11/19/content_2269332.htm。

[47][48] 中共邵阳县委党史办：《夫夷星火》（党史资料丛书第1集），中共邵阳县委党史办1991年版，第60页，第60页。

（作者系长沙学院法学院教授）

# 中共党史中的沧海遗珠
## ——抗大式的塘田战时讲学院

李小坚　邹　典

1938年9月，塘田战时讲学院在湖南省武冈县塘田市境内（今属邵阳县）建立。这是一所由国共合作创办，用于培养基层抗日干部和游击战军事人才的学校，因其播下的革命火种点燃了当时的抗日救亡运动燎原之势，在中共党史中有着特殊的历史贡献，史称"南方抗大"。

## 一、危难中的忠诚担当

1937年7月7日，七七事变爆发，日本帝国主义发动了全面侵华战争。在此期间，国民党大力推行片面抗战路线，正面战场保存实力，导致大片国土沦丧，生灵涂炭。1938年5月，毛泽东同志在《论持久战》一文中，针对国内当时存在的两种错误倾向"亡国论""速胜论"进行了批判，精辟地阐明了中日战争是持久战，最终胜利属于中国，并把抗日游击战争提高到了战争的战略高度。

### （一）走在前列

依据武汉可能失守，湖南危急的局势，中共湖南省委和中共驻湘代表徐特立同志提出在日寇攻入湖南时，我党应独立领导开展游击战争，并创立抗日民主根据地。以吕振羽同志为首的学界名流走在前列，纷纷致信国民党湖南省政府主席张治中，提出"保卫大湖南"的主张，要求一方面彻底发动群众，另一方面为抗战积极准备条件。考虑到巫山与雪峰山附近，其自然条件和社会条件适合开展游击战，而利用已有学校培养游击战军事干部目前不可能[1]，吕振羽同志向省委提议，在四明山附近开办一所为开展游击战争作准备、培养地方游击战军事干部的学校[2]。这一提议很快得到了徐特立同志和王凌波同志的赞同。他们随即写信向党中央、毛泽东同志和张闻天同志做了专题汇报，得到了党中央的同意和肯定。

## （二）勇立潮头

1938年6月，湖南省委在得到党中央创办学校的同意后，综合考虑了人选及选址两大问题，最终决定派吕振羽同志前往武冈塘田市创办塘田战时讲学院，并由其担任学院的副院长，负责学校的筹办、管理工作。定址武冈塘田市，一方面考虑到此地位于湘西南，周边均为山区，四面环山，自然条件极其适合开展游击战；另一方面地处相对稳定的敌后方，能够给师生提供足够安全的学习环境，具备创办学校的社会条件。在如此危难、紧急的时刻，共产党人吕振羽同志挺身而出，勇立潮头，接下了湖南省委指派的筹办学校的重任。

## （三）干在实处

吕振羽同志不仅熟悉武冈塘田市的地理环境和民俗乡情，还有着极广的人脉资源。1938年7月，吕振羽同志凭借这一优势积极开展筹办工作[3]。先是在原区立小学校长兼区董吕遇文（吕振羽族侄、当地开明绅士）的帮忙下，顺利借得清末太子少保席宝田的"塘田别墅"，后委托吕遇文负责院舍修缮方面的筹备事项，分步落实塘院的筹办工作。以塘院创始人吕振羽同志为首的共产党人，始终怀揣民族大义，牢记初心使命；始终怀揣家国情怀，肩负忠诚担当，为党尽职尽责，无私奉献，使得塘田战时讲学院登上历史舞台，推动抗日救亡运动的发展，自此彪炳史册。

# 二、统战中的灵活斗争

在国统区眼皮底下筹办一所抗大式的学校，自然是困难重重。为了团结各方人士共同抗日，减少办学阻力，争取讲学院的合法存在和发展，省委决定尽可能通过广泛的统一战线形式来建立塘院。

## （一）巧施离间，联合力量

吕振羽同志在得到湖南省委筹办学校的指示后，第一时间利用统战关系，邀请时任国民党政府司法院副院长覃振为院长，时任湖南省参议会议长赵恒惕为院董事会董事长。当时，湖南国民党内部何键派、CC派、复兴派三派争权夺利，明争暗斗。在取得覃、赵二人同意后，吕振羽巧妙利用国民党之间的派系矛盾，灵活采取联合何键派、孤立CC派、中立复兴派的做法，最终取得了何键派支持，也顺利邀请了一些湖南省国民党著名人士参加塘院董事会。如湖南省政府主席张治中（学院名誉董事）、国民党湖南省党部执委刘子奇（何键派，学院董事）、湖南第六区（邵阳）专员李琼（何键派）

（学院董事）、湖南第六区保安司令岳森（学院董事）、湖南省武冈县县长林拔萃（学院董事）等。在塘院的筹办中，吕振羽同志联合了各级、各领域的统战力量，使得塘院得到了广大爱国民主人士的拥护与支持，甚至"国民党多次想查封，都给覃振顶住了"[4]。

（二）"旧瓶装新酒"

虽然联合了广大爱国民主人士，但办学阻力仍不容小觑。湖南省教育厅厅长朱经农（CC派）先是拒绝担任名誉董事，紧接着以限制成立私办大专学校为借口，声称"须按合法手续进行筹备"，企图阻止讲学院的筹建。针对这一情况，吕振羽等人研究决定，一方面复函朱经农，以"讲学院非正式大专院校性质，乃系旧时书院式的战时讲学机构，不能按平时大专学校的手续筹备"[5]为由，迫使其无法阻止；另一方面为避免中途生变，着手在报纸上刊登招生广告，并分送各县教育局、学校，请其保送学生，同时省委还通知各县、市党组织选派优秀青年入学。

（三）独立自主，绝对领导

讲学院当时并没有打出中国共产党的旗帜，甚至聘请了7位国民党上层人士作为塘院董事，但通过团结一切可团结的力量以及灵活机动的斗争策略，确保学院的工作始终坚持独立自主，始终坚持共产党的绝对领导。通过建立党支部、党的三人小组，对学校工作等一切重大问题进行决策，将学院的实际管理权牢牢掌握在共产党人手里。为了避免暴露吕振羽同志的政治面貌，作为三人小组组长的他既不参加党支部活动，也不对外公开三人小组具体情况，作出的研究决定由支部书记杨卓然同志带到支部会上讨论，再贯彻执行。正因为塘院在筹办过程中，始终坚持党的建设和统一战线的有机结合，始终坚持"以斗争求团结则团结存"，秉承独立自主的灵活斗争精神，才能顺利办学和发展起来，亦才能在多股势力交锋的政治环境中始终保持正确的政治方向，实行战时教育，推动抗战救亡运动事业的发展。

## 三、办学中的艰苦奋斗

1938年9月16日，筹备3个多月的塘田战时讲学院正式开学。当时，塘院直属省委领导，是省委工作重点之一。徐老还曾将创办塘院的情况写信向党中央、毛泽东作了汇报，并"要求派几个下级干部出〔去〕当学生，将陕公和抗大的学风带去，以便在湖南进行抗战教育"[6]。因此，塘院的负责干部，除事务主任吕遇文之外，都是省委派去的，且多为我党党员和进步人士；教员则以经湖南省委党支部介绍和考察的城市知识分子为主，多是中共党员和致力抗日的名流学者，如著名文学家张天翼、王西彦，国学家吴剑丰，科学家陈润泉，语言学家曹伯韩，中共党员雷一宇、游宇、李仲融、陈啸天等人，都曾先后在此任职。

（一）吃苦耐劳，无私奉献

这些教员在城市、大学工作的时候，薪酬丰厚，生活相对优越。来到塘院后，由于办学经费不足，所收学费亦微不足道，因此教职工待遇很低，与学员同吃同住，没有固定工资，学院仅提供住宿及每月伙食费，生活条件十分艰苦。其实，塘院教师"愿拿微薄的生活费，丝毫不足奇怪，在伟大的民族自卫战争进入紧急阶段的今天……就应选择最能打击敌寇和最能贡献自己力量的岗位努力工作，而决不应该谈金钱禄位，谈个人的幸福安宁"[7]。教员们不仅将金钱俸禄置于脑后，还常尽其所能，周济困难村民。2016年，采访儿童识字班周仪平老人时，他还能清晰地回忆起，吕振羽的夫人见他寒冬腊月里衣裤单薄、光着双脚学习，便取回一双布鞋给他穿上的情景。

（二）凝心聚力，砥砺前行

塘院共有学生二百五十余名，有湘西南的高、初中青年，有外省的革命烈士子女和革命同志的家属。男女青年济济一堂，塘院根据学生文化程度的差别，分设研究班、补习班，开设不同的专修课程和抗战教育课程，如中国民族解放运动史、抗日民族战争讲座等。但由于办学经费短缺，基本教学设施缺乏，教员只能亲自选编符合战时需要，并巧妙融合马列主义、中共抗战路线方针政策的教学内容，再由木匠用活字木版刻印或同学自己用蜡纸油印，甚至亲笔抄写。在战火纷飞的时期，物资十分匮乏，师生们凝心聚力，缺乏条件也要创造条件学习，没有一个人因学习、生活条件艰苦做"逃兵"，始终渴求真理，忠于理想，坚持信仰。正是这拧成一股绳的学风，使得塘院名声大噪，更多的有志青年慕名而来，也因此引起了国民党当局的注意。

## 四、实践中的群众路线

塘院是一所成立于抗战时期的学校，除了须承担培养抗日军事干部的教学任务以外，还在创办过程中不断联系群众、发动群众、依靠群众、服务群众，践行群众路线，坚持从群众中来，到群众中去。

## （一）唤醒群众图救亡

1938年11月，塘院派教师雷一宇和学生申苏民着手筹建青年抗战服务团。该团一方面吸收青年团员，为党组织的发展储蓄后备力量；另一方面建立抗日救亡文化宣传站，下设民众阅览室、民众学校、农民夜校、妇女识字班和宣传队等，致力于抗日宣传工作。尤其是抗日救亡文化宣传战，围绕共产党的全面抗战路线，坚决反对妥协投降，坚持持久抗战、游击战争，在群众中产生了良好的宣传效果，使得群众的心紧紧地与抗日战争联系在一起，唤醒了群众救亡图存的意识，播下了革命的火种，为团结各界人士共同抗日作出了贡献。

## （二）教育方式接地气

塘院学员还根据学院"树立文化据点于农村，树立救亡工作据点于农村"的办学宗旨以及抗战文化运动"向乡村深处发展"趋势需要，创办民众夜校，组织救亡室、读书会、歌咏队、识字班等，建立抗日救亡活动据点，在附近地区开展民众教育，并根据当地群众需要，采用喜闻乐见的方式进行抗日宣传。编写通俗押韵的课文鼓舞民心。比如"帮工莫帮王老五，出门一担灰，进屋一担土，要想吃肉除非过端午，大娘切，二娘数，一股狂风吹到宝庆府""塘田塘田，美丽家园。盛产稻谷，又产甘蔗……我爱塘田，我爱家园。决不允许，鬼子侵占"。这些通俗易懂的语句，至今仍被群众所铭记、传诵。采用朴实无华的形式凝聚民心。比如演出、创作歌曲等。每次演出都能吸引好几百人围观，如在演到"烽火中"一幕时，"他们可怜着难民，老太婆流了眼泪，他们诅咒汉奸，当看到我们的游击队出来时，都高兴地笑了"[8]，每一幕情节都牵动着群众的心。

## （三）服务群众叙深情

广大群众在通俗易懂的教育以及朴实无华的艺术感染下萌生了强烈的爱国意识，催生了强大的抗日后备力量，也与学院、师生建立了非常深厚的感情。塘院师生不仅为群众授课，传递知识，鼓舞民心，在群众心中撒下了革命的火种，为当地群众所接纳；还在课余帮老乡做农活、收割庄稼、修缮房屋、打扫卫生，与群众打成一片，亲如一家，"当地群众常将自家的李子、甘蔗、花生等偷偷放入王时真（后改名江明）同志（吕振羽夫人）办公室抽屉和教识字班老师的口袋"[9]。塘院师生众志成城，并保持与群众的鱼水之情，使得学院影响力不断扩大，最终引起了国民党当局的警觉，学院与其的斗争日益尖锐。1938年11月，张治中因文夕大火被免职后，CC派头目陈立夫一纸电令[10]，命薛岳查办讲学院。在薛岳的督办下，武冈县政府不敌压力，于1939年4月20日发出布告[11]，勒令解散塘田战时讲学院。

1939年4月21日，塘田战时讲学院被迫停办。至此，一所位于国统区、在夹缝中坚持斗争的抗大式讲学院，在成立的8个月画上了句号。虽然"南方抗大"在党史上留存时间不长，历史地位甚至容易被人忽视，但其历史贡献不容小觑。1945年冬，周恩来在延安出席湖南工作座谈会时，充分肯定了塘田战时讲学院在抗战时期的历史贡献，多次强调"塘田战时讲学院像一座熔炉，投入矿石，铁水奔流，被反动派猛力一砸，火花四溅，变成了无数火源，到处燃烧"[12]。如果说延安抗大是革命老区培养党的高层次抗日干部的摇篮，那么这所抗大式的塘田战时讲学院便是国统区培养基层抗日干部的革命熔炉。

毛泽东同志曾凝练概括的抗大精神[13][14]，在塘院这颗沧海遗珠上迸发出了鲜活的生命力。无论是在危难中坚持忠诚担当的政治本色，在团结中运用灵活机动的斗争战略，在办学中坚持艰苦朴素的优良作风，还是在实践中坚持与人民群众的血肉联系，都是新时代不可估量的精神财富。

## ●注释

[1] 徐特立：《在湘十个月的工作报告》（1938年9月），"想要利用已有的学校，目前不可能。过去曾经利用过临时大学的训练班，目前省党部防范严密，不可能进行"。载《抗日战争时期湖南地下党历史文献选编》，湖南人民出版社1985年，第12页。

[2] 吉林大学社会科学研究处编：《吕振羽和中国历史学》，吉林大学出版社1996年版，第16页。

[3] 邓晏如：《忆塘田战时讲学院》（1983年7月），"1938年6月，中共湖南省委和八路军驻湘代表徐特立同志，根据吕振羽同志的提议……决定在武冈塘田市创办塘院，并派吕振羽同志负责筹备"。

[4] 杨仲子：《爱国老人覃振》，《人物》1986年第5期。

[5] 湖南省政协文史学习委员会编：《长留雅韵足三湘：吕振羽纪念文集》，民主与建设出版社2016年版，第113页。

[6] 徐特立：《在湘十个月的工作报告》（1938年9月），载《抗日战争时期湖南地下党历史文献选编》，湖南人民出版社1985年版，第12页。

[7] 吕振羽同志在塘田战时讲学院召开孙中山先生纪念周会议时提及。

[8] 中共邵阳地委党史资料征集办公室编：《抗日战争时期党在邵阳的活动》，中共邵阳地委党史资料征集办公室编，1985年版。

[9] 塘田战时讲学院学生手写《塘院回忆录》中载明。

[10] 电令原文："据报，塘田战时讲学院，实即奸党之'西南抗大'，宣传错综复杂的思想，愚弄青年，欺骗群众，捣乱社会秩序，危害三民主义，应严加查办，治乱未萌……"

[11] 布告原文："查有吕振羽者，假借覃院长、赵参议长名义，擅自开办塘田战时讲学院，宣传错误思想，愚弄青年，蛊惑民众，图谋扰乱社会秩序。兹派员率兵前往，勒令解散，丝毫不得姑徇。该院员生人等如有抗拒情事，准予格杀勿论。"

[12] 《大团结大联合·湘潮奔涌话同心——"南方抗大"：塘田战时讲学院》，《新湖日报》2021年6月15日。

[13] 1937年3月，毛主席为抗大同学会成立题词："坚定正确的政治方向，艰苦朴素的工作作风，灵活机动的战略战术"。

[14] 胡良甫、阮芳纪、戴开柱主编：《吕振羽研究文集》，中国社会科学出版社1999年版。

［李小坚，中共邵阳市委党校、邵阳行政学院常务副校（院）长；邹典，中共邵阳市委党校、邵阳行政学院党史党建教研部讲师］

# 抗战背景下的塘田战时讲学院

王欣欣

塘田战时讲学院是抗日战争时期，中共湖南省委委派湖南省文化界抗敌后援会研究部主任吕振羽负责创办的一所培训基层抗日干部的学校，是中国共产党抗日民族统一战线的产物。陈立夫说："塘田是共产党办的南方抗大。"徐特立称它为"统一战线的中间桥梁"[1]。

## 一、塘田战时讲学院的创办

塘田战时讲学院有着多方面的创办背景，在严峻的抗战背景、国共合作的政治背景和独特的抗战文化背景的相互作用下，孕育出这么一所专为培训抗日骨干人才的军政学校。1937年七七事变后，抗日战争全面爆发，抗战形势日益严峻，为民族生存而奋斗的中国人民，时刻在渴望着抗日战争的胜利。然而，此时执政的国民政府为了巩固其独裁统治，在国民党控制的学校里，始终向学生们灌输着"莫问国事""一切自有政府安排"的"去政治化"思想[2]。在抵抗日军的正面战场上，执行着"消极抗日、积极反共"的抗日方针，国民党军队节节败退，上海、南京相继失陷，徐州、开封、安庆被迫放弃，"亡国论"和"速胜论"的社会舆论甚嚣尘上。在这种困难局势下，毛泽东同志高瞻远瞩，发表了《抗日游击战争的战略问题》和《论持久战》，对"亡国论"和"速胜论"进行了彻底批判，否定了片面抗战路线和轻视抗日游击战争的错误思想，阐明了持久战的总方针和抗日游击战争的战略地位，要求全国各民族团结起来，坚持抗战，坚持统一战线，同敌人战斗到底。

全面爆发的抗日战争和日益严重的民族危机促进第二次国共合作，国共合作的政治背景为中国共产党在国民党统治区开办塘田战时讲学院提供了一定的便利条件。1937年11月，国民党将领张治中就任湖南省政府主席，他主张在抗战形势下要重视民众的力量，发展好国共两党关系，为保卫湖南积极创造条件。他不仅支持抗战文化运动在湖南地区的开展，也在一定程度上为塘田战时讲学院的创办和开展保驾护航。讲学院筹备期间，为了获得更多人的赞助和支持，争取学院的合法地位，加强统战工作，特意邀请了一些国民党上层人士担任学院董事会成员，张治中在得知讲学院的创办缘由和宗旨后，表示理解和同意，为塘田战时讲学院的顺利开办提供了有力支持。另外，刘岳厚、李琼、岳森等国民党人士均担任了讲学院的董事，甚至有些国民党人士直接参与到了学院的教学工作中。

塘田战时讲学院的创办也得益于湖南抗战文化运动的发展。1937年七七事变后，平津、京沪等地的一些湘籍学者、文化名人陆续返回长沙，在湖南成立湖南文化界抗敌后援会，开展抗日救亡运动。12月，吕振羽等人又在长沙成立"中苏文化协会湖南分会"，推动湖南的抗战文化运动进一步发展。年底，徐特立回到长沙建立八路军驻湘通讯处，使得湖南的抗战文化运动蓬勃发展，促成了抗日民族统一战线在湖南的实现。抗战文化运动的良好发展为塘田战时讲学院的顺利创建提供了十分重要的思想条件和社会文化背景。

1938年5月，吕振羽提出要由共产党人自己创办一所学校，培养抗战干部，为日后由我党单独领导湘西南抗日游击战作准备，这一提议受到了党中央的特别重视，迎合了党中央发展抗日力量的迫切需要，经湖南省委同意，委任吕振羽负责学院的筹备工作[3]。吕振羽考察实际，决定在自己的家乡武冈县塘田（今属邵阳县）创办这样一所学校，塘田位于苗岭山脉的巫山和雪峰山间的山区，既可以为开展游击战争提供地理优势，又可以为学院学子提供足够安全的学习环境。再加上吕振羽对此地较为熟悉，熟悉的乡土人情和极广的人脉，为办学工作的开展提供了极大便利，也为后期发展抗日骨干奠定了群众基础。另外，此处坐落着清末太子少保席宝田的塘田别墅，"可借用，占地宽广，适合做校舍之用，校名也因此而得名"[4]。经过3个多月的筹备，塘田战时讲学院于1938年9月16日正式开学[5]。

## 二、塘田战时讲学院的办学特点和突出贡献

塘田战时讲学院自1938年9月16日正式开学到1939年4月21日被迫停办，仅开展教学8个月，但在其存在期间，通过开展战时教育、宣传抗战思想、发展抗日力量，为民族解放事业辛勤培育了一大批抗战建国的新生力量，也为后来中国共产党在湖南地区开展群众运动、推动抗日进程作出了巨大贡献。

## （一）面向大众办学，开展战时教育

为了适应抗战需要，配合正面战场在湖南地区开展游击战争，在湖南创立抗日民主根据地，为共产党独立领导游击战争储备抗日力量乃是当务之急。而塘田战时讲学院的办学初衷正是为了解决这一燃眉之急，因此，讲学院的招生不局限于某一群体或某一地区，而是面向社会大众，只要"苟具备相当之基本知识，而有志求学者，并无学历资格之限制"[6]，这为广大青年学生、工人、教师、失业军人等各种社会职业的人提供了入学的可能性，学员也不局限于湖南地区，除了大多来自武冈、邵阳、新宁、东安、祁阳、湘乡、湘潭、宁乡等周边城镇，江西、福建、湖北及东北各省也有不少学生入校学习。

塘田战时讲学院是一所专门培训抗日基层干部的新型学校，其教学内容新，教学方法也新。它紧跟抗战文化的需要，以"坚持抗战，坚持持久战，实施战时教育，培养抗战干部"为教育方针[7]，以突出对学生的抗日救亡、爱国主义教育和马克思主义教育为教学内容。在实际的教学工作中，除开设国文、数学、自然等基础课程，还添加了中国革命运动史、战时防护常识、游击战术、体操等为抗日战争服务的针对性课程[8]。除此之外，吕振羽会利用每周周会和座谈会的机会就"中国革命运动史"和国内外形势发表演说，游宇、雷一宇、曹伯韩等人则以"孙中山先生纪念周会"的形式定期举办"抗日民族战争讲座"。讲学院的全部课程教材都由吕振羽带领任课教师进行编写，教材内容结合战时需要，紧紧围绕中国共产党在抗日战争时期的路线、方针、政策，方便学生了解抗战形势，具备军事政治常识。

塘田战时讲学院以教、学一致，理论与实践相结合为教学方法，以培养掌握科学文化知识，具备政治军事常识，关心国家大事，了解抗战形势，善于组织民众、宣传民众、开展民众教育的学生为任务，立足于为党组织培养抗日骨干的根本目标，在其创办期间为民族解放事业培养了众多优秀人才。

## （二）扎根农村阵地，宣传抗战思想

抗日战争期间，民族文化遭到肆意破坏，广大民众彷徨无措，亟须探求新的前进方向，而游击队的发展和民众的民族意识也需要抗战思想作为指导。因此，塘田战时讲学院适应抗战文化运动"向乡村深处发展"的趋势需要[9]，扎根农村阵地，以开展民众教育，宣传抗战思想为己任，将"树文化据点于农村""建救亡工作据点于农村""使学院成为救亡工作的策源地"[10]作为自身的办学宗旨。

为了宣传群众，组织群众，密切与群众的关系，以便战火蔓延到附近地区时领导群众开展游击斗争，开展民众教育是讲学院宣传抗战思想的重要组成部分。讲学院在学校里举办了儿童识字班、成年识字班和妇女识字班，组织周边的农民及其子弟参加，教学内容由简到繁，由浅入深，由近及远，由单字造句到叙事，由群众日常生活到社会生活和抗日救国问题，逐步培养群众的抗战意识和爱国情怀。街头剧团和歌咏队等在农村的活动也开展得如火如荼，他们穿梭于塘田市、金称市、黄亭市、塘渡口、回龙市等地，提高民众的抗日觉悟和抗战斗志，激发大家的抗战热情。讲学院还根据形势的发展，陆续派遣一部分同学回乡，以小学校为中心，建立救亡室、读书会、歌咏队、救护队等抗日救亡组织，建立文化宣传站、民众夜校和民众阅览室等抗战文化活动据点，大力宣传和开展抗日救亡工作，在湖南各处为抗日战争作出了巨大贡献。

（三）坚定救国理念，发展抗战力量

为实现抗日民族统一战线的战略计划，大力培训抗日骨干，组建一支听党指挥、作风优良的抗战队伍，是必不可少的重要环节。塘田战时讲学院以"忠诚勤敏"作为院训，以"精诚团结、英勇活泼、紧张严肃"12字作为院风，把"加紧学习，奋勇救亡，在这里锻炼的意志成钢，把思想武装。实行抗战救国的主张，争取中华民族的解放"这种抗战爱国情怀谱成气势磅礴的院歌[11]，始终贯彻坚持抗战救亡的爱国理念，将抗日救国作为全体师生的神圣职责，鼓励学生努力学习，在抗日救亡战斗中作出积极贡献。

塘田战时讲学院在救国理念的影响下，将发展抗日力量视为己任。在创建初期，吕振羽就曾设想能否像延安"抗大"一样创建一所专为共产党培训抗战骨干的学校；在筹办过程中，徐特立写信给毛泽东、张闻天，提出从延安抽调一些下级干部到讲学院当学生，将抗大、陕北公学的优秀学风带去，以达到在湖南实施抗战教育，培养抗战人才的目的[12]；在实际教学中，对于学生群体，开展战时教育，组织群众性革命团体"中华民族解放先锋队"，对于农民群体，教唱抗日歌曲，鼓动民众的抗日激情，写标语、办夜校、奔走于塘田市、西塘、油塘、塘渡口和塘田别墅之间[13]。

塘田战时讲学院在开办教学的8个月里，共培训两期学员250余名，中国共产党党员50余名，中华民族解放先锋队180余名，并在洞口、新宁、城步、绥宁、金称五个空白点秘密建立了中共组织。不仅为抗日救亡事业培育了一批优秀的军政干部，有力支援了抗日战争，也在邵阳地区为党的建设打下了良好的群众基础，推动党的建设伟大事业进一步得到发展。

### （四）坚持抗日民族统一战线，推动抗战进程

塘田战时讲学院直属中共湖南省委领导，采取非官方性质的统一战线形式开办教学。在塘田战时讲学院筹备时期，为了冲淡学院的政治色彩，加强统战工作，争取更多人的赞助和支持，取得合法地位，使学院能够长期存在下去，徐特立作出了不少努力。他先以八路军驻湘代表的身份，与覃振、赵恒惕等人进行了洽谈，又以老教育家的声望申明了创办战时讲学院，实施抗战教育，培养抗战人才的重要意义。经过他的不懈努力，最终赢得了国民党人士覃振、赵恒惕等人的理解和支持，使讲学院得以顺利创办。

在塘田战时讲学院的教职工人员中，更是体现了统一战线形式的优越性。覃振、赵恒惕、刘岳厚、李琼和岳森等国民党人士担任讲学院的董事，吕振羽等中共党员成立党的三人小组负责学院的实际工作，"学院的一切重要问题，均经三人小组研究决定"[14]。除了国共两党的党员之外，进步民主人士、爱国士绅也大有人在。旧官僚官员和地方士绅如刘子奇、李梯云、吕惠阶、李心徐等同意担任董事，著名文学家张天翼、王西彦，国学家吴剑丰，自然科学家陈润泉，语言学家曹伯韩等进步人士参与了日常教学。讲学院的创建以这种广泛的统一战线的形式来进行，不仅为前期的创办减少了阻力，也为后期讲学院的存在和发展提供了政治保障。这种非官方性质的以统一战线形式来开办战时培训学校，不仅贯彻实施了中国共产党的抗日民族统一战线政策，也为后续开展类似战时培训学校开了先河，不仅有利于调动各方面的抗日积极性，也推动了湖南抗日统一战线的进一步发展和完善。

塘田战时讲学院虽然存在的时间比较短暂，但它在中共湖南省委、八路军驻湘通讯处的领导下，为实现抗战建国的革命主张，为发展抗日民族统一战线，通过开展战时教育、宣传抗战思想，极大鼓舞了民众的抗战热情，为中共党组织培养了大批抗日骨干，扩大了党在湖南地区的影响，并为后续党组织发展群众、组织群众打下了坚实的基础，有力地推动了抗日救亡工作的开展，为争取抗日战争的胜利作出了巨大贡献。

## ●注释

[1] 湖南省教育史志编纂委员会编：《湖南近现代名校史料》（第3辑），湖南教育出版社2012年版，第2997页。

[2] 湖南省教育史志编纂委员会编：《湖南近现代名校史料》（第3辑），湖南教育出版社2012年版，第2995页。

[3] 江明、王建中：《回忆塘田战时讲学院》，载《邵阳县文史资料》（第1辑），邵阳县印刷厂1988年版，第16页。

[4] 刘茂林等编：《吕振羽评传》，社会科学文献出版社1990年版，第89页。

[5]《抗战日报》1936年2月26日。

[6]《塘田战时讲学院全体同学告别武冈人士书》，载《邵阳县文史》（第2辑），邵阳县印刷厂1991年版，第1923页。

[7] 为容：《写在塘田解散以后》，《抗战日报》1939年5月19日。

[8] 湖南省教育史志编纂委员会编：《湖南近现代名校史料》（第3辑），湖南教育出版社2012年版，第2996页。

[9] 武冈市志编纂办公室编：《抗战烽火中的武冈》，1995年版，第6页。

[10] 山艾：《年青的学校》，《抗战日报》1939年2月26日。

[11] 刘茂林等编：《吕振羽评传》，社会科学文献出版社1990年版，第90页。

[12] 邓宴如：《忆塘田战时讲学院的创建》，载《八路军新四军驻各地办事机构》（4），解放军出版社1999年版，第540页。

[13] 雷震寰：《忆"南方抗大"——塘田战时学院》，载《邵阳市文史资料》（第1辑），1982年版，第59页。

[14] 刘茂林等编：《吕振羽评传》，社会科学文献出版社1990年版，第90页。

（作者系武汉理工大学马克思主义学院硕士研究生）

# 缅怀前辈　共创美好未来

谭安利

作为讲学院师生的后代,能受邀参加塘田战时讲学院建院80周年研讨会,深感荣幸!有机会全面了解讲学院的光辉历史,缅怀和学习革命前辈为了国家民族顽强奋斗、无私奉献的精神,与嘉宾和朋友们学习交流,十分难得。这次研讨会,对于铭记历史、弘扬传统、继往开来,意义重大。谨向筹办研讨会的领导和全体工作人员致以崇高的敬意和衷心的感谢!

《夫夷史苑》纪念塘田战时讲学院80周年特刊那篇《学院首任党支部书记杨卓然》,讲的是我的大姨父。我大姨妈谭道瑛1926年于湖南第一女师毕业,同年加入共产党,是茶陵县家喻户晓的女中豪杰、革命烈士。

另一篇《学院身份特殊的军事教官李华柏》,介绍的是我的生父。李华柏,又名李世阡、李陌青,别号华白,1903年出生,原武冈县雷公铺人。1926年考入黄埔军校第五期炮兵科,1930年任南京中央炮兵学校练习队排长。李华柏是名副其实的抗战老兵,1932年上海一·二八事变时,时任十九路军炮兵营副连长的李华柏,在真茹村的炮兵阵地奋不顾身地与日寇作战,直到炮台被摧毁才死里逃生。当他赶上部队时,正准备给他开追悼会的战友们都十分惊喜。1934年南京陆军炮兵学校第二期毕业,历任该校教育副官、炮兵营长。李华柏1938年回到湖南,担任了塘田战时讲学院的军事教官。1939年学院停办后任国民政府军政部常德炮十一团团副,随即奔赴抗日前线,驻防陕西。1942年4月在西安经人介绍与我母亲谭珊英结婚。我母亲是湖南茶陵人,1909年出生,黄埔军校第六期女生队毕业,曾在厦门和上海做党的地下工作,被派往苏联学习一年多,时任西安两湖小学教师。值得一提的是,1932年上海一·二八事变时,李华柏舍生忘死地抗击日寇、奋勇杀敌,与此同时,母亲正在上海和谢冰莹、丁玲等人去十九路军浴血抗战的前线阵地慰问。

李华柏为官清廉、善待士兵。两次国共合作,他都是真心拥护。他曾对我母亲说,他以一辈子没打过内战而自豪。因为他上前线都是对外抗日,当年"围剿"中央苏区时，他在南京炮校任职；抗战胜利后打内战，他一直在团部留守，从未上过前线。

母亲讲过1947年在安徽马鞍山时，父亲帮助和保护部队里的共产党人的事例：有个姓汪的指导员有共产党嫌疑，团部开了秘密会议要逮捕他。李华柏会后马上通知该指导员离开，使其得以安全脱险。还有一次，有一个叫贺俊侠的青年人来到家里，母亲不认识他。李华柏对她说：他因共产党嫌疑从某部队逃出来，暂时在这里躲躲风，如有人问起来，就说是我侄儿吧。李华柏对他很好，母亲也十分同情他。在家里住了一段时间，有了着落才离开。

1948年冬，李华柏主动放弃了去台湾任职的安排，回到老家武冈，在武东中学教数学和英语，很受学生和乡亲们尊敬。1949年春，李华柏曾暗中支持侄子李梦麟（字孟林，1949年6月入党）参与发动白仓起义；对于大女儿李慈淑秘密参加地下党的活动，去新疆参加人民解放军，也给予鼓励和帮助。

我于1943年5月在西安出生。1948年秋，随母亲从安徽回到她的娘家茶陵，从此与父亲脱离关系。2013年10月，我年届古稀时，专程到父亲的老家寻根问祖，承蒙邵阳县党史办的刘生培先生送给我一本《中共邵阳县历史》，才知道父亲担任塘田战时讲学院军事教官的经历，于是特地到讲学院旧址参观，向当时的负责人欧阳资雄先生赠送了《黄埔女兵足迹》一书。在那特定的年代，父亲的照片早已失散殆尽，所有的亲人都没能留下一张。我煞费周折，终于从国家第二历史档案馆得到了一张复制件，《夫夷史苑》杂志刊登的李华柏照片，就是本人提供的。

李华柏是黄埔五期学生，又是南京陆军炮兵学校第二期毕业生，并担任炮校教育副官，到讲学院来任军事教官，无疑能够胜任；他在淞沪抗战的英勇表现和一贯不愿打内战、拥护国共合作的态度，是他当好教官的思想基础。可以设想，他与众多杰出的共产党人共事，一定非常愉快，也必然十分敬业。广纳贤才办学，正是国共合作全面抗战时期，中共湖南省委正确执行民族统一战线路线的体现，他们成功将讲学院办成一所培养抗战急需的地方干部和军事人才的、被誉为"南方抗大"的抗日军政大学，功德无量。

80年过去了，神州大地发生了天翻地覆的变化，讲学院师生等革命前辈为之奋斗的强国富民的理想已经成为现实。我和姐姐、兄弟及其家人，始终坚守理想信念，顺应时代潮流，在祖国的社会主义革命和建设事业中，在各自的岗位上，努力学习和工作，过着幸福的生活。

当下遵循解放思想、实事求是的原则，学术界对不少历史事实和历史人物作出了客观、全面的叙述和评价，还原了历史的真实。《夫夷史苑》杂志纪念特刊的文章，对我的生父李华柏做了较客观的正面介绍，肯定了他奋勇抗战的事迹和正直的人品，深感欣慰！十分感谢！

像我这样父母都是黄埔军人的，全中国屈指可数。《黄埔》杂志2013年第3期刊登了我写的一首诗《黄埔精神永存》，后四句是：

团结抗战驱倭寇，维护统一系海峡。
实现民族复兴梦，天下黄埔是一家。

目前，海峡两岸尚未统一。早日完成祖国统一大业，是所有黄埔后人的愿望。

相信这次塘田战时讲学院建院80周年研讨会，必将促进这所"南方抗大"史实的发掘和研究，使其革命精神更加发扬光大。

让我们继承"南方抗大"的优秀精神品格，为祖国的富强、人民的幸福作出力所能及的贡献，共创中华民族伟大复兴的美好未来。

（作者系原衡阳市机械销售公司干部，李华柏之子）

# 吕振羽唯物史观的一次生动实践
## ——对塘田战时讲学院的办学追溯

阳素云

1938年9月，中共地下党员、马克思主义史学家吕振羽受中共湖南省委和中共驻湘代表徐特立的委派，在湖南省邵阳县塘田市创办塘田战时讲学院。塘院运用党的统一战线策略，巧妙而又坚定地执行中共湖南省委提出的教育方针和教学计划。在8个月的办学教育过程中，250多名进步青年得到培训，其中50多名学员成为党员。塘院积极为中国共产党积蓄抗战力量和培养抗战精英，在湖南乃至全国的抗日战争和解放战争中作出了重大贡献。塘院办学是吕振羽寓唯物史观于抗日统一战线实践中的一次大胆尝试，具有深远的历史意义。

## 一、办学背景：唯物史观实践的时代条件

唯物史观认为，一切哲学的基本问题都涉及社会存在与社会意识的关系。不同的生产关系会形成内容和特点各不相同的社会意识，不同的社会环境条件变化则会作用于人们的意识形态，引发其相应的精神变化。马克思指出，环境创造人，同样，人也改变环境。揭示了人与环境的互相影响。20世纪30年代中国的环境，同样影响和决定着当时的社会意识。

### （一）日军侵华与中国社会形势

1931年日本发起了九一八事变，开始了对中国进行侵略的罪恶行径。至1938年，日军多次对中国采取猛烈攻击，全国各地生灵涂炭，人们生活处在水深火热之中。这一年夏天，全国最富裕的地区、重要的交通要道、著名的大中城市相继沦陷，人民惨遭屠杀和侮辱，四处流亡。[1]中国共产党在九一八事变后率先进行武装抗日，号召"工农武装起来反对日本帝国主义""救亡图存"。中国共产党从民族大义出发，为西安事变和平解决作出了贡献，为建立第二次国共合作和全国性的抗日战争创造了必要条件。中国共产党坚决主张停止内战和一致抗日的积极立场获得强有力的支持，无产阶

级革命阵营迅速扩大,抗日民族统一战线的形成已成必然。如在当时的湖南,中国共产党领导发动群众运动,成立文化界抗敌后援会,通过广泛发动群众参与和组织系列活动,宣传党的抗日救亡思想,扩大党的政治影响。

### (二)办学主张的确立

一定的思想在一定的环境中产生,特定的环境造就特定的思想。在1937年这个关键转折时期,国家的政治形势处于从国内革命战争到民族解放抗日战争的状态。毛泽东在当年5月3日的中国共产党全国代表会议上指出,"从国内革命战争到民族解放抗日战争,这个国家的政治形势处于一个关键的转折点。这种转变是不容易的,需要重新学习。重新训练干部,成为主要的一环。"[2]在这个理念的指导下,延安抗日军政大学的办学宗旨和办学活动在党内引起很大的反响。但在当时南方等红色革命的非中心区域,这方面的教育显然还是十分薄弱。1937年9月,中共党员、著名史学家吕振羽奉命返回家乡,组织成立"湖南文化界抗敌后援会"和"中苏文化协会湖南分会",其深刻感到中国共产党的全面抗日思想不能在国民党控制的学校中实施,只有通过办学才能建立起中国共产党在南方的组织和力量,培养优秀抗战人才。在征得上级组织同意后,1938年吕振羽创办塘院的思想变成为现实。吕振羽这一奋争,来源于他早年阅历的累积,他曾经期望走"工业救国"道路,受乌托邦社会主义和无政府主义的影响,对资产阶级民主充满了热情。但随着实践的深入,他对帝国主义的反动本质认知更深刻,对蒋介石政权也有了全新的认识。历经种种艰难探索,他终于走上马克思主义道路。从本质上来说,这正是他马克思主义唯物史观的逐步形成与体现并化作实践的过程,也是他从社会存在中提炼思想意识并尝试将这种意识作用于社会的产物。

## 二、办学过程:唯物史观实践的重要探索

塘院办学处在特殊的历史阶段,吕振羽贯彻唯物史观于办学始终,是在社会意识反作用于社会存在的能动方面用社会意识指导社会实践的重大创举,也是唯物史观在一定历史阶段的实际运用。

### (一)勇于解决社会矛盾的实践

在唯物史视野中,社会历史的发展是由其复杂的内外矛盾驱动的。马克思就曾指出:"人们在自己生活的社会生产中发生的一定的、必然的、不以他们的意志为转移的关系,即同他们的物质生产力的一定发展阶段相适合的生产关系。这些生产关系的总和构成社会的经济结构,即有法律的和政治的

上层建筑竖立其上并有一定的社会意识形式与之相适应的现实基础。"[3]毛泽东也在《矛盾论》中提到："在复杂的事物的发展过程中，有许多的矛盾存在，其中必有一种是主要的矛盾，由于它的存在和发展规定或影响着其他矛盾的存在和发展。"[4]九一八事变后，民族矛盾不断激化，吕振羽站在历史发展的角度，用马克思主义观点立场揭示帝国主义的反动本质，提出"弱小民族必须和帝国主义做坚决的、不妥协的斗争。殖民地半殖民地人民的革命斗争，不仅能使帝国主义失去立足之地，也将赢得自身的永远解放"[5]。他在塘院办学中用唯物史观做指引，顺应当时社会基本矛盾发展需要，力主抗战图存，具有强烈的时代感。

塘院办学在内容形式上与当时社会的主要矛盾相适应，是围绕当时社会矛盾的变化而进行的救亡图存的社会实践。主要体现在三个方面：一是建院初衷是为了培育抗战力量。抗日战争爆发后，中国人民开始了艰苦卓绝的民族生存斗争，同时也形成了国民党和中国共产党的统一战线。1938年夏天，国民党为保全实力从徐州撤退。日军准备进攻中原，攻占湖北，攻打武汉。5月，毛泽东发表了《抗日游击战争的战略问题》和《论持久战》等文章，全面批判亡国论，阐明持久战和抗日游击战的策略，号召全国团结起来，坚持全面抗战和建立统一战线。为了实现全国抗日部署，深入动员和组织群众在湖南建立抗日民主根据地，塘院就此诞生。二是教学内容突出抗战要求。塘院根据教育程度将学生分为研究班和预备补习班，学习时间为一年。其中，研究班主要包括历史、文学和哲学等课程；预备补习班设中山学说、国文、数学、自然等课程。同时，以"中国民族解放运动史""抗日民族战争讲座"、战时防护常识和体操等作为两级同学的共修内容，课程内容充分显示出塘院开展的是以阶级教育为中心的抗日教育。三是以多种形式实行抗战动员。塘院为激发学员的抗日热情，确立院训和院歌。学生们除了在课堂上学习知识外，还通过自救协会等组织投入大量时间和精力，举办抗日文艺报告会，编排抗日文化节目，教唱反战歌曲，开设夜校学习知识，围绕塘院方圆数十里的广大村庄和集市，集中进行抗日宣传。此外，他们还以塘院为中心，建立抗日救亡工作据点，如在当时武冈、邵阳、邵东、隆回等十几个地区均有战时救护队等抗日性质的基层动员组织。

### （二）致力开展阶级斗争的实践

唯物史观用阶级观点分析一切，认为阶级斗争是阶级社会发展的直接动力。马克思曾说："社会的物质生产力发展到一定阶段，便同它们一直在其中运动的现存生产关系或财产关系发生矛盾。于是这些关系便由生产力的发展形式变成生产力的桎梏。那时社会革命的时代就到来了。"[6]列宁也曾指出："马克思主义者不应该离开分析阶级关系的正确立场。"[7]阶级斗争是社会生产力与生产关系、经济基础和上层建筑矛盾运动的根本表现，当马克思主义传入中国之后，中国共产党面临着复杂而尖锐的阶级斗争。吕振羽在开展中国古代历史的创造性研究中，运用马克思理论和历史观，肯定社会是不断发展的，先进的无产阶级一定会经过残酷斗争推翻资本主义社会，即"工人阶级已成为资产者阶级的掘墓人"[8]。就这样抽丝剥茧，吕振羽找到了马克思主义中国化的合理事实，找到了当时的中国社会阶级斗争中有力的思想武器。

塘院办学是着眼于阶级斗争的发展变化，并将其恰当运用于中国特殊历史条件下的社会实践。一是按照党的意图组建和领导。毛泽东同志发表了《抗日游击战争的战略问题》和《论持久战》等文章后，吕振羽在中共湖南省委的指导下，发挥统一战线作用组建起塘院。塘院由湖南省委直接领导，是省委的重点工作。省委和徐特立同志对塘院的工作非常重视，经常给予指示，塘院大小事务主要由吕振羽领导的三人领导小组决定。可见，塘院的建立和存续，都是在党的直接领导下进行的，完全体现党的意志。二是贯彻党的教育路线方针。塘院的教育政策体现了抗战教育的阶级性，寓马列主义于爱国教育当中。在教学当中，它将课堂教学与课外教学、生活实践和工作实践相结合，贯彻了群众教育方针，开展识字班，主动与群众打成一片。三是突出了党的斗争策略。塘院贯彻国共合作理念，运用抗日统一战线，把握矛盾，赢得多数，反对少数，保持了理性、克制。塘院在成立之初，就利用了国民党CC派、复兴派和何键派之间的矛盾，选择邀请国民党司法院副院长覃振任院长。在办学当中，吕振羽与国民党的破坏分子进行了坚决的斗争，在学院被迫解散时一面尽量拿出事实对学院内外群众进行教育，揭露敌人的反动面目；一面在面对缴出"院印""院牌"和全院人员名册等无理要求时据理力争，认真细致地做好学员撤退和疏散工作。塘院办学运用中国共产党的斗争策略，争取了主动，产生了积极的影响。

（三）坚持人民创造历史的实践

人民群众是指在社会历史上起促进作用的绝大多数社会成员的总和，它是唯物史观中的一个重要范畴。在马克思看来，作为历史的决定性力量的人民群众，不仅是社会物质财富和精神财富的创造者，也是社会制度变迁的决定性力量。恩格斯曾指出:"在十七世纪的英国和十八世纪的法国,甚至资产阶级的最光辉灿烂的成就都不是它自己争得的,而是平民大众,即工人和农民为它争得的。"[9]决定历史进程和人类发展的根本力量是作为主体的人民群众。正因如此,唯物史观也就是人民群众史观,坚持人民群众是历史的创造者和主人,是我们坚持历史唯物主义的基本原则。吕振羽运用马克思主义辩证思维的方法,注意描述劳动人民在历史发展中的作用和地位,认为劳动人民的命运是历史的命运,这是他始终坚持的方向。塘院办学是通过启发人民群众对社会环境的认识,以抗战的激情号召和团结群众积极参与,这为党的工作提供了厚实的群众基础和宝贵的工作经验。一是充分利用抗日统一战线的时代趋势。塘院办学发生在建立抗日统一战线的背景之中,特有的时代背景赋予其存在的时代可能。在当时日寇威胁武汉、祸及长沙的情况下,国民党的部分有识志士能够认同"兄弟阋于墙,外御其侮"的民族大义,理解和认同党的战时讲学动员工作的意义。因此,在中共湖南省委的领导下,塘院能够以抗日统一战线的名义办学,宣传发动民众抗战,进行阶级教育,并在塘院撤离后在周边县建立党的组织。借力发展的结果,是使塘院以抗战的名义较为成功地争取到外界支持,从而使其存续了一段时间。二是提高群众的觉悟。塘院办学就是在当时社会环境中发动一切可以发动的力量,它还强调依靠和动员群众的路线和政策,深入发动群众办学,举办群众识字班和不同形式的抗战宣传活动,激发群众的阶级觉悟和爱国热情。塘院始终与群众打成一片,开展群众路线工作,为中国共产党日后工作创造了有利条件。

## 三、办学成果:唯物史观实践的精神遗产

塘院在中共湖南省委的领导下创办,自始至终有正确的办学理念,使一大批信仰坚定的党的干部得到培养、一大片空白地区的党组织得以建立、一大波革命思想得到传播。塘院在当时艰苦的抗战环境中显得风采奕奕,展现出丰富的精神内涵。

### (一)直面现实的开拓精神

任何事物都不是凭空产生的,必然有其发生发展的前因和后果,而历史是所有事物的来源,看待任何事物,都不能脱离历史的范畴。1938年武汉会战失利后,长沙面临前所未有的危机,在这关口何去何从,成为摆在人们面前的艰难选择。吕振羽敏锐地看到了社会发展形势,决意依据发展趋势积极准备,主动作为,利用湖南苗岭山脉的巫山和雪峰山为中心的有利地形开辟

抗日民主根据地。同年吕振羽赴邵阳塘田，途中他吟诗表达心境："八月夫夷泛客舟，江水迎船向北流。节劲古木夹横岸，山穷不是水尽头。"[10]在"保卫大湖南"，彻底发动和组织群众的背景中，中国共产党独立领导开展游击战争，开辟抗日民主根据地完全是一种开创性的尝试。这种开创新事物的勇气，源自马克思唯物主义者致力探究真理的初心。

创新是创造性实践行为中的一种，是对事物和发现进行利用与再创造，以推动物质世界的矛盾运动。人类通过不断的发现创造，产生出新的矛盾关系，催生新的物质形态，促进人类向前发展。新时代要理解和处理社会矛盾，正需要吕振羽创办塘院这样的创新眼光与开拓勇气，要勇于投身于创造性的实践行为中，取得新发现，推动社会新的进步。

（二）顺应时势的担当精神

以史为镜，可以知兴替。运用历史的观点看待事物，有助于我们在分析和处理问题时更加全面、立体、客观，更加接近事物的客观规律。吕振羽创办塘院，自始至终在贯彻党的方针政策、培养党的后备干部上高瞻远瞩，体现其忠诚于党的担当精神。"春申沦陷东南倾，又报寇骑迫洞庭。为保湘山同扣楫，身衔成命过邵城。"[11]从1938年吕振羽自长沙去塘院过邵阳双清亭时所作的这首诗中能看出："迫洞庭""衔成命"是其肩负上级委以的重任，其回乡是"为保湘山"。为完成这一使命担当，吕振羽在极为艰难的处境中周旋、斗争，多次化解困难，用实际行动来挑起办学的重担。为办好一所中国共产党领导下的干部学校，他采用了中共地下党员刘寿祺建议的"旧瓶装新酒"的办法，请国民党元老、达官出面担任要职，由共产党掌握实际领导权，实现党对办学的具体领导。这和当时中国共产党的主张极为契合，这充分说明吕振羽深谙历史，对历史的深刻认识和深厚的历史修养使他产生对无产阶级革命的坚定信念。塘院办学是吕振羽作为一名中国共产党党员运用历史服务于中国革命的一次践行，充分体现了其担当精神。这种践行在新时代的今天依然弥足珍贵。在2018年全国组织工作会议上，习近平总书记指出，贯彻新时代党的组织路线，建设忠诚干净担当的高素质干部队伍是关键，重点是要做好干部培育、选拔、管理、使用工作[12]。中国共产党一贯将担当精神作为党员干部的基本要求，新时代的党员干部更要能够坚持原则、认真负责、迎难而上，凸显担当气魄。

（三）追求正义的斗争精神

坚持实事求是，反对脱离历史条件的空谈蛮干，是唯物史观的重要方面。唯物史观认同在认清历史形势下,利用一切有利条件和时机,推动人类社会向更高的物质文明和精神文明发展。从办学情怀来看,塘院办学无疑是保卫乡土、弘扬湖湘文化和中华精神的时代写照。"塘田学,遐迩树风声。顽党蜚谣复布谍,兵围三路虎狼行,伪电两册盈。塘田学,风雨斗争深。建党安排巧撤退,迅雷疾雨激人心,长足入山岑。"[13]塘院办学,有多股"顽党"、多方"兵围"、多部"伪电",还有电闪雷鸣般的"风雨斗争",这本是一条充满艰辛与坎坷的未知之路,可是在民族面临巨大危机的时代,面对各种矛盾尖锐复杂的社会环境和广大人民灾难深重的生活,吕振羽忧时爱国、保卫家国的激情被点燃。当时的塘院,师生在"迅雷疾雨"中无畏前行,已经成为奋起斗争、保卫乡土、团结向上的集体向往,勉励着那些满怀爱国情操和浩然正气的塘院学员成长进步。

## 四、结语

塘院办学虽然在国民党反动派的镇压下没能长久持续,但这不影响它成为吕振羽运用唯物史观的一次生动实践,是吕振羽对唯物史观的丰富内涵和独特价值的展现,在当今时代依然有着重要的指导意义。新时代要弘扬塘院办学所坚持的唯物史观精神,深刻领会唯物史观的实质,学会用唯物史观的立场、观点和方法来把握当下中国现实,推动中国特色社会主义建设进程。

● **注释**

[1][10][11][13]《吕振羽全集》(第十卷),人民出版社2014年版,第130页,第231页,第230页,第241页。

[2] 戚义明:《殚精竭虑用干部:抗战初期毛泽东的制胜之道》,https://dangshi.people.com.cn/n1/2015/1216/c85037-27935967-2.html。

[3]《马克思恩格斯文集》(第2卷),人民出版社2009年版,第591页。

[4]《毛泽东选集》(第一卷),人民出版社1991年版,第320页。

[5]《最近之世界资本主义经济》(上),北平书局1932年版。

[6]《马克思恩格斯选集》(第2卷),人民出版社1995年版,第32页。

[7]《列宁全集》(第29卷),人民出版社1985年版,第140页。

[8] 史立德:《撒播真理品高洁——忆先师吕振羽》,《湖南党史》2000年第3期,第29—30页。

[9]《马克思恩格斯全集》(第18卷),人民出版社1964年版,第325页。

[12] 习近平:《在全国组织工作会议上的讲话》,人民出版社2018年版,第16页。

(作者系邵阳学院马克思主义学院副教授)

# 塘田战时讲学院的办学特色

段忆娥

1938年，吕振羽、张天翼等一批热血中华儿女在共产党的大力支持下创办了被称为"南方抗大"的塘田战时讲学院。学院奉行"坚持抗战、坚持持久战、实施战时教育、培养抗战干部"的教育方针，取得了卓越的成就。其办学特色主要体现在以下四个方面：

## 一、重宣传，提民意

对民众进行抗日救亡宣传是抗战文化运动最核心的部分，塘田战时讲学院为此也做了大量的工作。纵观讲学院对民众的抗日宣传，主要是从以下三个方面来开展的：

一是普知识，提民意。民众的抗日热情取决于民众抗日意识及文化知识的提高，为此学院的学生们通过举办民众识字班的形式，开展对学院周围的群众工作。他们除了在讲学院内和塘田街上为附近的农民及其子弟举办成人识字班和儿童识字班，也派专人赴较远的水西唐家、油塘等集镇开办民众夜校并协助当地创办小学。对于妇女，则开办由女生负责上门教学的妇女识字班。这些识字班和民众夜校都设有国文、算术、唱歌三门课程，其课本大多由讲学院学生自己编写，内容由简到繁，由浅入深，由群众的日常生活到社会生活和抗日救国。讲学院学生边编边教，教予群众常识并启发阶级觉悟、鼓舞抗战情绪，为以后的抗日游击战争的开展奠定了良好的群众基础。

二是多形式，宣抗日。湖南抗战文化运动中的抗日救亡宣传一直以来都贴近民众生活，以群众喜闻乐见的画报、壁报、讲演、歌咏、话剧等多种形式进行，从而达到事半功倍的效果。这种宣传的效果相当明显，每次演出都吸引好几百人围观，"他们可怜着难民，老太婆流了眼泪，他们诅咒汉奸，当看到我们的游击队出来时，都高兴地笑了"。广大民众在艺术的感染下萌发了抗日救亡的爱国意识，社会教育和宣传鼓动的功能得到了充分发挥。

三是建据点，发民众。为营造全民族抗战氛围，仅仅在学院附近进行抗日救亡宣传是远远不够的。根据学院"树立文化据点于农村""树立救亡工作据点于农村"的办学宗旨和抗战文化运动"向乡村深处发展"[1]的趋势需要，学院派遣同学回乡，在邵阳、武冈、新宁、祁阳、湘乡、城步、绥宁、洪江等地，以小学校为中心举办民众夜校，组织救亡室、读书会、歌咏队等，建立起抗日救亡活动据点。其中雷一宇老师和申苏民同学在邵阳县境内组织青年抗战服务团，先后成立二十余处宣传站、民众夜校、民众阅览室，大力宣传和开展抗日救亡工作，产生了良好的效果。[2]

## 二、勤耕耘，培人才

塘田战时讲学院以培养基层抗日干部为目的，在8个月内举办两期共5个班，培养了250余名既具备抗日救亡的爱国素养，又有政治理论、军事常识基础的合格毕业生。这些学生在学习科学文化知识的同时，更重要的是接受系统的爱国主义教育和战时教育，在学院被迫解散后更是积极投身抗战运动，成为开展抗日救亡运动的急先锋，他们大多数人先后加入中国共产党，或是赴延安投身革命，或是回乡组建抗日游击队，或是继续为抗战文化运动添砖加瓦、致力于抗日救亡运动的开展和民族统一战线的建成。从这里毕业的250余名学员分赴全国各地，其中50多人加入中国共产党，100余人加入了中华民族解放先锋队，成了抗日救亡和抗日游击战争的骨干，涌现出了谢国安等一批为国捐躯的热血青年。

## 三、多接纳，促发展

塘田战时讲学院以统一战线的形式办学。在学院董事会成员中，国民党人7名，共产党人6名，民主人士及爱国士绅8名，基本上各占1/3。其中赵恒惕是湖南省参议会议长，张治中是湖南省政府主席，覃振是国民党政府司法院副院长，刘子奇是国民党湖南省党部执委，李琼是第六区专员公署专员，岳森是第六区保安司令，林拔萃是当时的武冈县县长，这些都是国民党人士；著名的历史学家吕振羽、翦伯赞，文学家张天翼和雷一宇、陈啸天、游宇等人则为共产党员；吴剑丰、曹伯韩、陈润泉等人是著名的学者、进步人士；而吕遇文、吕惠阶、李心徐、李梯云、李荣植则是学院当地的爱国士绅。[3]从学院教师组成来看，既有由省委从湖南文化界抗敌后援会等抗日救亡团体和外来干部中选派来的共产党员、进步人士，也有支持抗日民族统一战线、愿为抗日救国尽力的国民党党员。从学院的教学内容来看，除了进行社会科学、军事、抗战常识教育，还宣传共产党的方针政策抗日主张，也开讲中山学说、三民主义。讲学院以这种广泛的统一战线的形式来创立，减少了办学阻力，有利于争取到学院的合法地位，使学院能尽可能长时间存在和发展下去，同时也为非官方性质的以统一战线形式开办战时培训学校开了先河，是对中国共产党关于完善抗日民族统一战线的一贯主张的贯彻实施，有利于调动各方面的抗日积极性，推动了抗日统一战线的进一步发展和完善。

### 四、洒热血，作贡献

塘田战时讲学院的董事和教师们大多本身就是湖南抗战文化运动的领军人物，如吕振羽、翦伯赞、张天翼、李仲融、谭丕模等。他们不仅是有着湖南抗日民众"先锋队"和"领导者"之称的"湖南文化界抗敌后援会"的主要发起者和领导人，组织和领导省内各爱国团体通过各种形式开展抗战文化运动；而且躬身实践，通过亲自办报、出书、著文等多种形式进行抗日救亡宣传，身体力行地投身于抗战文化运动。如谭丕模、李仲融等，自1936年回湘后便着手出版刊物，举办业余学校，组织读书会、歌咏队，建立演剧团体，联合社会各界成立湖南学生救国协会、文化救国协会、妇女救国协会等，组建湖南民族解放先锋队，创办《湘流》三日刊，开辟"救亡通讯""救亡言论""文艺小说"等专栏；[4]张天翼1937年回长沙从事抗日救亡活动，身兼湖南省文艺界抗敌协会理事、《大众报》编辑、《观察日报》编辑、湖南抗敌总会宣传委员数职，是除翦伯赞、吕振羽外又一员湖南抗战文化干将。而陈润泉、吴剑丰、曹伯韩、刘道衡等人则以湖南本地名士的身份，利用熟人熟地的有利条件，在抗战伊始便积极投身于抗日救亡宣传，于整个湖南抗战文化运动有着相当高的影响力。

塘田战时讲学院从1938年9月16日正式开学到1939年4月21日被迫停办，存在的时间只有短短8个月，虽然存在时间短暂，但在抗战时期对于抗战文化运动和抗日民族统一战线的巩固和发展所发挥的重要作用不容忽视。作为湖南抗战文化运动的重要组成部分，在短短8个月内它不但为中华民族抗战培养了一批政治上、业务上日臻成熟的重要人才，宣传了党的持久抗战思想，为抗日战争的胜利作出了不可磨灭的贡献；而且对附近居民开展的民众教育和抗战宣传，直接推动了当地抗日救亡活动的开展，对邵阳乃至整个湖南的抗战都有着相当深远的影响，为湖南抗战文化运动留下了光辉的一笔，作出了不朽的历史贡献。

● **注释**

[1][4] 武冈市史志资料编纂办公室编：《抗战烽火中的武冈》，1995年版。

[2] 雷震寰：《邵阳青年抗战服务团与雷一宇》，载邵阳党史资料丛书第1辑《抗日战争时期党在邵阳的活动》，1985年版。

[3] 邓晏如：《忆塘田战时讲学院》，载邵阳党史资料丛书第1辑，1985年版。

（作者系邵阳县长阳铺镇高巩桥小学教师）

# 缅怀吕振羽创办"南方抗大"的业绩

吕高安　蔡海棠

湘西南有个幽静古镇，人丁充其量七千，山高不盈六百，水宽不过四十丈，山水亲密宁静。镇曰塘田，旧属武冈，今属邵阳县。当它与一个人、一所学校联系起来，就显得鹤立鸡群、与众不同了。

## 一、大师出马莅小镇

1938年7月，一位穿粗布汗衫、气宇轩昂的中年人，偕女友从邵阳乘船逆夫夷河而上，直抵塘田市镇。他品一捧清凉河水，踏过花园古桥，踱步三尺青石街，看黝黑的乡亲脸，听平声居多的乡音，清新和宁静，露出了一抹惬意而久违的笑容。他就是南归故里的著名史学家吕振羽。

1938年，日寇长驱中原将占武汉，湖南危急，吕振羽忧心如焚。中共湖南省委和中共驻湘代表徐特立批准吕振羽的建议，报请党中央并致函毛泽东、张闻天，在塘田市镇创立战时讲学院，利用乡土人脉资源培养抗日优秀人才，以便开辟雪峰山游击战场。吕振羽领命后马不停蹄地筹办讲学院来了。

吕振羽1900年1月30日诞生于湖南武冈（今邵阳县）金称市溪田村，离塘田10公里。他21岁步过塘田到百里外的邵阳搭车，去长沙报考湖南公立工业专门学校，以后往返，在塘田留下不少足迹。这次他回乡，亲友予以热情招待，乡亲们虽不懂吕振羽的学术，但以他为荣久矣。因为20世纪30年代初，他已是北平知名的大学教授。

吕振羽久久凝视街对面闲置已久的湘军将领席宝田的塘田别墅，这不是绝好的校舍吗？便与乡绅吕遇文合计借用它。修缮校舍，修订校章校规，修睦衔接关系，修书聘请翦伯赞、张天翼、谭丕模、曹伯韩、李仲融、王西彦等名家任教，并利用国民党CC派、复兴派、何键派之间的矛盾，取得何键派国民党省党部执委刘子奇和省第六区专员公署专员李琼、第六区保安司令岳森等国民党大员的支持，如国民党元老、司法院副院长覃振任院长，湖南省参议会议长赵恒惕任董事长，省主席张治中等任董事。8月，吕振羽赴省委汇报：可以发招生启事了。

从6月建议中共湖南省委办讲学院、7月着手筹办，到9月中旬开学，千头万绪吕振羽亲力亲为，席不暇暖，同时撰写发表《抗战情势讲话》《保卫武汉与巩固湖南》等文章和抗敌御侮诗词。以当时通信、交通、办公条件，短短两个月就做好办学的各种准备，实在令人叹服。

## 二、"南方抗大"风采夺目

1938年9月中旬，中共在国统区创办的第一所军政大学塘田战时讲学院开学了。学院兼采旧时书院与现代学校相结合的制度，第一期120多名学员，分研究班两个、补习班一个，学员包括印刷工人、小学教师、退伍军人、学生、出家人等各种身份的人员；有中共党组织推荐的，也有社会各界介绍、自告奋勇报名的；他们走路、坐船、骑马、搭车，从湖南各地，从江西、福建、湖北、东北等地赶来。他们中还有徐特立写信给毛泽东、张闻天请求从延安派来的学员，将陕北公学、延安抗大的学风、作风移植塘田，联系群众，宣传抗战，维护抗日统一战线；当然也有少数三青团派来的坏分子，收集情报，打牌赌博，酗酒闹事，偷鸡摸狗，散布谣言，掏枪威吓进步学生和周边群众，破坏学院秩序。吕振羽声名显赫，德高望重，人脉深厚，妥善处理各种关系，刹住了歪风邪气，孤立了反动分子，以"忠诚勤敏"为院训，树立了爱国进步、好学深思的校风。

塘田镇后的芙蓉峰本名紫阳山，有紫阳洞。吕振羽常带领研究班学员蹚过夫夷河，登山晨练苦读。他指洞说典：宋以前，邵阳蛮荒"不与中国通"，至宋太宗雍熙二年（公元985年），才破天荒出了进士周仪，他曾在此洞长期攻读；周氏三代都关注民生，为官造福，勇于为义。"书生唯有报国安民，才不负苦读。当年金兵南侵，'庙堂无策可平戎'，陈与义只得逃难至此。我们不能重蹈宋朝覆辙。我们在此学习，为的是做民族先锋，更好地投入抗战洪流之中。"吕振羽说得慷慨激昂，学员们听得摩拳擦掌。吕振羽个头不高，衣着朴素，看似乡间农叟，他为人谦和却知识渊博，气场很足，他讲孔孟之道，讲屈原、文天祥、岳飞、邓廷桢，讲魏源、蔡锷、孙中山、黄兴，更讲毛泽东的《论持久战》以及国共合作的意义，还利用周会、座谈会给全院师生讲授时事政治和中国革命运动史。

塘院课程教材大都是根据中共湖南省委提供的书报资料由教师自编自写，由族谱匠用活字木版刻印，或师生自己用蜡纸油印。史学家翦伯赞，文学家张天翼，文学史家谭丕模，哲学家李仲融，语言学家曹伯韩，这些知名学者随便在哪所大学都是几百元月薪，可在塘院只有每月几个铜板，与学生同吃同住"塞牙缝"。一位高挑漂亮的姑娘，白天忙于研究班学习，辅佐吕振羽行政事务，晚上匆匆奔夜校，耐心教乡亲们识字，姑娘的常德腔普通话清丽婉转，很受百姓欢迎。她就是吕振羽民国学院学生王时真（在塘院加入中国共产党，后去新四军改名江明）。这年10月，经党组织批准，她与吕振羽在塘院举行了简朴的婚礼，结为终身伴侣。

夫夷河分辟塘田街区与乡村，柔情缠绕着讲学院，形成半月形冲积平地，万山云集，一石压江。塘田处处是青春洋溢、求知若渴的课堂，处处是学员开展社会活动、亲密接触百姓的场所。他们为老乡开展识字扫盲教育，教唱抗战歌曲，表演抗战剧曲，设立抗战宣传栏，开办抗战漫画墙报，帮助老乡春耕秋收，协助地方诉讼断案，百姓与师生们亲如一家。几十年后，说起塘院，百姓还赞不绝口。后来，课堂越加延伸，白仓、金称市、邓家铺、塘渡口、邵阳等地都回荡着塘院师生的欢声笑语。他们冒险进入四明山动员土匪部队奔赴抗日战场。一时间，塘院成了人们街谈巷议、报纸杂志青睐的话题。

2000年，我在北京拜访86岁的江明老前辈，这位与吕振羽"苏北湘南同效死，白山黑水共揭旗"的战友和伴侣提起塘院，孱弱的身子顿时昂起："当时，不仅湖南省委重视塘院，中共南方局也很重视。周恩来曾说塘院很有希望。1945年在延安召开的湖南工作座谈会上，周恩来高度肯定了塘田战时讲学院的工作。但国民党中央教育部长陈立夫将其称之为'共产党办的南方抗大'，欲去之而后快。"

1938年11月，陈立夫致电湖南省政府主席薛岳查办塘院，并一级级传令查封取缔解散事宜。武冈县县长林拔萃将一沓电报甩给吕振羽："老兄，陈立夫和薛岳把你当真老虎打了，这恐怕是武冈有史以来最大的案子了！"到1939年4月下旬国民党军队兵分三路包围塘院，塘院才被迫解散。吕振羽整整拖了5个月，可见其周旋应对的智慧和能力。

虽然只存在了8个月，但塘院培养发展了50多名共产党员，塘院精神影响深远。两期250多名塘院学员，唱着院歌走入社会，奔向战场。他们中产生了许许多多战斗英烈、党政领导、劳动模范、技术精英、学术权威。当时的塘田上空不时回荡曹伯韩作词、张天翼谱曲的《塘田战时讲学院院歌》："我们是迎着时代的巨浪，勇敢热情的青年聚集一堂，加紧学习，奋勇救亡，在这里锻炼的意志成钢，把思想武装。实行抗日救国的主张，争取中华民族的解放。同学们起来！走向光明的路上，走向光明的路上。我们是创造新中国的健将。"

## 三、"塘院精神"是湖湘精神的体现与写照

吕振羽博古通今，研究中国古代史、经济史、社会史、哲学史、思想文化史、民族史、史学史、革命史、农民战争史，名震中外，是中国马克思主义史学开拓人之一，五大历史学家之一，其《史前期中国社会研究》《殷周时代的中国社会》《中国民族简史》《中国政治思想史》《简明中国通史》等洋洋洒洒六百万言代表作，成就了他的崇高声望。

但吕振羽不是一般的学者，他爱国若狂，几辞教职，敢于赴死。幼时深受乡党魏源、蔡锷影响，中学时作文明志，文中大意云："如国家民族危亡，当拜谢祖宗，舍身以赴，告黄帝轩辕于地下。"1936年秋受中共北平市委派遣，他毅然辞去中国大学教授教职，协助周小舟赴南京参加国共合作抗日谈判，将毛泽东、朱德、周恩来亲笔信转交宋子文、孙科等，为国共合作抗日大业奠定了基础。七七事变两个月后，吕振羽回湘成立湖南文化界抗敌后援会，至1938年10月，繁忙奔波之余，一年里先后在《大公报》《民国日报》《中苏》（半月刊）等报刊发表30多篇政论、时评，为全民抗战尤其是湖南救亡运动作出了重要贡献，如连续发文力主湘鄂赣边各县农村"建立强有力的游击区"，组织农民抗日"自卫武装""保卫乡土"，形成了创办塘院的思想基础。在塘院时，他常吩咐食堂将锅巴存起来，以作打游击时的干粮。

皖南事变后，吕振羽服从组织决定，辞去复旦大学教授职务，告别重庆大后方上苏北新四军前线，史学家侯外庐著文回忆"他把那次辞行当作最后告别，表示他此去前线，抱着不赶走日寇誓不回头的决心……振羽身上有一种特别的气质超乎学界朋友之上。那是一种英雄气概"。到新四军后，他在中共华中局党校任教，1942年他到延安，先后任刘少奇政治和学习秘书，并在中央马列主义研究院任职。

塘院被迫解散时，吕振羽安全护送每个师生离校，处置善后事宜，最后一个离校。他没有真正离开，而是在敌人屠刀下召集师生在离塘院几公里的油塘举办了两期党训班，在湘西南5个空白县建立了党组织，播下了更多红色火种。接着吕振羽在桂林集合塘院师生力量创办了进步机构"石火出版

社",取意"石在,火不灭"。

"文革"前,吕振羽因参与南京谈判一事蒙冤,"文革"中更是身陷囹圄,但他对党对共产主义信仰丝毫未曾动摇。他在囚禁中用旧报纸写下了许多诗词,倾诉自己对党、祖国、人民的热爱。"五十年代开展批判武训、胡风运动,他没有写过一个字。这不仅是老爷子的为人之道,更是他的政治品格。"吕振羽之子吕坚如是说。

两年前,我在北京拜会吕坚,他仍住在母亲江明所住的一栋普通居民楼,简朴的房间摆满了各种书刊资料。1985年,遵吕振羽遗嘱,江明将20世纪50年代初自购的市中心的一所十九间四合院,连同自购的近30000册珍贵古籍、12幅元明清名家书画,无条件悉数捐给国家,进一步印证了他的高贵品格。吕坚退休十年来收集整理父亲遗作,主持编纂了十卷本《吕振羽全集》,被列为国家"十二五"规划重点出版项目,已由人民出版社出版,收录了不少未版的讲义、回忆录、报告、批注、日记、札记、书信等,具有很高的史学价值与文献价值,受到社会各界好评。吕坚十分关心家乡这些年的发展变化及塘院文物保护情况。我告诉他,建于塘院原址上的邵阳县四中以"塘院精神"为标准衡尺狠抓教学,成为邵阳名校,毕业生中的科学家、企业家、金融家、领导干部比比皆是。吕振羽徒子徒孙们创造的业绩,无愧于塘院的金字招牌。

(吕高安,湖南高速公路管理局正高级工程师;蔡海棠,长沙师范学院教授)

# 塘田战时讲学院被誉为"南方抗大"初探

刘振华

为了给抗日战争造就一大批杰出人才，适应抗日战争的需要，中国共产党于1936年6月1日在陕北瓦窑堡成立了中国人民抗日红军大学，1937年1月20日，红大随中共中央机关迁至延安，改称为中国人民抗日军事政治大学，常称"延安抗大"。现在很多学者和党史研究者将中共地下党员、史学家（著名学者）吕振羽受中共湖南省委和中共驻湘代表徐特立委派所创办的塘田战时讲学院称为"西南抗大"或"南方抗大"，自是相对"延安抗大"所处南北方位及其办学性质而言。据笔者初步考探，尽管1939年3月至1940年底，由当时的广西省政府主席黄旭初兼任校长、八路军桂林办事处派杨东莼（1900—1979，1923年加入中国共产党，湖南省醴陵人）出任教育长，在桂林天圣山开办了四期的广西地方建设干部学校也被人称为"南方抗大"，但通常塘院被学者和党史研究者称誉为"南方抗大"的占绝大多数。以下便是笔者对塘院被称为"西南抗大"或"南方抗大"的初步考探。

## 一、"西南抗大"称誉的由来

将塘院称誉为"西南抗大"，主要源于1959年5月吕振羽委托江明、王建中执笔，亲自审订、修改的《回忆塘田战时讲学院》一文以及《中共邵阳县历史》（第一卷）[1]中记载的国民党政府教育部长、CC派头目陈立夫发给时任湖南省政府主席薛岳的一封电令，文中清楚地写道：1938年11月长沙大火以后，张治中被免职，薛岳接任湖南省主席。陈立夫就电令薛岳强行解散塘院，电文大意说："据报湖南塘田战时讲学院，实即奸党之西南抗大，宣传错综复杂的思想，愚弄青年，欺骗群众，希图捣乱社会秩序，危害三民主义，应严加查办，制乱未萌……"[2]其中对塘院"西南抗大"之称誉，仅仅使用了大意说。以电报为依据称塘院为"西南抗大"的还有旅见（系吕振羽之子吕坚的笔名）1997年2月16日发表于《中国文物报》的《西南抗大——塘田战时讲学旧址》一文。[3]如果能找到当时的电令，"西南抗大"之誉由来之谜或可迎刃而解，但遗憾的是此电令至今都未能发现，所以，仍有待塘院研究者的继续努力考寻。

## 二、"南方抗大"称誉的由来

关于塘院"南方抗大"称誉的由来，笔者除了发现中共邵阳县委、邵阳县人民政府1996年12月12日所立的塘田战时讲学院旧址纪念碑碑文中采用了反动派惊呼塘院为"南方抗大"的称誉外，还从以下四个方面进行了考证。

### （一）亲历者回忆说

20世纪80年代以来，曾在塘院工作学习过的师生陆陆续续撰写了回忆塘院的文章，如塘院首任党支部书记杨卓然发表于1982年11月24日《湖南日报》上的《塘田战时讲学院琐忆》一文中载道："11月底，中共湖南省委派蔡书彬同志来院。为了保密，让他在院外附近大松林里传达中共六届六中全会精神。全体党员听得眉飞色舞，一致认为党中央非常英明，高瞻远瞩，实行伟大的战略转变，是及时的必要的。因而，大家增强了抗日救亡的信心和决心，提高了对抗日民族统一战线的认识，愿为打败日寇，保卫祖国而贡献一切力量。蔡书彬同志还说：'你们这里，吕振羽同志是历史学家，张天翼同志是文学家，都是知名人士，此外还有不少学者、作家和学有专长的教师，你院完全有可能办成培养我们党的干部的基地。'这就是所谓'南方抗大'的由来吧！"1938年9月上旬，杨卓然由中共邵阳支部书记任上调往塘院担任党支部书记，至1939年1月离开，在塘院的时间只有一个学期，所以，他对塘院被称为"南方抗大"的由来的看法只是一种分析总结而得的结论。但回忆录中明确将塘院称为"南方抗大"的有：

从塘院开办到解散，一直在学院研究班学习和工作，新中国成立后担任过湖南省委统战部副部长的邓晏如在其《忆塘田战时讲学院——纪念吕振羽同志逝世三周年》一文有着这样的记载：1938年11月，反动派到处宣传："塘院是共产党办的南方抗大"，"吕振羽是共产党员，不要上他的当"。[4]

塘院新化籍学员杨定发表于《湖南老年》杂志上的《南方"抗大"——塘田战时讲学院》一文中回忆道：1938年10月，我经人介绍加入党的地下外围组织"民族解放先锋队"。不久，组织上决定让我去邵阳"塘田战时讲学院"学习，并说那是南方的"抗大"。[5]

受哥哥唐麟（时任中共邵阳县委书记）的影响于1939年上学期考入塘院

并担任学生自治会宣传部长的唐俶（唐甫之），在其《塘田战时讲学院学习生活的回忆》一文中写道：由于学院是共产党领导的，又具备这三大特点，它被人们誉为"南方抗大"是不无理由的。[6]

另外，塘院武冈（今洞口）籍学员雷震寰，学院被强行解散后奉命回乡建立中共湖南省委直属洞口支部并担任党支部书记的他，也写了题为《忆"南方抗大"——塘田战时讲学院》的回忆录。

（二）权威典籍记载说

在考证塘院"南方抗大"由来的过程中，笔者发现《中共邵阳县历史》（第一卷）和《中国共产党武冈历史》（第一卷）等由中共党史出版社公开出版的史籍中，都有专门介绍塘院的章节，这里只是提及，重点引述以下省级权威典籍的记载：

由湖南省地方志编纂委员会编纂，1999年1月湖南人民出版社出版的《湖南省志（第一卷）·大事记·上编·下编》中对中华民国二十七年（1938）的大事有如下明确记载：9月16日，中共湖南省委在武冈塘田创办战时讲学院，以培养抗战人才。讲学院聘覃振为院长，吕振羽为副院长。翌年4月20日被国民党封闭。在此期间，招生两期，培训青年250多名，被称为"南方的抗大"。

由湖南省地方志编纂委员会编纂，1995年湖南教育出版社出版的《湖南省志（第十七卷）·教育志·上册》第八篇《成人教育》第二章"民国时期的社会教育"第三节"湖南自修大学和塘田战时讲学院"中对塘院被称为"南方抗大"同样有着明确的记录：该院中共党组从学习与斗争实践中培养及发展中共党员和中华民族解放先锋队员，使许多学员成为革命骨干。250多名学员中成为中共党员者50余人。因而引起国民党顽固派的惊恐与反对。陈立夫说："塘田是共产党办的南方抗大"，欲去之而后快。民国二十八年（1939）四月二十日，在薛岳的直接命令并反复催促下，武冈县政府发出布告，派3个连的武装士兵，强行解散塘田战时讲学院。

（三）党史研究者著述说

从多年以来党史研究专家对塘院的研究成果中，笔者同样找到了塘院被称为"南方抗大"的资料。

1989年11月中国人民大学出版社出版的《中国共产党干部教育研究资料丛书》第四辑中，首选了全国党史系统先进工作者，曾任中共湖南省委党史资料征集研究委员会三处研究员、处长、湖南毛泽东思想研究会秘书长、

《毛泽东思想论坛》主编等职的唐振南先生编撰的《塘田战时讲学院》诸多文献资料,其中第一部分的概述是这样开头的:"日帝兽骑压汉皋,兴庠讲学布新潮。马列学说巨涛涌,陕甘红旗万众翘。入园三百多贫苦,识字八班尽佃樵。十月斗争如烈火,炎炎烈烈速成陶。"这是塘田战时讲学院领导人吕振羽于1962年回塘田时作的一首诗,概括了创办讲学院的时代背景、学院的宗旨、性质、办学经过及成果。被誉为"南方抗大"的塘田战时讲学院,是抗日战争时期中共湖南省委创办的一所培育基层抗日人才的学校。[7]概述中肯定了塘院被誉为"南方抗大"的称呼。

湖南省委党史研究院副院长王文珍对塘院也有过深入的研究,1995年7月,湖南师范大学出版社出版发行的《三湘抗日纪实》"御侮篇"中收录了她的《南方"抗大"》一文,著述起笔就写道:"抗日战争初期,中共湖南省委在积极领导创建抗日团体和创办抗日刊物的同时,还为发展湖南抗战教育、培养抗日干部倾注了大量心血,相继创办了一些抗日学校。有'南方抗大'之称的塘田战时讲学院,就是其中最有影响的代表。"在"为了抗日,决策办学"一章中,她描述了1938年6月下旬一天晚上中共湖南省委主要领导成员高文华、任作民、郭光洲、聂洪钧、蔡书彬与八路军驻湘代表徐特立在长沙寿星街2号讨论研究湖南党组织下一步工作计划的情形,其中写道:在新的抗战形势面前,中共湖南党组织怎么办?省工委书记高文华首先发表了意见。他说:"……下一步的任务,除了继续做好民众的宣传发动工作外,我建议把重点放到军事和民训方面来,把全省三千万民众都动员起来,组织起来,武装起来,为保卫武汉、保卫湖南而战。当前就应该抓好湖南的抗战教育,培养出一大批有觉悟、懂军事的抗日干部。"驻湘代表徐特立极表赞同,兴奋地说:"这个建议好……近来,许多爱国青年求知若渴,纷纷要求到延安陕北公学和抗日军政大学去上学,每天前来通讯处报名的人络绎不绝;如果能在湖南办一所抗大或公校式的抗日学校,不就既满足了求学青年的愿望,又为湖南抗战培养了人才么?"这时,民训部长郭光洲接过话头:"这事大家想到一块来了。几天前,湖南文抗会研究部主任吕振羽和我谈过,建议省委到他的家乡武冈县塘田市去办一所培训抗日基层干部的战时讲学院,为日后开展游击战争作准备。""好,我们就办一所抗大式的战时讲学院。"高文华想了想又说:"学校的具体筹建工作就由吕振羽同志负责。"[8]王文珍的这篇著述中,既肯定了塘院"南方抗大"的称誉,又肯定了塘院的办学性质。

中国延安精神研究会主办的《中华魂》月刊，2002年第1期发表的《邵阳日报》记者卢学义采写的《湘中火种——记塘田战时讲学院》一文中开头也直接称：在湖南省邵阳县、塘田市有关领导的陪同下，参观了在抗日战争中名重一时的"南方抗大"——塘田战时讲学院旧址。

中国社会科学院历史研究所博士后谢辉元《抗战时期国统区的马克思主义史学家群体》一文中"中共领导史学家们与国民党顽固派作斗争"这一部分，对塘院"南方抗大"之称也有着直接的论述：马克思主义史学家群体的活动一旦展开并趋活跃，中共与国民党顽固派的斗争便开始激化。湖南文抗会自成立初起，CC派的势力就一直在渗透，左右两派斗争的结果是文抗会逐渐被CC系控制。塘田战时讲学院也是，国民党派人扮作学生散布学院为南方抗大即将查封的言论，拉拢学生到校外游荡、偷窃，损毁学校形象，学院党组为此发动了反谣言斗争。[9]

### （四）同期南方所办同类学校比较说

2016年12月11日，《湘声报》烽火回望栏目发表的《塘田战时讲学院：中国共产党在国统区建立的唯一一所抗日军政大学》一文中有着这样的记述：事实上，塘田战时讲学院是中共湖南省委和中共代表徐特立委派吕振羽负责创办的一所军政大学，被誉为"南方抗大"。抗战时期，这也是中国共产党在国统区建立的唯一抗日军政大学。这里除了肯定了塘院的"南方抗大"之誉，也肯定了塘院是抗战时期中国共产党在国统区建立的唯一抗日军政大学。笔者在研究塘院历史过程中，发现同一时期，中国共产党在国统区创办的与塘院性质一样的学校还有两所，一所是八路军桂林办事处派杨东莼出任教育长的广西地方建设干部学校，另一所是由中共党员孙煊创办的"邻里小学"。他曾被贵州省工委派往延安抗大学习，后因患病回到贵阳，并根据省工委的指示回到家乡毕节小坝（今七星关区小坝镇中屯村）创办学校，校名与革命导师列宁二字谐音。这两所学校创办的时间都比塘院晚，"邻里小学"创办的时间是1938年12月，1940年12月被国民党当局查封；广西地方建设干部学校创办的时间是1939年3月，1940年底同样被国民党当局查封。这两所学校中，借鉴延安抗大办学经验特别是塘院统战模式的广西地方建设干部学校，影响力相对大许多。据陈敦德所著纪实文学《"总统"归来》（2010年由中国文史出版社出版）卷二《抗战中的桂林文化城》第十一章的《杨东莼向徐特立请教抗大办学经验》一文记载：长沙大火后，担任过八路军驻长沙办事处主任的徐特立来到桂林，准备转到重庆去。徐特立在八路军桂林办事处住了几个月。李克农又跟徐特立谈起杨东莼要请他谈教育。他就以应"中国农村经济研究会"和"生活教育社"约请的名义，到施家园39号杨东莼的家里座谈。徐特立就着重给杨东莼介绍延安抗大的办学方针和教学经验，以及陕北公学的情况……徐特立在施家园杨东莼家里连续谈了三个晚上，给杨东莼创办广西地方建设干部学校以许多有益的启发，致使广西地方建设干部学校办起来以后，在国统区独树一帜，名声大震，被称为"广西的抗大"。由这段记述，笔者发现，被称为"广西的抗大"的广西地方建设干部学校是杨东莼向徐特立请教之后才创办起来的，同时，在杨东莼向徐特立请教抗大办学经验的三个晚上里，对塘院创办模式一清二楚的徐老，除了着重给杨东莼介绍延安抗大的办学方针和教学经验及陕北公学的情况外，按常理，势必会谈及吕振羽在国统区以党的抗日民族统一战线为旗帜、以中共党员为核心、依靠进步力量成功创办塘院的独特方式和经验。所以，从同期南方国统区所办同类学校时间先后及影响的角度来说，塘院先被称为"南方抗大"是合乎情理的，也是客观公正的。

## ●注释

[1] 中共邵阳县委党史研究室、县委党史联络组著：《中共邵阳县历史》（第一卷）（1919—1949），中共党史出版社2006年版，第113页。

[2]《吕振羽全集》（第十卷），人民出版社2014年版。

[3]《中国文物报》，1997年2月16日，第4版。

[4]《忆塘田战时讲学院——纪念吕振羽同志逝世三周年》，载《湖南文史资料选辑》（第18辑）。

[5]《湖南老年》1988年第2、3期合刊，第23页。

[6]《邵阳文史资料》（第6辑），1986年版，第193—199页。

[7] 张腾霄主编：《中国共产党干部教育研究资料丛书》（第四辑），中国人民大学出版社1989年版，第3页。

[8] 中共湖南省委党史委编著：《三湘抗日纪实》，湖南师范大学出版社1995年版，第56—58页。

[9]《史学月刊》2015年第8期。

（作者系中共邵阳县委党史联络组成员）

# 在战火中锤炼成长的"南方抗大"
## ——邵阳县塘田战时讲学院党性教育基地

蒋朝辉

我的家乡邵阳县,这里山清水秀,油茶飘香,是"中国茶油之都";这里民风淳朴、人杰地灵,正是"塘田战时讲学院旧址"所在地。

## 一、"南方抗大"精神不朽

塘田战时讲学院,抗日战争时期由著名马克思主义史学家吕振羽先生回乡创办,是我党培训抗日军政干部的学校。学校虽只存在了短短8个月,但培养了50多名党员和大批爱国青年,发展了党的基层组织战斗力,为抗战前线输送了急需的人才,为推动抗日救亡工作和当地基层党组织建设作出了重大贡献,被誉为"南方抗大"。

塘田战时讲学院旧址是清末湘军将领、太子少保席宝田的庄园,三面环水,群峰合拥,漫江碧透,绿柳盈岸,自然风光俊美,人文景观也异常丰富。旧址占地近万平方米,现有古建筑近三千平方米,系砖木结构的四合大院,共有房屋五排二十五栋,大小房屋六十余间。其院内亭廊楼阁,古朴优雅,是湘西南地区保存完整的典型的晚清风格的建筑群。门前"塘田战时讲学院旧址"的牌匾是1983年时任国务院副总理兼国防部长的张爱萍将军亲题。旧址于1990年、1996年先后被列为市级、省级文物保护单位,1997年被定为爱国主义教育基地,2006年,国务院公布其为全国重点文物保护单位。可以说塘田战时讲学院旧址较好地保存了历史和革命文物的原貌,斑驳的古外墙、凛然的古木楼印证了中华民族不屈不挠的抗战精神。现今,它成为邵阳县这块红丘陵土地上的古文物;它成为邵阳县这块热土上的红色旅游区;它成为全省全民国防教育和爱国主义教育基地;它成为广大党员干部锤炼党性,为理想和信念充电的精神摇篮。

## 二、艰辛办学　不断成长

让我们将时间追溯到战火纷飞的抗日战争时期，1937年7月7日，卢沟桥事变爆发。7月8日中共中央发布了抗日宣言，全面抗战开始。同年12月，南京、我国东南部相继沦陷，人们流离失所。日寇集兵继续西进，1938年夏，攻占中原，侵入湖北，国家告急，民族危急。1938年5月毛泽东发表了《抗日游击战争的战略问题》和《论持久战》等著作，批判了国民党的"亡国论"和片面抗战路线，也批判了王明的"速胜论"和轻视抗日游击战争的错误，精辟地阐明了持久战的总方针和抗日游击战争的伟大意义，表明了中国共产党的抗日决心。中共湖南省委和中共驻湘代表徐特立主张在日寇攻入湖南时，由我党独立领导开展游击战争。经徐特立报党中央和毛主席批准，湖南省委派共产党员、湖南省文化界抗战后援会研究部主任吕振羽同志回乡创办战时讲学院。为了把这所讲学院长期办下去，坚持长期抗战，吕振羽执行中共抗日民族统一战线方针政策，6月回乡筹办学院，邀请国民政府司法院副院长覃振任学院院长，湖南省参议会议长赵恒惕任董事长，当地党政要人和开明绅士任董事。

1938年7月，吕振羽借得"席宝田庄园"为讲学院的院址，8月，湖南省委任命吕振羽为副院长，主持学院工作。为了便于开展工作，建立了中共党支部和三人核心小组，吕振羽为组长，杨卓然出任支书，雷一宇任组织委员。1938年8月，邵阳、武冈、东安、祁东等县城的街头巷尾，贴满了塘田战时讲学院的招生广告。远近各地青年，携带行李费用前来要求入学。1938年9月16日，讲学院开学，学生遍及全国各地，第一期招了120多人，按文化程度分为研究部一班、二班，补习部一班。学院以"树立文化据点于农村，树立救亡工作据点于农村，使学院成为救亡工作的策源地"为办学宗旨。教师有张天翼、曹伯韩、李仲融、林居先等人，吕振羽也亲自讲授战时防护、游击战术、中国革命史等课程，并组织学生会下乡进行抗日救亡文艺演出，抗战的歌声响彻在湘西南乡村的土地上。1939年3月，学院又招收了第二期学员，共125人。鉴于塘田战时讲学院办学有声有色，一时间抗日风潮高涨。

由于塘田战时讲学院积极宣传抗日，巧妙地传播了马克思列宁主义，遭到国民党顽固派的敌视，他们在报纸上发表文章造谣惑众，攻击讲学院；派遣三青团骨干分子，假装入院学习，煽动后进青年破坏学校秩序；反对抗日宣传。讲学院则利用办院刊、在省级报刊上登载文章、召开学生大会等办法与之进行了针锋相对的斗争。1939年4月21日，新任湖南省政府主席、保安司令薛岳强令国民党的六区保安团和武冈县保安团包围了讲学院，勒令解散。学院党组织布置撤退工作，在征得了省委同意后，全校师生有秩序地撤退。先利用两个保安团之间的矛盾争取了六区保安团先行撤军，然后以强硬态度逼迫武冈县保安团撤至对岸，整个撤退过程惊心动魄又沉稳有序，其中得到了群众的同情和帮助，全院师生得以安全撤退。

塘田战时讲学院被国民党当局派兵强行解散后，有的学员参加了八路军、新四军，走向了抗日的最前线；有的留在国民党统治区从事地下工作；有的回家乡发动和组织群众开展抗日救亡活动；有的撤到桂林创办了"石火出版社"，继续开展抗日宣传。后来，学员曾国策在"皖南事变"中壮烈牺牲，学员谢维克在邵阳被敌人杀害。新中国成立后，有十余名塘田战时讲学院学员成为党的中高层领导干部。塘田战时讲学院培养的学生，像热血的火种，在祖国的大地上燃烧，在抗日战争光辉的史册上，留下了不可磨灭的功绩，让"南方抗大"的精神永恒矗立在塘田这块热土上。

## 三、使命担当　继续奋斗

以统一战线形式创办的塘田战时讲学院，是国家、民族危亡之时，中共湖南省委在国民党统治区创办的一所培训抗日军政干部的学校。学院以抗日救国为中心，对学员及周边广大民众进行了爱国主义教育和战时教育，宣传了马列主义和中国共产党的抗日主张，培养了一批有志青年，传递了革命火种，鼓舞了人民群众的抗日热情，有力地推动了湖南抗日救亡工作的开展，为民族独立、人民解放作出了重大贡献。

薪火相传，弦歌不辍。今天，重温抗战历史，重温民族的血性抗争，重温吕公振羽当年的讲学风姿！因为我们知道，创造明天，必知晓昨天。实现中华民族伟大复兴的接力棒已落到我们这代人手中，我们要努力增强民族复兴的使命意识和责任担当。我们应将"南方抗大"的精神作为宝贵财富，认真学习先辈们的革命热情和拼搏精神，不动摇、不懈怠，永远奋斗，为实现中华民族伟大复兴而奋斗！

（作者系中共邵阳县委党校）

# 塘田战时讲学院旧址党性教育、爱国主义教育和国防教育深入人心

刘 魁

塘田战时讲学院（以下简称讲学院），是1938年由著名历史学家、中共党员、湖南省文化界抗敌后援会研究部主任吕振羽受湖南省委指派创办的，讲学院直属湖南省委领导，旨在培养基层抗日干部。讲学院1938年9月16日开学，1939年4月21日被国民党查封并强迫解散，共培训学员250余名，学员分别为中共党员和抗日救国有志之士，被强迫解散后的学员根据讲学院党组织安排，有的回乡组织和发动群众开展抗日救亡运动，有的参加了八路军、新四军直赴抗日最前线，部分党员学员分别被湖南省委派遣到湖南省当时党组织空白地区的武冈、洞口、新宁、绥宁、城步建立了由省委直接管辖的五个地下党支部。

讲学院是在中华民族存亡的生死关头创办的，是湖南省委正确执行党中央抗日民族统一战线的产物，后被誉为"南方抗大"，亦称"西南抗大"。

讲学院旧址2006年由国务院公布为全国重点文物保护单位，是湖南省爱国主义教育和全民国防教育基地。近年来，是邵阳地区及周边市县各级党组织主题实践活动的主阵地，是学校、军队以及全民爱国主义教育和国防教育的主战场。讲学院旧址坐落于邵阳县塘田市镇夫夷河旁，占地15亩，院舍为清末湘军将领席宝田宅院。

讲学院旧址文物本体修缮工程2010年至2012年基本完成。2014年完成了安防设备安装工程；2015年完成了消防设备安装工程；2016年完成了防雷设备安装工程；2017年至2018年3月完成了院内地面及围墙外围部分地面的整修工程。现文物征集、史迹陈列布展等相关项目正在紧张进行。从2018年4月21日开始，讲学院旧址党性教育、爱国主义教育和国防教育如火如荼地开展起来。

## 一、党性教育

从2018年4月21日至2019年4月15日，在近一年里，讲学院旧址管理所共

接待邵阳地区及周边市县各级党组织主题实践活动182场，3256人。各级党组织主题实践活动的共同特点是：规定内容制度健全，支部成员认真负责；自选内容切合实际，主题突出，载体丰富。不管是规定内容还是自选内容，总的指导思想明确，始终坚持以党的十九大为导向，以党的群众路线实践活动为主线，从加强党员的思想、作风、反腐倡廉和制度入手，不断提升党员的理论水平、政策水平和自身能力，彻底整治本单位党员存在的官僚主义、形式主义、享乐主义和奢靡主义之风。坚持走群众路线，从群众中来，到群众中去，特别是扶贫攻坚，党组织始终要求党员把人民群众放在心中，以广大党员干部的辛勤付出，换来更多贫困群众脱贫的信心，坚持问题导向，确保各项扶贫政策落实落细。同时要求了解民情要真心，尊重民意要真情，服务群众要真做，充分体现先进性、纯洁性，增强感召力、亲和力。正如塘田市镇对河村支部副书记吕小青所说："当我举起右手，在党旗下重温党的誓词的那一刻，真是热血沸腾，仿佛又回到了我11年前第一次向党旗宣誓的情景，心情无比激动。在近一年的时间里，我参加了县扶贫工作队、塘田市镇党委和本村支部委员会在讲学院旧址组织的三次党组织主题实践活动，每一次都有不一样的感受，每一次都有心灵的触动。每当工作疲惫时，回想起在讲学院旧址的党组织活动和重温入党誓词时的情景，激情来了，动力有了，干劲更大了。"

党员们通过在讲学院旧址的党性教育，感触很深，收获颇大，不仅是对讲学院办学历史和讲学院党员在极其艰苦条件下不怕困难，不怕流血牺牲，全心全意为民众求解放、谋幸福的认知，更是传承。

## 二、爱国主义教育和国防教育

每当回想起一张张在讲学院接受爱国主义教育和国防教育的少先队员稚嫩的脸庞，严肃认真地在讲学院高唱"我们是共产主义接班人，继承革命先辈的光荣传统……"的中国少年先锋队队歌时，耳边时常回响起塘田市镇中心完小刘劲松校长在讲学院爱国主义教育和国防教育活动中给同学们讲的一席话："少年有志，国家有望，少年强，则国强。对于同学们，千里之行始于足下，少年时代是美好人生的开端，远大的理想在学校孕育，高尚的情操在学校萌生，良好的习惯在学校养成，生命的辉煌在学校奠基。今天学校全体教职员工，带领同学们来到讲学院旧址参加爱国主义教育和国防教育活动，主要是让同学们知道：华夏五千年，中华民族形成了以爱国主义为核心的伟大的民族精神。回望历史的长河，无数先辈名垂青史，他们用自己的赤诚肝胆捍卫自己不屈的民族；为了祖国的成长，无数先辈前仆后继，呕心沥血；为了阻止外来侵略，又有多少人献出了自己宝贵的生命！虽然当今社会是一个和平的社会，但是爱国的情感和强国意识仍然可以在平时我们每个人的身上体现，也可以在每件事中体现。我们要从小树立爱国、强国思想，努力学习，掌握本领，自信自强，无私无畏，为祖国的繁荣富强贡献力量。只有这样，才能继承和发扬老一辈不怕苦、不怕死的革命精神，才能对得起老一辈革命先烈用生命换来的幸福生活。"通过爱国主义教育和国防教育，从同学们嬉闹、好奇进院，到接受教育后严肃、认真离场，说明教育给了同学们启迪，教育让同学们的心灵受到了震撼。正如塘田市镇中心完小少先队员施晶程所说："以前我认为大家来讲学院都是来看老房子或者来玩的，通过学校组织的爱国主义教育和国防教育，才知道这里是我们前辈的革命摇篮。我是生在新社会，长在红旗下，只有接受教育，才懂得我们今天的幸福生活是前辈用鲜血乃至生命换来的，来之不易，这一课，是我人生中最宝贵的一课，我会铭记在心。"

近一年来，各类学校、军队、武警、消防部队、民众（未统计）等一共有21个单位4823人在讲学院旧址举行了形式多样的爱国主义和国防教育活动。

2019年是讲学院建院80周年，也是中国人民抗日战争胜利74周年，74年前，日本帝国主义发起了惨绝人寰的侵华战争，在中华大地上燃遍了战火，使饱经沧桑的中华民族再次伤痕累累。从九一八事变到七七事变，从八一三事变到震惊中外的南京大屠杀，中华大地在侵略者的践踏下痛苦呻吟。卢沟桥的第一声枪响，拉开了中国人民抗日战争的序幕，四万万同胞的国仇家恨由此爆发，有多少深沉的苦难，就有多少不屈的呐喊！千百年来，中华民族之所以饱尝艰辛而不衰，历经磨难而不屈，千锤百炼而愈加顽强，靠的就是正气磅礴、荡气回肠的铮铮铁骨，靠的就是百折不挠、自强不息的民族精神。讲学院办学尽管只有短短的8个月，但被誉为"南方抗大"的它，深深影响着一代又一代人……

2019年纪念讲学院建院80周年，目的就是弘扬革命传统，传承红色基因，铭记历史，缅怀先烈，珍爱和平，开创未来。让我们高擎讲学院精神火炬，吹响时代前进号角，以崭新的姿态和满腔的热情积极投入各自的工作中去，为祖国的繁荣富强贡献力量。

（作者系塘田战时讲学院旧址管理所工作人员）

# 塘田战时讲学院的历史作用

宋文杰

塘田战时讲学院在缺乏抗战人才的背景下应运而生。中国共产党深刻地认识到抗日战争是一场全民族的反侵略战争,只靠政府军队不能取得抗日战争的胜利,必须发动人民群众,向他们宣传持久抗日的思想,激发他们的抗日热情,全面动员起乡村的力量,"培养大批的地方工作干部及下级军政人员,是持久抗战所必须先做的工作"[1]。吕振羽接到中共中央创办学校的指示,1938年9月在湖南邵阳创办塘田战时讲学院。塘田战时讲学院具有统一战线的形式、理论与实际相结合的教学模式、有教无类的教学理念三大鲜明特点。塘田战时讲学院虽只存在短短的8个月的时间,但它直接推动湖南抗战文化运动的发展,培养大量优秀的抗战人才,同时向当地乡村宣传持久抗战思想、播撒革命火种,极大地巩固了抗日民族统一战线,讲学院在湖南、全国的抗战史上留下不可磨灭的印记。

## 一、推动湖南抗战文化运动的发展

塘田战时讲学院位处湖南邵阳,随着战争局势的变化,原来处于北京、上海、南京等大城市的文化名人、学校、教育机构纷纷内迁。大量满怀热情的文化名人、爱国人士聚集在湖南,为救国救民献计献策,他们成为宣传抗战中最活跃的分子。塘田战时讲学院的老师大多是坚持抗战、热爱祖国的文化名人,讲学院为老师提供宣传抗战思想的文化阵地,他们以讲学院为中心,利用教学、歌曲、报刊等方式向四周传播思想主张,极大地推动湖南文化抗战运动的发展。

塘田战时讲学院的老师知识渊博,以培养抗战人才为目的,在教学过程中传播抗战思想,扩大湖南文化运动的范围,由学院至乡村。塘田战时讲学院的老师有"张天翼、雷一宇、陈润泉、曹伯韩、李仲融、林居先、杨卓然等,以及……王西彦、吴剑丰、王煜、周白、徐昭等人"[2]。创办者吕振羽是著名的历史学家,张天翼和王西彦是著名文学家,陈润泉则是自然科学家,曹伯韩、李仲融在文教界很有名，吴剑丰则是当地名士。他们知识渊博，放弃大城市的优越条件，来到环境艰苦的湘西，与学生们同吃同住，教学中坚持理论与实际相结合的特点，学院既开设国文、外语、音乐、抗战常识、游击战术等课程，也"组织戏剧队、歌咏团、漫画组、壁报组、访问队深入周围乡村，宣传抗日救国"[3]。乡村人民文化程度较低，老师便带领学生们开办夜校、识字班，所授课程文章通俗易懂、贴合实际，如文章"塘田塘田，美丽家园。盛产稻谷，又产甘蔗……我爱塘田，我爱家园"。乡民们每每阅读这些文章，爱家乡、爱国之情油然而发。为保护家园，为家乡免遭日寇铁蹄之苦，乡民们被激励着走上前线，浴血奋战。

老师与学生为更加深入地传播抗战思想，采用歌曲的形式传播抗战思想，加快了湖南抗日文化运动的发展。唱歌是一项雅俗共赏的文艺活动，客观限制条件较少，群众又喜欢唱歌，通过唱歌的方式传播抗战思想比其他文艺活动更加有条件。学院老师张天翼在这方面的贡献尤为突出。张天翼老师与曹伯韩老师共同为学院谱写院歌"我们是迎着时代的巨浪，勇敢热情的青年聚集一堂，加紧学习，奋勇救亡……我们是创造新中国的健将"，每日课堂休息时，这首激昂的院歌响彻塘田战时讲学院的上空，激励着学生们努力学习、奋发图强、积极抗日，激励学生们走向街边、乡村宣传抗战思想。学生们走在大街上激情洋溢唱着《义勇军进行曲》《打倒汉奸》《长城谣》《大刀进行曲》等歌曲，歌声飘扬在大街小巷，越来越多的人听见，越来越多的人转变思想，越来越多的人被激励积极抗日、保家卫国。当时的中国共产党驻湘代表徐特立也与学生一起走上街头讲演，宣传抗日思想。张天翼老师与邵宇、唐人组成资江歌咏团，每逢集会节日，他们都会组织团员们深入乡村、深入群众，亲自教唱抗日歌曲，主要有《义勇军进行曲》《青年进行曲》《打回老家去》等。在抗日歌曲的激励下，不仅群众积极抗日的思想意识逐渐觉醒，而且湖南抗日文化运动也迅速发展。

老师们通过创办报刊系统宣传抗日主张，扩大湖南抗日文化运动的影响力。报纸是传播文化、知识的重要工具，老师们通过创立报刊系统地介绍抗日思想。比如谭丕模老师与李仲融老师合力创办《湘流》三日刊，刊内设抗日专栏"救亡言论""救亡通讯""文艺小说"等，刊登一些宣传抗日的文章，产生了很好的社会影响。张天翼老师利用歌曲宣传抗日的同时，也积极利用报纸宣传抗日思想，他既是《大众报》的编辑，又是《观察日报》的编辑，遂以此二者为阵地大力宣传抗日思想。各种抗日报纸大量发行，极大地扩大了湖南抗日文化运动的影响力。

## 二、培养优秀的抗战人才

塘田战时讲学院在8个月的时间里"发展中共党员50多人，民先队员180余人"。[4]学校解散后，"许多人后来走上抗日前线，或去延安，或做地方工作"[5]，成为抗日战争中不容忽视的一支重要力量。

塘田战时讲学院是一所培养抗日干部的军政大学，"实施战时教育，培养抗战干部"是学院的教育宗旨。一名合格的抗日干部需要具备抗日救亡的爱国素养、政治理论知识、基本军事常识这三个方面的条件，爱国素养是其他两个条件的必要条件，是学院培训的重中之重，政治理论知识与基本军事常识是辅助条件。为培养学生们的爱国素养，学院以"忠诚勤敏"为校训，开展系统的爱国主义教育，开设"中国革命运动史""抗日民族战争讲座"必修课程。"中国革命运动史"由吕振羽老师讲授，这个课程的教材出自吕振羽老师的书《中国革命运动史》。为使学生更加明晰近代中国的性质，吕振羽老师开设"中国近代史""中国民族解放运动史"两门课程，在讲授课程的过程中宣传马克思列宁主义，宣传当下中国共产党的抗战政策。如1938年11月中共六届六中全会结束后，湖南省委宣传部部长蔡书彬来到塘田战时讲学院向党员宣传六届六中全会的内容和精神，明晰党在抗日战争中的地位，鼓励师生们再接再厉，为抗日战争的胜利而努力。一名合格的干部不仅要具备爱国素养，也要掌握基本的政治理论知识和军事常识。学院开设国文、数学、外语、音乐、哲学、政治经济学、社会科学大纲等基本课程，也开设大量为抗战服务的课程，如游击战术、军事常识、抗战常识、中山学说。为让学生们更好地掌握基本知识，老师坚持个人阅读与集体讨论相结合的原则。个人阅读可以深入思考，培养独立思考的能力，避免盲目跟从，坚定自己的理想信念；学生一起讨论，可以交换彼此的思想，集思广益，锻炼口语表达能力。

塘田战时讲学院在8个月的时间培养了250多名学员，他们有些人去往抗日前线，与敌人战场相见，成为抗日游击战争的骨干，如谢国安等人毕业后直接奔赴前线；有些人成为党的干部，如刘逊夫、吕一平等人担任省厅局级以上的领导；有些人投入抗日文化运动中，积极向人民宣传抗日思想；有些人为抗日民族统一战线而奔走。塘田战时讲学院的学生为抗日战争的胜利作出了不容忽视的贡献。

### 三、打击妥协速战的舆论，宣传落实中国共产党的持久战思想

抗日战争爆发后，面对残酷的战争，人们思想混乱，各种思想甚嚣尘上，亡国论、速胜论在国内空气中弥漫着。为统一党内、国内思想，毛泽东同志发表了《论持久战》，开篇对亡国论、速胜论进行批判，并指出抗日战争是一场持久战，最后的胜利属于中国，要想取得战争的胜利必须将全国人民统一起来，坚持抗战，坚持抗日民族统一战线。毛泽东同志强调"兵民是胜利之本"，打持久战必须动员起全体人民。为实现这一战略计划，培养一支拥有坚定共产主义信仰的干部队伍就显得尤为重要，塘田战时讲学院就是在这样的使命下诞生的。

因近代中国特殊的国情，乡村人口占全国总人口的大多数，乡民文化水平普遍不高，没有坚定的认识，容易受亡国论、速胜论等错误思想的影响，是几类思想宣传的社会基础。为打击妥协舆论，将坚持抗日思想传至乡村，塘田战时讲学院主要做了以下三方面的工作。

首先，采用开办识字班、夜校等方式，提高民众的文化水平。如果想快速地宣传持久抗战的思想，必须提高民众的知识水平，知识水平提高有助于快速接受党的持久抗战的思想。学院开办民众识字班工作先从学院周围的群众开始，在学院内部或者塘田街上开办成人识字班和儿童识字班，服务于学院周围的群众及他们的子弟。同时学院专门派人去较远的地方做工作，配合当地开办夜校和创办小学，比如水西唐家、油塘等地多采用此方式。学院还开设妇女识字班，由于妇女群体的特殊性，学院采取上门教学的模式。这些识字班和夜校主要有国文、算术、唱歌三门课程，课本主要由学院学生自己编写，学生将老师传授的知识和当时的实际情况结合起来编成教材，内容由简至繁，由简单的群众生活到更大范围的社会生活，再到更高层次的持久抗战的思想，循循善诱，启发群众的阶级觉悟和抗战情绪。学院很注重对群众子弟的培养，这样有助于播撒革命的火种，为将来打下结实的群众基础。

其次，采用喜闻乐见的方式宣传抗日。比如话剧、歌咏、壁报、画报等多种形式，这样达到的效果往往事半功倍。每次话剧表演、歌咏表演往往能吸引二三百人来围观，话剧将具体的形象深入人心，歌咏将持久抗战的思想化为朗朗上口的歌词，群众易记易唱，在潜移默化中接受持久抗战的思想。广大人民群众在多种方式的熏陶之下爱国之情油然而生，这几种宣传教育的功能得到了很好的发挥。

最后，建立抗日救亡据点。要发动广大人民群众，不应只限于在学院附近进行抗日运动。根据"树立救亡工作据点于农村"的办院宗旨，学院派遣来自各地的学生返乡建立抗日救亡点，他们先以小学为中心建立民众夜校，然后在此基础上建立歌咏队、读书会等。这一系列的组织构成每个地区的救亡点，功能多种多样，既能提高群众的知识水平，又能通过读书会、歌咏队将抗日主张宣传出去，吸引越来越多的人加入抗日救亡的队伍中。比如雷一宇老师在邵阳县组织的青年抗战服务团，服务团内包含二十余处宣传站、民众夜校、民众阅览室，辐射范围广泛，对周围的群众影响很大。

学院通过开办识字班、夜校提高了群众的知识水平；通过各种喜闻乐见的方式宣传抗日，加快了抗日思想传播的速度；通过建立抗日救亡据点，极大地扩大了学院的辐射范围。通过以上措施，向群众宣传了持久抗日的思想，使群众拥有中国必胜的决心，打破了原来乡村弥漫的亡国论、速胜论的氛围。这些措施不仅锻炼了学生，也为党播撒了革命的火种，为以后解放塘田战时讲学院所在的地区建立了良好的群众基础。

## 四、巩固抗日民族统一战线

塘田战时讲学院在办学之初，就坚持广泛的抗日民族统一战线，学院主要由领导、老师、学生构成，学院在这三方面都坚持广泛的抗日民族统一战线。学院采取这种统一战线的办学模式不仅减少了办学的阻力，也调动了社会各个方面的积极性，进一步巩固抗日民族统一战线。

塘田战时讲学院在领导、老师的选取方面采取广泛的统一战线形式。塘田战时讲学院的董事会成员由国民党、共产党、民主人士及爱国士绅构成，基本上各占1/3，比例均匀。比如赵恒惕、张治中、覃振、刘子奇、李琼、岳森、林拔萃这几个人都是国民党人士，上文提到的吕振羽、张天翼、雷一宇等是共产党员，陈润泉、曹伯韩等人是著名的学者，吕遇文等人是邵阳当地有名的爱国士绅。领导层面的统一战线具有非官方的特点，不是由官方授命，是凭借一些私人关系结合起来的统一战线，该统一战线更具灵活性，更容易调动各个方面的积极性。从学院老师的组成来看，既有共产党员，也有支持抗日民族统一战线的国民党员，同时也有当地的进步人士。老师在讲学院里讲授的课程也比较丰富，共产党员在学院里宣传共产党的抗日主张，国民党宣传三民主义、中山学说等。

讲学院以这种广泛的统一战线的形式来创立，减少了办学阻力，有利于争取到学院的合法地位,使学院能尽可能长时间存在和发展下去,同时也为非官方性质的以统一战线形式开办战时培训学校开了先河,是对中国共产党关于完善抗日民族统一战线的一贯主张的贯彻实施,有利于调动各方面的抗日积极性,推动了湖南抗日统一战线的进一步发展和完善。

塘田战时讲学院在招生方面也坚持统一战线的原则。塘田战时讲学院招生门槛较低,学生只要有心求学、具备一些基本知识就可以进入讲学院。所以学院的学生来自不同的背景,有青年学生、印刷工人、尼姑、失业军人及小学老师,青年学生中,有的是大学学历,有的是中学学历,也有小学学历的。学员有来自湖南的,也有来自江西、湖北、福建的,湖南的学员来自湖南的各个地方,比如邵阳、宁乡、湘潭、新化等地。招生方面的统一战线有利于各个阶层的人交流思想,加大各个阶层的流动,拉近彼此的距离,更有利于将坚持抗日思想传播至各个阶层,由点到面,传播至全国各地,巩固抗日民族统一战线。

塘田战时讲学院在领导、老师、学生三方面建立的广泛抗日民族统一战线,开了当时培训学校的先河,具有很大的示范效应,同时尽可能地将坚持抗日的思想传播至全国的每个角落,进一步巩固了抗日民族统一战线。

纵观塘田战时讲学院的发展历程,其在抗日战争史上留下不可磨灭的历史痕迹。塘田战时讲学院在推动湖南抗战文化运动的发展、培养优秀的抗战干部、宣传落实中国共产党持久抗日的思想及巩固抗日民族统一战线等方面,发挥了重要的历史作用,同时也为今天我国推进社会主义建设,巩固和发展爱国统一战线提供大量的有益借鉴。

● **注释**

[1] 朱友建、张林发:《吕振羽传》,湖南师范大学出版社1999年版,第105页。

[2] 朱友建、张林发:《吕振羽传》,湖南师范大学出版社1999年版,第105—106页。

[3] 朱友建、张林发:《吕振羽传》,湖南师范大学出版社1999年版,第106页。

[4][5] 朱友建、张林发:《吕振羽传》,湖南师范大学出版社1999年版,第107页。

(作者系武汉理工大学马克思主义学院研究生)

# 塘田战时讲学院折射的邵阳精神及其对党员干部党性教育的现实意义

肖小凌

加强党员干部党性教育,是新形势下加强党的建设的一项重大任务,也是我们党走过百年光辉历程的一条基本经验。塘田战时讲学院为第六批全国重点文物保护单位,是抗日战争时期,中共湖南省委和中共代表徐特立委派马克思主义史学家吕振羽负责创办的一所军政大学,被誉为"南方抗大"。依托塘田战时讲学院开展党史党性教育,挖掘邵阳精神,传承红色基因,特别是对广大党员干部加强以马克思主义群众观为主要内容的党性教育、坚定理想信念、保持优良作风,具有积极作用。

## 一、塘田战时讲学院的光辉事迹折射出邵阳人的精神特质

### (一)邵阳人具有"经世致用"的哲学思想

全面抗战爆发后,1938年夏,吕振羽受中共湖南省委派遣回家乡邵阳县创办塘田战时讲学院,培养基层抗日干部。塘田战时讲学院奉行"坚持抗战,坚持持久战,实施战时教育,培养抗战干部"的教育方针。吕振羽创办的塘田战时讲学院虽然只办了8个月共招生两期,但对邵阳教育产生了深远影响。他主张"教与学一致""学与用一致"。以民众抗战、持久战与民族统一战线思想为理论,紧密结合抗日的伟大实践,要求学员在学习文化知识的同时,至少要参加一次抗日救亡具体工作,如演讲、演戏、编壁报、办民众学校等,与民众打成一片,使其在如火如荼的救亡工作中得到锻炼。教学方法上,实行"教""学""做"相结合的办法,要求学生将个人阅读与集体讨论结合,课堂学习与课外活动结合,并引导学生深入实践,既学习,又工作。教学内容上,以抗日救国为中心,向广大青年进行民族爱国主义教育和战时教育,课程设置既注重战时军事教育,也不忽视文化知识的传授,政治教育则是利用周会举办中国革命运动史和抗日民族战争讲座,以激发学生的民族意识和抗日热情。

### （二）邵阳人具有"心忧天下"的爱国主义优良传统

塘田战时讲学院办学历时8个月，主要宣传抗日救国方针和抗日民族统一政策，同时发展了共产党员50多人，建立了新宁、城步、洞口、绥宁及金称市五个省直属党支部。塘田战时讲学院的办学宗旨是培养抗日干部。从1938年9月16日开学到1939年4月21日被国民党反动派封闭，共培训学员250多人，有100余人加入了中华民族解放先锋队。学院被迫解散后，吕振羽根据中共湖南省委的指示，在距塘田市不远的油塘村举办建党训练班，以后又在建党训练班的基础上成立中共金称市地下党支部，吕振羽夫人江明为金称市地下党支部第一任支部书记。学员中有的奔赴延安，参加了革命工作；有的参加新四军，走上抗日的最前线；有的留在国民党统治区从事地下工作；有的回到家乡发展党的组织，发动群众开展抗日活动。塘田战时讲学院存在时间虽然只有8个月，但在党的领导下，正确地贯彻执行了省委制定的教育方针，宣传马列主义和我党的抗日主张，培养了大批有志青年。其中，曾国策同志在"皖南事变"中壮烈牺牲，谢维克同志在邵阳从事地下活动时被敌人杀害，为革命献出了宝贵的生命。塘田战时讲学院不仅为抗日培养了干部，而且播下了革命火种，鼓舞了人民群众的抗日热情，有力地推动了抗日救亡工作的开展，在抗战史上写下了光辉的一页。

### （三）邵阳人具有"呷苦霸蛮"不怕困难的精神

抗战时期的塘田战时讲学院，在极其困难的条件下办学，尽管教具简陋不堪，办学条件差，教师薪资低，教材需要自己编写印刷，但许多教职员工仍为团结抗日而恪尽职守。吕振羽创办塘田战时讲学院时，遇到国民党顽固派的阻挠，办学条件相当艰苦，但他凭着"吃得苦，霸得蛮"的"宝古佬"精神，克服了困难，并积极宣传抗战文化。他在《战时的湖南和湖南人》一文里，指出湖南人具有"刻苦""勤奋""拼搏""奉献"而有"蛮气"的"湖南精神"。他说："自梁启超以至现在的全国领袖蒋委员长等，又皆谓只要湖南人不死尽，中国就不会亡国"。他认为这是国人对湖南人的最大信赖和殷切期望，在现在的民族抗战中，湖南人更要发扬光大"湖南精神"。

### （四）邵阳人具有"敢为人先"的创新意识

在塘田战时讲学院，吕振羽实行"教""学""做"相结合的方法，要求学生将个人阅读与集体讨论相结合，课堂学习与课外活动相结合，并引导学生深入实践，既学习，又工作。"这一方法突破了我国教育史上学用脱节的窠臼,在理论与实践相结合的教育活动中起到了前驱先锋的作用。"杨韶华在抗战期间提出的"三杆教育",不仅在当时的中国独一无二,就连在世界教育史上也是绝无仅有的。这些现代文化名人在邵阳任教,他们的学术创新意识丰富了湖湘文化"敢为人先"的精神内涵,并深深影响了邵阳教育。

## 二、塘田战时讲学院的光辉事迹对党员干部党性教育的现实意义

依托塘田战时讲学院,通过展示革命年代遗留下来的照片、器物等生动呈现历史的痕迹;通过解说员的介绍,让党员干部了解革命年代的人物、事件经过;运用声、光、电、影等现代技术手段,将故事情节、人物行为等进行历史再现,加深党员干部对历史的理解。通过在塘田战时讲学院现场,运用参与式、体验式、研究式等教学方法,组织主题党日活动、重温入党誓词等,现场激发党员干部的认识和思考。依托塘田战时讲学院这个"没有围墙"的党员干部党性教育大课堂,复盘再现抗战的烽火硝烟、火红年代、光辉事迹,挖掘、传承邵阳人的精神内核,从历史中汲取营养,补充精神之"钙",坚定广大党员干部理想信念,培育和践行社会主义核心价值观,铸牢思想政治灵魂,让红色基因在邵阳大地代代相传,对推进全面从严治党,强化党员的党性修养,提升干部的能力水平,促进邵阳创新发展有非常重大的现实意义。

### (一)坚持"经世致用"的哲学思想,有利于党员干部养成实事求是、求真务实的良好作风

吕振羽作为塘田战时讲学院创办人,同时作为中国当代马克思主义史学家,也是"经世致用"的哲学思想传承人,与魏源、蔡锷等邵阳名人积极推行"经世致用"的哲学思想,积极践行实事求是,是邵阳精神的典范,为邵阳乃至湖南立下了不朽丰碑。同样,实事求是、求真务实是我们党思想路线的核心内容,也是党的优良传统和共产党人应该具备的政治品格。发扬邵阳人"经世致用"的传统,就是要坚持实事求是,从实际出发,反对凭空想象,脱离实际。党员干部要大力弘扬党的优良传统和作风,讲老实话、办老实事、做老实人,这是坚持实事求是的作风保证。增强狠抓落实本领,坚持说实话、谋实事、出实招、求实效,把雷厉风行和久久为功有机结合起来,勇于攻坚克难,以钉钉子精神做实做细做好各项工作。发扬邵阳人"经世致用"的传统,就是要立足本职岗位干事创业,就是要做到俯下身子为人民服

务，关心群众的冷暖，求真务实、真抓实干，真正地保证群众得到实实在在的好处。

**（二）坚持"心忧天下"的爱国主义优良传统，有利于党员干部认真贯彻落实"以人民为中心"的发展思想**

坚持"心忧天下"的爱国主义优良传统，放在当下，就是要认真落实习近平总书记"以人民为中心"的发展思想。人民立场是中国共产党最根本的政治立场，这是中国共产党的价值追求，也是中国共产党的初心使命。马克思主义唯物史观提到"人民是历史的创造者"，作为党员干部，要能够时时刻刻站稳人民立场，在任何情况下都要做到一切为了人民、一切依靠人民，将人民的利益放在至高无上的位置，要从人民群众最根本的利益出发。中国共产党作为马克思主义政党，从诞生之日起，就已经将人民刻在旗帜上。如今，站在新的历史起点上，坚持以人民为中心的发展思想，更是党与时俱进，在新的时代背景下对党的宗旨的深刻认识，也体现出中国共产党人不忘初心使命的高度责任感和使命感。党员干部要用行动践行党的群众路线。坚持从群众中来到群众中去的原则，要与群众保持紧密联系。在干事创业中要把增进人民福祉、提高人民生活水平和质量、促进人的全面发展作为根本出发点和落脚点，就是把实现好、维护好、发展好最广大人民根本利益作为发展的根本目的。

**（三）坚持"呷苦霸蛮"的奋斗精神，有利于党员干部形成敢于碰硬勇于担当的良好品格**

坚持"呷苦霸蛮"的艰苦奋斗精神，提振精神，奋发有为，放在当下，就是党员干部要敢于碰硬勇于担当。历史的经验表明，无论是蔡锷的再创共和，还是抗战时期邵阳教育的救亡图存，都展现了邵阳人的"霸蛮"精神。这是一种在民族危亡之际，可以挽救民族命运的精神力量。面对新时期肩负的历史使命，党员领导干部必须勇于担当、乐于担当、善于担当，勇于负责。这种责任担当体现在做人讲诚信，做事讲奉献，谋事讲科学。诚实守信是做人的基本素质。说话算话，言而有信，就能取信于民，受到群众的拥护，关键时刻才能令行禁止。作为党员领导干部绝不能计较个人得失，要一切以大局为重，一切以党的利益为重，时时处处甘愿付出、不求回报，随时随地尽心尽责、不图名利。党员干部要公私分明、大公无私，坚守为党为民的政治品格；要心胸开阔、志存高远，自觉站在党和人民立场上做决策、办事情；要心存敬畏、谨慎用权，始终保持共产党人的蓬勃朝气、昂扬锐气、浩然正气，面对大是大非敢于亮剑，面对矛盾敢于迎难而上，面对失误敢于承担责任，面对歪风邪气敢于坚决斗争。党员领导干部要有敢负责能担当的气魄，关键时刻要有舍我其谁的胆气。遇上难事一定要有敢于碰硬、敢于担当的精神，迎难而上，抽丝剥茧，于复杂中找寻规律，从表象中看清本质，集思广益，科学决策，有效解决问题。小事琐事也是事，要不急不躁有耐心，因势利导，顺势而为，把小事处理好，把琐事解决好，让群众满意。

（四）坚持敢为人先的创新意识，有利于党员干部激发想干事、能干事、干成事的力量源泉

　　敢为人先、与时俱进的创新精神，体现在魏源、吕振羽等思想家的学术探索上，并在"经世致用"思想的指导下，邵阳人更具敢为人先的创新精神。抗战时期的邵阳教育家在极其艰难的条件下，不仅要救亡图存，而且在教育理论和教育实践方面都取得了创新突破，说明"敢为人先"是邵阳人不拘一格、敢于独辟蹊径的精神特质。面对新形势新发展，新常态新业态，创新是永恒的主题，创新是干事创业的重要力量源泉。想干事是干事创业的基础。只有想干事才会有动力和激情，否则就会一事无成。对一名合格的党员领导干部来说，想干事是事业心、责任感的表现，也是应尽的责任和义务。会干事是一种能力。想干事，还必须会干事。面对新形势新任务新要求，党员干部要想履职尽责、有所建树，就必须要锤炼出过硬的本领。会干事需要我们强化学习、服务中心、着眼大局。当今时代，社会发展瞬息万变，科学技术日新月异，要求党员干部要勤于从书本中学习，善于从实践中学习，虚心从他人身上学习；要强化大局意识、融入中心工作，以新时代的眼光去看待问题和解决问题。敢干事体现了党员干部肯担当的一种责任和态度。这需要我们党员干部在思想上、工作上、作风上敢于担当，全心全意干实事，真正为民谋利益。克服软、怕、躲、拖、推等工作的惰性，始终保持一种锐意进取、攻坚克难的精神和劲头，拼搏进取，爱岗敬业，扎扎实实地干好每一项工作。干成事是我们的目标。为政之要，重在履职，贵在成事。干成事不是做表面文章，不是简单地敷衍应付，更不是弄虚作假，而是干任何事情都要把是否落实人民群众的意愿，是否维护人民群众的利益作为落脚点，只有这样，才能有干事创业的源头活水、磅礴力量。

（作者系邵阳县九公桥中心完小教员）

# 塘院军事教官李华柏对亲人的影响

刘生培

塘田战时讲学院的军事教官李华柏是塘田市人，1949年白仓起义的副团长李梦麟也是塘田市人，而且他俩与我都是塘田市屏峰乡雷公铺人，我确切地告诉大家：李梦麟是李华柏的亲侄子，因叔侄同心，向往革命，使李家在当地小有名气。

李华柏（又名李陌青、李雄飞、李世阡，别号华白），1903年出生。父亲李绪番（字儒珍）原籍邵阳县十七区杨青乡杨田村（今河伯乡杨田村），因一眼失明，专习屠宰维持生计，先后生有三个儿子，依次名世朱、世阳、世阡。1910年全家迁至十里以外的雷公铺（今河伯乡雷公村）居住，因屠宰生意红火，十几年后成了当地富裕的大户人家，有田产一百余亩，楼房三栋，老大、老二先后成家另立门户。

老三李华柏宝庆联合中学毕业后做过五年教师，1926年10月考入广州黄埔军校第五期炮兵科，1927年8月毕业。1930年任南京中央炮兵学校练习队排长，1932年升任连副，1935年任该队连长，其间参加过上海淞沪抗战，在真茹炮兵阵地奋不顾身地与日寇作战，直至炮台被炸毁才死里逃生。1934年10月又于南京陆军炮兵学校第二期毕业，1936年任该校教育副官，1937年任炮兵营（练习队）营长，1938年因病回家休养。其间吕振羽创办了塘田战时讲学院，便聘请他担任学院战时防护常识和体操（以长跑和爬山为主）的教官。教学中，他善待学员，专心教学。1939年学院被迫解散后，李华柏返回部队，任国民政府军政部常德炮十一团团副，随即奔赴抗日前线驻防陕西。1942年4月于西安经人介绍与谭珊英结婚，1944年调任重庆中央军政部重迫击炮第1团上校副团长，1946年调赴安徽马鞍山及浙江下江一带驻防。在部队期间，他不愿打内战，并多次帮助和保护部队里的共产党人。1948年主动放弃去台湾任职的安排回到老家，在武东中学（校址即塘院旧址）担任数学和英语教师，这一时期，他大哥的儿子李梦麟也在塘田市教书，于是他常与侄子交心通气，讨论"国民党腐败无能，共产党深得民心"的革命形势，得知李梦麟与四望乡乡队副莫新春、教师唐道光志同道合准备等待时机组织起义迎接解放时，便鼓励他积极参加。1949年2月22日，莫新春、唐道光、李梦麟发动的白仓武装起义成功，6月，在以白仓为中心的百余里地面上开展游击战争期间，李梦麟加入了中国共产党，同时，中共湖南省工委授予起义部队"湖南人民解放总队湘中第二支队第三团"番号，莫新春任团长，曾明洲任政委，李梦麟任副团长。10月上旬，湘中二支队三团在白仓与解放军南下主力部队会合，整编为解放军湖南军区独立十七团，负责担任武冈城防任务，同时配合主力部队清剿雪峰山一带的国民党顽匪和武装特务。李梦麟因肺病加重，要求离开部队留在地方工作，先任武冈县公安局局长，后任武冈师范校长。1959年，李梦麟见学校学生宿舍潮湿多蚊子，就将宿舍地面全部刷上红油漆，并给每位学生配上蚊帐，因此以铺张浪费之名受到处理，调往邵阳师范教书，至1974年病逝。

在李华柏、李梦麟叔侄的影响下，他们的家人在党的教育培养下都不甘落后，积极投入各项革命工作之中。李华柏与前妻肖春秀育有三个儿女，长女李慈淑，1927年出生，1949年参军入党，于新疆生产建设兵团工作至离休；次女李宁淑，1935年出生，武冈师范学校毕业，在教直到退休；长子谭安利（随母姓）学有所成，工作中加入中国共产党，现为经济师、企业法律顾问。李梦麟的妻子王昌熙，在衡阳市七中教师岗位上退休，儿子李卫东是邵阳师院的教师。

现在，他们的家人每次相聚，或者回到塘田，都会忆及先辈那段光辉的革命岁月，都会感激他们对自己深刻的影响。

（作者系中央邵阳县委党史联络组成员）

# 西南抗大
## ——塘田战时讲学院之荣归

左红娟

    抗大在中国共产党历史上具有很重要的地位。1935年10月长征中的中国工农红军胜利到达陕北，"林彪等人很热心地向毛泽东提议办个培养红军干部的学校，并举出蒋介石办黄埔军校培养大批优秀的军事人才的先例"[1]。11月下旬，中共驻共产国际代表团所派代表林育英回到陕北，向中共中央传达了共产国际关于建立广泛的反法西斯统一战线的精神。在中国民族危机日益严重、抗日救亡运动高涨的形势下，毛泽东于1935年12月27日在陕北瓦窑堡党的活动分子会议上做报告——《论反对日本帝国主义的策略》，首次提出了中国人民的抗日战争是持久战，决定了建立抗日民族统一战线的策略。关键是在长期抗战的严峻形势下，国共两党力量都不足，如何尽可能动员全部力量来实现最后胜利，党内对此的看法颇有不同。"什么方法是最中心的呢？我们的党在各方面都有工作，游击队、青年团、工会、农会、共产党支部，都是增加力量的办法。什么才是最有效，最能联系一切的呢？'出个报纸，办个学校'便是解答。"[2]红军也应该办一个自己的"黄埔军校"，因为它能组织和增加抗日力量。于是在1936年，毛泽东和周恩来、彭德怀签署了一份公告，宣布成立"西北抗日红军大学"，1937年初改为中国人民抗日军事政治大学。

    第二次国共合作抗战期间，无论是共产党还是国民党，都很重视各自的干部训练，举办训练班、校成了潮流。"在国民党统治区，有国民党中央和各省市的训练团队；在解放区，有陕甘宁边区中共中央直接领导'抗大''陕公''鲁艺'等，有敌后抗日根据地的各级干校。"[3]1937年卢沟桥事变爆发，日本帝国主义全面侵犯的炮声震惊了中国，也震惊了世界。在国难当头、民族危亡的时刻，从全民族抗战的大局出发，中共湖南省委领导湖南人民的抗日救亡活动出现了前所未有的高潮，除积极领导创建抗日团体和创办抗日刊物外，还为发展湖南抗战教育、培养抗日干部倾注了大量心血，相继创办了一些抗日学校，有"西南抗大"之称的塘田战时讲学院，就是其中最有影响的代表。

在当时的形势下，培养党的干部是当务之急。但是，正如徐特立所说，当时组织的干部训练班"数量十分不够。想要利用已有的学校，目前不可能。过去曾经利用过临时大学的训练班，目前省党部防范严密，不可能进行"[4]。同时，吕振羽发现在国民党控制的学校里，共产党的全面抗战主张得不到贯彻。因此他提议，能否像延安抗大一样，我们在湖南办一所学校，培养抗战干部。1938年6月的一天晚上，在寿星街2号八路军驻湘通讯处的一间房子里，中共湖南省委主要领导成员高文华、任作民、郭光洲、聂洪钧、蔡书彬和八路军驻湘代表徐特立围坐在一起，研究湖南党组织下一步工作计划。徐特立在会上谈道，近来，许多爱国青年求知若渴，纷纷要求到延安陕北公学和抗日军政大学去上学，如果能在湖南办一所抗大或公校式的抗日学校，不就既满足了求学青年的愿望，又为湖南抗战培养了人才吗？[5]该提议得到与会代表的同意，学校的具体筹建工作由吕振羽负责开展，并向毛泽东和张闻天汇报。"写信给泽东、洛甫两同志，要求派几个下级干部出〔去〕当学生，将陕北和抗大的学风带去，以便在湖南进行抗战教育"[6]。这个请求得到中共中央的支持。经过两三个月的紧张筹备，塘田战时讲学院于9月16日开学，这是抗日战争时期由国共合作在白区建立的一所革命大学。塘田战时讲学院是一所新型的学校，它以陕北、抗大的办学精神为指导，融革命性和学术性为一体，奉行"坚持抗战、坚持持久战、实施战时教育、培养抗战干部"的教育方针，并从武装保卫湖南的需要出发，确定以"树立文化据点于农村""树立救亡工作据点于农村"，使"学院成为救亡工作的策源地"作为"办学宗旨"，把学生铸造成"抗日救国"的"中坚"和"先锋"。[7]从以上论述可以看出，塘田战时讲学院和延安抗大都是在建立统一战线、挽救民族危亡的大背景下建立，其办学精神、教学宗旨和教学模式既一脉相承又因地制宜，具有强烈的革命性和战时性。塘田战时讲学院的院歌也充分体现了这种伟大的革命精神，激励学生努力学习、奋发图强，把抗日救国作为自己的神圣职责。

"我们是迎着大时代的巨浪，勇敢热情的青年聚集一堂，加紧学习，奋勇救亡，在这里锻炼得意志成钢，把思想武装。实现抗日救国的主张，争取中华民族的解放。同学们，起来！走向光明的路上。我们是创造新中国的健将。"[8]

塘田战时讲学院自筹建时起，由于受共产党领导，一开始就遭受到国民党内顽固派的反对，随着塘院在社会各界的影响不断扩大，国民党顽固派们日益惶恐不安。1938年11月，日本调整对华政策，即把对国民党军事打击为主、政治诱降为辅的方针，转变为政治诱降为主、军事打击为辅的方针。国民党统治集团的妥协动摇和反共活动日益加剧。长沙大火后，省政府主席张治中被免职，薛岳继任。1939年1月，国民党五届五中全会颁布"防共、限共、溶共、反共"的方针，通过蒋介石的《限制异党活动办法》后，陈立夫立即电令薛岳强行解散塘田战时讲学院，电文大意是："据报湖南塘田战时讲学院，实即奸党之西南抗大，宣传错综复杂的思想，愚弄青年，欺骗群众，希图捣乱社会秩序，危害三民主义，应严加查办，制乱未萌。"[9]"由于塘田战时讲学院鲜明的革命立场，它很快就被国民党反动派视为'西南'的'抗大'。"[10]对此《湖南文史资料选辑》中也谈道：1938年11月，反动派大肆宣传，塘院是中国共产党办的南方抗大，吕振羽是共产党员，不要上他的当。[11]毛泽东曾在《被敌人反对是好事而不是坏事》一文中对抗大做了这样的评价：抗大为什么全国闻名，在国外也有点名气？就是因为它同所有的抗日军事学校比起来，是最革命的、最进步的，最能为民族解放和社会解放而斗争。因此，毛主席始终强调，抗大不是统一战线的学校，而是党领导下的八路军的干部学校[12]。于是，随着抗战中以蒋介石为首的国民党的逐渐反动化，其对统一战线下国共合作创建的塘田战时讲学院的敌视程度日益加深，同时也从侧面反映了塘田战时讲学院革命性和进步性之强大。

　　"塘田战时讲学院，是抗日战争时期党在南方创办的唯一新型学校……当时群众都称之为'南方抗大'。"[13]塘田战时讲学院存在的时间虽然不长，只有8个月，但成绩很大，影响深远。"第一，先后在塘院学习的青年大约二百五十余人，他们受到抗战形势的教育，经过进步思想的熏陶，很多人后来在不同的岗位上发挥了进步作用。第二，学生中有四五十人加入了中国共产党，他们在抗日战争和解放战争中做出了重要贡献。第三，对周围群众进行了阶级教育和爱国主义教育，打下了较好的群众基础。"[14]同时从吕振羽的诗中也可以窥见当时塘田战时讲学院的盛况。

**塘田杂咏·平石潭**

清澈潭水深十丈，峭壁危崖画不成。
陡石西峙成合璧，沿滩东耸砬高坪。
三千民校俊男女，五百黉墙铁甲兵。
河伯蜿蜒系苗岭，夫夷迴旋入沧瀛。[15]

  1945年冬，周恩来同志在延安出席湖南工作座谈会时，对塘院也有很高的评价。中国人民抗日军政大学是抗日战争时期第一所由共产党创建的干部培养学校，而"塘田战时讲学院为非官方性质的以统一战线形式开办战时培训学校开创了先河"[16]。它积极宣传党的抗日救国方针、动员群众参加抗日，培训抗日基层干部，在历史上起了不可磨灭的作用，其辉煌业绩和深远影响，将载入我党的光荣史册。所以"从塘院的性质、任务、教育效果以及对国家民族的贡献来看，塘院是当时国内西南地区的一颗璀璨的明珠"[17]。因此其"西南抗大"之称名副其实。

  塘田战时讲学院作为党在抗日战争时期为适应抗战形势而创建的干部教育学校之一，它和当时存在的众多干部教育学校，无论是由中央直接领导还是地方主持建立，均为抗日战争的胜利作出巨大贡献。"西南抗大"是塘田战时讲学院独得之殊荣，还是对当时西南地区革命进步力量的一种泛称，也是考证范围之一。据《武宣文史资料》，全面抗日战争开始一年多后，华北几乎尽失，南方告急。桂系出于对青年学生抗日情绪和要求的重视，同时也为防止蒋介石的吞并，于是组织学生军。其中就谈到有人称颂学生军为"革命的熔炉，西南的抗大"[18]。接下来就是在《悼伯西》这首诗中的"西南抗大"，这是当年广西学生军（1938—1941）之地下党及其外围积极分子自称该军为"西南抗大"。

**悼伯西**

——象州党史座谈会感赋

黄史山

四海归来车马纷，象城战友胜如云。
言欢握手逐人问，环顾周围不见君。
"西南抗大"手拉手，修象战场肩并肩。
建国花开邦栋折，缅怀挚手泪潺潺。[19]

由此可以推断：一是塘田战时讲学院在当时深得民心，当时的革命进步势力纷纷以此为榜样，激励自己；二是"西南抗大"为当时西南地区革命进步力量的统称。总而言之，不论是统称还是独有，塘田战时讲学院在中国共产党抗战历史上的贡献是不可磨灭的。

塘田战时讲学院作为我党根据湖南抗战形势在地方层面开展的干部教育活动，从1938年9月16日正式开学到1939年4月21日被迫停办，存在的时间只有短短8个月。但是作为中国共产党领导下的湖南抗战文化运动中的一项重大活动，对湖南乃至全国的抗战都产生了相当深远的影响。敌方和我方对塘田战时讲学院的贬称和褒誉均为"西南抗大"，更彰显其在艰难和动荡中的坚韧不屈。对"西南抗大"之称进行史实考证，一是对塘田战时讲学院从成立到停办的具体过程的还原，二是对塘田战时讲学院历史贡献的解释和证明。任何时代都需要榜样的支撑，对塘田战时讲学院的史实考证，是对新时代榜样资源的挖掘，塘田战时讲学院在湖南的抗战史上、抗日救亡的教育史上都留下了光辉灿烂的一笔，也必将在新时代发挥它的光芒和余热，为证过去，以励未来。

## ● 注释

[1] 刘阳光编著：《不落的太阳：毛泽东》（上），中国三峡出版社1996年版。

[2][10] 齐念等编写：《师德风范》，河北人民出版社1986年版。

[3] 张泉林著，钟嫦英、钟赞祥编：《张泉林教育文集》，1997年版。

[4] 徐特立：《在湘十个月的工作报告》（1938年9月），载《抗日战争时期湖南地下党历史文献选编》，湖南人民出版社1985年版。

[5][8] 中共湖南省委党史委编著：《三湘抗日纪实》，湖南师范大学出版社1995年版，第57页。

[6] 中国人民解放军历史资料丛书编审委员会编：《八路军新四军驻各地办事机构》，解放军出版社1999年版，第493页。

[7] 山艾：《年青的学校》，《抗战日报》（长沙）1939年2月26日。

[9] 刘伟顺：《魏源故里乡土文化丛谈》，中国文联出版社2012年版，第441页。

[11] 中国人民政治协商会议湖南省委员会文史资料研究委员会：《湖南

文史资料选辑》（第18辑），湖南人民出版社1984年版，第32页。

[12] 朱德等著：《毛主席光辉照千秋》，上海人民出版社1977年版，第18页。

[13] 中国人民政治协商会议新邵县委员会文史资料研究委员会：《新邵文史资料》（第一辑），1988年版，第61页。

[14]《湖南文史资料选辑》（第18辑），第39页。

[15] 朱友建、张林友：《吕振羽传》，湖南师范大学出版社1999年版，第107页。

[16] 吴林根著：《中国共产党干部教育九十年》，东方出版中心2011年版，第150页。

[17] 仝析纲、时晓红、龚维岭主编：《史学研究新视野——中国近现代史分册》，山东大学出版社1997年版，第330页。

[18] 政协武宣县委员会文史资料委员会编：《武宣文史资料》（第三辑），1992年版，第20页。

[19] 中共象州县委党史办公室编：《象州风云》，广西美术出版社2000年版，第490页。

（作者系武汉理工大学马克思主义学院研究生）

# 我听江明忆塘田战时讲学院

黎西卿

1991年秋，我在县委党史办工作，有幸与县委调研员张玉庭，县委常委、县委办主任唐一桥等四位同志到北京拜访伟大的马克思主义历史学家吕振羽的遗孀江明同志。江明同志已年近八旬，满头银发，身体瘦弱。听说家乡来人，她笑容可掬，亲切和蔼地迎接我们。当天中午，我们在她家做客，吃饭时，她不断地给我们夹菜，并给我们每人盛几勺鸡汤。她说，这鸡汤有营养，对身体有滋补作用。下午，张玉庭调研员向江明同志说明这次上京拜会，主要是想进一步了解塘田战时讲学院的情况。江明同志听说来意后，心情激动，精神倍增，滔滔不绝地讲述塘田战时讲学院从创办到解散的全过程。

她说，那是民国二十七年（1938）的夏天，抗日战争全面爆发，中华民族已经到了生死存亡的关键时刻，吕振羽向湖南省委请缨，并经省委同意后，回家乡塘田市创办抗日讲学院。学院院址选在清末太子少保席宝田在塘田市所建的庄园内，背靠青山，前有夫夷水环绕，那地方山清水秀，使人流连忘返。学院创办伊始，就建立了湖南省委直属领导下的党支部。杨卓然任支部书记，雷一宇任组织委员，林居先任宣传委员。11月，这三位支部成员因工作需要调离讲学院。省工委即派游宇、王煜、阎丁南（杨黎原）接替学院党支部工作。当时，为保密起见，吕振羽、张天翼没有公开党员身份。学院的工作实际上由吕振羽、张天翼、杨卓然三人组成的党小组负责。学院重大决策由三人小组决定，再由支部执行。吕振羽任党小组组长。学院支部在学员中发展党员50余人。民国二十八年（1939）4月，学院被国民党强行解散，学院主要领导人转入地下活动。在金称市油塘举办党训班，发展党员，建立金称市党支部。她说，第一任书记由她担任，之后她随吕振羽去了重庆，由吕恒芳担任书记。

学院共开办2期5个班，有学生250余人，学院的院训是"忠诚勤敏"，教学内容是实施战时教育，教学的目的是培育抗日骨干力量，开展的活动有文化宣传，在集市街头演出抗日戏剧，在各小学教唱抗日歌曲，并开办儿童、成人、妇女识字班。学院动员学生回家乡建立抗日救亡组织。在学员的努力下，在东乡等地分别建立了文化宣传站、民众夜校、民众阅览室等20余个；主要宣传《论持久战》和中国共产党的抗日

张玉庭调研员在聚精会神地听江明讲述"塘田战时讲学院"

救亡政策；同时还成立青年抗战服务团，鼓励青年积极投身抗日救亡的斗争中去，为打败日本鬼子贡献自己的青春和力量。江明说，讲学院虽然开办的时间不长，但影响极大，在邵阳点燃了抗日的星火，在人们的心目中，树立了抗战必胜的信心。她说，1983年秋，时任中共中央委员、国防部长张爱萍同志亲笔题词"塘田战时讲学院旧址"，是对吕振羽创办塘田战时讲学院功绩的肯定，也是在邵阳人民抗日战争史上增添的浓墨笔彩，值得后人纪念。

（作者系邵阳县食品药品工商质量监督管理局干部）

# 恩师之托，终生相守

易 平

　　塘田战时讲学院创建于1938年，虽经80年的风雨，今天，却仍然焕发出勃勃生机，成了全国人民进行革命传统教育、爱国主义教育的基地。可谁又能想到，为让它能较完整地保存到今天，有人付出了毕生的精力，他就是原塘田战时讲学院工友周维合同志。

　　1938年夏，日寇集中优势兵力，大举进攻中原，武汉面临战火，长沙告急。在这危急时刻，马克思主义史学家吕振羽受中共中央驻湘代表徐特立和湖南省委派遣回乡筹借清末太子少保席宝田塘田别墅创办塘田战时讲学院。创办之初，吕振羽从全盘工作考虑，经吕惠阶介绍，录用当地青年周维合为临时勤杂工。周维合家庭贫苦，与父亲相依为命，24岁，尚未婚配，为人正直，身强体壮，懂水性，善于划船，有担当。经过两个月的筹办，讲学院的一切办学工作就绪。在两个月的工作实践中，吕振羽发现周维合具有独当一面的能力，于是决定聘周维合为讲学院工友兼保安。8月底，讲学院开始招生，9月16日正式开学，开设研究班2个，补习班1个。周维合日夜为师生操劳，深受师生欢迎。吕振羽十分关心周维合的成长，经常找他谈话，启发他的阶级觉悟，教育他怎样做人，做怎样的人，鼓励他进步。10月底，讲学院又增办一个识字班夜校，周维合总是抓紧时间完成本职工作，每晚都到识字班学习，每天一有空就向师生们请教。吕振羽整日工作繁忙，常常工作到深夜，周维合看在眼里，急在心上，挤时间下河捕捞鱼虾，为吕老师增加营养，有时还从家拿来鸡蛋、水果，夜里送给吕老师当夜宵，日久天长，他们结下了特殊的师生情谊。同时，周维合对每个学员都亲如兄弟姐妹。12月，研究班学员邓淅川（后更名邓晏如）家里遭灾，没有给他送来生活费，周维合知道后，马上从家里拿来三斗大米帮他交了，邓淅川同学感动得流下热泪。

　　在吕振羽的关怀下，周维合的政治觉悟提高很快，加入了中华民族解放先锋队，并申请加入中国共产党。讲学院党支部已把他当成党信得过的人，每次党的重要会议，都是由他把船划到河心召开。在"革命到底"的誓言书里，周维合也签上名。因工作需要，经上级党组织批准，11月吕振羽与王时真（江明）结为夫妻。当晚学校食堂举行会餐，席间CC派学生方品、肖萍等从中捣乱，周维合见状，紧握拳头冲到方品面前严正地说："不管你CC派，还是东东派，愿意抗日的都是一派。在讲学院一切都得听吕院长的，不然我们识字班的20多位青年就对他不客气。"方品等只得灰溜溜地逃走了。

1939年春，各地有志抗日青年纷纷前来求学，学生增加到250多人，6个教学班，又增开了军事演练课，由在家休养的李华柏任教官，有空时，周维合也跟着练习。正当抗日救亡活动开展得轰轰烈烈时，国民党反动派地方当局薛岳部派兵强行解散讲学院，4月22日，从邵阳、武冈、桃花坪派出三支部队以分进合围形式包围了讲学院，可在19日，阎丁南、李毅卿、周维合划船把重要文件和书籍等早转运出去了，为以后的安全撤退做好了准备。吕振羽夫妻是最后撤出讲学院的，周维合用船把他们送至上游油塘，分手时，吕振羽热泪盈眶，紧紧地握住周维合双手说："贤弟，感谢你为讲学院所作的贡献，以后讲学院全拜托你看管好，无论什么时候，只能维修，不准拆除。"江明泣不成声地说："这是党的委托，望能成全。"

恩师之托，让周维合付出一生的努力，默默无闻地书写对党的忠诚！

在新中国成立前的10多年里，周维合组织原在识字班的学员协助对讲学院的看护。新中国成立后邵阳县成立首届政府时，周维合是副县长候选人，为完成恩师之托，他放弃了候选机会，仍回家一边生产，一边义务看护讲学院，1952年被评为湖南省劳动模范。周维合每当外出开会，都要交代家里人看护任务。1953年秋，县里个别领导计划拆除讲学院，用拆除的材料去盖县一中。周维合得知后，立刻到塘田市区委找领导反映情况，区委书记张瑞芝（南下干部）、周庭玉等领导，见周维合所反映的情况在理，但没硬表态。8月中旬的一天，突然从三条船上走下30～40人，带着梯子，闯进讲学院，他们架好梯子上屋揭瓦。周维合冒着抵抗上级领导的罪名，马上通知时任大队长的周维才及识字班的党员们火速赶到现场加以阻止。周维合气愤地说："这里有共产党的根，谁要来拆，就是反党。"这时100多名村民也赶来了，那些人见势不妙，溜之大吉，才得以让讲学院旧址原貌幸存至今。1958年，在讲学院旧址创办邵阳县第四中学。时任校长莫云与周维合达成了"君子协定"：须保持讲学院原状。在四中办学期间，周维合定期到校查看，并时常向师生提醒防止火灾。四中迁出后，讲学院安全隐患大，不管刮风下雨，周维合都要去巡查。一次有个村民在讲学院围墙边烧麦秆，风吹着火星往讲学院旧址里面飞，周维合马上把火扑灭了，当天把这一情况反映到村支部。第二天村支部就召开了村民大会，提出了保护讲学院旧址的新规定，同时周维合把自己的担心转告了在北京的江明同志。为消除周老的担忧，2001年国庆前，江明在写给侄孙女孝凤、杨文的信中说："周维合老人是当年塘田院的一位忠实的工友，对塘院有深厚的感情，多年来对塘院的保护很用心……四中迁出后，塘院旧址安全问题他可能不放心。告诉他别担心，塘院在人民中有深厚的影响，特别是当年识字班的学生，不少都成为地方骨干。我理解他们的感情，对塘院旧址，不但他们自己，也会教育他们的后代爱护，他们的思想感情和言行也会影响他们的亲友和乡亲，这就是塘院旧址安全的重要保障，可告诉周维合老人放心。"吕振羽先生也曾写诗赞扬说："理发工人老船夫，无限情怀泪满珠。双手紧握话当日，旧情新谊倍真笃。"（《吕振羽诗选》，吉林大学出版社2000年版，第199页）

一个托付，竟用60多年的岁月去信守，让人悟出了什么是人间真情！

2005年，周维合老人在重病期间，让儿子周红旗用轮椅推他去讲学院旧址走一圈，并告诫儿子要继续为讲学院旧址站好岗，这种对党的无限忠诚，是当今学习、践行"不忘初心、牢记使命"的生动教材。

致敬——塘田战时讲学院的忠诚卫士！

（本文参考《塘田战时讲学院回忆录》、江明的通信、邓晏如的通信以及周维合之子周红旗与原讲学院学员地下共产党员李毅卿之子李田满的口述。河伯乡上阳村。）

# 振羽借"宝地"办讲学院

范 诚

夫夷江像一条蓝色的飘带,从湘桂边境的大山中飘来。流经邵阳县塘田市时,那飘带似被大风刮起,一起一伏的,于是在这里"飘"出了几个弯来。然后,向着下游,汩汩流去。

在塘田市镇老街对面的河湾处,有一个古老的建筑群落,掩映在古树翠竹群中。青砖灰瓦,飞檐翘角,古色古香,宁静雅致。这就是清末湘军名将席宝田的庄园别墅。

时间回到1938年7月的一天。

一对年轻人行色匆匆,来到这里。男的中等个子,戴着眼镜,一副知识分子派头,看上去年轻英俊。女的身穿旗袍,留着短发,秀气中透出几分干练。

男的叫吕振羽,系本地人。女的叫王时真,笔名江明,是他的妻子。他们是受中国共产党组织派遣,到这里执行一项重要任务。

1938年,日寇的铁蹄越过长江,即将入侵湖南。中共湖南省委号召全省同胞为保卫湖南而战,要求广大青年到军队去,到前线去。在这种形势下,当年6月,湖南省文化界抗敌后援会研究部主任吕振羽及时向省委建议,在当时的武冈县塘田市创办讲学院,传授马列主义和抗战思想及策略,培训基层抗日干部。这一建议得到省委和中共驻湘代表徐特立的大力支持,并委派吕振羽负责筹建工作。

吕振羽出生于1900年,原武冈县(今邵阳县)金称市溪田村人,老家离这里不远。

他出身世代农家,自幼聪颖,学业优秀。1926年,从湖南毕业后,参加北伐战争。大革命失败后,赴日本求学。

1928年归国后,到北平求职,参与创办《新东方》杂志,并先后在中国大学和朝阳大学任教,参加"中国社会史论战"。

九一八事变后,他积极参加抗日救亡运动。1935年至1937年,受中共北方局委派，赴南京与国民党进行合作抗日谈判。并于1936年加入中国共产党。

1937年秋赴湖南，负责湖南省文化界抗敌后援会等工作。

1938年夏，受中共湖南省委派遣，回到家乡，负责创办战时讲学院。

创办讲学院需要一个好的场地。幼时吕振羽跟着父亲到这边走亲戚，专门到席宝田庄园去过。听说现在基本闲置，所以带着妻子前来察看。

他们进入大院，只见里面茂林修竹，鸟语花香，屋舍俨然，环境优美，大多数房子都空着，真是个办学的好地方。

找管理人员一打听，说这么大的事，他们做不了主，必须去东安伍家桥席宝田的老家，找他的孙子席叙彝才行。

从塘田市去伍家桥，有几十里路程。

事不宜迟。第二天清晨，吕振羽吃过早饭，就步行出发了。下午时分，终于来到伍家桥席宝田故居，找到当时主政家业的席叙彝，同他商量租借庄园办学的事宜。

听说是为了抗日办学的需要，席叙彝二话不说，当即答应，并表示租金分文不收，只求办完授学事宜后，物归原貌即可。

这样一来，席宝田塘田的私家宅院，一下子便成了名扬远近的塘田战时讲学院。

经过紧张的筹备，这年9月16日，讲学院正式开学。徐特立特意将创办塘田战时讲学院的情况写信报告了毛泽东和张闻天。讲学院受湖南省委直接领导，吕振羽负责全面工作。

为了便于开展工作，讲学院聘请国民党要人张治中为名誉董事，赵恒惕为董事长，覃振为院长，中共党员、著名文学家张天翼任教务长，吕振羽的夫人王时真任院长办公室秘书。讲学院的领导和教师，多数是中共党员和进步人士。

讲学院自创办之日起，建立了中共党支部，后来在学生中发展了50余名党员，并建立了中华民族解放先锋队。开学的第一期招收学员120余人。1939年，又招收第二期学员百余人。

讲学院的教育方针是："坚持抗战，坚持持久战，实施战时教育，培养抗战干部。"教学内容主要是文学、哲学、经济学、社会科学大纲、中国近代史、军事常识和抗战常识等专修课。教材大部分由教师自己编写，用活字木版印刷或油印。学院还引导学生深入社会，深入民众，开展抗日救亡活动。

由于讲学院坚持抗日救国的办学路线，一时间办得红红火火，名闻遐迩，被国民党当局惊呼为中共的"南方抗大"。

1939年4月，国民党当局用武力解散塘田战时讲学院。吕振羽奉命转入农村，领导组建武冈、新宁等地下党组织，并在家乡金称市油塘村创建了中共金称市地下党支部，其夫人王时真担任该支部第一任支部书记。

后来，经组织安排，他们夫妇辗转去了重庆、延安。

塘田战时讲学院虽仅存8个月，但它为我党培养了250余名干部，培养了大批进步青年，他们后来都成为抗日战争和解放战争的骨干力量。特别是革命师生相继在一些空白地区建立了党的地方组织，推动了全省抗日救亡运动的发展，在湖南抗战史上写下了光辉的一页。

有人说，席宝田是东安人，为什么把庄园建到塘田市来了？

据《清史稿》记载，席宝田（1829—1889）字研芗，湖南东安人。18岁入县学，后就学于长沙岳麓书院，与新宁刘长佑同窗，相交很深。

咸丰二年（1852），太平天国打到永州，席宝田率地方团练顽强抗击，收复县城。咸丰六年（1856），刘长佑率部援江西，招他参与军事，积功升同知直隶州。1859年，率部在湖南与石达开部作战，获胜后升知府。1860年，奉湖南巡抚骆秉章之命，募勇千人，号"精毅营"，赴郴州、桂阳等地，阻击广东农民起义军。

1864年，湘军攻陷天京后，他在江西石城杨家牌击败太平军，俘获幼天王洪天贵福和干王洪仁玕等，立下大功，予云骑尉世职，赐黄马褂，授贵州按察使。1867年，招募湘军万人，赴贵州残酷镇压苗民起义军。直至光绪十一年（1885），肃清贵州苗乱，晋骑都尉世职，回家休养。光绪十五年（1889）六月病逝，享年60岁，追赠太子少保。

席宝田连年征战，所获赏赐甚多。在江西镇压太平军、贵州镇压苗族起义军时，每攻占一地，令士兵烧杀抢掠，因而成为巨富。

年老回乡后，他在老家东安、永州重建孔庙，修县志，置学田，办书院。又在离东安不远的邵阳、武冈等地，广置田地。当时属武冈州管辖的塘田市，夫夷江蜿蜒流淌，玉带环绕。紫阳山秀峰挺拔，层峦叠翠。附近一带，一马平川，良田万顷，风光绝佳。席宝田在这里置下田产后，又看中夫夷江对岸的一处宅地，经多次实地考察后，动工兴建庄园别墅。工程历时10年，规模宏大，豪华气派。

该庄园按晚清风格修建，总占地面积9500多平方米。原有七排，加上前后院墙共九排，其中主体建筑七排中，每后面一排比前一排高30厘米。从前面走进去，一层比一层高，取步步高升、久久兴旺之意。可见该建筑的严谨和用心。

现建筑房舍全部坐北朝南，依山傍水。其建筑风格大致相同，每栋的主体为木结构梁架，两侧以青砖构筑封火墙。所有房子成为一个整体，布局清新典雅，蔚为大观。

庄园建好后，席宝田就居住在这里，疗养身体，颐养天年。1889年，因旧病复发，医治无效，撒手西去。葬于邵阳县黄亭市镇东冲村砂冲组的木鱼山。

其后，席宝田的家人陆续搬回东安老家居住，只留下部分管理人员在这里维护、管理房产，收取田地租金。

新中国成立后，席宝田庄园被收归国有，政府曾将邵阳县第四中学迁到这里办学。一时间，这里又成为书声琅琅的中学校园。良好的建筑设施、优美的自然环境，培养了一批又一批学子。直到2004年，第四中学修建了新的校园，才迁出了这座古建筑。

由于席宝田庄园保存完好，以及在抗日战争中特殊的历史地位，1979年，这里被邵阳县人民政府公布为县级文物保护单位。1983年，当时的国防部长张爱萍将军，应吕振羽夫人江明请求，亲笔为该旧址题写了"塘田战时讲学院"院名。1990年，该旧址申报为邵阳市文物保护单位。1996年，又申报为湖南省文物保护单位。1997年，被定为全国爱国主义教育基地。2006年，被国务院公布为第六批全国重点文物保护单位。

近年来，国家又投入大量资金，对这里进行维修，使其旧貌换新颜，重新焕发魅力。

在邵阳县民间，旧时流传过一首民谣："乌龟对狮虎，金银埋在土。有人找得到，买尽宝庆府。"

这是一首关于席宝田宝藏的民谣。前面一句"乌龟对狮虎"，说的是席宝田坟墓所在地虎踞龙盘，灵龟出山，狮虎相伴。后面说的是，随席宝田下葬的，还有许多宝藏。只要有人找到，足以买下宝庆府。

关于席宝田宝藏的传说，尽管民间传得沸沸扬扬，但大多属于猜测臆想，子虚乌有。如果说他在邵阳县留下了宝藏，那就是塘田战时讲学院旧址。虽然它是清末官僚留下的庄园别墅，但后来办战时讲学院，办邵阳县四中，在特殊时期作出了特别贡献，真正做到了物尽其用、古为今用。并且现在成了国家级文物保护单位，这才是真正意义上的"宝藏"。

塘田战时讲学院，我党的"南方抗大"，名垂史册，彪炳千秋。

（作者系湖南广播电视台经视频道职员）

# 一首气势磅礴的院歌

钟玉恒　蒋蒲清

　　塘田战时讲学院是经中共湖南省委和中共驻湘代表徐特立同志批准，由吕振羽同志于1938年创办的，9月16日正式开学。

　　学生入校后，除了按新编的课表授课外，还请在院校工作的语言学家曹伯韩作词，文学家张天翼谱曲，创作了一首气势磅礴、曲调铿锵有力的"院歌"。其歌词是：

　　　　我们是迎着大时代的巨浪，
　　　　勇敢热情的青年聚集一堂，
　　　　加紧学习，奋勇救亡，
　　　　在这里锻炼的意志成钢。
　　　　把思想武装。
　　　　实现抗战救国的主张，
　　　　争取中华民族的解放。
　　　　同学们起来！
　　　　走向光明的路上，
　　　　走向光明的路上。
　　　　我们是创造新中国的健将，
　　　　我们是创造新中国的健将！

　　这首歌词，不仅把塘田战时讲学院的办学宗旨、办学方式和目的表达了出来，而且对来校求学的莘莘学子寄予了殷切的期望。

　　这首歌词，教育广大青年明辨大是大非。1938年秋，国民党抗日战场节节败退，日寇长驱中原，即将占领武汉，湖南危在旦夕。中共湖南省委于8月13日发表了保卫湖南宣言，号召"全省三千万同胞紧急动员起来，团结起来，武装起来，到军队去，到游击队去……到前线及围绕前线胜利的各方面抗敌战线上去，一致为保卫中国、保卫武汉、保卫我们湖南而战"。因此，全国人民的头等大事，就是抗日救亡，不当亡国奴。而那些贪图安逸、醉生梦死、委曲求生者，必将被抗日救亡的人们所唾弃！

这首歌词，颂扬了致力于抗战救国的热血青年。他们不怕路程遥远，不惧人世艰险，满怀救国热情来到塘田战时讲学院。他们是"勇敢热情的青年"，在老师们的教育下，努力学习文化科学知识，学习游击战的战略战术。边学习边实践，把自己的意志锻炼成钢铁一样。他们用马列主义、毛泽东思想武装头脑，指导实践，团结一切愿意抗日救国的人，共同走上抗日救亡、保卫武汉、保卫湖南、保卫全中国的光明大道。

这首歌词，极大地鼓舞了用自己的"热血"把日寇赶出湖南、赶出中国，走上抗日救亡光明之路的热血青年，他们才是国家的栋梁、人民的希望。他们就是创造新中国的健将！

这首院歌是一首进行曲速度的歌曲。所谓进行曲，即大踏步走在路上，边走边唱、雄壮有力的歌曲。此歌是用5（嗦）为主和弦的坚定有力的大调式风格谱写而成的抗日战歌。全歌可分三段：从开头到"把思想武装"为第一段。这一段节奏明快，一字一音，且多数是一字一拍，曲调由低到高往后步步推进。运用这些有顿挫感的音调，着重强调我们这群勇敢热情的青年到这里来干什么？是来这里学习抗日知识的，是来锻炼意志武装思想的。第二段共有两个乐句："实现抗战救国的主张，争取中华民族的解放。"第一句用"5（嗦）"同音反复的手法快速进行。第二句是在第一句曲调基础上提高四度，用"5（嗦）"同音反复的手法快速进行。这一曲调的出现，就是告诉人们，中华民族到了最危险的时候，大家要有坚守抗战信念的坚定感和紧迫感。第三段从"同学们起来"到曲终。这一段的后两句采用重复的手法，特别是第一句，歌词和曲调是完全重复的。第二句歌词完全重复，曲调为变化重复，且呈冲锋号角式的曲调向上推进，高昂奋进、铿锵有力，进一步强调，同学们要奋勇走向光明的路上，走向抗日救亡的战场，做创造新中国的健将！

每天，同学们唱着这首歌，精神振奋、热血沸腾、意气风发、斗志昂扬，一个个就像冲锋陷阵、杀向日寇的勇士一样。

（作者系邵阳县文物局干部）

# 一座大宅院的历史见证

吕桂华

一

发源于广西资源的夫夷江是资江的主要支流，它流经的沿途两岸风景都很优美，除了闻名遐迩的新宁崀山，邵阳县的塘田市镇附近风景也很有特色。站在塘田市老街背靠的芙蓉峰上看，眼前的夫夷江从上游下来，在一个叫白石潭的地方绕了一个大弯，流到下游，在塘田市花园桥附近又绕了一个反向大弯，河流弯弯绕绕就像一个太极图阴阳分界线，符合人们常说的风水宝地特征。

清光绪二年（1876），一个叫席宝田的当朝大官在邵阳县塘田市镇的对河村大量购买良田，集合方圆数十里的能工巧匠，大兴土木，历时十年，修建了一个砖木结构房子组成的别墅群，四周高墙围绕，形成一个规模较大的大宅院，整个宅院占地面积近二十亩，站在河对面的高处看，整个大院房屋鳞次栉比、布局合理、规模恢宏，进得大院细看，内屋装饰精雕细镂、巧夺天工、豪华气派。

说起这个席宝田，在清末咸丰、同治、光绪年间，也称得上一个响当当的人物。席宝田是湖南永州东安人。在旧时的永州、宝庆（今邵阳）一带，乡民历来崇文尚武，席宝田出身书香门第，从小读书习武，也曾读过著名的岳麓书院，后随曾国藩、刘长佑等参与征伐太平天国。他虽是清末中兴名臣曾国藩的弟弟曾国荃的部将，但他的战功仅次于曾国荃，因为是他率部在江西打败并抓获了太平天国天王的弟弟洪仁玕、幼天王洪天贵福，可以说，太平天国的残余政权最终葬送于他的手中。

席宝田的塘田别墅建成后，席宝田率各房子孙从邻县东安搬到塘田市住下。住了不到两年，席宝田因突发中风（有文献记载说席死于旧伤腿疾，但从其记载的偏瘫症状看，应是中风），死于塘田别墅。

在席宝田死后22年的1911年，腐朽的清王朝终在辛亥革命的炮声中轰然倒下，席氏大家庭也早已解体，各自成家，搬离了塘田市，塘田别墅成了一座空宅。正所谓：曲终人散皆是梦，繁华落尽一场空。

## 二

关于席宝田为何在此兴建别墅，至今流传着好几种说法。

有说席宝田当年率部在新宁、邵阳一带与太平天国军队交战时经常路过塘田市，有一次途经塘田市时，登上塘田市的芙蓉峰赏景，看到山下的夫夷江清澈透亮，身后的紫阳山层峦叠翠，山环水绕，感觉人间仙境也不过如此。自认为懂风水的席宝田决定在此修建别墅终老，别墅的位置就在夫夷河形成的太极图阳鱼阴眼附近，占得风水宝地，以期席家后人人才辈出。

有说席宝田在过去为清廷镇压洪秀全太平天国起义、贵州苗民等少数民族起义，朝廷其他官员心中猜疑其抢掠了义军的大量金银财宝，有官员曾就此在皇帝面前弹劾他，为此，席宝田被免官职多年，幸好后来在江西抓了太平天国的洪仁玕等人才将功抵过，才有今天的荣耀。席宝田深知官场险恶，不是久留之地。常人有一个劣根性，就是见不得自己熟悉的人混得好，如果在自己的家乡大兴土木，恐树大招风，乡人嫉妒，被朝廷警觉，而塘田市这个地方相对来说，附近的人不知其来历，加之比较偏僻，山高皇帝远，可以从此远离官场是非，在此颐养天年。

也有说是跟上游新宁、武冈县有关。在清末，新宁、武冈县出了江中源、刘坤一、刘长佑等当朝大官和其他很多基层官员，因出的官多，有"三里一道台、十里一知府"美誉。而在当时陆路交通不发达的年代，这些官员回乡省亲，水路夫夷河是必经之路。席宝田将别墅建在这里，自己作为布政使，官阶已经够高，比自己官大的经过这里，可以为他们提供落脚之处，借此可以奉承上级；比自己官小的官员经过这里，按旧时官场规矩，必须到自己府上来递门生帖，自己可以借机收纳门生，顺便也可以受点小贿。

此外，还有一种说法是席宝田过去在打仗时以凶残闻名，所过之处，烧杀抢掠，不留寸草，势必会有很多仇家，在自己家乡修建别墅恐被仇家上门报复，故在离自己家乡东安不远的地方选择终老之处，而且塘田别墅所在位置两面环水，旁踞高山，相对比较好防范。

今天，席宝田为什么在塘田市修建别墅已无从考证，也无须考证。在当时生产力不发达、建筑施工工具落后的条件下，修建别墅是一件庞大工程，就算是在当今科技相当发达的社会，都需要大量的财力、物力、人力和时间。以席宝田的官职,俸禄不会太高,以清末的财政状况,也不可能向官员支付太高的俸禄,但席宝田确实很有钱。在现今的邵阳、东安一带,还有席宝田用银子打土匪的故事,说席宝田有一次在运金银财宝回家时,经过冷水滩,碰到一伙劫匪,为不让劫匪上船,指挥属下用银锭砸劫匪,将劫匪打跑。除了塘田别墅,席宝田在自己的家乡东安,也出资修了规模很大的府邸,还捐建了永州萍洲书院等。这些情况,符合民间传说的席宝田在带兵征战过程中抢了起义军的很多财富并据为己有的说法。

## 三

回看中国近代史,清朝后期是最让我们揪心和感到耻辱的,当时国内民族起义不断,外国列强对中国任意凌辱,割地、赔款是常态。今天来看,清朝国运衰落至此种地步绝不是偶然,从席宝田这样的大官修建塘田别墅这件事看有其必然性:一是当时的朝廷内政管理已经失控。据有关文献记载,不仅仅是席宝田,还有比席宝田官职更高的另外几个平定太平天国起义的将领如曾国荃等人,将战利品据为己有在当时是习以为常的事。清王朝连年征战,财政十分困难,无钱养兵是客观事实,所以任由将帅招兵,军饷也任其军队抢掠,战利品同样任由在外征战将帅管理和支配。朝廷此种内政治理方式,无异于抱薪救火!打仗的钱向人民巧取豪夺,胜利了也没有钱改善民生,用我们邵阳当地的话说,是"强盗手里贼打劫",老百姓只有饱尝连年战争之苦,没有享受到安居乐业之福。二是当时朝廷的大多数官员面对日益衰落的国运已经麻木不仁,当权者极少有人愿意挺身而出担当救国责任。在这个时期,作为当时的朝廷命官,在他们很多人的心中,什么国家利益、民族大义、民众疾苦都与己无关,只要自己每天有逍遥快活的日子过就可以了。据史料记载,席宝田年轻时也是一个"愤青",他20多岁在中国最著名的四大书院之一的岳麓书院求学时,面对当时清王朝的官吏贪图安逸享乐、玩忽职守现象十分不满,常常发表针对当时朝廷的"不当言论",他曾对同学兼好友刘长佑说"安得及时取县令,为吐腹中恚懑乎?"直抒心中的不满与抱负。但是席宝田在功成名就之后忘记了初心,和他年轻时眼中看到的官员一样,只想偏安一隅,过着坐享其成的富贵生活。

席宝田从政心态的变化,也反映出封建统治制度极为落后、不平等的一面。如果没有一个从统治者到绝大多数人民认可的好制度,再好的人在这个大染缸中也无法做到洁身自好。像在清朝腐朽的政体中,官员绝大多数人认为当官就意味着发财，就意味着可以荫及子孙万代，一人得道，鸡犬升天，不顾底层百姓的生存生活，只顾自己享受。老百姓对现实虽无力抗争，但如果看不到改变命运的希望，就会对现实的统治者失望，反正在赵家天下做奴隶与在李家天下做奴隶都是一样的，有外来侵略时，怎么有人愿意为腐朽的政权出生入死？

## 四

星移斗转，时光荏苒。在塘田别墅荒疏了30多年后的1937年7月，中国抗日战争全面爆发，国民党军队在正面战场抵挡不住日本军队的疯狂进攻，上海、南京相继沦陷。虽然在1938年的台儿庄战役中国民党军队取得了胜利，但是由于国民党党内派系斗争复杂，军事指挥无力，部队战斗力不强，武器装备落后，在随后的数次交锋中，国民党军队仍节节败退。1938年5月，共产党的最高领导人毛泽东同志发表了《抗日游击战争的战略问题》和《论持久战》，精辟地阐明了持久抗战的方针和抗日游击战的战略思想，当时的共产党人纷纷投入救国抗日斗争之中，以各种方式为抗日运动献计出力。

出生在夫夷河上游金称市的共产党员吕振羽，当时随撤移的文化界南下，在长沙从事进步社团工作。作为一名著名的历史学家，吕振羽读了毛泽东同志发表的有关抗日方面的文章后认为：中华民族之所以能在历史长河绵延长久，就是因为每在民族存亡的关键时刻，总有时代英雄挺身而出，力挽狂澜，救民族于水火！现在，因为日本的入侵，中国又到了生死存亡之时，中国要想不被日本军国主义灭亡，"中华民族一定要团结奋起，阻逼日本帝国主义的'神风'"，必须有大批的仁人志士挺身而出，领导人民群众投身抗日斗争。但是仁人志士光有一腔热血是不行的，必须从文化、思想、军事上进行武装，才能形成超强的群体凝聚力和战斗力。这些观点，在吕振羽之后所写的《日寇侵略之史的认识与历史给予我们的试炼》一文中有体现。

1938年6月开始，吕振羽联合党内徐特立、翦伯赞等学者名流，征得中共中央同意，在席宝田的塘田别墅创办战时讲学院。为求得国民党湖南省府的支持，他将学院办成一所抗日统一战线性质的学校，招收各地热血青年开展抗战教育训练。从民族大义来讲，培养抗日骨干也是出于时势的迫切需要，但是彼时的国民党政府对内采取高压统治，特务势力甚至渗透乡村，时时监控讲学院的动向。在讲学院创办不久，当时的国民党湖南省政府发现学院的教育理念有共产主义内容，生怕夜长梦多，就动用军队将学院查封。学院办学时间仅8个月，但学院办得很成功，为国家培养了大量的抗日骨干。吕振羽在《塘田杂咏·平石潭》一诗中，记录了办学盛况："清澈潭水深十丈，峭壁危崖画不成。陡石西峙成合璧，沿滩东耸砌高坪。三千民校俊男女，五百黉墙铁甲兵。河伯蜿蜒系苗岭，夫夷迴旋入沧瀛。"

在塘田战时讲学院创办时，有一段小插曲，据说当时的创办人找到席宝田的后人，想租席家的塘田别墅。在不清楚求租人的用途前，席宝田的后人拒绝出租，后听来人说是办学校，不但满口答应，还免除全部租金，只要求办学后原物归还即可。席宝田的后人这一高风亮节的助学行为，不但促进了塘田战时讲学院成功创办，也改变了塘田别墅此后的归宿，因为有共产党人吕振羽在此办抗日讲学院的经历，塘田别墅现今已被列为国家级的文物保护单位和红色教育基地。正所谓：显赫席门，心系师尊儒重，侯府未成平民屋；博学吕氏，身投国难纾民困，儒生亦留青史名。

## 五

今天，塘田别墅对河的芙蓉峰像一名出征归来的将军，仍屹立于江畔，门前的夫夷河水还像往常一样流向下游的资江。大院内，昔日席府的繁华与热闹已不再。近几年，政府出资按吕振羽当年办抗日讲学院时的场景进行了部分复原。置身大院，当时年轻、意气风发的吕教授带领学员们为国奋发学习的场景仿佛仍在眼前。现在，很多人走进这座已经有一百多年历史的老宅，或参观游览，或组织党团活动。别墅的历史常引起我们忆思，同样是国家有难，但所处的不同时代的两个人却选择了截然不同的道路，一个当朝重臣在乡野怡然养老，而一个学者却奋身投入抗日救亡的实践斗争。今天我们瞻仰别墅的青砖黛瓦，既看到了清朝和民国时期，一个曾经孱弱民族的郁愤，也会油然而生近代各族人民对霸权侵略和强权统治奋勇抗争的历史感悟，它既是清王朝腐败没落的见证，也是国民党政府背离民心走向失败的见证，更是中国共产党为民族大义，积极领导人民抗日的光荣历史见证，它必将永远被人民铭记！

（作者系邵阳县公安局交通警察大队干部）

# 江明介绍入党的塘院苗族学员李子华

彭章兵

塘田战时讲学院，是中共地下党员、历史学家（著名学者）吕振羽受中共湖南省委和中共驻湘代表徐特立委派在国统区创办的唯一抗日军政大学，也是中共湖南省委直接领导的一所专门培训基层抗日干部的学校。虽然存在的时间不长，只有8个月，但成就很大，影响深远，特别是学院党组织积极培养和发展中共党员这一工作，及时为党输送了一批革命骨干，播下了革命的火种。诚如吕振羽夫人江明（王时真）、担任过湖南省林业厅处长的王建中于《抗大式的学校塘田战时讲学院》（载《长留雅韵足三湘——吕振羽纪念文集》，民主与建设出版社2016年版，第115页）一文中所忆："由于学院正确地执行了省委的教育方针和教学计划，特别由于形势的发展，同学们的进步很快，迫切要求抗战，渴求真理，追随伟大的中国共产党。学院党组织又正确地执行了建党方针和建立、发展民先队的工作，至1939年4月学院被'查封'止，共吸收民先队员一百八十余人，党员五十余人。"在学院党组织培养和发展的50余名党员中，由林居先和江明介绍入党的苗族学员李子华是其中杰出的代表之一。《中国共产党绥宁历史》（第一卷）（中共党史出版社2009年版）"组织塘院学习培养抗日骨干"一节中对李子华有着这样的记载："1938年9月，在武冈塘院加入民先队。10月，经院党组织考察，由教师中的中共党员林居先和学生中的中共党员江明（原名王时真）介绍，李子华加入中国共产党，编入雷震寰小组过组织生活。"那么，这位经过塘院培养的苗族学员李子华又有着怎样的人生经历呢？

李子华，苗族，湖南省邵阳市绥宁县芷田里珠玉（今绥宁县关峡苗族乡珠玉村）人，1915年12月出生，1936年毕业于高沙蓼湄中学（今洞口县第三中学）。1938年初，通过同村返乡的地下共产党员于益之（又名于鲲、于时谦）结识了八路军高级参议、驻湘代表徐特立派来绥宁县开展抗日救亡活动的中共党员于刚（陈泽云，彼时公开身份为民训辅导员，新中国成立后担任中央统战部秘书长），开始参加抗日救亡宣传活动。同年9月，根据中共湖南省委的指示，于益之介绍李子华、苏焕章、杨祖云、苏延腾、黄楚英、杨宗南、杨染香等7名进步青年进入塘院学习，入学不久，李子华、苏焕章、杨祖云加入了中华民族解放先锋队，10月，由林居先和江明介绍，李子华加入中国共产党。1939年1月，李子华奉院党组织指示，回绥宁以武阳县立第三小学教师身份，发展队员组建中华民族解放先锋队的同时，以军事委员会政治部第三厅宣传站邵阳分站武阳（今绥宁县武阳镇）基站为基点，与龙友光、李淳、于光德、唐义源、申麒、鲁彼德等一批在乡进步青年一道组织读书会，阅读进步书报，教唱抗日歌曲，办墙报，并远赴县城寨市、唐家坊、黄土坑、瓦屋塘、李熙桥等地演讲、演戏，开展抗日救亡宣传活动。塘院被国民党当局强行解散时，院党组奉命建立金称市、新宁、洞口、绥宁、城步五个直属省委领导的党支部的过程中，考虑绥宁仅李子华一人在塘院入党，又未参加油塘建党训练班学习，便派两人到武阳找到李子华传达院党组决定：民先队已被解散，可介绍队员中表现好的加入中国共产党，成立直属绥宁支部。李子华接受任务后，根据院党组指示，初步挑选了民先队员于光德、李淳、唐义源3人为建党对象，并于5月下旬，用暗语写信报请邵阳地下党组织。不久，李子华即收到邵阳地下党组织同样用暗语答复同意的回信。6月，如约至邵阳《观察日报》向李锐再次汇报获准后，于7月9日在珠玉蓝家水栗山坪深山中秘密为于光德、李淳、唐义源3人举行了入党宣誓仪式，同时成立了中共湖南省委直属绥宁支部，李子华担任支部书记。同年冬，因上级党组织也处于国民党的白色恐怖中，绥宁支部与上级党组织失去了联系。1940年春，受聘于白玉乡（2015年12月并入李熙桥镇）黄洋坪小学任教的李子华，发动珠玉民众请愿，迫使县长蒋家骥撤销利用职权贪污公盐、买卖壮丁、私卖公粮、欺压百姓的芷田乡乡队副杨振之职。1941年下学期为芷田乡轮训班民兵宣讲毛泽东的《论持久战》《抗日游击战争的战略问题》等著作。1943年秋，设法加入县境北部地区的兵役宣传队进行抗日宣传。1944年秋，发动群众揭露芷玉乡乡长苏华贪赃枉法、奸淫妇女的罪行，使其迅速倒台。1945年春，组织贫苦会，实行济贫扶困、生产自救，打击高利贷剥削。李子华的这些革命行动，自然没有逃脱国民党当局的迫害，1942—1946年，他三次被捕，虽受尽酷刑，但始终坚贞不屈，坚守党的秘密，没有暴露自己的身份。1946年9月，李子华从狱中逃脱，于次年9月辗转至甘肃兰州。1949年春，返回家乡绥宁，5月，李子华和于光德加入袁公信所率的中国人民解放军江南别纵队独立营，任副教导员。10月5日，李子华等4人受袁公信派遣赴瓦屋塘迎接中国人民解放军第三十九军一五二师进驻黄土矿；翌日，配合该师攻打武冈城。随后为西进的中国人民解放军做向导，为部队安全通过绥宁县少数民族聚居区作出了重要贡献。12月，任改编后隶属会同军分区的绥宁人民自卫大队大队长。1950年3月，任绥宁县剿匪治安委员会副主任委员。1952年10月始，于县内从事小学教学工作，1974年于关下公社中学退休。1983年10月，应邀参加塘田战时讲学院史料专题座谈会。1984年7月，更正为离休，享受副县级待遇。2001年12月因病辞世，享年86岁。

1983年10月参加塘田战时讲学院史料专题座谈会的部分师生在学院旧址合影，后排左四为李子华

（作者系五峰铺镇中心一完小办公室职员）

# 周维合与塘田战时讲学院

易友林

## 一、塘田战时讲学院创办起因与目的，竟与周维合有不解之缘

1938年6月，马克思主义史学家吕振羽受中共中央驻湘代表徐特立、中共湖南省委和地下党首要领导的邀请和委托，回其湖南老家创办讲学院，坚持并贯彻"抗日救亡"的办学和教学方针，目的是进行抗日救国宣传，激发民众抗日热情，培养一批又一批的抗日骨干，发展地下党员，以应对武汉失守和在湖南省全面开展抗日游击战争的需要及为新中国的成立的需要埋下伏笔打好基础。同年7月，吕振羽在《中苏》半月刊第1卷第8期发表了政论文《保卫武汉与巩固湖南》后离开长沙，来塘田市筹借紧靠夫夷河的"塘田别墅"（清席宝田的私家豪宅）做校址。

创办之初，负责人吕振羽经过多次明察暗访和精心筛选，唯发觉因家里贫穷住在学院对面的对河村24岁还没有娶亲的周维合，极富正义感和爱国主义思想，敢作敢为敢当，勤劳务实，能守秘密，为革命不怕死，熟悉当地一切情况，懂水性，又善于划船等水上工作，是个难得的人选。一天下午，吕振羽等人伺机找到正在河边捕鱼的周维合，说明来意，他很爽快地答应了，第二天就上了班，做厨子并负责协助学院内外的护卫工作。

学院招生开班之前，周维合就十分积极地参与砌灶搭台、搬桌安床、宿舍课堂整理，协助宣传和招生等工作，并请工做事，样样在行，受到吕振羽等负责人的赞赏。

在短暂的筹备期间，负责人吕振羽与教员常同周维合聊天，进行思想教育，使他进步很快，深信能发展周维合成为一名优秀的地下共产党员，周维合坚决表示不负领导之厚爱和重托。在筹备期间，周维合不但常秘密陪同协助吕振羽等领导人暗访、宣传、开展地下党工作，还经常把他们邀请到家里吃饭，亲如兄弟。

当时正值国共合作时期，为了创办方便，通过湖南省委协调，特邀请时

任国民政府司法院副院长覃振兼任院长（其实一直未到学院，即为名誉院长）、湖南省参议会议长赵恒惕任董事长，吕振羽为副院长兼地下党代表，负责学院全盘工作，主持学院日常事务，并聘请李琼、吕遇文、李心徐、吕惠阶等人为董事，方便学院在1938年9月正式招生开班。

## 二、周维合与塘田战时讲学院一同艰辛成长，为学院的辉煌成就默默奉献了自己的一片赤子之心

1938年9月，塘田战时讲学院正式开学，吕振羽院长撰写了塘田战时讲学院缘起、组织简则、招生简章、《战时塘田》发刊词等，由该院铅印，以正副院长名义发出。当时教员有张天翼、杨卓然、曹伯韩、王西彦、林居先和李仲融等，首期报到学生120多名，编成研究一班、研究二班和补习班。研究班开设历史、文学、哲学、政治经济学、文化创作，补习班开设国文、数学、自然等，中国民族解放运动史、战时防护和体育、歌咏为二个年级共修课。

借助国民政府司法院副院长覃振和湖南省参议会议长赵恒惕等要员的威望，在中共湖南省委领导下，学院接收来自邵阳、武冈、新宁、湘潭、湘乡、江西、福建、湖北等地学员，周维合秘密配合联络、迎接，负责安排食宿，做好保卫工作。

周维合总是配合学院千方百计改善学院的师生生活，一有空就下河捕鱼。因学院坐落地对河院子有多户菜农，他分别上门做工作，让他们按时把新鲜蔬菜平价送往学院食堂。在周维合的带动下，乡亲们时常给学院师生免费送鸡蛋、鸡鸭、鱼、蔬菜等，大大缓解了经费困难。慢慢地吕振羽院长越发赏识并肯定周维合，一有空就把他叫到跟前，给他讲国情、讲抗日的必要性，谈做人、做怎样的人。春风化雨，周维合在当时已完全具备一名地下党员的资格。

塘田战时讲学院由吕振羽负责全盘工作，与张天翼、杨卓然组成地下党的三人小组，吕振羽为组长。周维合经吕振羽精心培养工作能力，生活作风改观很快，积极承担起三位领导人的保卫工作重任。党组会议时常在夜里由他划船到河中心或到盆石塘悬崖下的石洞里召开，传达中共上级指示和商议工作，决策学院事务。同年10月底，塘田战时讲学院又增开了夜校识字班，由周维合去宣传、上门发动，把周边贫苦的青少年组成了一个班。每晚上两节课，以识字为主，并穿插国情教育和唱歌。有时研究班的学生来辅导识字班的学生识字、写字，有时边教边同声歌唱《大刀进行曲》和《中国四万万

老百姓》等歌。歌声响彻夜空。于是，塘田战时讲学院成了人们向往的地方，并影响到全国各地。前来求学的越来越多。除了本县本省的，还有江西、福建和湖北等外省学员前来求学。

其间，吕振羽院长同中共党员王时真（后因地下工作需要改名为江明）结婚，当晚，学院举行食堂会餐以示庆贺。不承想席间竟闯来一批地痞无理取闹，被周维合动之以情、晓之以理劝散，再次深得吕振羽院长夫妇等领导的高度赞赏。当年冬天，识字班少年周仪平还晚上赤着脚来上课。江明见了，马上拿来了一双鞋子给他穿上。70多年后，周仪平爷爷回忆说："江明是老师，更像妈妈，她给予我母爱的温暖。现在记忆犹新。"

1939年1月，吕振羽院长到武冈中学做"抗战到底"的演讲，又撰写了资江小学校舍落成碑文。此时，塘田战时讲学院学生达250多人。吕振羽院长的担子更重了，但在吕院长及地下党的正确领导下，全校师生同心同德，学生们的文化科学知识与军事素质与日俱增，反内战、抗日救亡，群情激昂。由于地下党在民众中广泛有力的宣传，使塘田市成了周边各乡镇抗日救亡的辐射中心。

1939年4月20日，国民党地方当局薛岳部勒令解散塘田战时讲学院。吕振羽院长亲自带领全体师生与之斗争，21日，以吕振羽院长为首等领导发出"塘田战时讲学院全体师生员工告全国人民申诉书""告湖南同学书"等。当时，塘田战时讲学院附近的要道，被村民们用柴草堵塞。沿河上下渡船停渡，于是周维合独自一人驾船去做他们的思想工作，发动大家以做不备之需。那几天，周维合让家里人代厨工，自己却寸步不离吕振羽院长，以防万一。

其间，周维合不但得到了吕振羽院长及其夫人江明等领导同志的高度赞赏和认可，还得到了陈啸天、阎丁南、邓晏如、王锐聪、薛夏和雷震寰等当年讲学院师生的认可和敬佩。

吕振羽院长曾准备为周维合举行入党宣誓，终因特殊工作的繁忙而拖延。1939年4月20日，因国民党实行"溶共、防共、限共、反共"政策，由湖南省国民党武冈县政府发布解散讲学院的命令。1939年4月23日，据可靠情报和预测，迫于国民党武力镇压，由周维合用船分批把师生运至盆石塘登陆撤离。吕院长是最后撤离的，临别时紧握周维合的双手，沉重地说："事已至此，只是暂时，现还要继续辛苦你，从今往后看守好塘田战时讲学院，不论什么时候，只许维修，不能拆除。至于你党员宣誓问题以后会有机会的。"

到此,周维合因特殊原因虽未能正式宣誓,但他尽到了一个地下党员应尽的职责和义务。他为吕振羽院长等领导人跟国民政府周旋提供了强有力的支持和保障,并使学院师生及负责人有条不紊地撤退,为以后中共油塘建党训练班和中共金称市支部的成立及工作开展提供了掩护,起到推动促进的作用。现塘田战时讲学院的石刻浮雕——船尾划船的船工就是周维合。

学院师生撤离不到一小时,国民党六区保安司令部和国民党武冈县政府兵分三路,分别从邵阳、武冈、桃花坪包抄过来,却因水陆之差而扑了空。后国民党抓住周维合,用枪抵着他并威胁,企图让他提供情况,但周维合执着地反复说:"我是个烧火煮饭的,什么也不知道。"就这样,他与吕振羽等地下共产党人及全体师生在民族存亡之际,与祖国同呼吸共命运,用行动和战斗谱写了塘田战时讲学院这段难忘的历程,铸造了"南方抗大",名垂千秋、辉耀日月。

## 三、周维合与虽解散却硕果累累的塘田战时讲学院

1939年5月以后,吕振羽转入油塘开展党建工作,外省籍的学院学员、地下党员薛夏和其同乡战友两人,仍坚决不因学院被迫解散而离开,秘居在夫夷河暴水滩的沙洲上,一边秘密开展组织工作,一边期待讲学院能复课。周维合便常暗中进入沙洲,为他俩送菜送米和红薯、甘蔗、水果等,直到他俩离开暴水滩。薛夏在1939年初成为中共金称市支部的一名党员,这是有据可查的。

塘田战时讲学院虽因势所迫解散,但在塘田市这块土地上深深播下了革命的种子。当年老师传授的知识,被群众编成段子,如:"我国在亚洲东部,南北长8800多里,东西长9900多里,约占世界陆地1/14,我国西高东低,长江黄河涨大水,都由西向东,人口众多,矿藏丰富,岂容鬼子来侵犯""识字者人人教,不识字者人人学"等。吕振羽来信写过:"天上星多月不明,塘里鱼多水不清,朝中官多烂了事,赶走鬼子靠齐心。"

新中国成立初期,周维合因始终不忘共产党的教导和为人民服务的宗旨,不忘自己曾是地下党员的身份,虽被推选为邵阳首届副县长(伍魁元为县长),但毅然决定在家务农,一边守护学院,一边以身作则。1952年被授予"湖南省植棉劳模",还四处传授经验和指导生产,收到毛主席亲笔贺信。时任山东省委领导薛夏曾多次写信要求周维合去山东工作,周维合仍放

弃了这个机会，致力于棉花高产和学院的看护，谢绝了薛夏的好意。

当时，塘田战时讲学院的学生在长沙工作的王锐聪、邓晏如等领导分别写信向周维合问候和祝贺。

1953年夏，邵阳县委、县政府领导商议并决定拆除学院改建县第一中学，周维合当即做通了周庭玉区长和时任大队长的九宝林（书名周维才）的工作，并得其默许，联合对河村全体群众据理力争，才使塘田战时讲学院旧貌能幸存于今。

1962年吕振羽携同夫人江明回老家探访战时讲学院旧址时，特地看望了周维合，陪同的有时任湖南省委刘寿祺同志和邵阳县委领导张玉清同志。

1979年中共邵阳县委根据湘发〔1979〕20号《关于为"文化大革命"中"清理湖南地下党问题"平反的决定》的文件，收集了周维合保存多年的所有与学院有关的相片、文件资料、书信及他自己曾佩戴的心爱的塘田战时讲学院校徽，仅出具了校徽收据，该枚校徽现在省历史博物馆保存。

1983年10月，周维合被特邀参加了由中共邵阳地委、邵阳县委举办的"塘田战时讲学院史料座谈会议"，并与参会人员在学院旧址合影留念。

2000年5月，吉林大学出版社出版了《吕振羽诗选》，诗选中第198页、199页和第200页中记载"薛贼兽兵三路来，杀气腾腾妄暴雷""斗争历历探遗址，逆水危舟未惜死""理发工人老船夫，无限情怀泪满珠""塘院当日一厨工，今朝公社植棉工"，诗中逆水行舟的"老船夫""植棉工"指的都是周维合。

## 四、周维合临终遗愿和"塘田战时讲学院"

周维合生前曾多次与当时讲学院的领导江明、邓晏如和雷震寰等人取得过联系，谈及自己期盼地下党员的身份落实和很多问题的迫切需要解决，特别是学院旧址的安全和维护，都因历史原因和工作需要，致使原讲学院所有工作者和师生天各一方，难以挤出时间来相聚谋事。

值得欣慰的是，党和政府考虑到周维合曾在讲学院从事地下工作非常积极，特给予其生活补贴，直到2005年其生命的终结。后周维合遗孀吴银姣也曾得到县委统战部发放的每月津贴至寿终。

（本文根据吕振羽纪念室资料、通信、周维合之子周红旗及知情人口述整理，塘田战时讲学院红色文化传承中心。）

# "南方抗大"的光辉历程
## ——读《纪念塘田战时讲学院建院80周年征文集》书后

舒 文 常 亮

塘田战时讲学院在我党的办学建设与思想传播上具有重要意义,尽管从正式开办到被国民党当局强制查封不过短短8个月,但所取得的成就却足以彪炳史册。塘田战时讲学院的师资配备可谓极一时之选,吕振羽、张天翼、曹伯韩、谭丕模、王西彦等名家学者都参与其中。吕振羽作为塘田战时讲学院的发起者、筹备人与实际负责人,无论在讲学还是研究上都取得了众多成果,更关键的是,吕振羽为邵阳桑梓、湖南地区乃至于战时的中国南方培养了大量的优秀人才,将中国共产党的理想信念、思想理论和政治主张播撒在一众青年人之中,为党的发展建设培养了有生力量。凡是在塘田战时讲学院工作生活过的人,无论是学生还是工人,一提起吕振羽无不泪满双眶,情难自抑。1962年,吕振羽趁着参加王船山学术研讨会之机,专程回邵阳访问,在游览塘田战时讲学院旧址后,他心情激动,自述"历历如昨,令人感奋""如久别家人"。吕振羽与父老乡亲、学员学工在战时所建立的革命友谊可谓是深厚,这也表明塘田战时讲学院作为邵阳地区的文化中枢与革命熔炉将中国共产党与广大人民群众紧紧地凝聚在了一起。

## 一、塘田战时讲学院创建的时代背景

继承和弘扬塘田战时讲学院的革命精神与时代价值对当代中国的文化建设具有重要意义。习近平总书记曾将抗战精神的内涵高度概括为:天下兴亡、匹夫有责的爱国情怀,视死如归、宁死不屈的民族气节,不畏强暴、血战到底的英雄气概,百折不挠、坚忍不拔的必胜信念。塘田战时讲学院既是中国共产党领导全民族抗战的产物,也充分展现了吕振羽个人的政治远见与办学救国的长远目光,其在精神实质上与抗战精神完全符合。关于塘田战时讲学院创建的时代背景,王欣欣《抗战背景下的塘田战时讲学院》、刘振华、朱清平《塘田战时讲学院创办的背景》、蒋朝辉《在战火中锤炼成长的"南方抗大"》、伍卓琼、朱华《塘田战时讲学院与湖南抗战文化运动》等文章都有详细讨论。

学者一般将塘田战时讲学院与湖南抗战文化运动的大背景相联系,从抗战文化与区域历史的整体视角观察塘田战时讲学院创办的历史过程,吕振羽在其中发挥的重要作用亦因之而被揭示。选择家乡正是在于利用广泛的人脉开展教学工作,邀请国民党人士进入董事会是要通过建立广泛统一战线的形式掩护办学,麻痹敌人。需要特别强调的是,学院的领导建设始终牢牢掌握在以吕振羽为组长的党的三人领导小组手中,这也是塘田战时讲学院与当时社会上形形色色、良莠不齐的所谓学校、学院的显著区别。

## 二、塘田战时讲学院办学的鲜明特色

塘田战时讲学院被誉为"南方抗大",这不仅体现在其是由中国共产党所领导,还体现在塘田战时讲学院办学的鲜明特色。塘田战时讲学院征文集中有相当数量的文章从选址、教学、师资、党务等各个方面讨论塘田战时讲学院的办学特色,既有对彼时人员结构的详细介绍,又有学员或亲历者的亲身经历与深切回忆,还穿插了不少具有重要历史价值的老照片,这些材料的收集对我们进一步丰富细化塘田战时讲学院的研究具有重要意义。

塘田战时讲学院办学以"树文化据点于农村""树救亡工作据点于农村"为宗旨,以"坚持抗战、坚持持久战、实施战时教育、培养抗战干部"为教育方针,其校训则为"忠诚勤敏"。在实际的人才培养中,吕振羽等人将上述宗旨、方针贯穿于日常教学之中,形成了良好的师生互动,将讲学院的革命功能发挥到最大限度,将学员的爱国热情和政治自觉激发到最大限度。正如湖南省委党史研究院副院长王文珍所总结,塘田战时讲学院的革命精神以忠诚担当的爱国情怀为底色,以艰苦奋斗的革命精神为内核,以灵活机动的统战策略为亮色。

在课程安排上,塘田战时讲学院重视理论与实践相结合,田间地头既是劳动的场所又是教学的基地,既要提高学员的文化理论素养,又不忘宣传党的政策,为人民群众提供免费的识字教育。当时学院开设的课程有吕振羽的"中国民族解放运动史",谭丕模的"文学和抗日民族解放战争讲座",张天翼的"文艺理论与创作",曹伯韩的"政治经济学"等,这些任课教师都是当时的知名学者,历史学家、文学史家、语言学家、左翼作家荟萃一堂,尽管他们的术业专攻各有不同,但相同的是他们都是坚定的马克思主义者，都是为了民族抗日和反抗反动统治的共同目的而聚集到一起。正是这种共同理想，使得塘田战时讲学院在艰苦的办学条件下取得了辉煌的成就，为党和国家培养了一批优秀的人才。

## 三、塘田战时讲学院的历史意义

吕振羽之子吕坚先生指出：塘田战时讲学院的宝贵遗产表现在"树立坚定正确的政治方向""善于运用党的统一战线政策""密切与人民群众的血肉关系"，这一总结是对塘田战时讲学院历史意义的高度概括。从塘田战时讲学院所发挥的实际功能看，讲学院为抗战培养了大批优秀人才，同时指导学生积极开展抗战宣传和对周边的民众教育，并促进了抗日救亡运动"向乡村深处发展"；从我党办学建设历史定位的角度看，塘田战时讲学院无愧于"南方抗大"的美誉，与延安抗大一南一北，遥相呼应，可以说是中国共产党在战时南方开展干部培养与党的建设的核心阵地。

然而，学界以往对塘田战时讲学院的研究不是很充分，相当多的重要材料与历史价值还没有被发掘出来，发表在各大刊物上的重要研究文章也不是很多，以至于在邵阳以外的地方普通人对这一段可歌可颂的历史不是很了解。作为红色文化传承的重要教育基地，作为党史研究中的重要组成部分，作为吕振羽与邵阳地方文化研究的重要方向，塘田战时讲学院应该得到学界的进一步重视。正如王文珍副院长所指出的，要以习近平新时代中国特色社会主义思想为指导加强对塘院历史研究，深化历史和时代价值研究，服务于社会主义文化建设，让广大人民群众从中吸取来自历史的智慧和营养。纪念塘田战时讲学院建院80周年学术研讨会正是在这样的背景下展开，令人高兴的是，"研讨会"与纪念塘田战时讲学院建院80周年征文，在一定程度上填补了相关研究与资料收集的空白。我们希望能够有更多的关于吕振羽和塘田战时讲学院的资料被发现进而为学界所用，同时也期待塘田战时讲学院能够成为一张闪亮的红色名片，进而推动邵阳地区的文化建设与区域发展。

（舒文，清华大学马克思主义学院党委副书记；常亮，清华大学马克思主义学院研究生）

# "一元钱精神"及其他

吕高安　蔡海棠

后花园几树桃李橘,以三五米高的枝繁叶茂,形成一片小果林。此刻,它们精神抖擞地迎接我们。刘魁说这是他一年多前苗栽的,随手从硕果累累的橘树上摘一两个橘子,递来一尝好甜好甜。

怎么如此疯长?老刘神秘地反问,知道这是哪儿吗?

这是被誉为"南方抗大"的塘田战时讲学院旧址。一处保存完好的古建筑群就稀罕了,若是"披红",再掘地三尺,这处院落真下不得地。

## 一、"一元钱精神"何解

1938年,日寇铁蹄踏进华中,武汉沦陷,湖南告急。著名历史学家、共产党员吕振羽向中共湖南省委建议,在家乡邵阳县塘田市镇(旧属武冈)创办塘田战时讲学院(以下简称塘院),培养抗日干部,并为在附近开辟游击战争作准备。省委和八路军驻湘办事处批准,并向中共中央报备。毛泽东、张闻天、周恩来、徐特立、高文华等都关注塘院。

随即,一批热血青年,从省内外围聚塘田。晚清湘军将领席宝田这座静寂的别墅,焕发出书声琅琅、浓浓抗战激情。

教师是谁?

张天翼,著名文学家,任塘院教务长兼教文艺理论与创作;曹伯韩,著名语言学家,教政治经济学;李仲融,著名哲学家,教哲学。著名作家王西彦教文学,著名国学家吴剑丰教孙子兵法,著名科学家陈润泉教自然科学……一二十名"大腕儿"舍弃城市,舍弃随便至少几百元的月薪,来到湘西南偏僻小镇。塘院设教研究班、补习班,补习班学员都是泥腿子、小媳妇、鼻涕儿。

下乡支教,薪酬应该更高吧,说起来"吓死你"。塘院经费极紧,只供食宿不发工资,后来才月发一块银圆。一块银圆,打汤都不够。然而,所有教师精神饱满,热情洋溢,上大课,开"小灶",讲理论,搞实践……整天使不完的劲儿，无一人叫苦叫累叫穷。他们不需要钱吗？是金刚之身吗？

不，他们都有妻儿老小，都是血肉之身。但是，"山河破碎风飘絮""孤臣于此望宸銮"。为了"迎着大时代的巨浪"，为了抗日救亡，书生报国，热血沸腾。大义当前，他们粗茶淡饭，节衣缩食甚至捉襟见肘。生命都可以不顾，还顾得上金钱吗？

何况，还有吕振羽"魔力"的感召。

吕振羽走出书斋是革命家。1936年，吕振羽为国共南京谈判作出重大贡献，被中共中央特批入党。此后，受周恩来指派去重庆、新四军工作。1942年被毛泽东电召，跟随少奇同志回延安。

走进书斋是历史学家。吕振羽而立之年就声名显赫。其《殷周时代的中国社会》《简明中国通史》《中国民族简史》《中国政治思想史》等500万字鸿篇巨制，大都是在戎马倥偬中撰写出版。连郭沫若都说："您（吕振羽）才是一面大旗，我今后要时常追随您。"史学家张博泉认为，"从他（吕振羽）治史的一生看，由他所开辟的研究领域最多，由他首创的新说也最多，他所取得成就的连续性最强，因此在马克思主义新史学开创中是最有成就的史学大家"。

吕振羽还有过人的人格魅力。经他游说，许多国民党上层人物担任塘院名誉职务，使得"白皮红心"的"南方抗大"，一时奇迹般立足于国统区。吕振羽选定席宝田这处私墅作为塘院校址，振臂一呼，名家大师纷纷响应奔来。

作为主持工作的副院长，塘院的教育教学，柴米油盐，矛盾协调，吕振羽皆亲力亲为。塘院经费紧张，一个铜板掰作三个来花，许多时候还自己垫钱公用。不仅要率领大伙编写、印刷教材；还要亲自主讲"中国革命运动史"；更要访贫问苦，深入社会调查，开展各种抗日救亡活动。

忙得脚打鼓的吕振羽有多少月薪？其夫人、塘院研究班教师江明生前告诉我：一元。后人却说是"一元钱精神"。

## 二、守护"一元钱精神"

守得一处院，藏住精气神。

周维合原是塘院后墙对河村一青年，受吕振羽和塘院影响，他从农民、塘院护工、识字班学员，变成有觉悟、有定力、能成事的乡贤。新中国成立后，因种植粮棉有功，周维合多次获评省、地劳动模范。他多次放弃外出跑生意、当干部的机会，坚持在家护院，如同"父母在，不远游"。

1939年4月，阴霾笼罩。国民党部队三路合围封杀塘院。临别时，吕振羽紧攥周维合的手："请你守护好塘院，我们会回来的！"周维合掂量出这句话的含义。

从此，周维合日日关注，在塘院左看看，右摸摸，防火防盗防事故。暴雨倾泻，他赶紧疏通；墙边起火，他立即扑灭；有人搞破坏，他拼死阻拦，不许塘院掉一根毫毛。曾有几十人突然来塘院，要拆房揭瓦，将材料运到别处建校。周维合联合塘院识字班学员和乡亲们，义正词严地说："这里有共产党的根！"直至1962年冬，周维合等来了吕振羽回乡考察。义务守护塘院66年，2005年，周老临终嘱咐儿子，每天都要替他看一眼塘院。

在塘院旧址，周老儿子周红旗跟我谈起这些，眼睛一直湿润着。他说："吕振羽再没回过塘院，可是吕元成来了。"

邵阳县四中坐落在塘院。1978年，吕振羽家族后代吕元成任校长，狠抓教育教学，扔掉四中落后帽子，屡屡在全县名列前茅。

吕元成网罗了一批名牌教师，在塘院旧址备课，上课，做实验，阅改作业，教书育人。其夙兴夜寐，因材施教，"忠诚勤敏"的精神不亚于当年塘院。那时，到处都在拼高考，许多城市名校向四中教师抛出"橄榄枝"。但是，大伙不跳"米箩"守"糠箩"，没有一人为追求优遇而"开溜"。

作为吕家后生，我有幸在四中求学三年多。见证了母校最辉煌的几年；见证了张必烈、邓长寿、李兴汉、吕纪生、吕兆雄、吕立中、许盛权、谢维国、石吟秋、陈桂云、许第柯、周孝明等"一等一"的名师风采，见证了曾瑛、苏彩云、张克荣、肖兴良等老师的青春洋溢；见证了莘莘学子"咕咚咕咚"旱牛吸水般的求学劲儿；见证了同学校友迈入高等殿堂的一个个欣喜。

犹记当年，吕元成总是声如洪钟地讲吕振羽，讲塘院历史，讲"一元钱精神"。"塘院只存在8个月，走出250多名学员，奔赴抗战前线者有之，在国统区从事地下工作者有之，回乡组织革命斗争、从事教育者有之，个个都是精英。塘院教师则更是精英之精英。"

"一元钱精神是什么？"吕元成说，"就是像吕振羽，像塘院师生那样，不惧生死，不计得失，艰苦奋斗，把个人的聪明才智与祖国、与民族的前途命运，与百姓的福祉紧紧联系起来。这是塘院精神的重要内容。"

日前，我们在塘院见到吕元成。八旬老校长依然腰板挺直，声如洪钟地回忆当年。四十年前，他每每鼓励师生，身在塘院，一定要把这块"金字招牌"守护好。

四中师生正是牢记吕元成的话，以"一元钱精神"为传承，诠释自己践行"为振兴中华而读书"的初心。

## 三、"一元钱精神"方兴未艾

"只为摆个姿，拍个照，走马观花看热闹，如此参观塘院的态度，现在几乎没有了。"

做管理员多年，刘魁对塘院这个湖南省爱国主义教育基地感触很深。学习参观者，从本县到省内外，从公务员到各行各业，从走马观花到流连忘返，从每年上万人到三十多万人，红色旅游景点塘院的巨变，是近年来发生的事。

2021年的党史学习教育主题活动，赴塘院"朝圣"，是邵阳市委常委、邵阳县委常委的重要选项。新任县委书记、县长，报到的第一站就是塘院。虽然受疫情影响，但从年初至今，有600多个单位、6万多游客来到塘院，接受党史教育洗礼。塘院教师王西彦之子、长沙市一中退休教师王昭明，携全家来到塘院学习参观。77岁的老人，反复告诫子孙："没有塘院就没有我，更没有你们。我们要常来塘院。"原来，王西彦夫妇就是在塘院结的婚。

塘院附近百姓，经常"蹭"进参观团队，听讲塘院故事。河伯岭、白仓镇几名老人，有段时间，天天步行一二十里来塘院，"越听越有味呢"。

讲故事最多的是刘魁。老刘原来在部队发展得不错，后转业到塘院。他是耳濡目染，悟透了"一元钱精神"。讲解员黎雅倩几年前湖南师大毕业，来到塘田小镇。直言自己开始只是把台词背给游客，现在把台词浸进这片土地，塘院故事越讲越有神。

"培训讲解员，出版画册，撰写论文，筹办校史陈列馆，配合接待游客……"塘院文化传承中心发起人吕开虎说，中心成立3年来，一直履行"八字方针"：见缝插针，传承精神。

这里建个停车场，那里修个体验馆，游客接待中心……塘田镇党委书记高志勇和刘魁、吕开虎，跟我们谈起塘院旅游深度开发，眉飞色舞，信心百倍。

回程中，我们不时掏出老刘送的塘院后花园的几个橘子，闻一闻都蜜甜。

# 育得桃李春天下
## ——试谈吕振羽先生的"自动、研求、匡时、致用"之教育思想

易友林　吕开虎

资江上游有条清澈的河流——夫夷河，出万山，入资水，汇洞庭，水映日、月、星，波淀真、善、美，两岸青山不老，河水四季常青，灵秀的山水像母亲温暖的怀抱，养育了两岸勤劳勇敢的儿女，一批烙有邵阳人耿直人格，秉承湖湘博大胸怀的精英，为中华民族的历史增辉添彩，吕振羽先生就是继胡曾、魏源、蔡锷之后的又一风流人物。

吕振羽先生治史五十余载，著述逾六百万言，于经济史、哲学史、通史、民族史、农民战争史等诸多领域均进行过艰苦深邃的探索，取得了首创性成果，被誉为我国马克思主义史学家。从塘田战时讲学院的8个月的办学实践中，我们清楚地认识到吕振羽先生还是一位超常的教育家。

1938年夏，日本侵略者调集南北两战场的兵力，准备进攻中原，武汉告急，在这民族存亡之际，吕振羽受中共驻湘代表徐特立和地下湖南省委的派遣回乡创办塘田战时讲学院。根据省委指示，利用统战关系，争取国民党开明人士的支持，特聘国民党元老、司法院副院长覃振任讲学院院长（未到任，实为名誉院长），吕振羽任副院长，主持全面工作。根据时局紧、时间短的特点，吕振羽提出"教师为战而教，学生为战而学和自动、研求、匡时、致用的教学方法，高效、快速地为抗战培养基层干部"。8月，讲学院正式招生，不分职业，不分学历，只要有志抗日的都收，学生来源主要是湘西南的高、初中失学青年，也有从外省来的革命烈士子女和革命同志的家属。9月正式开学，根据学生文化层次编排为研究一班、研究二班和补习班。学院管理体制为五部一室，即教务部，教务长张天翼；研究部，主任李仲融；生活指导部，主任雷一宇（后为游宇）；补习部，主任雷一宇（后为陈啸天）；事务部，主任吕遇文；院长办公室，秘书王时真（江明）。吕振羽认为，讲学院的一切教学应从适应农村游击战争环境和武装保卫湖南实际需要出发，确定以"树立文化据点于农村""树立救亡工作据点于农村"为办学

"宗旨",把学生铸造成抗日救亡中坚和先锋。为达此目的,吕振羽特制定"忠诚勤敏"为校训,"精诚团结,英勇活泼,紧张严肃"为校风——与延安抗大学风基本一致,所以讲学院师生自始至终行为规范,起止有序。同时精心设计各部课程,研究部课程为:中山学说,中国近代史,哲学概论、社会科学大纲,政治经济学,国际问题研究,中国民族解放运动史,军事常识、抗战常识、文学、地理、外语等;补习部课程为中山学说,社会科学讲话,国文、地理、历史、数学、外语、抗战常识等,还把《共产党宣言》《大众哲学》《论持久战》选为教材,并组织教师根据《延安日报》《新华日报》等编写讲义,吕振羽还特别开设"抗日民族战争讲座"并亲自讲授,寓阶级教育于抗战教育之中,寓马列主义教育于爱国主义教育之中。讲学院的教育教学方法别具一格,"提倡德育领先,教与学互动,实行教、学、做相结合,课堂教学与课外活动相结合,个人阅读与集体讨论相结合"的教育教学原则,对照新中国成立以后我国的教育方针,让人不得不惊叹吕振羽的教育思想是古今中外教育经典的结晶,对当今的教育仍有指导意义。

灵活、多彩、致用的教学方法与民主、团结、自动的学习环境,使学员们进步很快,修德、研求、强体三位一体,分秒必争。每天除上课、听报告外,早上有军体活动,学习武装斗争知识,下午的课余时间,学员们有的分析研究抗日战争的形势,有的讨论《抗日游击战争的战略问题》,有的交流文艺创作的体会等。晚上,大家在桐油灯下学习到深夜。星期日,以小组的形式深入周边农村进行抗日救亡宣传,晚上,学员们在煤气灯下,演出抗日话剧、歌剧、合唱抗战歌曲。在学习墙报上贴满了学员们的《我要上战场》《试看明日之中国》之类的诗歌、散文,李志国的《四万万铁拳砸碎东洋鬼》漫画大快人心。师生之间,男女之间,由共同的信念建立了真挚的革命感情,互相尊重,团结友爱,尽管生活艰苦,学习紧张,但师生心情舒畅,精神振奋。

吕振羽以讲学院为大本营,把抗战教育和文化教育向四周农村扩展,在附近农村开办识字夜校,把贫苦农民及少儿和妇女组织在一起,教他们识字、算术和打算盘,穿插抗日救亡教育,让那些一字不识的人品味到学文化的甜头,更明白了"国家兴亡,匹夫有责"的大道理,增强了民众的爱国意识。讲学院背后的对河院子的夜校班办在讲学院内的偏房里,30来个学员包括青年、少年和妇女。当年寒冬,13岁的周仪平还是光着红肿的双脚上夜校，吕振羽发现了马上要妻子江明拿来双布鞋给他穿上，所有的学员都感动得说不出话来，周仪平把那双鞋子保存了几十年。没有火热的胸怀，哪有涓涓暖流。80年前，吕振羽先生就能如此造化，点石成金，不是神话。

为发动广大劳苦大众学文化，做主人，吕振羽还组织教师写标语，对河院子土砖墙上的"识字者人人教、不识字者人人学"的标语，20世纪80年代还模糊可见。就这样，广大群众都视讲学院师生为亲人，在工友周维合的带动下，对河院子的菜农们，优先平价供应讲学院的蔬菜，剩余的才上市交易，阿姨、大嫂，时常把水果、鸡蛋塞进讲学院师生的口袋里。这种面向劳苦大众的创新教育，又何止"有教无类"。1939年春，讲学院又有100多名从全国各地慕名而来求学的，这时在编学生250多个，6个教学班，又新增了军事演练。在学员们文化知识、军事技能与日俱增，爱国热情十分高涨的情况下，循"匡时，致用"之序，吕振羽及时组织师生下农村基层。白仓市白仓小学、金称市古峰小学、连溪的吕氏小学的歌咏课，都由讲学院学员轮流前去教课；黄亭市唯一小学、塘渡口资汇小学、回龙市回龙小学等都由讲学院推荐学员去任教。讲学院的街头剧团和歌唱队在塘田市、金称市、黄亭市、回龙市、塘渡口及讲学院周围几十里的农村集市进行演出，教唱抗战歌曲，宣传抗日救亡，深受群众称赞。同时，讲学院又根据情况分析和可能条件，派遣学员回到本乡，以小学为依托，建立抗日救亡据点，成立了读书会、歌咏队、救亡队，让学员在实践中磨炼意志，增长才干。

1939年4月20日，国民党派军队强行解散塘田战时讲学院，讲学院虽只举办两期，由于坚决执行湖南省委的办学方针，在吕振羽的"自动、研求、匡时、致用"教育思想指引下，把党的意志转化为师生们的自发行为，高效、快速地为我党培养了一大批急需的军政优秀人才，在短短的8个月里，有50余人加入中国共产党，100多人加入中华民族解放先锋队。讲学院解散后，师生们继续战斗，有的去了延安，有的坚持地下工作，还有的亲赴抗日前线，曾国策、谢维克等为抗日救国献出了宝贵的生命。在解放战争中，在社会主义建设事业里，他们中的许多人成了优秀的指战员和党的骨干。1944年"七大"代表，邵阳中心县委书记谢竹峰，在延安高度赞扬塘田战时讲学院的教育成果。1956年，陈啸天同志在南京遇到李仲融，李仲融高兴地说："现在的湖南形势很好，在基层干部中有不少是塘田战时讲学院的学生，他们干得很不错。"陈啸天激动地回答："是种子，总会生根发芽的呀！"是的，是党在塘田战时讲学院播下了红色革命种子，是吕振羽教育思想浇灌了这批幼苗，使之成为有用之才!

塘田战时讲学院,您是我国乃至世界最成功的战时教育典范!

(两位作者系塘田战时讲学院红色文化传承中心负责人)

# 匠心传承红色文化

周 琼 吕开虎

1983年9月，时任国务委员、国防部长张爱萍将军应吕振羽夫人江明的请求，为当时的"湖南省重点文物保护单位"塘田战时讲学院（以下简称塘院），欣然题写"塘田战时讲学院旧址"匾额。

1997年，塘院旧址被定为湖南省爱国主义教育基地。

2006年，塘院旧址被国务院评为第六批全国重点文物保护单位。

塘院位于湖南省邵阳县塘田市镇夫夷江畔，与芙蓉峰隔江相望，是抗日战争时期，中共湖南省委和中共驻湘代表徐特立委派马克思主义史学家吕振羽回乡创办的一所军政大学，史称"南方抗大"。

在塘院旧址，有这样一个群众性组织，为抢救性地保护塘院，或义务或有偿地收集塘院和原邵阳县四中的历史文物，传承并保护塘院红色文化。

如今，塘院院内的一间间房屋，一张张课桌，一件件陈设，一幅幅图片，客观地、历史性地反映了马克思主义史学家吕振羽为抗日战争胜利的历史贡献和波澜壮阔的红色历史。

## 一、溯源

在塘院被国务院定为"全国重点文物保护单位"后，邵阳县委、县政府立即组织人力、物力对塘院旧址进行还原修缮，并成立管理所。因为时间久远，历史材料、历史物件不充分，迟迟没向大众开放参展。

2018年5月25日，一群在塘院旧址创办的原邵阳县四中毕业的学子，发布"成立邵阳县塘田战时讲学院文化传承中心"（以下简称"传承中心"）倡议书，讨论"传承中心"组织机构、章程。

"传承中心"机构设置为三部二室一科（三部：宣传部、财务部、人事部；二室：办公室、资料室；一科：保卫科）。确定法定代表人和三部二室一科负责人，成立党支部。

"传承中心"章程明确规定："遵守法律、法规和国家政策，遵守社会道德风尚；以塘田战时讲学院为教材，传承红色文化，促进两个文明建设，为红色旅游做好文化支撑。"

"传承中心"业务范围：

1. 宣传塘院红色文化、继承革命传统；
2. 对大、中、小学生进行爱国主义教育及开展研学活动；
3. 收集、整理历史文物，完善、丰富展览内容；
4. 承接政府交办的各项工作。

同日，召开收集塘院历史文物动员大会。邵阳县电视台、邵阳日报、邵阳晚报、邵阳七彩生活网均报道了这一盛举。

起而行之，始于足下。"传承中心"在扩大人力、物力和健全完善组织架构的同时，向邵阳县民政局申请群众性组织的行政许可登记。

2018年9月25日，邵阳县民政局下达同意登记"传承中心"的行政许可决定书。

2018年12月1日，设立在塘院旧址的"传承中心"，在塘院旧址广场召开成立大会。与此同时，为了更好地收集塘院文物，广泛地建立联络员队伍，"传承中心"实行文物征集、购买的奖励机制。

从此，一个群众性组织，在全国范围内收集塘院文物，包括一个个实物，一段段文字资料，一封封书信，一张张图片……

## 二、匠心

平凡的人，平凡的工作，可以创造不平凡的成就。"传承中心"匠心传承塘院红色文化，全力投入文物收集与整理。通过联络员们的努力，这些年收集塘院文物达100多件，征得领导同意，全部在塘院展出。目前，参观展览的群众一天比一天多。

"传承中心"在收集和整理文物的同时，也协助塘院管理所，建立塘院讲解制度。这些年来，培训6名讲解员，协助管理所接待、讲解塘院历史和塘院精神。

这些年，"传承中心"编辑、出版《湘西南之歌》共3期画册，宣传塘院红色文化。在纪念塘院建院80周年全国征文中共有26篇获奖，其中出自"传承中心"的有3篇文章获奖。最近，"传承中心"又寻访到原塘院研究班学员5人，当年课桌、课凳原件1套。

"传承中心"不但具有一定的历史贡献，还具有深刻的现实意义，宣传抗大精神，传承红色文化。一是通过爱国主义教育的课堂授讲、现场解读等一系列研学活动，把红色文化一代代传承下去；二是以塘田战时讲学院为题材，编些小故事、小戏曲，让塘院精神家喻户晓；三是开展吕振羽学术讨论，探究吕振羽教育思想，借鉴研学行为；四是依据当地特色，做好文化支撑，协助政府打造红色旅游新格局。

## 三、延伸

新中国成立后，在塘院旧址，邵阳县为"弘扬塘院精神，继承革命传统"在此创办第四中学（以下简称"四中"）。"四中"在塘院旧址办校42年，培养了数以万计的优质高中毕业生。这些"四中"学子，不少已成为社会主义建设各行各业的佼佼者甚至领军人物。后为保护塘院，"四中"整体迁出塘院旧址。

为更好地铭记"四中"校史，学子们以"传承中心"为平台，一是建立"四中"同学群，回报投资邵阳县各行各业；二是发掘塘院的"一元钱"故事，激励"四中"学子持续秉承塘院精神；三是在塘院旧址内设立"邵阳县第四中学校史陈列馆"，举办每一届校友会。陈列馆的设立，依托塘院，更深、更实地以校史助推党史学习教育，讲好红色故事。目前，陈列馆通过各界校友踊跃捐赠，共征集实物600余件，展出实物100余件，采取文字、图片、图表、实物等多种表现形式，集中展示了"四中"42年的奋斗历程。

"感人心者，莫先乎情。"作为发起者之一的易友林表示："我们'传承中心'匠心传承'塘院'红色文化，事迹平凡而伟大、朴实而闪光。"

"传承中心"党支部书记陈同国表示："无私奉献平常事，始终如一不平凡。我们不忘初心，牢记使命。用共产党员的朴实纯粹、无私奉献，触动来到'塘院'参观者的灵魂深处……"

（周琼，广东台山高速公路有限公司宣传干事）

# 突出红色文化资源　整体推进红、绿、古、俗旅游产业协同发展

朱清平

习近平总书记指出，不忘初心，牢记使命，其实质是要求全党、全国人民铭记历史，坚守信仰，不要忘记来时的路。发展红色旅游，就是让大家感受中国共产党那血与火的历史，铭记走过的路。而一次红色旅游，是一次净化灵魂的精神洗涤，是一次震撼心灵的思想熔炼，是一次政治立场的坚定守护。红色文化不仅是一次深刻的记忆，更是精神净化的清洁剂，经济发展的助力剂。早在2004年，中共中央办公厅、国务院办公厅，为推动红色旅游产业发展，振兴革命老区经济，颁布了《2004—2010年全国红色旅游发展规划纲要》，并成立了高规格的红色旅游领导小组，该项工作至今仍在持续。2018年9月，中共中央、国务院印发了《乡村振兴战略规划（2018—2022年）》，并发出通知，要求各地区各部门结合实际认真贯彻落实。我县如何搭乘国家支持红色旅游产业发展的快车，抓住乡村振兴战略的机遇，以产业兴县，以产业富民，以产业助力乡村振兴？笔者从以下三个方面谈谈个人的看法：

## 一、我县红色旅游资源状况

对于发展旅游产业，我县有着十分优越的条件：一是红色文化资源十分丰富。我县有最早受中共湖南省委直接领导的"仁湾支部""图南支部"遗址，有培养基层抗日军政人才的"塘田战时讲学院旧址"，有衡宝战役下花桥五龙岭战斗遗址，有白仓起义遗址。二是自然景观丛中藏珠。我县有被称为天然氧吧的河伯岭森林公园，该公园风光秀丽，山林纵横，空气清新怡人。加上峡谷瀑布、高山杜鹃、小石林，独具特色的济公岩溶洞，错落有致的山村古建筑群，形成观景赏花、休闲养生的人间仙境。还有曲折的夫夷河、天子湖国家湿地公园、金江湖健身公园等，是大自然赐予人类最瑰丽的胜地。三是区域条件得天独厚。塘田战时讲学院红色旅游及河伯岭风景区离

新宁崀山不足60公里，离桂林只有100多公里，可融入崀山、桂林旅游经济圈。二广高速，洛湛铁路鱼贯而入，武冈机场、永州机场、邵阳高铁相邻，加之即将修建的邵新高速，形成得天独厚的区域条件和交通优势。如何利用优势，开发这些资源，助力旅游产业发展，是我县产业经济发展过程中必须认识和选择的问题。邵阳县丰富的红色旅游资源，又处于邵阳市"二中心一枢纽"战略优势区域，具有较广阔的开发前景。

## 二、我县红色旅游开发存在的主要问题

1. 开发不够，状态原始。我县旅游资源丰富，但旅游开发起步晚，整体开发程度低，旅游产品结构单一、档次不高，旅游形象和城市形象不够突出；红色特征不明显，且旅游开发活动多为橱窗展示、静态观光内容居多，参与性活动较少，缺乏新奇感受，对在和平时期长大的年轻人吸引力不足。

2. 宣传手段单一，知名度不高。近年来，虽然采取一些方式对红色旅游资源进行了大力宣传，但由于财力有限，投入旅游发展的资金不多，宣传促销力度不够，手段单一、滞后，没有形成全方位、多层次的旅游宣传攻势。

3. 景区综合配套服务设施不完善。吃、住、行、游、购、娱等需要的综合配套服务设施建设不完善的问题凸显出来。通往景区的交通尚需改善、信息传播范围不广、公共设施落后、服务质量较低是制约我县红色旅游发展的重要因素。

4. 保护不够，缺乏规划。缺乏对全县的红色文化资源的详细规划。一方面是开发缺少立足于全国、立足于全省的规划和统筹，旅游项目缺少特色；另一方面是产品单一，缺乏对资源的整合。当前，许多的革命遗址、旧址、故居等，由于还没引起有关部门的重视和保护，至今还没有得到有效的开发和利用，如金称市的吕振羽故居、仁湾支部、图南支部旧址等重要文物破败或被拆除。这些问题都不同程度地影响着红色旅游的开发。

## 三、我县红色旅游资源开发的对策

1. 明确定位，高起点制定红色旅游规划。按照先规划、后建设的要求，进一步明确我县旅游的发展定位，科学整合旅游资源，提升景区品位。在全县旅游发展总体规划的指导下，编制科学的、可行的、前瞻的、可持续的红色旅游开发策划与修建性的规划，是红色旅游健康有序可持续发展的前提和基础。所以，在制定红色旅游规划时，一定要高起点、高质量、视野开阔、

兼容古今，一定要符合景区发展实际，符合地域文化，符合历史事实，避免贪大、贪全、贪洋。规划要合理解决保护与开发利用的关系问题，解决资源可持续发展问题，切合实际，具有可操作性。要突出景区的整体定位，要围绕景区主题编制，为长远发展预留空间。要为陈列展览、旅游服务、爱国主义教育等专题规划留有余地。

2. 灵活宣传方式，多途径宣传推介，凝聚人气。我们在对旅游景点和旅游产品宣传推介时，除了常规的宣传方式外，还要寻求最容易被人接受，让人产生猎奇、猎新的心理需求的方式进行宣传。一是收集和整理红色人物史实资料，编书改剧，利用影视剧宣传。如我们将五龙岭战斗编写成小说后，再改编成电视剧，这种宣传既直接，又能收到很好的效果。二是收集整理民间故事，塑造民间传奇人物，利用故事悬念宣传。三是举办各种旅游产品推介活动，以新、奇、特吸引眼球，达到最有效的宣传效果。

3. 加大投入，多渠道融资完善景区配套功能。要改变单纯依靠财政投入的现状，采取各种办法，出台有关政策，吸收社会资金，加快红色旧址、遗址的建设。要建立塘田战时讲学院旧址、五龙岭战斗遗址、仁湾支部遗址开发项目库，通过互联网、报刊、电视台等发布信息，使之成为对外招商引资项目。在开发建设中，可以借鉴其他建设项目和其他旅游景区建设的成功经验，坚持谁投资、谁拥有、谁受益的原则。特别是一些旅游基础设施和配套建设项目，如旧址、遗址附近的宾馆、饭店、商铺，旅游产品的开发、土特产品的经营等，完全可以在统一规划的前提下，争取集体资金和个人资金投入。这样，既可以减轻财政负担，坚持投资主体多元化，又可以让经营主体自主经营、自负盈亏，减少国有资产的风险。一是恢复新建经典景观。围绕景区主题，恢复一批历史景观，新建一些与历史环境相协调的特色景观，进一步丰富景点内容，增加旅游的看点和亮点。如规划和完善塘田战时讲学院旅游服务功能，修缮开发好五龙岭烈士陵园、恢复仁湾支部等旧址、遗址；新建白仓起义旧址等；保护和改造好吕振羽故居、留念亭等。鉴于大多红色景点没有现代化的陈列展馆，应该把建设陈列展馆作为景点建设的一项重要内容。通过新建陈列馆，全面反映红色景点的历史与精神内涵，特别是塘田战时讲学院的陈列展览。二是搞好配套工程建设。健全旅游辅助设施，扩大和完善旅游接待功能，全面提升景区的档次和品位。比如改造厕所，新建旅游服务中心等。三是整治环境。对环境进行绿化、美化和亮化，营造一个整洁、干净、舒适的自然景观与人文景观融为一体的生态环境。

4. 整合资源，实现红、绿、古、俗协同发展。在大力发展红色旅游的同时，也要看到我县独特的地貌景观、绿色森林资源、众多的历史古迹和多彩的民俗文化。让这些资源与红色旅游资源有机结合，相得益彰。重视红、绿、古、俗四大旅游资源的设计和整体开发，力求做到以红引人，以绿留人，以古诱人，以俗感人。重视旅游市场的纵横联合，有利于资源共享，互利互用，有利于促进旅游资源最大值的实现。具体是：一是绿绿结合，主动对接崀山和永州市。对我县来说，就是打好崀山牌，对接崀山风景区，主动融入崀山旅游经济圈，做大做强我县旅游产业。也可主动与周边县市，如永州市的杨梅山和舜皇山风景区相连接，共同构建绿色旅游专线，实现友情链接，互动发展。二是红绿结合。我县很多地方自然景观非常优美秀丽，旅游价值非常高，可以与红色旅游捆绑经营。如塘田战时讲学院的开发与河伯岭森林公园、天然氧吧的休闲旅游，塘田古街开发与夫夷河风光相结合，打造红色教育、绿色休闲的红绿结合经典线路，让游客充分领略我县红色文化和生态旅游的魅力。三是红古结合。就是把历史古迹与红色景点串联起来，使之交相辉映，共同推介。我们可以挖掘和整理夫夷侯国资料，通过建立项目库，开展招商引资，仿制汉朝文化，建设一个景点。让游客参观完红色景区后再探古访旧，置身在历史的足迹中感受历史。四是红俗结合。我县民俗文化十分丰富，如扎故事、布袋戏、踩高跷、舞龙舞狮、划龙舟等。因此，通过整合这些民俗文化资源，利用现代科技，提高观赏效果，以满足游客好奇心和兴趣。同时，应建立一些民俗馆、特产馆，开发民俗游、乡村游，使游客了解当地的历史典故、民间艺术、饮食文化和生活方式。推动民俗文化的发展。为了便于红、绿、古、俗四大旅游资源的整合，可以推行联票制，设立旅游专线，开通旅游专车，进行旅游整体宣传推介等，有利于资源优势互补和旅游市场的互容互利，有利于旅游大市场的良性建立和旅游经济的快速发展。

5. 成立机构，综合协调合力发展红色旅游。旅游开发是一个系统工程，涉及部门单位很多，单靠各乡镇政府、文化旅游部门是无法做好的，必须高位推动，整合各方力量才能有所作为。湖南省成立了红色旅游工作协调机构，由省委、省政府领导牵头，省委宣传部、省发展改革委、省文化和旅游厅等部门组成工作协调小组，在人力、物力、财力等方面加强统筹保障，切实落实发展红色旅游的各项工作。因此我们建议县委、县政府成立红色文化及旅游开发工作领导小组，指定一名县领导专门负责协调旅游开发工作，设立专门办公室，负责全县的文物保护、旅游规划、开发利用和景区项目的建设工作，切实落实发展红色旅游的各项工作。

6. 市场运作，多措并举共同打造精品景区。在开发过程中，把经济、生态、文化、社会效益放在首位，按照市场化、人文化、生态化的要求搞好开发和经营。寻求旅游发展最便捷的途径。一是以市场手段配置资源。通过政府投入，向上争资、引入外资和启用民资等手段，破解旅游投入难题，加大旅游融资力度。对回报率高的项目在申请贷款或贴息贷款上予以倾斜。二是政府可把景区土地、房产权属等作为资本先期注入，通过合作、合资、租赁、承包、托管和转让经营权等方式成立公司。依托公司对外招商引资，争取吸引大企业、大集团投资邵阳县旅游开发，容纳精品项目，分别包装，向外推介，走开发、保护、利用滚动式发展的路子，使邵阳县旅游由小到大，成为新兴的支柱产业。三是在开发过程中打造下花桥红色文化名镇、塘田历史文化名镇、小溪市梅州古文化和油茶文化等特色品牌，并注册知识产权，发挥品牌效应。四是打造下花桥烈士陵园—仁湾支部旧址—白仓起义旧址—塘田战时讲学院旧址红色旅游路线。修建下花桥—五峰铺—白仓—塘田战时讲学院旅游公路，使塘田战时讲学院、下花桥烈士陵园与白仓起义红色旅游景点连成一片，形成与下花桥、五峰铺、白仓、塘田市公路环形相通的旅游公路，将红色景区连成一片，将邵阳县红色旅游自然地融入崀山旅游经济圈。

（作者系邵阳县政协文史委主任）

# 咏塘田战时讲学院八十周年庆典（外二首）

刘宝田

### 咏八十周年庆典

古镇榴花艳艳开，嘉宾学者九垓来。
周襄圣典怀贤哲，共握骊珠展别才。
三百英雄留浩气，千秋宿梦结奇胎。
红肥绿盛香盈远，莫忘年年月月栽。

【注】前贤吕振羽少年时第一首诗名《咏榴花》，云："门内榴花树，花开血样红。何时成硕果，此日莫摇风。"其先生吕金翅评赞："种得榴花树，初开艳色红。何时能照眼，此日已摇风。"

### 咏战时讲学院

英雄百战足风流，潇洒归来别有谋。
救国红旗擎日月，平倭浩气壮兜鍪。
夫夷掀起同仇浪，白眼评量沐冠猴。
万里江山传韵事，渔樵互答唱金瓯。

### 咏乡贤吕振羽

破碎金瓯雨打萍，夫夷蕴秀毓才英。
少年心事乾坤动，椽笔文论混沌清。
筚路蓝缕开径道，浑身智略扫凶淫。
斯星虽陨辉煌暖，万古功勋万古名。

（作者曾任邵阳市文化局长。诗词联赋刻木、勒石、铭铜于全国各地45件，其中赋14篇。）

# 破阵子·访塘田战时讲学院旧址

黎真平

款款夫夷流淌,幽幽古宅沧桑。
登上层楼抬眼处,又见青山吻夕阳。
斯人在哪方?

遥忆峥嵘岁月,吕公奉命还乡。
为唤民心驱外侮,席氏庄园办讲堂。
中华挺脊梁。

(作者系邵阳县县政府办工作人员)

# 塘田，塘田，战时讲学院（另一首）

周　琼

题记：2019年清明时节，在朋友的陪同下，参观塘田战时讲学院。旧时院落已经翻修还原，气派非凡；新建广场功能齐全。感慨之余，赋诗一首。

一九三八年九月
在塘田清末别墅中建群
二百四十七名学员
来自沦陷或未沦陷区
在湘西南为国请命

白天，一身麻布衣
黑夜，一床印花被
五湖四海抱团取暖
黄皮肤苦练一脸黑啊
只为饱饥《论持久战》

深入贫瘠的十里八乡
所到之处燃起抗日火焰
塘田处处刀枪棍棒
人民在《团结就是力量》中凝聚
激情的夫夷河巨浪滚滚……

一九三九年四月
虚伪与阴险
重创燃起八月的星星之火

朴素与勇敢
与塘田战时讲学院共受劫难

劫难也是胜利的开始
自此，抗日战场流进新血液
潇湘大地建立新的党支部
春雨滋润红丘陵大地
春风擦亮门楣上五角红星

在八十年，在塘田
在战时讲学院
有诗纪念就是最好的怀念
怀念就是弘扬精神
这财富啊富强塘田

## 我的塘田我的红丘陵

芙蓉峰是我昂首的头颅
夫夷河是我沸腾的血脉
花园井是我宝石般眼睛
青石老街是我青青脸色

我的脉搏是南方抗大
我的精神是油塘党支部
我的引路人从延安走来
先辈高唱着《塘田战时讲学院院歌》前进

我在塘田学习成长
如今唱《走进新时代》
我抒小桥流水悠然绿水青山
重回红丘陵我的水乡塘田

与太阳一起出发
与月亮一起沐浴
最美红旅小镇我的向往啊
我的塘田我的红丘陵

## 吕振羽故居社田村踏春（外一首）

夏启平

总恨春晚花开迟，侧卧高阁不自知。
细雨驭风飘窗来，暖阳含情怎忽视？
放眼四季万千色，扪心独钟此娇姿。
莫叹时光无反复，赏花怡性恰逢时。

## 吕振羽故居社田村观油菜花海有记

丛花耀眼喜迎春，远望社田遍地金。
半缕东风梅骨瘦，一帘细雨柳条新。
芬芳但溢洮石砚，意趣尤出俞子琴。
满把芳华紫笔下，情流素纸会知音。

（作者系邵阳县文联主席）

## 历史档案文献篇

# 徐特立在湘十个月的工作报告（节选）[1]
（湖南的社会、政治情况及我们的策略）

1938年9月

## 一、湖南的社会情况

### （一）劳动者的状况

国家的军事工业，部分的移到湖南，重工业工人较过去增加。新化县的锑矿仍照旧开采，矿工并不因军事减少，反有增加。我们开始有组织（长江局介绍同志信由我转，所以知道）。

公路、铁路、国防工事和飞机场迅速的发展，交通工人和建筑工人也迅速增加。散漫没有组织的农民，在这条件下集中起来，是我们很好的工作对象。过去没有党的领导，最近不知怎样，纵有，也是薄弱的。

长沙城附近铜官镇有著名的窑业，工人有三四千，有党的组织，工作还好。但窑业主很多，资本很小。因军事而窑器不能出口，价格低落，工人失业。我们的党正在进行解决这一问题，采取劳资双方协调，要求地方富人贷款，以货作抵，继续开工。地方富人因怕工人失业酿成事变，有可能希望贷款。

长沙和湘潭有数千码头工人，在国民党所领导的工会剥削下，工人的工资往往只能实得百分之五十。在湘潭的株洲码头工人，每日可得工资一元左右，工会包办抽去五毛左右。工人无力反抗，我们还没有工作。长沙码头，是从江西逃来的同志在码头上劳动，不久以前，我们和他们接了头，谅已有组织了。

长沙有人力车三千多张，每一人力车昼夜换班，常是二人以上共一车，因此人力车伕有八九千，不知目前有无党的组织。车工会负责人是过去的党员，系自首分子。

湖南纺纱厂有工人三千余，有CC、复兴社和我们的组织。我们的活动力较大，我们采取统一战线的办法进行工作。

湖南的湘东、湘南和湘西，都经过革命斗争，反革命分子技术较高，叛徒部分的可争取，部分的还是他们的工具，使我们的工作发生困难，加上我们过去苏区的党员不善于做秘密工作，因此，在这些地方还不能有较好的群众组织。

（二）教育、文化的状况

湖南教育在数量上发展很大，比十年前中等学校增加了一倍到二倍。七、八百学生一校的中学校，在长沙有二十以上，但质量并不好。近年注重文言文，注重封建的精神教育，采取法〔西〕斯蒂的训练和组织。大部分教员为饭碗问题不敢和〔我们〕发生关系。教育厅常用密令及其它不公开的方法对付我们，及限制革命的书报贩卖和学生订购，但大部分学生是接近我们的。

文化界抗敌后援会，上层领导是国共两党分权，差不多力量相等，经常的在斗争中过活，互有胜负；但下级干部差不多全体是我们的。我们的党曾经估计下级干部的力量过大，曾提出一改选名单，以为可保证完全通过。结果被中间分子〈杨东莼个人〉操纵，通过了国民党提出的名单。我是不赞成改组的，因为说干部在我们手中，我们的名单可保证通过，我才赞成改组，结果失败了。但因为有下级干部，我们还有力量。该会经常办训练班，已经办了八九个月，每次都有我们的同志教课。

职业界抗敌后援会，实际上也是一文化团体，因为是银行、邮政、店员等组织的，办有政治训练班，将近全体是我们同志上课，我也有课，领导权完全在我们手中。省党部命令警备司令部解散它，而该会提出抗辩书在《观察日报》上发表，结果没有解散。

上面所说的是进步的现象。再将反动的文化报告于下：

湖南私塾与学校差不多平行的发展，小学校毕业生和初级中学毕业生，有许多再请老学究教经、史、子、集。乡下还有不进学校只入私塾的。

佛教的居士林也与学校平行发展，经费也不减于教育费。长沙城有无数的佛堂，教育界、绅界、政界失职及部分在职的，大批加入居士林。如赵恒惕、彭永彝、罗子云、粟戡时等，均是佛教中要人。而且现在的佛教是学密宗，不是学禅宗、相宗，迷信更深。〔居士林〕最初来自日本，现在又和西藏喇嘛结合。乡下也普遍的组织居士林，家中有五十石谷至百石谷收入的人，大部分入居士林。每次捐款都愿出，要他们出救国捐，能出一元、二元的；在出佛教捐，一次可出五六十元。

这些迷信团体是维持会的对象。湖南曾经破获一个三期普渡会，其中有汉奸作用。同善社有汉奸嫌疑，被政府解散。

### （三）青、红帮的活动

湖南的土著，只是红帮。自东南失陷以来，大批难民来湘的有许多的青帮，但青帮力量较小。红帮中有不少的知识分子，因政治找不到出路加入红帮。壮丁逃兵役的，也有些随红帮上山当土匪。政府曾下令禁止青、红帮活动。红帮的武装埋藏在民间的要求政府收编，政府收其弟兄，遣散其首领，因此造成红帮与政府尖锐的对立。湘西土匪劫政府的枪枝、子弹，并破坏公路。政府派兵去剿，并收买一部，还没有成效。最近不知情况如何。

青、红帮常有人找八路军，我只与他们发生抗日的政治关系。我申明八路军不吞并任何人的军队，中央军和晋军被敌人击溃了投入八路军，八路军把他们收编后，仍送回原部队。八路军对任何军队只是站在友军立场帮助，因此不收编任何军队，借以拒绝他们及和他们发生政治上的关系。曾有一部分青帮的武装，我派聂昭良去帮助政治工作。

### （四）地方武装的情况

湖南的民团，因对付我们的游击队，组织比较普遍。在国共合作时，被何键把他们的枪枝都收归政府，以致地方的民团不相信政府，近来购买的枪枝都暗藏起来。这种武装，他们已有表示，是用来对付游击队和溃兵用的。这是第一种，纯豪绅地主的武装。

第二种是保安团，就地筹款，由政府直接指挥。这是地方性的正规军。

第三种是和省府有矛盾的正规军，如宋子文的税警，有三千在湘西，属赵君迈指挥。还有衡阳的行政专员孙则□，有枪三千枝，系从山东带来，经过军委会登记，但与省府有矛盾，他曾向我们的同志吕振羽要干部。

第四种是土匪，湘西已经发生暴动，湘南已有部分的活动。

以上这些武装，如果日本进兵湖南时，必然会有大的活动。目前他们多少与我们有些关系，如果我们策略正确和有干部去工作，而在我们领导下，可以转变为抗日的力量。目前，我们的策略是和他们发生政治上的关系：1. 枪枝在日本未进攻以前不可集中，以免有扰乱后方的嫌疑，引起前方军队调到后方剿匪；2. 要用抗日的政治训练干部；3. 将来还要和政府发生好的关系，取得合法的地位。

## （五）湖南的党派活动

在湖南的国民党，有CC派，名为甲派；有何键派，名为乙派，有历史上长期的斗争。目前，CC把何派从省党部完全驱逐出去，但地方党部无法驱逐何派。何派纯封建的，CC是在封建基础上加上法西斯的方法，因此何派易于利用。何派首领刘岳厚曾约我会谈，因为甲派声言乙派勾结共产党，不敢公开的和我们接近。但他们内部的矛盾，也减少了对付我们的力量。

CC派占据教育界，对我们极坏。他们的口号，"反共"是主要的，不过他们力量不够，常采取秘密的手段，常被我们同志揭穿其阴谋，或在大会上或在报纸上发表，取得一些胜利。

复兴社从前比较弱，因为张治中是复兴社的主要干部之一，在政权帮助下，迅速的用威胁、利诱、欺骗〔等手段〕发展起来，与CC是对立的。就现在情形看，CC更反动，有与其他亲日派结合的前途，现在已有这种情形。在武汉不守后，甚至有加入反蒋之可能。我们很难与CC接近，虽然CC中我有不少的学生和朋友，但从政治方面接近，比复兴社更难。现在我还没有适当的策略对付CC。

我们的党在湖南发展很不平衡，目前数量较八个月以前增加了七八倍，大概到年底可发展七八千，现在还只四千左右。国民党害怕我们发展，到处阻碍我们。例如在茶、莲、攸特委管辖区域，企图用造谣方法，说我们在该地组织劳工队，不服兵役，有枪枝，压迫富农捐款，向省府诬告，结果查无实据。

在一月前，耒阳县委九人（包括伙伕在内）一概被捕。和省府交涉，未得回信。因张治〔中〕赴汉。我动身时又写一信给张，并指定一个代表请张发护照，到耒阳去调查并解决，目前不知情况如何。这一类的问题，过去用谈判方式解决了一些，但一面解决又一面发生。我们应该有一个原则的决定，以便今后在一定原则下来解决问题。

## （六）反革命的活动

一切反革命活动，都利〔用〕国共和中苏的矛盾，都在日本政治间谍影响下活动。我初到湖南时，就有一种谣言说："满清政府还没有亡中国，而国民党把中国弄亡了。"同时，有人说"满清时用方孔钱，物价便宜"等等，正当着南京失陷时散布出来的。

德孚洋行中的德商，曾到湘东调查商情，其实是调查民情和军事地势。其中有一德人姓名与我的姓名音相近，名徐克立。这一洋行确系国际间谍。

托匪在湖南设立有中国共产党列宁派湖南分部，去年九月成立的，现在在醴陵办有中学校。鲁涤平所办的民国学院，系国民党党部出款聘有托派教员，主要负责人是叶青的学生王宜昌。该院系托匪活动的机关，同时有我们的同志转学到此当学生，还有三四个教员，如吕振羽、谭丕谟、翦伯赞，均系共产党员。因此，托匪的活动被我们征服下去了。但在醴陵方面，我们还没有相当的办法。

日本在湘政治进攻的对象，在下层利用迷信团体，主要的是佛教，在上层的对象是失意的军人和失意的政客，如彭允彝，过去是国会议员，现在不易做政治活动，但他在南京失陷时确有组织维持会的企图。他的活动系彭的老婆向他的朋友即我的学生传出的。赵恒惕恐怕也是维持会的对象。赵头脑比较简单，容易利用，加上他比较穷困，而所往来的人都是失意的，他本人又是佛教居士林重要人员之一，他周围所围绕的是有做维持会的会员资格者。赵的老弟赵君迈头脑清晰，与他的老兄确是两样，现在我们与赵君迈有关系，而且〔是〕经过李克农同志考查许可的，我们可以经过〔赵〕君迈做些有利于革命〔的〕工作。

（七）新闻界的活动

过去有《抗战日报》、《观察日报》、《中苏》半月刊、《联合》旬刊四种刊物，可以全部由我们利用。现在，《抗战日报》停刊，《联合》旬刊也停刊了。

《衡报》是何键的报，《力报》是复兴社的，《国民日报》是CC的，《民国日报》是国民党的，这些报纸不能指导抗战，而张高峰事件发生，他们根据东京电发表言论，几乎做了日本的喉舌。《中央日报》有些言论比较正确。《大公报》是一种极老的报纸，有二十余年的历史，是各方拉拢的一种报，不为过激言论。

## 二、湖南的政治情形

（一）下层的政治机构：区、乡、保、甲长大部分换以学生。张治中办了行政干部训练班，有三四千行政干部毕业，分发到区、乡、保做行政工作。少数有革命性的能得地方的信任，大多数既没有经验，又非本地人，学生的生活习惯又与农民不相投，除奉行上级命令外，无他工作，对于抗战没有帮助。日兵一来，必然鸟兽各回家乡，政权必然会仍旧落在当地土著手中。

区、乡、保、甲利用征土、征兵、发行公债等等大发国难财。乡长如果需要发财的话，一年可以有一千到三千元收入的。任何贪污案件，只要是某些党派的干部，都不能揭穿。下层行政机构是在封建残余的基础〔上〕加以法西斯蒂专政的方法，其为害地方较之满清时更厉害。因此，在乡间还有些洁身自好、有爱国热情的士绅，可以和他们发生好的关系，对于我们是有利的。目前，我们对于区、乡、保、甲还没有正确的策略。

（二）县以上的政权机关与党部大部分是一致的，但在某些问题上冲突，每一个冲突都对于我们有利。例如文化界抗敌后援会改选，系省党部包办，省主席不赞成，因此，我们的力量就没有完全被省党部排除。职业界抗敌后援会，省党部下令解散，省政府不同意。又，湘潭县有一书店被县党部封闭，又被县长启封，许其营业。"八•一三"纪念只有机关参加，没有任何群众参加，使省主席到会说话暗然无色，于是省政府一个秘书做一篇文章，大骂省党部，在报纸上发表。我们的报纸拥护这一言论。继之职业界又发表反对省党部要封闭他们的文件，他们的矛盾也给革命力量一些帮助。张治中比省党部确实要进步一点，但他是复兴社高级干部之一，他的行动不会违反复兴社的主张。目前，换了潘公展当秘书长（CC），鄢悌（极反动）当省府委员，在张的用人行动中看不出根本上与党部的差异，所差的是他们的利害问题及对付抗日分〔子〕态度上的不同。不过因为他们有些差异，总是对于我们有利的。

## 三、我们的策略和我的工作

（一）在群众中、士绅中、政府中提高我们党的威信。因此，我在长沙工作只抓住大的政治问题，如南京失陷后中国往哪里去？徐州退却后中国的前途如何？张高峰事件是否会引起世界大战？这类大问题，群众迫切的要求解答。能够正确的解答，就大大的提高了党的信用，他们以为共产党是政治的预言家。对于这些大问题，我的估计大体上和党一致，都和事实一致。因此，我的地位大大的提高，而且出我意料之外。

长沙城从外〔省来〕的热心政治者，大部分都和我谈过国家大问题，而且在外省的报纸上发表过，更提高了我的地位。因此，不赞成我的湖南人，不敢公开的反对我。

我发表言论和文章，都经过和个别人谈话和座谈会，所以到发表时能有内容。目前我相当的谨慎，不轻〔易〕发表，因为我的行动、言论，人们不认为是我个人〔的〕，而认为是共产党〔的〕。

（二）争取一切抗日的力量，同时避免与国民党摩擦和不失自己的立场。例如对青、红帮问题，省府下令禁止青、红帮活动，我发表赞成青、红帮抗日的言论和用抗日的政治教育青、红帮弟兄的言论。我提出的原则是：青、红帮有几百年的历史，有他的社会基础，一纸命令不能消灭，徒增加摩擦，只有改造是有益于抗战，有益于政府。

同时，青、红帮向我要求给以八路军的名义，使他们组织武装抗日。我以八路军不收编任何人的队伍用来发展自己，只进行友谊的帮助，拒绝用八路军名义，而允许目前在政治上帮助，将来两部分队伍如果接近时，进行友谊的帮助，不发生上下级的关系。

（三）工作的对象：上层的对象，争取个别有实力的、有名望的、有能力的愿抗日的分子，经过他，在他们掩护之下进行下层群众工作。例如行政专员、县长、区乡保甲长、青红帮、个别的资本家，是有实力的人，找一个算一个；学者、政治家、作家、老绅士，利用他们出名字做发起人和提出公道的主张，在他们名义掩护下工作。所谓有能力的人，即是有斗争经验的一切青年干部。一切和我有关系的人，我都告诉他们随时找个别的对象，准备着随时应用，并准备日兵到湘时的活动。

（四）训练干部的开始：党训练干部采取秘密的方式，部分的党员在公开的群众训练班学习一般的政治，但数量十分不够。想要利用已有的学校，目前不可能。过去曾经利用过临时大学的训练班，目前省党部防范严密，不可能进行。

一月以前，我们的同志吕振羽在宝庆办了一个学校，名战时讲学院，已经找好校舍，开始招生。由司法院副院长覃理鸣当院长，吕振羽当副〔院〕长。目前，省党部还没有来阻止。如果能有学生到校，开学了，就不怕省党部阻止了。不久以前，我曾写信给泽东、洛甫两同志，要求派几个下级干部出〔去〕当学生，将陕公和抗大的学风带去，以便在湖南进行抗战教育。

（五）解决国民纠纷的工作：国民党逮捕共产党的事件已有好几次。有些是我直接交涉解决的，如茶莲攸特委事件；有些经过我的交涉，由汉口给电省府解决的。一面解决又一面逮捕。尤其是散在各县的问题，必须经过上下级政府才能解决。有许〔多〕情况不明，解决容易错误，因此，我想多弄一些公开的代表驻扎各县。我曾写两个介绍信给罗梓铭，同〔意〕派他为代表，与平江县交涉及该区行政专员交涉一切问题。效力如何，还未得罗的回信。

发生了问题，请省府发护照派代表去解决颇有效。因为当地政府见由省发护照，必然是上级许可的，于是办交涉比较容易。过去在茶莲攸发生很大的效力，近来耒阳的问题又采取这种办法，效力如何，我已来此，无从知道。

总之，国共纠纷问题能用谈判解决最有利。因为国民〔党〕无理由，就需要秘密；我们有理由，就需要公开。如果公开，虽多让步，也是有利的；如果秘密的干，我们对付的方法就更困难，国民党秘密的对付我们，只揭穿过一次，其余的都没有相当的办法，终止了我们的回答。

我们总的方针就是：不破坏统一战线和不失自己的立场。例如，我经常提出的口号是：一切人民有抗日救国的权利和义务，共产党员不是例外。共产党是一个政党，政治是他的生命。做群众工作是共产党的生命，不能放弃这一工作。中日问题是国际问题，中国不能孤立解决中日问题。国共两党更不能孤立来解决中国问题，孤立双方都是自杀政策。

## 四、党在各方面所进行的工作

为了便利中央了解湖南党自抗战以来整个工作的进展轮廓，特在写这一部分工作之前，将这一时期内的工作过程先来作一简略的叙述。这里约可分作下列的几个段落来说：

（一）"七·七"前。在国民党长期的残酷的屠杀镇压下，湖南党的组织除湘鄂赣与湘南外，其他地方早已摧残得极其星散了。直到西安事变，后来由失掉关系的袁策夷同志自动的开始进行一些工作，后来慢慢地建立了几个支部。这时的工作完全在寻找老同志与联络旧关系上，至"七·七"前，他们便建立了湘江特委。不过，除与湘鄂赣党有联系外，直辖的组织只有铜官、益阳一共五六个支部，与长沙的一二个关系而已，大约包括着四、五十个同志，大部分都在铜官。党员成份几乎全部是工人。工作当然很狭小，但仍为七七后湖南党工作的根基。特别是铜官地方，今天党在工人中有相当雄厚的基础，原有的组织是起了极大的作用。

（二）七七后至1937年底。在这一时期内，由于抗战的发动，党慢慢开始了群众的活动。同时，外地同志与前进分子也零星回到湖南来了一些，特别是我来湘及其不断的公开讲演与各方的活动，党的主张开始在长沙普遍的广播着，而湖南党的群众工作亦逐渐活跃起来了。不过群众方面的活动，还完全限于学生知识分子中。至1937年底，除建立了包括着一百多青年学生与知识分子抗敌工作团外，在党的推动下，还成立了包括着八百余人的湖南文化界抗敌后援会。但由于对党的发展的注意不够，与长江局联系的薄弱，党的组织仅扩展至六个地区，党员仅扩展到一百多人。党员成份大大的变动了，学生知识分子约占三分之一强。这时，整个组织一般的都表现零乱。随着抗战形势的展开与湖南工作的需要，约十一月间，长江局便派了任卓（作）民同志来湘。党的组织经任同志着手整顿，才慢慢的克服那些零乱现象。这时期的收获，对湖南党以后工作的开展，作用最大的为文抗会与长沙党的五十多个同志。

（三）省工委成立起及其三个月工作计划结束止（即今年一月至四月）。一月初旬，长江局又加派了郭光洲、高文华来湘。一月十六日，便成立了湖南省工委，袁策夷同志因环境不好去汉，于是省工委便由任卓（作）民、高文华、郭光洲三人组织之。这时党的工作中心为广泛的宣传党的主张，展开群众工作，扩大党的组织。在这一方针下，省工委曾制定他自己的三个月工作计划（即二、三、四月）。由于全党同志工作的积极性，计划进行的结果是：通过《新华》《群众》《解放》的推销，我无数的讲演、讲课、参加座谈及各地十几种报纸、刊物的出版或利用，党的主张是广为传播了。不过较为深入的还只是交通便利的湘中诸县与滨湖各地。群众工作则仅在文化人、小学教员、学生中组织了一些宣传剧团、歌咏队、读书座谈会等一类的东西。农村仅利用了或设立一些平民学校、农民夜校和流动图书馆等团聚了一些农民，人数是散布得极其零星，几个的，三、五十个的不等，但至多的也不过一百余人而已。进行得稍微好些的，还只是积极的参加了工会改选运动，取得了几个会员较多的（两个工会，包括会员三千余人）工会理、监事当选，与利用了妇慰会进行了较为广泛的伤兵、难民工作。党的组织是党员增加到八百余人，发展到二十几个县，一般的是完成了计划。但最差的则为军事工作，在部队中仅仅是几个联系而已，上层活动亦不好。这时期的工作详情，请参看三月中郭光洲报告与五月初高文华报告（据凯丰同志说，湖南各报告均交中央），故不详叙。

（四）五月至九月半。由于党的组织的扩大与群众活动的展开，工作是一天天的增加与繁重了。省工委为了胜任的肩荷当前的重责，便积极的充实自身，除长江局派来聂洪钧同志外，还吸收了文化工作者谭丕谟（民大教授）参加省工委。五月初，省工委即由三人扩增至五人。接着，省工委又制定了一个三个月工作计划（即六、七、八）。这时期的工作中心为军事工作、民训工作与工人运动。由于计划中尺度过高与干部的欠缺,绝大多数的同志虽然都是在积极的努力的工作着,但计划仍是未完成。

● 注释

[1] 本文时间系编者考证。

(《抗日战争时期湖南地下党历史文献选编》,湖南人民出版社1985年版)

# 徐特立关于湖南二、三两个月
# 统一战线工作情况给中央的报告[1]

1939年4月23日

## 一、湖南环境的转变

（一）经济、政治中心的破坏。自长沙火灾后，长沙只恢复了一些小商业；工业只有小手工业；学校完全没有；报纸有三种日报，其中两种是小型报；政府机关只有省行署和长沙县署。因此，长沙失去了历史上的经济、政治、文化中心作用，而统一战线的工作也就束缚在狭小的范围中。

（二）在湖南，日本的间谍素很活跃。二、三〔两〕个月中，我收到日本的刊物有《红旗报》《大公报》《救国日报》《和平报》《东方》共五种，此外，还有人在酒馆席上拾到日本散发的传单。刊物的内容主要的是挑拨离间，散布和平空气，诱我们投降。其形式是假托中国救国的面孔，其中充满着"伪政府""敌人""汉奸""我们的八路军"等字眼，尤其是《红旗》，完全是假托共产党的刊物。

（三）湖南对于汪精卫叛徒散布许多不正确的言论，说什么是一种苦肉计，说什么也是政治主张等等。同时，省党部曾召集长沙各报纸禁止登载反汪言论，一、二月间逐渐洗刷反汪标语。

（四）政府发出的防共密令中，有防止中共参加各级参政会的密令，有假造中共中央委员叶德辉发动伤兵捣乱后方的密令。四月初，在长沙近郊间有持枪士兵逮捕共产党员，其拘票有"奉李、白司令密令：据广西博白县政府检查邮件，有湖南东乡一字墙王某寄香港某街某号信，其中有入党党员表，系汉奸共党"等语。持枪士兵不知从何机关派来；李、白司令是指广西的李、白；湖南东乡不知系何县、区、〔这〕离奇的密令，其中含有破坏中共和李、白的作用。在湖南的报纸上，党政要人言论中常引白崇禧的名言："一个党、一个主义……"谁都知道，这非白的言论，这种引证含有重大的政治阴谋。

我在长沙常有〔人〕问我写了什么小册子被国民党得了。又，省府曾有密令给长沙县，由县转乡，防止共产党徐特立活动等等。

茶陵、攸县、安仁均有屠杀共产党员案，即捕即杀，没有审讯，没有罪状。特立三次缄告省政府，三次去会行署办公厅主任，不见。特立请求首先制止继续杀人，已成的事实以不妨害团结抗战条件下用法律解决，经过两个月未得任何回答。攸县又继续杀人，长沙近郊又继续捕人。抗议无效，特立准备诉之于舆论，一切信件，都是仁至义尽，尽可以公开发表的，俟相当时期发表。湖南在大火时，省党部曾下委任状给左某任长沙城商会会长，出来维持长沙城，准备日寇来长沙维持市面，此事已成半公开。长沙县抗日自卫团，在火灾时改为保安团，以避免日寇来长沙得以存在。

二月间，九战区政工会有对共产党的决定，其中重要的为"感化、溶化、在必要时分化瓦解之"。薛主任在开会时致词有"国军党军化"之语。

以上这些事件，与日本的加紧政治进攻有亲密的联系。目前的民族阵线中，因新的力量增加，威胁了民族败类，〔阵线也〕将有新的部分的分化，前进的还是继续前进，最落后的将有部分随着环境困难与汪去合流，甚至企图在中国造成西班牙局面。因此，统一战线工作在现阶段的湖南，需有新的转变。

## 二、湖南统一战线工作的经验和教训

（一）目前下层的统一战线较上层易做，尤其是区、乡、保、甲的工作较县以上易做。例如兵役问题、征土问题、粮食问题，上级命令急于星火，甚至县府派兵坐催，军队或对乡长加以打骂。谁能帮助他解决问题，谁就能利用乡、保、甲长，经过乡、保、甲〔长〕展开动员群众取得合法地位，又得群众拥护。我们已经在某些地方做得〔有〕效果。

（二）积极的工作较消极的易做。我们对友党建议最好的方法是：多提出积极的办法，替他们解决问题。例如兵役问题，首先是发动群众自动的去当兵。中签者自动的组织互相帮助，解决自己的家属问题。自己取得说话的资格和组织的资格，就有权批评抽签的舞弊，就有权组织优待军人家属委员会。一切的弊端不利于群众，不利于抗战，只利于土豪劣绅者，只有从积极解决抗战问题下才能解决。

（三）要正确的分析环境，具体的、有步骤的计划工作和进行工作。过去我们的统一战线工作是单纯的，从主观要求出发的，不适合环境，必然遭到失败。例如湖南参政会，特立已由省党部提出，而我们省委没有调查情形、正确估计而发一电报，提出□人的名单，有此〈些〉人并〔为〕地方人所知，因此惊吓了国民党。加上又派代表王自中同志向党政当局交涉，结果适得其反。大概是省党部已呈中央解决，在湖南参政会问题〔上〕有通令给各省，限制省、县会议不许我党加入，特立被提出后又被取消。

薛主席二月一日就职。二日，各团体招待主席。这时，特立是民众运动统一委员会的常委，没有得到通知，不敢冒昧参加。因此，不久以前，特立曾会见省党部负责人，〔其〕满口的张君劢语，没有得到相当的结果。因此主席就职，拟在就职后去道贺，免在大庭广众中受人冷视，降低自己的地位。我们同志有主张用快邮代电发一通电贺主席，我未接受，因我不知薛的态度，发电未必有益。有行署办公厅主任系留法学生，经过留法同学会餐一次，以后会餐，他也不再参加。特立经过许多间接关系得到他一般恭维，但一触到实际问题，他就称病不见。这不是他的特别作风，而是国民党对我党的态度有新的转变，倘仍用旧的一套进行统一战线工作，是不适当的。目前国民党有新的决定，最高负责人不会放弃他们党的主张。做上层统一战线工作，只能解决个别问题，想得法律上的一般的保障，是难做到的。最近，《观察日报》的禁止出版，塘田战时讲学院的武力解散，即是执行国民党最高的决定。我们对国民党的组织力量估计太低，必然遭到失败。我们衡阳负责人三次催国民党县党部发起反汪运动，虽然最后举行了，而引起国民党害怕我们。衡阳县万书记长，常对我们同志颂扬我，因此要我去见他。因他外出，我只留一名片在县党部，但始终他没有来回看我。因为万书记长在新决定下态度改变了，公开的去会他是得不到结果〔的〕。

目前对参政会暂取放任态度，因为参政会的目的不过是一种联络工具。如果我们能够参加，可以利用合法的工作帮助抗战动员。目前不独排斥了中共，复兴社也只占少数，其作用不大，可以预料。其中有些进步的士绅，我们可以影响他，但他们本身力量也非常微弱。因此，我们不必把参政会过于重视。

（四）我们过去工作太突出、太直接。例如，塘田战时讲学院院长系覃理鸣，〔院〕董有赵恒惕等，院中的事务主任系当地的绅士。学生的父兄也很赞成该院的办法，学生在短期间达到二百，社会环境算十分的好。因为副院长吕振羽全副精神用在校内，没有很好的与院长、院董取得联系，还与覃理鸣有多少矛盾未能克服，就使顽固分子得以进行挑拨离间工作，孤立副院长。最后，武力解散该学院，得不到院长和院董的援助，而且断绝了覃、赵等的今后关系，替顽固分子增加力量。

长江，还有育英两级小学校，学生百余，校长和教员大部分是同志。校外工作过多，校内方法过新颖，因此，虽抓了学生，反引起了学生父兄不满，使学生与家庭发生矛盾。统一战线反因恳亲会、□□会等大会过于突出，脱离了旧的社会关系。学生本是很好的桥梁，经过这一桥梁联络父兄，进行统一战线工作，事半功倍。我们用得过当，反遭了损失。

衡阳我们办有干部训练班，学生由各县委派。在长沙，有些学生回家，被父兄监视。因为去时没有报告父兄，回时没有准备怎样告诉父兄，一言两语即被发现是在我们的训练班受课。女中另一部分没有父兄的，还没有问题。

抗大学生有不少的过于积极，企图把抗大所学的全部拿来使用，结果大多数不能活动。一切同情我们的人常在于我们经过他们做统一战线工作，最重要的一点就是要教他们保存他们一切旧的社会关系。若党外的干部弄到和我们一样，那就将统一战线的中间桥梁割断了。例如黄炎培的人，平民教育促进会的人，有和〔我〕接近的，我每次都劝他们保存旧的社会关系。例如曾到延安的堵述初在平教会工作十年，他要求到延安学习，我未许可。我要他以参观名义由平教会介绍到延安，这样就可以保存十年的关系，结果在延安居两月仍回平教会工作。又，抗大学生向尚，人人都知道他是抗大学生。因为黄炎培常有信给他，他将黄信给同事看，因此他能在统一委员会工作。几月我不和他通信，从来谈话有一定时间和地点，并时刻纠正他左的倾向，以免他和我一样红。

有些有社会地位的人向我要干部，我不轻易介绍同志去，而介绍非党干部为众所周知者。因为有些投机分子想和我们发生关系，我也必需和他发生关系，介绍一非党干部作桥梁。因为我们曾介绍一些同志给赵君迈办盐务，用一进步分子，另用一落后的牵制之，没有实权，而且我们同志没有应付官僚的技术，常被人排挤出来，还把过去与赵的关系弄坏了。我对赵过去是采取不沾不脱的关系，自我去年去延安（九月）后，与赵靠得很紧，结果更弄坏了。

我发现和我靠近的人有四种不同的程度，我们必需和他们接近、靠拢，但还要提高警惕性，举例如下：

1. 有部分的叛徒请我吃饭，要我住在他家里去（因我初回长沙，住旅馆）。因为他过去破坏了我们的党，有些还杀了我们的人，今日共产党有前途了，他害怕而接近我们。此外，还有我们的党过去杀他们的父兄，他们不独表示不怨我们，而且接近我们。如叶德辉的儿子，不记父仇而来看我，并要求我帮他解决问题，同样是害怕我们而接近我们的。这一类人我总是诚恳的帮助他们，同时我也没有忽略他们的来意。

2. 还有一类是做特务工作的。但到我处做特务工作的人，其中一部分是读马克思列宁主义的书籍的，政治水平较高，倘引为同调，就糟糕了。到我处经常有这种人，其中之一曾有我们同志介绍他入党，幸没有通过。我是公开的，不能拒绝这一类人。我的办法是：在我的房间不留任何文件，有时我吃饭去，请他坐在我房中，以示坦白。曾有一青年女子混入通讯处工作，既已来了，就不能无故弄起出去，我用帮助她读书的办法争取她。结果被我们相当地转变了，她离开我处时，还发生一些好影响。这一类人，有的公开告诉我，向我要材料，我也供给他一般的材料，但始终我是警戒的。我对任何人不说不能公开的话和非抗战的话，及不保存文件在房中。

3. 有些投机分子也与我接近，我应付这种人只是不失联系而已，因为他也不要求进一步靠近，我们有些同志过高估计宝庆区司令岳森及过高估计赵君迈，过高估计衡阳县书记长万和我的关系，现在已经明了，虽然没有损失，但也是小缺点。

4. 有一部分人虽然〔反对〕共产党，却需要救国，为着要求抗日的工作的改善，也与我们发生好的关系。这一类人，只能在工作上帮助他。

5. 对我们同情的人，无论他是否国民党员，要从各方面帮他。最主要的是：要他们不脱离旧的社会关系，纠正他们左的倾向，教他们某些妥协的办法，少和他们通信，少在群众面前称许他们。如果是有社会地位的人们，留作转党的干部，勿轻易介绍入党，以保全他的桥梁作用。

### ●注释

[1] 原文标题：《湖南统一战线工作报告——二、三个月的工作》。

（《抗日战争时期湖南地下党历史文献选编》，湖南人民出版社1985年版）

# 聂洪钧关于湖南党三个月工作的总结

1938年9月6日

## 一、三个中心工作执行程度

还在四月间，长局[1]根据湖南情况就指出了五月底老高到汉，长局[2]依然决定且更着重指出要湖南党坚决去执行军事工作、民训工作、工人运动等三个中心工作。三个月来执行程度如何，这里就尽先谈这个吧。

第一，军事工作。这在当时还只有不甚主要的个别线索。为了这个工作，省工委曾几次讨论过，决定了各级党委直到支部都设立军事干事，推动全党去进行这个第一位的工作。工作的进行是：（1）机械化兵团和学校；（2）一般的正式军队工作；（3）地方部队及建立民众武装。这些又以机械化部队及军官为主要工作。执行的方法是：（1）加强已有线索在里面的发展；（2）动员党员及前进青年大量参加到军队去；（3）利用社会关系及发动演剧、歌咏、慰劳等（活动），去建立军队中的关系和组织；（4）每个工农青年党员不参加军队，就得参加民训武装或人民自卫团等等地方武装部队。

这样去进行，三个多〔月〕将近四个月工作的结果：

1. 在主要的机械化部队算建立起了党的支部组织。上层指挥官也有个别的。在其他小的机械兵团和学校大多都有个别线索。化学兵团已可成立支部。

2. ×路军及×集团军的干部学校都建立了党的组织，尤以在×路军的干部学校有数十人。其他军师仅有个别关系。

3. 在警、宪部队，警察及盐务稽查队各有两个支部；在宪兵里还只有两个个别关系。在正在编制的省防军里有一个团副。

4. 在伤兵里有十五个支部，成分大部分是伤兵，有一部分连、排长，个别助理员及医官、看护。

5. 此外在陆大（已迁桂林）有三个同情者，另有一个在职的旅参谋长，我们相见过两次，他要求长沙危急时指导他打游击战争。

近四个月工作，共约发展三百三十多人，除流动的，尚存百数人在湖南。这百数人中，约百分之七十是少尉以上的中、下军官。而这些中、下军官之中，又大多数是非直接带兵的，他们多半是技术人员、教官、官佐及学生之类，百分之三十是士兵。

除此，在地方武装中，尚有岳阳保安队支部，澧县一个百多人的枪兵队及溆浦一个数十人的团队都是在我们领导之下，及其他还有个别做人民自卫团队长的，都没有算在上述统计之内。

这些如果说是经过近四个月工作，所获成绩自然是显得太微弱了。不能获得应有成绩的原因，还不在这个工作之困难，实是：（1）工作领导上没有真正能够把握这个主要工作，一切工作没有联系这个中心工作去推动与进行；（2）没有发动真正成为全党党员的工作；（3）一些上层党员与上层社会关系没有组织到这个中心工作上去，徐老经常有很多军官去拜会他，但他不与约关系，连姓名也不知道，是以虽然一次、几次谈话，每次话谈完了也就什么都完了，不能起些微组织上的作用。这个头等主要的工作，始终还是陷在个别同志的东奔西跑。这些微成绩的得到，主要是原有线索的发展；其次，是将伤兵中的同志调到一些主要的或者无组织的部队中去；再其次，才是从地方党中调到军队去以及运用个别社会关系发展到部队里。

在我们领导下的剧团，曾有一个时期与军队关系颇好，经常被请去演剧，但没有能发生组织上的作用。就如各地的伤兵服务工作，都有我们同志参加，妇女会进行了八个月伤兵工作，也没有能够发展组织。伤兵所有组织也还是个别同志去发展起来的。在这样狭隘的基础上，这些微的收获，也算不小的成绩。如果军事工作发动成为全党的运动，每个主要干部都能懂得与在实际上以之为主要工作去〔执〕行，自然成绩都或比此要大得多。

湖南军事工作，依靠现有组织和线索基础；同时，在党的干部和党员中，已经过几个月的教育和斗争；同时，又处到了武汉、湖南危急的新的情况，而开始了转变对这工作的更进一步的认识，所以，在最近将来是可能有一新的开展。

第二，民训工作。首先对于张治中办的行政干部训练班，省工委每次都通知了各县动员党员去投考，但是能够获取的只是个别，最后一次训练督导员和县长，同志无一考取者。不过每次训练，我们都能在内面取得一些发展。一、二期干训班，每期都得发展十多人；在第二期，督导员、辅导员之类总共发展了五人，后来分发各县都起了较大的作用。最差的是最近的一期，仅利用社会关系找到一个督导员。

在乡村民训工作中，只要那里有我党组织，同志大多都参加了，但藉以取得较大作用的仍极少。主持者多数是利用以强奸群众，其控制受训者，几比正式军队还要百倍的严（对于国民党怎样进行民训工作只好于谈到湖南政治问题时详谈）；如果是我们同志或进步群众主持，只要稍为积极与略认真做些民训工作，便就有被撤职以至于拘留的危险。

在民训的进行和张治中的所谓行政改革中，由于反动的障碍，我们虽未能取得应有的作用，但在争取乡、保长中仍然收到个别和部分的成效。在我们有组织的二十多县之内，每县至少一个乃至五个党员当乡、保长。这些同志大多数都能坚决执行党的指示及党的策略路线，积极的工作。仅有个别不能起党员的作用，为保持自己位置，胆小而不敢动。也有个别甚至是出以革命投机的买卖，即为怕革命而加入革命。

第三，工人运动。这已有一个专门报告，此地不多谈，所要谈者只是对那个报告尚须提出的几个原则问题：

1. 四月间，长局[3]就指出湖南工运要着重军事工业部门、矿山以及铁路交通工人工作之发展，但到现在这方面还是显得很微弱。军事工业一般的尚只有个别线索，还有好些如长沙兵工厂、修械厂等尚连线索还未找到。由外省迁湘的许多军事工业，经长局[4]转过去的关系的连〈联〉系，都还未建立好，更谈不到加强指导与发展。铁路工人直到现〔在〕还没有线索，公路也仅只三渡水车身修理厂有两个上层的关系。矿厂除安源发展了三十多人的组织，其余资兴有一个支部，此外如有数万人的新化锡矿山及数千人的水口山锑矿厂都还没有党的组织。在主要企业〔中〕，工作薄弱乃至没有组织，这不能不是一个大的缺点。

2. 在长沙的织造工会、缝纫工会及益阳的五个工会和常德、南县的某些工会理事会，确都有我们同志参加或为其主要负责者，但如果说因为这样就是我们已有决定作用，那是夸大其词的。不说为着工人阶级的日常生活要求，就是较积极的抗日活动，我们也还不能作一般的决定作用。工会依然是很沉寂的，在理事会中的我们同志，并还没有被工人群众视为他们利益的积极坚决的领导者或领袖。这些同志仅是比工会官僚好些，这也就是他们被推为理事的条件，但他们还没有成为工人群众的真正领导者，他们的工作常常是做着工人群众的尾巴。

3. 在湖南，大多数职业工人都有组织，然而工会生活却大致都是没有的，我们得到参加理事〔会〕的工会也还是未能实际建立和充实工会生活，工人与工会的联系依然很淡。因是工人常常相信青帮、红帮，而忽视阶级工会的组织。

总之，在湖南能够运用旧工会，在里面活动并取得参加工会理事会的领导，这是它好的地方；但不能利用一切合法公开的可能，发动和领导工人的斗争，这又不能不是它的缺点。不仅不善利用，甚至放弃好多公开合法的机会，就如省府召集"八·一三"大会，工会里的同志事先既不积极去动员，待到临时邀约了千多群众去参加，及到会场却是大会已经散会；虽然未参加上全市群众大会，而自身千多人也当开一个会和进行游行等，但他们却见大会已经散会，便即自动解散了，而给工人一些不好影响。

长沙有几十种职业工会，我们得到参加理事会的只两个工会，有党组织的也只有少部分职业中，大部分还没有党员。长沙工会最反动的要算印刷业工会，但在印刷工人中，我们始终还未建立起党的组织。在工会中能起和已起了些领导作用的，还是铜官的陶业工会。

此外，职业界（银行业、电汽业、邮务交通业、书业合组）抗敌后援会颇为活动，并取得了相当社会地位，这是个在我们领导之下的团体。成分主要是职员，工人参加的很少。

第四，就是其他各种群众工作。

1. 妇女工作：在长沙有一个妇女会，由妇女服务团和妇慰会共同组织起来的，委员中我们同志占相当数量，但因为能力弱，复市委对他们的领导不够，致不能起应有的作用。直到现在，妇女会仅有上层，而无群众基础。这个工作，长沙市妇委有一个报告，此不赘。

湖南各县妇女工作，在我们领导或影响下的有：新化妇女会、岳阳妇女抗敌工作团、衡山妇女抗敌工作团、铜官妇女会等等。在其他各县，有我们领导或影响〔的〕妇女组织尚没有，大致在较大的县都有CC或复兴社组织的所谓妇女团体，自然更是没有群众的。一般的在湖南现在还谈不到广大的妇女运动。

2. 青年工作：这个工作在过去省工委是忽略了的，从来没有有计划的去指导和进行过青年工作。省工委成立以来，只在三民主〔义〕青年团组织公布后讨论过一次青年问题，意见原则上大致都是正确的。也提出了一些具体的青年工作方法，采用各种方式组织青年，特别是恢复民先队都提出了，决定了。但因为对这问题的了解还不够深刻，是以在实际上仍然没有〔按〕计划去进行。

因此，虽则在湖南仍有一些微弱的青年活动，多是自发的或是下层个别积极的党员自动去进行的。总计起来有：

①湖南大学"明日社"，系由我们同志发起组织起来，现在已发展到八十多人，百分之九十是我党的同情者，内面成分最大多数是学生，也有军官外国语训练班二十多名及二十集团军的干训班一部分教员参加。组织生活尚活泼，定期大会及每周小组会多能按期开会，讨论研究时事、政治、理论、会务及青年本身问题等；此外还有按照兴趣成立歌咏、游泳、足球、网球等等。游泳、足球等还举行了几次同二十集团军干训班及青年会的比赛。最近"八·一三"，党的领导通过"明日社"的发起和联络，举行了一个五千多人的军（二十集团军干训班及军官外国语学校等等）民（除湖大及高农外，尚动员了近两千的工农及船夫参加）纪念大会。大会讲话的人很多，且都能提出统一战线与为民主而斗争的口号，所以在会后的第二天，长沙即散布流言，说共产党在岳麓山挂起了红旗。

②战时研究团，由一个同志×××[5]发起，据说曾发展到百二十多人，但以这位同志的风头性、领袖欲与工作的官僚主义，群众多厌恶，是以直到现在还没有真正形成组织，也无大的工作表现。

③此外，在长沙尚有各种附属的青年组织，如：文抗会战时训练班六十多人；职抗会的战时训练班和救护班各三十多人；群众读书会，各团体座谈会（现多停顿状态）以及世界语班等等，多系我们领导或受我们影响的。

④全省性质的有一个函授班，乃我们同志主持，学生六百多人，影响和联系都算好，可为发展全省青年工作的基础。此外还有一个流动剧社十六人，我们同志有七个，现出发湘西，可以作为一个农村青年工作宣传队。该流动剧社，是经过总政治部立案批准〔的〕。

⑤在各县仅有：湘潭南国文艺社，原为CC发起组织起来，我们同志参加在里面，成立有一个支部。南国文艺社大致都能接受我们的主张与领导。交通大学民先队，从唐山迁湖南一直存在，并未停止过活动，不过很弱。衡阳孩子剧团，虽只有个别同志，但该团一般的是接受我们影响的。其他自然还有好些小的青年团体，更有不少是完全宣传我们主张的，但有的只有个别联系，有的没有联系。南岳数千学生的集训，我们有二十几个同志参加，但活动甚微弱。

（补：在安源矿工中有一个二十多人的民先队；在汝城有一个在我们影

响下的百多学生的读书会。）[6]

陈泽云从训练班毕业，带着长局[7]对青年工作意见回去，省工委比较详细的讨论过一次，决定了陈泽云负青年工作责任。在青委成立后的青年工作，陈泽云已有一报告，因此关于成立民先队部等问题都省略。

3. 文化人工作：文化界抗敌后援会，当初是由北平回来的一些前进的文化人发动组织起来，开始比较很活跃，但在今春上与省党部的合并组织以后，一切活动就都受着党部的牵制或压制、排挤，到现在许多干事被排斥了。伤兵服务团被解散了，难民工作团也禁止了活动，一九三六剧团和一致剧团都无形停止了工作，原来定期的座谈会和讲演会也不召集了……，只有我们同志参加的个别部门尚在继续坚持工作着，而整个文抗会是在奄奄一息了。这里一面固由于国民党的顽固守旧，但同时也由于我们同志的"左"倾关门与右倾投降，即首先以轻视党部参加人的态度，一切活动完全不理睬他们，不去尽可能求得与他们协商进行，引起他们的疑虑和狭隘醋性；同时，党部的人提出打击或排斥革命分子以及停止一切必要工作，不坚持与之力争，任其猖狂，好些同志好象意气般的自动离开文抗会，殊不知这正是他们希望的。

在长沙另有一个高级的文化人座谈会，由杨东莼发起，他们称为干部座谈会，共十二人，我们同志占六人。在这个干部座谈会之下建立有十二个座谈会（实际上还没有完全建立起来），即每一干部座谈会的人领导一个座谈会。

中苏文化协会湖南分会，能够作一些文化宣传工作，但没有群众的基础。此外，在长沙有一个青年记者会，我们只有个别同志参加，不能起什么作用。

在各县，由我们同志发起在塘田成立战时讲学院，本月就开学；岳阳有一个教育界抗敌工作团；衡山有一个小学教员抗敌工作团；南县有一个抗敌宣传团；长沙乡村有一个小学教师联合会……，这些都是受我们影响和领导的。

4. 农民工作：这是一个基本的群众工作。这个工作直到现在是还没有获得应有的开展。

在湖南，党进行农村工作现在主要是限在：①建立民众学校或夜校，这在大多数有我们组织的县都有这类学校。在岳阳共有九十多所，由我们同志直接主持的有三十多所，其余也都有我们同志参加。②流动图书馆，除湘南特委管辖的各县还没有建立外，其余各县只要有党组织就多有这类农民图书馆的组织，部分地方还有农民壁报。③农民合作社，这是最近才注意到的，建立还不普遍，只有长沙的乡村及新化原有的一个平教会办的合作社，在长沙的合作社主要是借贷。④此外，个别的自动组织的如国术团等等也有一些。真正形成广大农民群众的组织，现在还没有。

在几个月来的参加民训工作，是没有获得应有的效果。一个月前，张治中的所谓为改革基层而颁布的"推行民主政治与建立乡村组织"，我们利用这个法令即发动各县去进行。现在已经一个多月，因为土劣的障碍和党部人员的压制，也还没有具体成绩表现。不过时间还短，最近将来至少在部分地区的乡、镇是可以组织起来〔的〕。

## 二、党的组织现状

四月间，长局[8]的指示是要求湖南党的组织发展十倍。从六月起，现在是应该发展到八千，但实只发展到三千多党员，四倍不到，自然相差是很远。这并不是客观的不可能发展十倍，实是主观上有很多的缺点，这在下面再讲。现先讲三千多党员的分布情形。

### 第一、党的组织分布

1. 长沙——党员六百四十五，工人占百分之二十一，农民百分之三十四，学生百分之二十五，店员百分之五，自由职业者、教员百分之十，其他百分之五。

2. 铜官——党员五百多，陶业工人占百分之八十，余为农民和小学教员。

3. 岳阳——党员一百二十，但最大多数是学生知识分子，工农占少数。

4. 衡山——党员一百多，主要基础在南岳，也是知识〔分子〕占最多数。

5. 衡阳——党员三十五，军人、工人、农民、学生都有，农民占多数。

6. 益阳——党员二百五十，农民占百分之七十二，工人占百分之十二，学生、教员及其他占百分之十六，这是一个约计。

7. 南县——党员二百五十，农民占最大多数。

8. 华容——党员一百五十，农民占最大多数。

9. 常德——党员五十七（七月统计），学生多数。

10. 澧县——党员八十五，农民占多数，有二十几个小学教员。

11. 汉寿——党员一百一十，农民占最大多数。有县府公务员三名。

12. 湘潭——党员六十五，农民多数。

13. 湘乡——党员六十八，农民多数。

14. 溆浦——党员一百一十（七月报告），农民占最大多数。

15. 安化——党员三十四，多数小学教员及乡、保长。

16. 郴县——党员一百二十，农民占最大多数，只有个别学生。

17. 汝城——党员七十五，学生知识分子占最大多数。

18. 耒阳——党员三十五，最大多数农民。

19. 桂东——党员四十六，最大多数农民。

20. 安仁——党员四十五，完全是农民。

21. 醴陵——一十八。

22. 浏阳——一十一。

23. 攸县——四。

24. 安源——三十七，完全工人。

25. 安乡——五。

26. 宁乡——一十四（七月情形）。

27. 沅江——二十。

28. 洪江——一十五。

29. 沅陵——四（七月情形）。

30. 石门——二。

31. 大庸——五。

32. 临澧——二。

33. 藕池——九。

34. 新化——五（七月情形）。

35. 邵阳——一。

36. 凤凰——一。

37. 军队——一百零二。

此外，在湘南之临武、宜章、乐昌、常宁、永兴、资兴等县共散布有一百二十多人（这些党员多是在这些县的边境，即过去游击区域）。

上述各县，成立县工作委员会的有：岳阳、衡山、益阳、南县、华容、常德、澧县、汉寿、湘潭、湘乡、溆浦等十二县；湘南以郴县为中心共十二县，原系东南分委下成立的一个特委，现尚依旧；长沙市（包括城市和附郊）是正式市委；长沙县（长沙乡村与铜官合并）正在准备成立正式县委；安源已成立安源矿工工作委员会。

为着指导上的便利，省工委已几次计划成立八个中心县委。即：

长沙——管湘阴、浏阳。

湘乡——管湘潭、邵阳、新化、安化。

衡阳——衡山、攸县、醴陵、祁阳、耒阳。

常德——澧县、桃源、汉寿、临澧、石门、大庸。

南县——华容、安乡、藕池。

益阳——沅江、宁乡、安化一部。

岳阳——临湘、平江、湘阴北。

郴县——汝城、桂东、桂阳、安仁、临武、宜章、常宁、永兴、资兴、乐昌。

溆浦则向周围各县发展和联系，准备将来成立中心县委。此外尚有武冈、沅陵、洪江、芷江等中心县，因本身党的组织尚弱甚至没有，周围的县也没有党的组织，现拟以大的注意去开辟，并求于最短期内走向中心县委的前途。

上述建立中心县的计划，但以经费和干部的困难，除常德外，其他尚皆没有实现。

**第二、党的生活和教育**

1. 支部、小组会议能够经常召开与很好的讨论问题，只在长沙、衡山、澧县、岳阳、南县、湘乡、溆浦等县一般的能够作到（也还有部分不能作到）外，其余各县都是很差的，甚至不知道怎样叫作开会。

2. 在两个月前，省工委经常办了一个短期训练班，后来因环境及其他原因，近两个月停办，直到现在才又开始。不过，对于长沙市的干部训练是一天都未停止过，省工委的人都参加教课。在长沙、益阳、南县、澧县、溆浦等县，大多都能举行经常党员训练班。

3. 各县负责人近的每月到省两次至三次，最远的至少也要到一次。每次到省，省工委必与之详〔细〕讨论工作及各种政治问题。六月，省工委派了人到各县普遍巡视过一次。

4. 对党员教育，我们作过的除党的建设、马列主义基础理论及一般工作方法、方式外，特别进行过专门教育的有反托派斗争，反对张国焘主义、三民主义青年团问题等等。除少数边远地域外，都算比较深入传达和讨论了。

此外，政治问题、党的决定，如"保卫武汉与我们意见"等等，除支部、小组讨论，亦都在各种的以及在流动训练班中特别进行了深入的教育。

5. 全省（除湘赣、湘鄂赣外）虽然只有三千多党员，但都是在短的时间内发展起来，复因干部基础的薄弱，一切基本的教育所以还谈不到是深入到了每个党员。事实上直到现〔在〕，各种坏的倾向和行动，就在长沙也都是很严重的存在：组织观念的模糊，私人感情和个人利益超过党的组织和党的利益；阶级意识薄弱，没有阶级立场及不愿接近劳苦群众；政治上的动摇不坚定，如单纯的害怕"马变"（国民党员以"马变"恐吓革命分子）而不敢动（常德党甚至因此整个组织决定停止活动足有两个多月）；自由主义与自由行动，更是普遍的事。

第三、一些个别的问题

1. 自首分子个别混进党内，在大多数县份都有。澧县及汉寿各被清出四十多人，南县和常德也各清出十多个，多半是自首过的分子和其他异己分子，这还只是表面的一些，隐藏着或者因为其他原因并没有完全清除出去。……[9]

2. 有意无意的反对省工委、破坏省工委在党员和群众中信仰的流言常可听到。但他们都不是有什么根据的，只是看到表面的革命斗争不能如小资产阶级所想望的热烈，便到处随便批评。甚至攻击省工委"太不行"，甚至如兵役动员的恶劣现象等等归到省工委没有很好的去领导与动员；也有谓九江的失利，是因为共产党没有克服困难与艰苦工作去动员群众与加强军队的无知笑话……。这种以极"左"革命词句在党员中散布流言，因有或由于个别幼稚分子之过左要求，也难免有个别托派分子的作用，但是还没有具体发觉出来。……[10]

3. 上述现象都只是个别，流言的影响也很小，党在基本上是团结的。不过，省工委的威信在党员中还没有提到最高度是事实。

湖南党几乎完全是和平发展起来的，新党员没有经过任何大的斗争锻炼，加以混进有个别阶级异己分子，是以在广大的发展党的组织中，百倍加强党的教育、严密党的组织、清除异己分子，以巩固党的组织，是同时提到了湖南党的面前，并且一刻也不能忽视的严重任务。

第四、党的发展的缺点

三个月，党的组织发展四倍，建立了全省几个主要区域党的基础，已形成了党在湖南的政治上的力量，这自然是不可忽视的成绩，所以个别流言的攻讦是胡说。然则是不是可以说，三个月还可以求得更大的发展呢，客观的情况是可能的。其没有获得更大发展，达到完成十倍的原因：

1. 关门主义的错误。湖南大学半年没有发展一个党员。已经是七月了，去检查他们支部的时候，原来他们发展的条件是：①要读过半部以上马列主义的书籍；②要没有一点小资产阶级劣根性；③大概还要会讲话等等。实际上，根据这些条件，湖大支部没有一个人够得上做共产党员。仅有这些条件，不再有其他的条件，也不见得能做共产党员。此外，在新化，在宁乡等县也是与湖大支部同样的原因，半年没有发展一个人。一般的还是由于政治上的右倾动摇，害怕群众不敢活动，而将门紧紧关起，这在各县或多或少都有。湖大支部经过斗争改造以后，很短时间即获得很大的发展，并开辟了新的工作，团结了很多群众。新化、宁乡等县八月份尚无组织发展统计报告，尚不明。

2. 干部的训练和分配，没有大度的进行，因而有好些县和许多有群众的团体、机关部门，我们许多都没有派遣同志去工作。

3. 党的组织发展是和平发展起来的，是全靠个别接触吸收，不善于运用统一战线发动广泛群众运动，在广泛群众的斗争运动中去吸收党员，发展组织。

由于上述原因，使湖南党的组织还远落于客观政治之后。湖南民训员有两百多，因思想行动"左"倾被撤职，甚至被禁闭，但无一是我们党员。有许多青年团体因为纯洁，积极革命，即以其有C·P·背景而遭压迫解散。但这些团体实际与我们还没有关系，就在文抗会及中苏文化协会一期、几期办的训练班，我们也没有在里面获得应有的发展。总之，是有极广大的群众须要革命，须要斗争，须要抗日，热烈要求我们的领导。但是我党在他们中间的组织工作还是很微弱，甚至于没有。反之，又由于不能从开展群众运动中去发展，而使得部分不成熟的甚至个别异己分子也混了进来，妨碍到党的巩固。

## 三、湖南的目前政治和社会

这个问题前经几次长局[11]指示，原则上没有什么变动的。总的方面的问题，这里不谈，这里只是一些具体的问题。

第一，张治中到湘不久，即颁布了一个施政方针，这已是很早的事。不管张治中主观上是如何打算，或者为了打击旧的何派势力，以图提高与巩固自己的地位，或者其他，而那个施政方针总不失为是比较进步的东西，至少与何键统治时代是要进步些。他是不是要求他的方针的实现呢，他训练了好几千的民训员，不能说他不是这个企图；最重要的还在他在国民参政会后所颁布的"推行民主政治与建立乡村组织"的法令，这个又要比他的施政方针更具体更进步了（虽则基本上是不够的）。九江失守，湖南受到威胁的时候，他即派了杨东莼到汉调查动员委员会组织法。接着覃政（振）到湘，他即留覃担任湖南动员委〔员〕会责任，像坚决要放胆发动一下的样子。并有人向他建议，可否吸收一些共产党人参加。他的答复是不必用共产党名义参加，可以个人的〔名义〕参加，在当时虽仍然是官僚的，但是很紧张的在进行着、准备着。但是自从蒋到湘，在南岳开过一次会，随着又跟了到汉，回湘后便不声不响，一切像都沉寂下去了。张治中的突然消沉，绝不是由于他的施政方针及"改善基层"的法令等的行不通之故，也不是由于与省党部的冲突，这恐怕是与整个国民党政策有关连的。

第二，湖南国民党部的内部派〔别〕及其与省政府的冲突。

1. 湖南国民党内部冲突老早是很厉害的。七月间省党部改组，派了李毓尧去，冲突是更益厉害。李毓尧到后，第一件事便是调换在省党部的科长、科员及各县的书记长为自己私派人，引起很大的反对，好多县份拒绝新书记长到任或通电反对。陈立夫在湘省党部的科员以上演讲会上，即有人公开当场向陈提出反对李毓尧，谓李"引用私派，排斥异己"等等。据一般考查，最近所发生这一现象，一面是复兴社、CC和何派的冲突之继续加深，李毓尧即为复兴社；一面便是各县原任书记长为饭碗的斗争，所以能引起这么大的波涛。

在湖南，现在国民党内一般的还是复兴社得势，省党部的一些原来CC的分子如陈大庸、周邦式等，据说都投到了复兴社。原来据说李毓尧也是一个CC转到复兴社的，以其在CC内较有地位便于拉拢CC才被派到湖南。C派（即何派）的下层也有很多投到复兴社的，不过上层的一些人觉得就是投到复兴社门下并不能出头，所以仍图自己的再起，自然他们是看势头的。

2. 省党部同省政府的冲突。曾经好几次省党部召集群众大会的地点，省政府临时给以改变，于是党部的陈大庸等屡对人挑拨式的讲："政府怎好做民众运动，民众运动应该是党部的事。"七月间，省政府颁布的"推行民主政治与建立乡村组织"法令的一星期后，省党部即颁布一个"建立家族组织"的办法以与对抗。其他就在行政上，这种事实都不胜枚举。李毓尧到湘，曾企图调整党部与政府的关系，开过几次联席会，但并未能解决。后来，蒋到湘也或会提到这个问题。陈立夫到湘，根据他的演讲或主要就是为此事。调整的情形如何，后来不知道了。但基本的矛盾，可以断定是不易解决的。一致对付C·P·吧。今天张治中并不能真正感觉到C·P·对他的威胁，而却只是深感党部牵制了他的权力。他带去的私人，一个也不能运用到行政机构上去，是他最不满而又是最难堪的。

第三，湖南国民党的压迫民众运动。湖南国民党从来没有进行过民众运动，只是经常在想法如何防范与压迫。

1. 所谓"建立家族组织"，实际为的对抗张治中"改善基层组织"及限制民众运动的办法。

2. 原来国民党也组织过湖南学抗会等团体，主要是因为群众的要求及国民党为着便于统治，便就随意在学生中指定一些他们所认为要得的人负责。但因为民族危机的深入与革命形势的发展，不革命的学生也要革命了，学抗会也竟组织起战地工作团与后方工作团起来。省党部于是决定战地工作团不许成立，于是战地工作团的人就都参加了后方工作团，共三百多人。出发之前，党部委员大骂共产党的训话，就把团员骂去了大半。所剩不到百人的工作团，出发不到半月，以他们行动越轨，终调回来了。从此，党部也就怀疑起学抗会来了，于是勒令学抗会迁省党部办公，写一字条都必须经过党部的审阅才行，因而学抗会的负责人都消极走了，学抗会也无形解散。

空洞的或者能够听摆布的团体名义，他们是可以弄一些的，但只要一有些实际活动，便必立遭压制，如湘潭妇女会等都是。

3. 湖南文抗会已被压得奄奄一息了，上面已说过。

职抗会是在我们领导下的一个比较活跃的团体，近突然以"活动越轨"空洞的一句话停止他们的活动。职抗会因为又是比较有基础与有社会地位的一个团体，命令到后，坚持活动，延不执行停止；同时，将他们所做的工作（募捐、慰劳、演剧、救务……）在报纸上公布，请求援助。终于国民党还未敢强迫停止，据说还有谈判条件的可能。

此外，尚有好多团体，如衡山各界抗敌工作团，有群众基础，也有势力者参加，国民党极力反对与破坏，但莫之奈何。在国民党的民运压制政策下，被压迫解散或无形停止活动的固不少；但同时新起的群众组织仍是向前发展，不论在长沙或在各县，群众小规模的团体经常都在发展与增加，不过活动形式稍有变更。

第四，国民党对付我们党。这总的方面同其他各省自然没有两样，这里要说到的只就在湖南的一些事实：

1. 我们在长沙做伤兵工作的王可增，他们是把他作为共产党员捕去，徐老曾函张治中保，迄未释放。

2. 耒阳县委全体被捕，他们是以他们不该散发湘委宣言捕去的，也还未放出。

3. 安源CC组织马克思主义协会，被复兴社破坏，而CC却供是我们同志易青元组织的。〔见〕易青元来的报告。

4. 军委会战时青年干部团在澧县发起要共产党员登记。上述个别混入我党，自亦为他们有计划〔派来〕的。

5. 复兴社到处组织专门对付我们的所谓别动队，尤以□□在常德组织的为普遍，内面分子多系流氓及革命叛徒分子。

6. 学生的所谓集训，主要是在那里宣传反对我党，从反对我党来发展他们的所谓三民主义青年团。反对我党，流言恐吓革命群众，是他们经常的工作。

（补：①土匪很活动，溆浦土匪自称抗日反共军。

②青、红帮，土匪假藉八路军名，强迫农民参加他们的所谓游击队，并且每个参加的人要出五元钱。

③青、红帮到处拉人加入。

这些据说又多与国民党有关。）[12]

第五，我党在湖南的影响，是随着民族危机与国民党一部分的开倒车而日益增长起来。的确，在三民主义青年团章程未公布以前，虽然在湘的顽固派一样是压迫破坏群众运动，群众总当他们是国民党内一部分落后的、顽固的一派，而对整个国民党、对蒋的希望与幻想是很高的。但自蒋的三民主义青年团宣言及章程发布以后，在普遍的群众特别是青年学生乃至很多的政府的和教育界的行政人员都表示非常的失望。接着而来的压迫，更是使群众的愤怒的不可遏止，再加上我党坚持的立场与光明的态度，是使群众更加认识了我们，接近我们。这里且举几个事实吧：

1. 在六月底七月初，我们在湖南还不到千人，三千多党员全是在七月的下半月和八月份发展起来的，这是一个。

2. 不少曾经确是妄想在国民党的领导下做一番事业的人，他们有作事的热忱和决心，他们又多是在国民党、政府或地方上有些地位的人，现在他们都非常之悲观失望了。有很多是更接近我们，甚至要求加入我们的党。在政府行政人员中有，在教育界更多，直到乡村的一部分想做事的乡、保长，也有不少消沉了，辞职回家，如新化教育局长及其他很多这样的人。

3. 近来，国民党大概一则为"防范"思想，一则为了安插沦陷区流亡到湘的CC与复兴社分子，现要进行全省小学教员登记，据说要大批调换小学教员。但是现在最大多数教员都拒不登记，而国民党用视察名义派去准备接替教员的那些流亡分子，在各县形成一种窘态。

4. 南岳学生集训，三民主义青年团的活动，据说还没有得到什么结果，只是集训不到一月，即有四百多学生被开除了。集训生每个人都记得集训第一天宣布纪律时的这样两句话："你们来集训，你们的命运和生命就握在我的手上了，你们要小心一些！"集训生甲队不许与乙队接近，本队学生也不许三人一起同行或讲话。学生现多采消极抵抗，甚至有这样填表的："你认为那个是中国唯一领袖？"填："不知道"；"你打算你将来的前〔途〕怎样？"填："回家吃老米"或"愿到抗日前线去打仗打死"。

5. 交通员工训练所，有三百多都是同浦铁路的员工（据说是因为八路军在山西办得很好而眼红才办的），训练了近半年，结果不能分配他们的工作固是原因，主要还是政治上的不满，一致要求"赶快发给我们路费，我们好到郑州待机参加八路军去"。国民党枉费半年苦心，毫无所得，于是教官杨华官也不得不对人害〈唉〉声叹气说："不知八路军用的什么方法，我们实在无法。"

6. 我党在湖南各阶层中，在工农和大部分学生中自不必说，就是各县地方地主、绅士也可以分出这样三种人：①最反动而坚决反对我们的，这只是一部分，而还不是最大部分；②害怕我们而愿与我们妥协，或是不问此事的，这是最大部分；③前进、开明、赞助并积极帮助我们的也有不少的一部分。政府委派的督导员、辅导员之类等等，好多找我们同志商量，如果长沙失守，如何进行游击战争（督导员据说是不准离工作地要坚决打游击的），并请帮助。县长比较接近我们的有桂东县长，岳阳县长，南县县长等等。最上层如刘岳厚等对吕振羽讲，要吕与共产党保持好的关系，因为他们准备于长沙危急时即要发动游击战争，但发动游击战争必须要求共产党的帮助与参加。

最主要的自然还在湖南广大群众革命情绪的增长。

湖南同全国一样，是在或正在转入民族革命的狂潮。国民党的倒退，只能给予某一些措〈挫〉折，而不能根本损害它，而且群众从措〈挫〉折中只有更加获得经验，更加觉悟，更加坚定自己的革命意志。

## 四、领导和工作的一些问题

第一，在总的目前形势下，根据湖南目前情况和党的力量，省工委一般的提出了（但还不是很明确、坚决的决定了）目前几个主要工作。即：

1. 军队工作：①不断输送大批同志到军队去或投考各军的干部学校，特别是投考机械化学校；②组织一切有上层社会关系的同志转移其工作，主要向着军队的上层军官；③加强军队现有组织的政治教育和组织发展。

2. 民众武装与准备游击战争，一切民众运动须与〔之〕密切联系起来。动员党员和群众参加人民自卫团里去以及加强现有的一切地方武装的我党的活动。群众游击战争布置，主要是发展党和发展民先，县、区、支均设军事干事，必要时即以党为骨干，民先为基础，发动游击战争。

3. 工人运动：用一切力量发展军事工作及交通工人工作，建立已在我们领导的工会生活，加紧工人军事训练（自然是利用合法的）。

4. 以民先为基干的广泛开展青年运动，把已有在我们领导或影响下青年团体，通过党把他们联系起来，统一行动，最主要是用一切形式去组织青年与发展已有的青年组织。

这四个主要工作，自然中心的中心还是军事工作，一切工作都要围绕这个中心，全党各级和各部分组织议程的第一位必须是军事工作。

第二，为着执行上述主要工作还必须要：

1. 军事工作的重要及其意义要作普遍的教育，党员军事化的口号要深入每个党员。进行对各级军事工作人〔员〕单独特别的训练。

2. 利用张治中的"推行民主政治与建立乡村组织"的法令，加强各县特别是同乡、镇、保长的统一战线，由上而下或者由下而上的建立各种下层群众组织。

3. 可能参加到上层政权机关及军队中去做事的，要尽一切可能进去，使利于下层工作之进行。同每一个前进的上层分子建立密切的联系。

4. 整理在我们领导下的报纸、刊物（如《观察日报》及《中苏旬刊》《邵阳真报》等），争取与加强同其他各报纸、刊物的联系，使〔其〕能在我们领导下发生舆论的影响。我们意见，最好省工委还能建立一个自己的机关报（周刊或旬刊）。

5. 最主要还在党的组织的发展。现在虽有三千多党员，然以偌大的湖南，还是不能起应有的作用，且还有二十多县无我党的组织。扩大党的组织力量，是执行一切工作和任务顺利完成的枢报〈纽〉。现在计划打算是：（1）大批训练干部派到军队及各地去开辟和发展工作；（2）长沙所有党员准备来一个分配：①主要部分到军队去；②一部派到需要的地方工作去；③一部回本乡工作；④长沙只留少数。

在武汉危急、湖南吃紧、国民党倒退〔时〕，我党组织是进到一个开展的形势，只要有人和有正确领导，组织是会获很大发展的。现在问题是一面要加强党的组织力量的扩大；另一方面要同时整顿和严密党的组织，首先就须立刻把隐藏在党内的异己分子和叛变分子清除出去，以求党的巩固发展。

第三，在领导上，湘委有自己的长处，即每个负责同志都是忠诚的积极的，不怕艰难，所以也就能获得一般的工作成绩。也有自己的弱点，就是：1. 工作的事务主义与手工业方式；2. 虽有工作计划，但没有检查工作，甚至还没有检查工作的习惯，偶然检查一回也是不深刻的，所以还是未得解决问题；3. 最重要还在政治领导的薄弱，从来很少讨论政治问题，讨论也很少有明确的决定和根据决定去计划、去执行，只是那个《保卫湖南宣言》，先经过我起草后提到省工委，因徐老有不同意见，讨论才算比较郑重，每个人都很负责。对下级政治指导非常之缺乏，每每有临时发生的政治问题，省工委不能及时讨〔论〕，即讨论因不明确也就不能很迅速与一致的传达，致使下层同志中常常发生一种惶惑或狐疑。在领导方式上：1. 有分工负责而无集体领〔导〕，致使各个人负责的工作，彼此不知道，现已在开始转变，但还没有彻底转变；2. 不善于抓住中心一环的推动；3. 巡视工作制度没有建立起来。

八月初，湘委曾致电长局[13]与中央，要求调富春同志到湖南，我想不论如何即富春同志不能去，也须派一个比较能掌握政治局势的同志去，特别是在如果武汉危急、长局[14]迁移离湘更远的地方的时候，或者湖南是正式成立省委的时候，无论如何要派一个负责同志去主持。

洪 钧
9月6日于长〔江〕局

几天来都在病中，这个报告写得非常零乱，且有一些材料临时遗忘了，容待口头再补讲吧。

（补：在沅江发动了一次广大农民与堤捐局长清算捐款的斗争。）[15]

● **注释**

[1][2][3][4][7][8][11][13][14] 此系对当时中共长江局的简称。

[5] 姓名系编者略去。

[6] 此段原文系另纸所补。

[9] 此处编者删去百六十余字，主要为隐藏叛徒举例。

[10] 此处编者删去百七十余字。主要是对一些流言散布者的评述。

[12][15] 此段原文系另纸所补。

（《抗日战争时期湖南地下党历史文献选编》，湖南人民出版社1985年版）

# 郭光洲关于湖南近况的报告

1938 年 3 月 28 日

## 一、政治情况

何键在湘主政的时候，湖南主要的派别是甲（CC）派和乙（何键派）派。但张治中到湖南后，逐渐变成了三派。这原因是，一方面张带了些人去，另方面何健派中许多分子投向张治中派去了，于是复兴社在湖南亦成一主要角色。现在何键派是消弱下去了，但一批前进的救亡的力量又突现于湖南——这就是我们党领导下和周围的分子形成的这支力量。

复兴社的力量主要在省政府。岳阳至常德、汉寿、益阳一带，湘南则衡阳一带，都是复兴社占主要力量。CC是省党部、文化界、教育界和各县党部。何键派主要分子是军官，地方上的绅士。在下层群众中，CC占优势。甲乙两派间的摩擦很厉害。我们刚到湖南时，前后两天，就有所谓"联乡自卫"和"抗敌自卫"的两个团体的名目出现，其对象、性质完全是一样，后经调解才合并起来。又如去年底纱厂的罢工，亦是甲乙两派互争当选国选〔大〕代表和工会领导权所酿成。这些事，现在工人中有好多都知道了。他们互不让步地勾心斗角，致有些可能与应当组织的群众团体都不能成立。如长沙市各业工会都有，但始终至今都还没有一个各业工会的联合组织。据群众说，都是因他们（甲乙派）互相的争领导权，各自想独霸领导权，致不肯合作。

最近表面上好些，但实际上还是互相排除，这在文抗会的改选及工会中的竞选中，都是可看出来的。

对于抗敌的群众运动，他们有一共同点，就是争取领导权，设下一个空架子，自己不做，而又控制着不准群众动，这在衡阳、常德的复兴社的态度和长沙文抗中的CC的态度看来实无异。但在张治中的态度看则不同，他的言论与行动中看来都是想排除地方上的守旧势力的阻碍，想组织群众起来参加抗战。如他发表的两个有名的施政纲要和举办学生民训班与登记知识分子，准备加以训练后去作县指导员、区乡保甲长和督察指导员等数职务。张治中这个雄心与坚决的态度是收到些效果，如许多地方的民训正在开始进行，最近严办贪污的斗争之开展。但亦受到不少的阻碍，以致因阻碍力大，有许多地方就根本不生效力，如湘西、如各县的敷衍的态度。过去CC曾散播谣言，说要发生第二次的"马日事变"，这一谣言在群众中是产生了些反响的，有些人确被其吓住。同时，在报纸上发表挑拨离间的文章（如《国民日报》陈国新的），企图在政治上打击我们党。最近各县的反映中，各县的当局大叫其严防共产党活动。在常德，我们有同志曾亲眼看见过国民党上级党部的指令上这样说："抗战或和战，还待三·二九会议之最后决定，应严密防止共产党活动"等语，这是值得注意的。

## 二、工作的近况

长沙市：

原来（二月前）在长沙市的同志总共不过四十人，现在并近郊的农民党员总共一起有一百五六十人的左右。其中学生知识分子占六十多点，工人占四十多，其余是店员和农民（这是据我所知道的大概）。

第一，群众工作。有文抗会，其中有六个支部，有几个做上层活动的党员都还不错。在文抗会领导之下的小的细包〔胞〕，如读书会、时事研究、戏剧、歌咏等等，共有三十几个单位。这些小的组织完全在我们党的领导之下活动。这亦是文抗会的基本群众。所以，文抗会的上层，虽有CC的几个巨头进来，但下层则全在我党之手，就外县的关系亦多在我党之手。他们的工作是长沙第一个活跃的群众组织，请名人演讲，文字宣传，街头戏剧宣传，筹款救济难民与作文抗基金的公演大会，战时政治训练班等等，名堂不少。过去当局常说文抗会全是C·P的，但经这次改选后，把他们的人都拉进来后，他们则不说这些话了，对我们的活动虽在某些问题上受限制，然在另方面则又更有利我们大胆的干的便利。

第二，中苏协会。这里面真正全是我们党的领导，虽然会内上层分子有很多是国民党的大头子，但他大多不理会其内部的情形。这个会现出有刊物叫《中苏》；另外，有俄文补习学校，有三百多人，都很好，有许多是外县的小学教员跑来学习的，其热忱真可佩。其次，在其领导下的还有些"时事研究会"之类的小组织。

第三，妇女工作。有妇女抗敌慰劳会，另外还有妇女工作团。这是长沙活跃的群众团体之一，但它的群众基础是两个女子学校和难民中的妇女及女青年会，现办有《湖南妇女》半月刊一张。有些在做伤兵工作、看护工作，在其领导下的有些研究会之类的小组织。另外，还有个妇女训练班。在"三八"举行纪念会，到会的有两千多人，当晚举行火炬游行，虽然在街上遭遇强烈的暴风和冰雹的袭击，然情绪与秩序都还很好。

第四，伤兵与难民中的工作。在长沙的医院是一四四和一四二，其中伤兵有四千左右。其次，即是收容所，这是临时性质的。在伤兵医院中，有伤兵俱乐部的组织，教他们唱歌、演戏，在青年会还公演过；游山、习字，替他们写信，个别谈话，也曾同他们上课，讲游击战术。不过，其中的党员发展很慢，原因是流动性太大。难民中的工作，现各收容所里面组织有难民指导委员会，在这其中我们可占优势。指导委员会的人有些是同志，有些是同情者。在难民中组织，有座谈研究会、壁报委员会，常出壁报。至于正式军队中的工作做得很差，在宪兵团中。

第五，学生中的工作。这可说是整个工作中最弱的地方。我所晓得的，湖南大学中有一支部，民国大学中有一支部，周南女校有一支部，育英小学有同志。但在这几个学校中都没有强固的群众基础。在学生抗敌会中，我们始终就没打进去工作，特别在中学里面没有一个中学有党的组织，这是个大问题。最近，以三个同志组织了一个青年工作委员会，是专从事注意和研究青年工作的，属于长沙市委。除进行推选出席全国学生代表大会的代表外，其他都还未展开什么工作，所以青年工作是很弱的。

第六，农民中的工作。在东、南、西、北四郊都有党的支部，党员在四十左右。其中，以南郊的较好些（党员多些）。现进行党的发展外，还没有什么群众组织的出现（但我对这部分工作并不太清楚，因好些时未提出讨论了）。

其次，是店员中的工作。现有党员二十左右，这里面大多是会党中的。过去有一职业界救国团，团员有八十左右，因未能立案，至无形中停顿。至于会党，在湖南一方面是人数多，另方面政府镇压得很厉害。近二月来，省政府三令五申的取缔会党活动，要求其自首，曾因别事枪毙几个。我们的同志中有一会党中的大爷。我们过去曾想组织洪门协会，修改其口号，如"抗日救国""铲除汉奸""义气千秋"，等等，并在会党的各山头中建立我党的支部。自后，我在工作委员会中提出讨论，认为这样有一危险，前途即是培集会党力量，形成他一个集团，在另一环境下对我们党的威胁很大，因此改在职业为单位之下组织支部。最近情况不太清楚。会党中什么坏现象现还未出现。

第七，工人中的工作。党员四十多个，计第一纱厂一支部，党员五个；黑铅炼厂一支部，党员七个；白铅炼厂一支部，党员十一个；修械所一支部，党员三个；泥木业一支部，党员三人；织造业一支部，党员十一人；理发业一支部，党员三人；码头现有党员二人，正在建立支部中。在长沙的产业工厂，除电灯厂、铜元局外，都已建立了党的支部（黑铅、白铅、纱厂、修械厂都是官办的）。除以上这些外，还有些工场有关系。如铜元局（管办），有二十几个群众，正进行建立支部中。还有几个毛巾工场，已有读书会的组织。在码头上，有几十个群众是在我们同志周围的。人力车、缝衣工人，有些个别的关系；茶居业、靴鞋业、漂染业有个别关系。这是组织的近况。其次，是工人群众的组织状况。在长沙，计有手工业工人工会七十余个，总之有一行就有一工会。这是长沙的特殊现象。这些工会是带浓厚的行会性质的，他们做的是收会费、调查学徒的出师、进师，没有加入工会的不许做工。他们亦做了一点好事，就是替工人与资方订集体合同。长沙的工人总计是十几万人，其中以码头、鞋业、人力车、织造业、缝业、泥木业为人数最多。

工会中是极不统一的，甲乙两派在其中的互相争斗最厉害，他们各自把持一部分势力不合作，致全市没有总的各业联合会的组织。现有一长沙工人抗敌后援总会，这是一个空架子，官办的，并未经任何大会，亦未经选举，而是由各业工会理事会派一常务理事设立的。他们根本不做事，如〈而〉又不要工人做。前些时，织造业工人组织了一个工人抗敌工作团，他们都不允许，说有了抗敌后援会，不应另有组织。工会中最有权利的是鞋业工会的常务理事，名叫李秉乾，他过去是个无政府主义者，后被何键收买。过去竞选国选〈大〉代表时，何键不准他竞选，于是他又投向到赖连（琏）那边，成为CC派了。这个人能抓住二三十个工会，在群众中亦相当有信仰的。现在，我们亦正在设法争取他（已有同志常同他接近）。在长沙工会中，另一特殊现象就是自首的共产党员在工会中占有相当数量与地位。其中有些是已做特务工作，有些是表示什么都不管的，有些是真正被迫自首，这部分现表示还要找关系。现在我们是抓住其中两个较好的分子，在我们周围做掩护与桥梁去进行上层的活动。

上层活动这方面，我们已有一个同志专门去活动，而且已做了些工作，本月份出席过铅印业、堆栈业的改选大会和出席剪刀业的成立大会，因此得和各业工会的上层分子聚集于一起,见面认识。现在他周围的亦有几个人,这是上层活动的基础。

长沙的工人运动,当前是在注意合法的工会运动。这里主要的是一方面注意恢复工会的组织,另方面是改选工会的运动。恢复工会运动方面,现在第一纱厂正进行,前月工人签名的已一千多人,被厂方的总务科长见到扣留了。现在工人又已签名二千多,准备〔请〕省党部恢复工会。据省党部说,要在"三·二九"会上最后决定(按:第一纱厂的工会是去年底罢工后被迫停止的,当时并开除二十四个工会积极分子。后来群众募集九百多块钱办了一"友联商店",维持这二十四人的生活。这其中是CC为主,"友联商店"中的总、副两经理即是两个国民党员。这二十四人中真不乏好的脚色,有的是勇敢的,有的是能说话的,有魄力的。但现在已与我们有了关系,我们正抓住其中几个纯洁的好的分子。在他们周围有一千—二千群众)。改选运动方面,现在我们感到缺乏真正的群众中有信仰的党员。这里当然由于我们党刚在那里建立起来的缘故。但在织造业方面和黑铅炼厂的工会,我们是有把握当选的。人力车方面亦有把握,石印业方面亦有办法,其余则困难。其次,工人中现进行了些识字的、读报的日常教育工作,还有几个小厂建立了读书会的组织、流动图书室之类。

在长武铁路和湘桂、湘滇公路有一个同志在做上层活动,但还没有什么成绩,只不过有两个上层技术人员的关系而已。其次,组织了一个(失业的)工人巡回工作团,有二十几个团员,其中有三个党员和几个同情的群众。这是利用朱学范他们总工会的名义弄的,经费亦系他们供给,而我们找到他们的关系,又系经一个工人(铁路工人,是陆京士的妹夫)的社会关系去弄的。现正在练习排演戏剧、歌咏,准备出发到醴陵和安源两煤矿区去作工人工作。其他各地的工人工作,还是属于当地的党指导,因地方党和工人工作都还薄弱得很。

在工人工作中,我们感觉到虽有些收获,但还是不够的,特别在抗敌运动的活动方面还不够。同时,实际开始工作的时间只是从二月底至现在一月左右的实际工作。前些日子,因工人过年回家和干部的回家,致有无形中停止的现象,因此,请多给些指示。

第八,文化工作的另方面。我们党直接领导下的有一个《观察日报》,篇幅中等,不大亦不小。现每期印一千份,外县定户四百,本市三百多,但送人的太多。这张报纸是《大众报》合并在里面的,因经济实在无法子维持。第二个是《联合旬刊》，十天一期，销路还可以。第三是中苏文化协会办了个《中苏》半月刊。这三种东西是完全在我党领导下，亦系同志所主持。但其中有两个困难：一是钱，二是文章稿子缺乏。我们的意思，要《新华日报》中多余的稿子给《观察日报》的副刊去充实，在长沙的《民国日报》《商报》《市民日报》《抗战日报》，都可投社论去。《抗战日报》，田汉他们办的，销路还好，他们利用些难民去做报贩，可说是长沙报贩最多的一个报纸。还有田汉他们办的戏剧协会。在长沙文化界最活跃的人是傅东叶，他团结文化界的一些"左"倾的人物，举行定期的座谈会，但其中大多是我们同志，不知他有什么背景否，还不清楚，但言论上还正确。

各县的工作，现有党的支部以上的县有十九个，有关系的有十三个县，共计有三十二县。

在湘南的衡阳、衡山、湘潭、湘阴有党的支部。其中以湘潭的较好，他有两个支部，有好些群众组织"三八"节举行过纪念大会，到六百人左右。其次衡山，其党员虽少，但他有一个学校为中心，最近举行一次军民联欢大会，到三千多人。湘东醴陵有一支部，有学生工作团、教职员工作团、抗敌后援会，但工作则不见活跃。岳阳是工作比较好的县，有三个支部，其中两个乡村支部，一个县城里的，计有二十多党员，本月底可增至五十人左右，同时准〔备〕成立岳阳工作委员会。在城里的有岳阳小学教师联合办事处、妇女工作团、伤兵俱乐部，这三个群众组织我们党占优势，可起决定作用。最近，准备开一书店及成立妇女抗敌慰劳岳阳分会。在第六区有支部，党员十三人，大多是小学教师。

在我们党领导下和能起决定作用的"小学"有三十多个。有一短期乡师班，现有学生三十多人，出去后即做小学教师，亦在我们党领导之下。那区的"民训"队长亦系同志，同时他们与区长的关系弄得还不错，因此想办保甲长训练班，集合些保长甲长加〔以〕训练。他们中有一工作方法值得学习的，就是他们民训中的教员除每乡派两个外，还剩下两个即做巡回教员，这样他可以这乡跑到那乡，一方面做公开工作，另方面还可做内部的联络。在这里还有一小小图书室，有百多块钱的书，各乡小学教师都在此借书看。这里的工作最大缺点是还未深入农民中去。

第三区亦有一支部，有党员五人，小学教师十多人在我们周围，亦有一图书室的组织。

在常德、汉寿、益阳、溆浦、沅陵、新化、安化、湘乡、宁乡、南县、铜官都已建立了党的组织，起码是支部。铜官是区委，益阳是工作委员会。铜官和益阳全是工人，其他各县大多是知识分子。群众工作做得较好的是新化、溆浦。新化在"三八"节举行纪念大会，到会群众有两千多。溆浦则因县一级的如县长、科长之类过去大革命时是同情者，所以较好些。在湘西的工作，最大的困难即是交通不便，如到溆浦这类地方的信件，起码半个月才接得到，这在指导工作的时间性上大成问题。因此，急需在那里（湘西）设立中心负责人，能单独解决问题才成。省政府已设立省府行署于沅陵。

总计湖南的党员是在五百左右，这是本月前半月的统计，要是四月初做总结，八百党员是不会相差很远的。外县的组织状况大概如上。其次，各县中的土匪是相当严重的，其中湘西、湘南、平江、浏阳一带都有，不过多少不同。这里有两〔个〕问题，①这些土匪的产生，是由于一些不满政府压制民众的知识青年（湘西有两股是如此的）；②另一方面是抽兵的逃避兵役。在平江一带的是上海、南京大打下来聚集起来的；在湘南的是过去组织的所谓游击队，政府现有调动，他们不肯，于是叛乱的。他们有一共同点，即不太乱动贫苦群众的东西。湘西的，他们找我们党去领导或收编归八路军，但他们恨政府，不愿与政府合作。这里要是我们不好好地去接近他们，可能被托匪利用，因我们见托匪的计划上写着，正在阴谋勾结土匪做一部分武装的力量，收买流氓、土匪是他们的中心活动。

其次，在湖南上层与下层活动的配合（如徐老与我们活动的配合）是需要多请给我们些指示。我们总觉得在上层活动的方式上，还需要加强些。

再次，是政治情报，我们今后可多送些来给你们；同时，最后你们所得的材料能给我们些才好。

我们现需要的是干部、经费的增加，工作的指示。这里特别是对工人、农村和军队工作的指示。

我实在写不得东西，时间花了天多，东西又写得不清楚，但现在四点多了，要给你们看，所以只好不写了。

## ●注释

[1] 原文标题：《湖南的近况》。

（《抗日战争时期湖南地下党历史文献选编》，湖南人民出版社1985年版）

# 郭光洲关于湖南党的工作概况给中央的报告[1]

1939年11月30日写于重庆

## 一、社会与政治情况

（一）汉奸、汪派、托派在湖南的活动

当汪精卫公开叛变的时候，他们一方面极力的在群众中散布"汪精卫是决不会做卖国的事情的""汪这次的行动是中央的苦肉计"等；另方面极力的压制人民，不许谈论汪精卫叛变做汉奸的事情，不准举行讨汪大会。在衡阳、邵阳等地，个别的汪派分子，起初曾在群众大会上公开的帮助汪精卫辩护。当"德苏协定"签订的时候，他们在群众中极力的散布"苏联帮助法西斯侵略""苏联同德国瓜分波兰后就会同日本来瓜分中国"，等等。当苏日签订"满蒙边境停止武装冲突的协定"的时候，更散布极毒恶的谰言说："进攻湘北的战争是苏联与八路军共同帮助日本进行的。""毛泽东与苏联同日本合作了。""共同联合日本来打老蒋。"等等。由于汉奸们有计划的在群众中进行造谣、污蔑的活动，所以在个别地方曾发生过某些影响。当最后这件事传到韶山后（毛泽东同志家乡），许多群众中曾发生过争论，而且不少群众去问我们当地党的负责人。汉奸们除了利用国内国际每一重要事件进行其破坏抗战、破坏我党和苏联在群众中的信仰外，并经常的在难民中进行其活动，说："日本人在沦陷区不杀人了""日本人比中国政府还要更好些""日本人会发米、布等给老百姓"；在一般临近战场的群众中则散布"日本人来了不要紧，不杀老百姓""日本人来了不要走，有便宜的盐吃，有便宜的布买"等。

（二）湖南的土匪问题

这问题过去曾经是相当严重的问题，土匪在偏僻的地区到处进行抢劫、绑架、扰乱的活动，以致使交通受到阻碍，人民生活不安，最近这时期土匪问题的严重性是比较减轻了些。这主要的是：一方面由于湘西陈渠珍的势力受到打击而瓦解之后，使湘西土匪失去一个主要的依靠；另方面是国民党最近在湘西成立了一个"湘黔鄂边区"之后，那里成了宪兵的统治区域，宪兵在湘西不仅进行了以残酷的办法去剿匪，而且直接干涉到行政的工作。他们以整营整团的宪兵为单位，去每一县、区、乡进行"剿匪"的工作，到处则是整批的人被枪杀，引起了人民特别是农民的不安和恐慌。在溆浦曾发生过这样的事情：宪兵将全村的壮男召集在一起排成队，机关枪向排成着队的人架起，逼迫这些农民要指出谁是土匪，否则用机关枪全体扫射相恐吓，这种事情在湘西是相当普遍的现象。另方面，宪兵直接办理各地的保甲长训练班。在这种政治之下，湘西的大股匪虽然很少了，然零细的散匪则无法消灭；而同时湘南的土匪问题，今天仍然是严重的问题。这主要是：第一，剿匪的政策只单依武力而没有配合政治工作去进行；第二，剿匪没有与肃清汉奸活动相配合（因有〔的〕土匪里是有汉奸活动的）；第三，没有进行改善群众生活与改善兵役相配合。

（三）关于兵役问题

最近为兵役而成千壮丁登山当土匪的事情虽然减少，而且很少听见了，但兵役中另一问题却仍是严重的问题，这就是兵役机构对壮丁的待遇的问题及兵役中的舞弊问题。湖南群众中有这样一句话："兵役差事是发财差事""兵役机关是财政机关"。他们想出各种办法去发财，在乡村中他们采取了不当兵就得出钱的办法，就是说，你不去当兵，就得出钱给我们替你去买人顶替。可是他在甲村或甲家得了几十块钱，而在乙村或乙家却又进行着同样的敲诈，假若轮到没有钱的，不管你是否应征的壮丁，却无条件的要去当兵的了。于是他衣袋里既已装满了钱，而另方面又拉满了应去的壮丁数目。在城市里（如湘潭）却进行着挨家商店公开进行募捐买壮丁的运动，他们会对你说："当兵这样苦的事，像你们当先生的人怎么受得了，不如出几个钱。"但他们募捐所得，并非用去买壮丁，而是放进袋子里。在兵役机关里，他们却又另有他们的一套赚钱的办法：第一，是"吃缺"，就是几十个人报一百人，而不足之数，却采取捉逃兵的办法，在各处捉些人来凑满数目；第二，是在"防止开小差"的名义下进行搜刮，将每个壮丁身上从家里父母或亲戚送的带来的几文钱都由"长官"们拿去了，他们会对壮丁说："待你们不会开小差的时候再还给你"；第三，就是如果你给钱给"长官"，他可放你公开的"开小差"。

（四）国民党各派别力量之变动及其活动

国民党在湖南原有三个派系，即是：CC、复兴社、何键派是也。

1. 何键派自何键下台和张治中在湖南做省主席一年之后，大部分的基础虽已瓦解，但仍保存某些力量，如在军队中的刘建绪、李觉和在党政中的刘岳厚及醴陵、茶陵、攸县等，湘东南乡村中的某些地主封建势力。因此，当去年长沙大火前后，何派曾企图进行恢复他们势力重新统治湖南的活动。根据这一企望，他们曾进行下列的活动：第一，在何键派势力区域收集地方土匪和地方武装，企〔图〕组织武装力量在敌人进攻时发动游击战争，发展武装力量，并且选定武冈一带为其根据他。因为这一缘故，当我们建立塘田学院时，何派健将刘岳厚是积极赞助者和发起者之一，刘并将其欲以武冈为游击根据地的愿望告诉我们的同志。第二，当第一个计划失败后，随着即企图在湘东以醴陵、茶陵、攸县等地为基础，建立并巩固其湘东的基础。根据这一愿望，他们在茶陵县出版了一个大型的报纸——《开明日报》，并创立学校；同时，刘建绪的总指挥部后方留守处亦移到湘东去了。他们这些活动仍然像他们在武冈活动的目的一样，即是希望以湘东为他们在敌人进占长沙后的游击根据地来发展他们的势力。然而这一计划，在省政府迁到耒阳后，随即九战区数个师在茶陵一带常驻，并准备将来在那一带作坚持的武装斗争，因此，何派在湘东建立自己势力范围的计划又受到打击。因为何派在湖南的失势与不断的受到压制与打击，为了企图恢复他们的势力，他们曾采取了表示愿与我们接近的态度。在塘田学院的创立，他们赞〔助〕刘岳厚，在经济上曾给予某些帮助；在《开明日报》以总编辑给予我们的同志。同时，李觉的部队在湖南亦采取比较进步的姿态在群众中活动，赞助和扶植群众团体的组织（在长沙，我们有几个小的群众团体是在他们驻长时帮助组织并在师政治部立案的），并且收集一些青年办青年训练班等。

当何键派采取比较进步的姿态在湖南活动的时候，我们是取赞助的态度的。然今天看来，何派在湖南已更进一步的失去其势力。当何键的内政部长撤职之后，刘岳厚的省党部委员亦随即〔被〕撤了职。因此，何派在湘的作用就更加小了。

2. 复兴社（即黄浦系）是随张治中来湖南而发展强大起来的。在短短的一年的过程中，发展到超过CC的力量，他占有整个"民训"系统和大部分的乡镇长和县政府，而且在工人中亦散布了某些种子。但随着张治中的去职与CC乘机靠紧薛岳，并对复兴社采取排挤与攻击的结果，使复兴社在湖南的势力大大的减弱了。去年10月到今年10月的一年过程中，不仅张治中过去的设施改变了，而且张治中时期所训练的一些行政干部差不多全部调换了。"民训"系统取消了,而且民训干部亦大部分拒绝录用。在张治中时期的"地方行政干部学校"的乡镇长和县长大部分调换了。"人民抗日自卫团"的机构改变了,自卫团的干部大部分调换了。在这些事件的进程中,复兴社采取了某些抵抗的办法,在湘乡、安化的"行政干部学校"的乡镇长组织了"行政干部学校同学会"(我们在其中有过推动作用),并有过反对无理由的撤换乡镇长的斗争,但因大势已去,终归失败了。

3. CC正与复兴社成反比例。当复兴社得势之时,CC则处于不利地位,但现在CC却正处于有压制的优势。CC本质上是一个顽固的反动集团,现在正配上了存有"成见"的顽固的薛岳与国民党最近时期的政策,因此更有利于CC的活动,使CC能更跋扈的实行其反动的政策。其反动政策的特色,就在于"自己不干而极力的压制别人干""极少干真正有益于抗战的事情,而专门干反对我党和反对人民的进步事情"。湖南最近时期摩擦愈更严重的现象、与CC在湖南的活跃是有密切关联的。

4. 三青团在湖南比较重要的中心县份大都有其组织和活动,但团员的数量并不多,而其主要成分大部系青年学生。其开始发展的基础大多是收集战区逃来的失学、失业、生〔活〕无依靠的青年学生,开始发展的时候是比较迅速的,但最近的发展则比较迟缓了。他们对我党的态度与CC对我党的态度是没有多大的区别的。防止与打击我党的活动及进步的群众团体活动,是成为他们日常工作中的重要部分之一,有时甚至在群众大会上公开攻击我党。三青团与CC所不同的地方是,对抗战的态度较坚定,对抗战工作比较积极。

其次,关于薛岳我想说几句话。这个人不仅对我党存有"成见",而且脑筋狭小、固执与横蛮,特别是极喜"表功"。每当别人谈论起张治中在湖南的施政成绩时,他是很不高兴的。如果你说一声薛主席的施政成绩好,则很易得他的恩惠。他自己时常说,他的军队是岳家军,百战百胜的。而他自己之所以取薛岳这名字,就是为表明他有薛仁贵、岳飞之才能。在湖南的政府机关报《国民日报》,现在差不多变成了薛岳个人的"表功"的报纸,一切都照薛岳的指示去办理,而编辑和主笔不能有任何自主的权利(以上这些都是根据事实中的表现与接近薛夫人的妇女会同志的报告)。

(五)国民党政策及其影响

1. 对群众运动:"凡非本党(国民党)所领导的团体不准登记,不让其存在"。在这种政策之下,不仅我们党所领导的团体不能存在,而纯粹的群众自发的救亡团体亦不能存在。其目的是在于：求得使国民党能完全控制群众运动，不让群众起来。在这种政策之下，我们所领导的比较突出的群众团体完全解体了：衡山的青年工作队解散了，湘潭的南国文艺社停止了，湘乡的工作团停止活动了，邵阳的妇女会改组了，省文抗会变成僵化了。总之，一切突出过的团体百分之九十九都解散了，而新的生长则没有。

2. 对文化事业："凡非本党领导的报纸、杂志、书籍不得登记，不让其发行"。在这种政策下，《观察日报》停止出版了，《真报》停刊了，沅陵的生活、新知，邵阳的民众等书店封闭了，除衡阳的三家书店未封外，其他地方一切进步的书店都被封闭了。由于各地书店及报纸、刊物被封闭，使各地党及群众不仅很难看到党的书籍、报纸和刊物，即比较进步的自由主义者出版的刊物、杂志都很难看到。但国民党特别是三青团在这时期却出版不少的刊物或报纸，同时各中心县都开设了青年书店或文化服务社。

3. 对教育事业："严格的监察与考查学生及教职员的思想行为""有不正当的思想行为者，不得收留在校""异党操纵者不让其存在"。在这种政策下，塘田学院武装强迫解散了，战时中学强迫解散了。在学校里的学生怎样考查法呢？在湘西的国立安徽中学有这样一段故事：有一个学生因为看了一本鲁迅的作品，被学校当局指为"共党"而关起在"学校里的禁闭室"，而且象法庭审犯人般的去审问这位学生。同时马上就有学校当局向学生训话："国家有饭给你们吃，有衣给你们穿，有书给你们读，你们还不满足吗？你们还欲何求？"原来他们不是为抗战救国而教育青年，而是为"控制青年的活动""考察青年思想"而教育。为了力行这个政策，省教育厅不断的三令五申的密令、督促和指示各校当局。当我离开湖南前一天，曾获得这样一个密令，其中心内容是：严格考察学生和教职员的思想行为和异党活动，规定如有不正当思想行为者，劝告、警告、处罚、开除，并将其姓名、年龄、籍贯、住址及其相片寄省教育厅转告各校不得录取和聘请被开除的学生及教职员等。

关于在政治上和组织上对我党的政策，我想湖南与其他地区相差不会很大的，而这些，南方局比我所知的会更多更明白。因此，在此不写它。

## 二、湖南党的组织状况

### （一）组织机构及数量

由于战争进入湖南地区，由于党的数量不断的发展，组织单位不断的增加，在这种情况下引起了两个问题：第一是，怎样使各地党在整个湖南进入战场的时候，能领导群众进行抗敌自卫的斗争；第二是，在战争的状态下，单位众多而交通不便的情况下，怎样加强省委与各地党的联系，并能迅速的解决问题。为了解决上面两个问题，省委根据地势、组织基础、便利指导几个原则，决定组织几个中心县委：派小宋同志为书记，组织了两衡中心县委，包含衡阳、衡山、祁阳、零陵；派袁得胜同志为书记，组织了湘宁中心县委，包含湘乡、湘潭、宁乡、长沙西乡、兰（蓝）田、锡矿山；派帅大姐为书记，组织了常益中心县委，包含常德、益阳、汉寿、沅江、临醴、桃源；以谢竹峰同志为书记，组织邵属工作委员会，包含邵阳、新化、武冈、城步、新宁、绥宁、东安和洞口。此外，有湘南特委，包含郴州、耒阳、常宁、桂阳、宜章、乐昌、资兴、汝城和桂东；湘西工作委员会，包含沅陵、溆浦、辰溪、泸溪、乾城、凤凰、芷江、晃县和大庸。

在省委领导下的共计有二十几个正式县委，十三个县工作委员会，九个以县为单位的支部，总计为四十个县份有党的组织。今年5月间，省委组织部统计有五千零几名党员，农民成分占第一位，工人第二，知识分子第三，军人第四，商人第五（支部和区委都有统计，现计〔记不清〕）。

（二）支部工作

这问题在湖南过去曾经是一个严重的问题，而今天仍然是严重的问题。当省委各个同志在各地巡视回来，曾共同的感觉到大多数支部陷于这样的状态，即是：

1. 一般的支部没有区委去出席，不能自主的开会。

2. 大多数支部没有日常工作，少数有日常工作的亦未能顾及到当时当地发生的事情及群众的要求。

3. 支部会议大多只是听取区委出席人的报告或指示，未能自动提出当地的具体需要的问题在支部讨论，而出席人亦大多是未注意这些事情的。

这是在今年四五月的事情。根据这些反映，省委二次全体会议上曾着重的指出健全支部生活、转变支部工作方式的问题，而且提出了"支部工作本位化"的口号，即是：学校支部的工作重心是在于本校团结和组织本校的学生、教员，推动学校当局进步和解决本校群众日常发生的一切问题，而不是忽视本校的工作建立而专做校外的活动；农村的支部工作重心是在于反映本地群众及行政机构的需要，提出〈交〉支部讨论，并决定解决的办法，而不是光听上级的报告或指示；在工厂支部亦是同样的。为了这一转变能有成效，曾提出了每县集中注意去创立一个模范支部，以此为转变整个支部工作方式的步骤。这一决定到现在已经数月了，而据最近的反映，各地的支部工作仍然没有多大进步，个别地方还更加坏了（其原因在后面一个问题上可以看见）。

为了更具体点起见，在此提出几个好的和坏的支部作例子。比较好的支部：①学校支部：新化的青农学校，在支部的领导下，能将全校各班的同学组织起来，他们各班有自治会，有文艺座谈、时事座谈等，同时能领导全校同学去进行校外活动，举行固定的民众讲座，民众识字班和壁报等。②农村支部：如益阳白露区的和湘乡的韶山区的两个支部。前者在保甲长的选举运动中，能自动讨论并提出候选人，结果是按支部计划实现了，在建立学校（小学）与巩固学校的斗争中同样胜利了。在后者的一个支部中，在此次湘北战争中接受行政当局要动员群众去破坏公路的消息时，能自动提交支部讨论，并积极动员群众破坏公路，在反对汉奸活动、揭发汉奸造谣的工作上亦起了一些作用。③工人支部：衡阳航空修理厂支部及祁阳纱厂支部。前者支部会议能经常自动的召集，并能讨论厂内所发生的一些问题。当该厂政治指导员在全厂群众大会上公开替汪精卫卖国行为辩护时，工人即当场反驳他，并在会后支部自动讨论并领导全厂工人签名写呈文到老蒋处去控告该指导员。当老蒋接到该呈文，见是全厂工人签名（百多名）时，即电该厂当局要查办签名运动的领导者时，支部能团结工人，使我们出头签名的同志始终未曾暴露。后者的支部能领导群众组成该厂工人俱乐部，并充实俱乐部生活，支持俱乐部，到现在该俱乐部已能成为团聚工人群众的群众组织（详细情形请参看工人工作报告）。

前面是比较健全的支部例子，现在再举几个坏的支部的例子：在邵阳的连〔廉〕桥区有两个这样的支部，三个月没有开过会，每个支部里十多个党员连小组都没有编。其中有几个党员自填了入党表后，未曾开过党的会议。在长〔沙〕西乡有个区委（名古塘区？记不的确），三个月内没有开过正式的会议，当你问他怎样讨论工作？"有时路上撞见亦谈谈"，这是区委书记答复的。这个区委领导下的支部自然是不会健全的。

以上所说的这些好的支部和坏的支部都是占整个支部中的少数之少数。最普遍的现象是不能自主的开会和讨论当地的群众需要。然这类支部无疑的是属于坏的支部之例，不过坏得比最坏的稍许好点而已。

湖南支部工作中另一问题必须说一说的是，支部对同志的教育问题。普遍的比较好点的支部的教育方法是：区委出席人每次作点政治报告或讨论一二次党的建设，然而支部的自我批评，同志之间的自我批评及思想意识的锻炼，同志间不正当行为和错误的斗争等等，这些工作是做得异常少而又少的。正因为这缘故，不仅使许多普通党员中的阶级意识异常模糊，而且有些党员甚至个别干部发生腐化与堕落的现象。讨小老婆的有之，要拿刀杀人的有之（湘潭），不执行党的决议的有之。至于自由主义和现〔时〕社会中带到党里来的落后意识、农民意识及小资产阶级的坏根性，更在党员中普遍的甚至是浓厚的存在。由于这些缘故，使大多数支部的生活是不紧张、无朝气。其次，支部中最近有一个比较好的现象在生长着，这就是缴党费的问题。在半年前，湖南党的组织中收党费这一问题是非常忽视的，那时候党员中的党费难收到百分之十，但自省组织部严格指示和督促后，现在大部分党员都能缴党费。

（三）干部问题

干部正像劳动的工具一样，没有他即不能生产。除湘南保存了几个老干部之外，整个湖南的干部是在随着党的组织发展过程中培植和提拔的。为了适应工作之需要，省委过去曾用了不少的经费和时间在办训练班培植干部这一工作上，现在湖南县一级的干部中（除延安返湘的几个干部外），大多是省委各次训练班毕业的。最近，因为战争进入湖南地区，交通的不便，并且路费花得太多，因此自各中心县委成立后，省委即决定：训练干部的工作重心由省委转到各中心县委去，并且将办训练班的经费分划给各中心县委。在这一决定的执行中，起初的几个月是收到了些比较好的效果的，不仅切实训练了一批干部（区、县），而且创造了些好的经验。即是：时间是短期的，一星期左右；教材是以工作中发生的问题联系理论原则；方法是以讨论式而不是讲〔授〕式。其次是不同的工作授以不同的内容，如工运、农运、统一战线，集合三五个这样做专门工作的讨论专门的内容，并且能有计划的利用在一个工作计划完成的总结会议中，作训练干部的工作（如区委、县委或各部门，不过时间延长到三四天）。这是关于训练干部方面。

其次是关于提拔干部。由于党的组织是在新的短时期中发展起来的，因此，一方面既缺乏老干部，另方面却不断的要提拔新的干部以满足工作的需要。因为这缘故，所以在湖南提拔干部起初通常是以（1）政治面目清楚；（2）工作积极；（3）政治上有发展前途和比较有些工作能力这样三个起码条件为标准。至于〔以〕经过长期工作中和革命斗争中的考验及工作经验等条件〔为标准〕则几乎不可能。因此,在提拔干部中往往有这样的事,即是:起初提拔这个干部时觉得各方面都还好,但工作经过一个时期后就暴露了这个干部的弱点出来,发觉了过去对这干部考察的不〔正〕确。但是问题还不只如此,问题是当我们已明白这干部不能胜任这工作或不能教育到我们要求的程度要撤换工作的时候,不知要费多少曲折和精力,以致到影响到工作的进行,这是一方面。另方面是,由于考察干部的时间太短和考察不周密,以致个别奸细能混进党的领导机关里面来(如衡阳)。

(四)由半公开转到地下党的活动的过程及其发生的现象

由于湖南党是在比较顺利的环境中发展和长大的,因此使党的指导机关——省委,对秘密工作的注意松懈,和对过去白色恐怖下的教训的警惕不够,这是一方面。另方面,大批刚跑进党里面来的新党员,不仅没有过过秘密活动的生活,而且从现〔时〕社会中带进了不少的冲动、急性、好出风头等等坏的根性和作风到党内来。因此,便造成了一个严重问题:由工作作风的突出到党的组织的突出,使湖南党成了半公开的状态。这是今年六月以前的情形。

根据各地的材料,省委在那时得出了这样一个结论,即是:在有党的组织的主要县份,差不多每县都有一个"八路军办事处"(指党的指导机关的突出)。省委虽然经常讨论到秘密工作的问题,但是由于省委本身一方面对秘密工作的警惕性还没有提到应有的高度,另方面没有把秘密工作问题提到原则的高度,在干部中和支部中进行普遍的和深入的教育及向忽视秘密工作的错误作坚持的斗争。因此使省委累次对秘密工作的决议未能发生真正的效力,变成了空谈。这一严重的错误,一直延长到今年五月间省委第二次全会后,经恩来同志严格的指出和批评,经过南方局及中央不断的电示,同时湖南的摩擦正在尖锐地发展着,而全国的局势亦一天天的恶化,在这情形之下,省委才从新的比较详细和深刻的检讨之后认为:省委过去在组织问题上是犯有严重错误的;并认为要使湖南党由半公开的状态转〔入〕地下党的活动,必须采取具体的步骤,并做艰苦的长时间的教育及斗争。因此,省委决定从那时起,集中力量在一定期内解决这一严重错误。同时决定:1. 在组织问题上将各地指导干部突出了的有色彩的一概调换,并撤销所有突出的机关地址。2. 在政治上反对麻木现象及提高党的政治警觉性,并防止惊惶失措的现象的发生。3. 在工作作风上反对出风头、急性病,实行埋头苦干的作风,使党的工作在巩固的基础上前进。4. 在民运工作上根据当时的情形,进步的大的团体不能存在，而且亦不能继续的产生。因此，决定由进步的团体的活动转到：①生产岗位上去，即到工厂去、学校去、农村行政机构去；②到一般的旧形式的和国民党所领导的团体中去。5. 在这一组织工作的转变过程中，将秘密工作在干部与支部中进行必要的教育，在开展反对忽视秘密工作的斗争中必须联系到党的纪律的执行，以制裁破坏秘密工作的个别分子。在这一决定传达下去之后，是获得了比较好的效果的，个别地方并且发扬了这一决定，采取了些更切合实际需要的办法。如湘宁中心县委在执行这一决定时，制定了一种通俗化的简短的东西，这东西名叫："五不、四要、三努力"。将这东西在干部和各支部中去进行教育工作，并在今后根据这一东西作为检查每个同志的行为的准则。现在将这"五不、四要、三努力"录在下面：

五不：不应说的不说；

不应问的不问；

不要在会外谈论组织；

不要发生横的关系；

不要经常聚集在一起。

四要：要开会；

要缴费；

要听党指挥；

要团结群众。

三努力：努力学习理论；

努力学习经验；

努力在群众中学习。

在半公开的转到秘密的这一问题的解决中，湖南有三十二个县一级的干部被调动了工作：其中有十七人是由甲县调到乙县；有十五人是撤销了党的领导工作，而转到群众中职业中去工作了；此外有七人是在这时期新提拔起来的。这一干部的调换，经过了三个多月在大体上完成了。由半公开转到秘密的问题，大体上已经做到了第一步。但在这一转变过程中却发生了另一严重的现象，这就是：1. 在政治上，由□式的"盲动""乱动"而走到"畏缩""不动"，而且个别地方少数分子则发生"惊惶"。最近这时期中，湖南大多数支部是静止的，不仅很少有群众运动，而且由于政治上畏缩，好些支部的会议、生活都非常不健全。2. 在组织上，由于大批干部被调换及由党的领导工作转到群众工作去，由于现在干部大批离开了党的领导工作而新的干部的培养做得太少，因此便发生了"干部恐慌"和"上下脱接"的严重现象，不仅县一级的干部不够分配，而且据我自己在湘宁各县巡视所见及老高在常益各县巡视所见，大部分区委是"残缺不全"的。许多区委是只有一个人在那里"苦心撑持"，有些区委虽有二人或三人，但都是勉强凑起来的，真正健全的区委则占少数。上下脱节的另一现象就是，不能迅速的反映下面情形及迅速传达问题，最近两个多月省委对下面情形的反映是非常不够的（这是因为：①省委由邵迁长，由长迁邵，耽误了时间，使省委各同志不能到各地去巡视；②因为交通不便，同时又没有建立起党的交通系统）。总括上面的情形，我觉得湖南党今天组织问题上的主要问题是：干部问题、上下关系密切问题、支部工作健全问题。

## 三、对外工作的现况

### （一）群众工作

自整个政局转向逆流之后，湖南的进步团体已摧残殆尽。现在我们党能起某些作用的团体仅仅有书报供应所、中苏协会、省妇女工作委员会、湘南某地的妇女工作团。

自省委决定由进步群众团体活动的重心转到"生产的岗位上去"之后，在这方面还得到某些收获：在兰（蓝）田办了一个初中补习班，现在有两百多学生；在益阳、长沙各新创办了一个小学，其中并设有初中补习班（长沙的因此次湘北之战已解散）。这一时期中，有三十多个党的和群众团体的干部转到学校的教员岗位上去了。此外，尚有一部分青年党员进到学校去了。其次是有几人打入到"工业合作社"系统中去作合作社的指导干部（关于工人工作的情形请看我写的另一报告）。

### （二）宣传工作

过去主要的大多是用在《观察日报》上，各处虽有几个地方的小型报纸有些联系，但省宣传部没有直接联系。自《观察日报》封闭后，省委决定尽一切可能使《真报》（由日报改为半月刊）成为省委带指导性的刊物。但不久，《真报》亦被迫停刊了。现剩下的只有《中苏》半月刊了。两个月前，根据南方局与中央的指示成立了省委的文化工作委员会，现在正进行各地有文化工作同志及文化机关的地方文化工作组的建立。这一时期的文化工作委员会，主要的是根据省委的指示写写文章及与各地文化人和书店联络联络。

其次，关于统一战线的工作，因为没有什么东西可写；工人工作已有另一报告；青年工作上次出席青年会的同志已有报告，而且我所知的很少；妇女工作亦无东西可写，因此这些我都不写了。

● **注释**

[1] 原文标题：《湖南党的工作概状》。

（《抗日战争时期湖南地下党历史文献选编》，湖南人民出版社1985年版）

# 任作民关于湖南诸般情形及党的工作的报告

1940年2月21日

## 第一、两个阶段

抗战以后的湖南，无论在政治、经济、文化、党的组织、民运等各方面说，都可以分做两个显然不同的阶段，在湖南统治了十年的黑暗势力到抗战发动以后开始了变化，北平、上海等处的前进分子、教授、学生甚至某些以前被逼迫不能回家和被逮捕的革命者逐渐回到自己的家乡里来，抗战运动，不可制止的在长沙及少数县城里展开起来。

1937年11月，何键离开湖南，张治中来做湖南省主席，以后跟着战争在华中更加紧急起来，全国政治形势好转，湖南省政府也颁布了新的施政方针，在内容上可以说不比抗战建国纲领有何逊色；经济上因为工厂内移，文化上因为学校内迁，文化人后撤，也曾盛极一时。一直到武汉撤兵，广州失守，这一年的时期中，一般的说是一个向上进步的时期。

1938年11月，武汉撤兵以后，敌兵攻下岳阳，长沙告急，湖南省政府迁沅陵。长沙大火以后，张治中被撤职，薛岳兼湖南省主席，一直到现在这一年多，在许多方面看，是和全国政治形势逆转相呼应的，可以说是一个向后退步的时期。

当然，抗战的洪炉推动了各方面的进步。譬如在工作中锻炼出来许多青年干部，扩大了党在工农群众中的影响，群众政治认识相当提高，这一切就在后一阶段中，仍然是向前发展，最少也不会是后退的。这是必须补充说明的一点，也就是说在倒退中仍然有它的前进面。

## 第二、湖南的政治情况

（一）第一阶段的政治情形

在抗战初期，一方面因为全国形势的推动，一方面因为广大群众的要求，张治中主持省政是采取了相当进步的设施的。兹述其大的几点：

1. 惩办贪污。当张治中巡视湘中、湘西时，杀了三个贪官，当时影响很大。

2. 提高政治效率，反对萎靡不振。当张治中巡视各县发现县政府、国民党县党部好多时候不办公，专门领薪水的事不少，他在公开报告中痛骂他们，尤其是对国民党，于是某些县长改穿草鞋了（如湘潭）。

3. 培养并用青年干部。办了两期青年干训班，招收初高中、大学学生，第一期约四千人受训，后分派各县工作，很收了一部分动员民众的效果。这里边很有一些是进步的青年，是诚心为着救国的。

4. 撤换并训练乡、保长。全省分区训练乡、保长，强调乡、保长要由乡村知识分子、校长、教员等担任，乡、保长几乎大部分是改选或是另新委派过了的。

5. 训练壮丁，武装壮丁。青年干部下乡主要的是担任训练民众的工作，壮丁普遍给以武装训练，并组织各县民众抗日自卫军，各县县长任队长，另以一个有军事知识者任副队长，湘中、湘北、湘南一带是做了一下的。

6. 实行全体民众的社训。编社训课本，由青年干部在各城市和乡村中训练住民，这只是部分的地方做到，大多数是没有做到的。这种课本，一般的说是注意提高民众抗战知识和政治认识，对动员民众是有帮助的。

7. 对民众组织相当开放。当时省政府曾规定由民众组织按年龄、按职业、按性别的团体，如老人会、壮丁团、儿童团、工、农、商、学生、妇女等各类团体，不过真能如此进行的没有。

那时候，在长沙著名一点的团体有文抗会、职抗会、中苏湖南分会、妇女会、一致剧社、一九三六剧社、世界语学会等等，都是由民众自己组织和选出负责人的。

8. 对言论自由相当开放。1937、1938年在湖南新办了许多刊物，不少是坚持正确主张的报纸，有《抗战日报》、《观察日报》、《大众日报》、《真理日报》（在邵阳）、《呼声报》（在溆浦）；杂志有《湘流》周刊、《前进》周刊、《火线下》三日刊、《中苏》半月刊、《湖南妇女》周刊等等。

外省刊物如《新华日报》《解放》《群众》，解放社、生活书店、读书生活社等新的理论书籍和刊物，在长沙以及各县销行不少，只有少数县份是被阻禁的。

9. 对国共两党关系不认真防止摩擦，也不故意制造摩擦。当时虽有耒阳、衡阳、溆浦、安化、长沙等处以其他名义逮捕中共党员，茶陵、攸县、安仁等处发生地方团队暗杀和逮捕中共党员的事件，省政府在表面上总采取制止事件的扩大和调查解决的办法。

八路军驻湘代表徐特立同志很被张治中等尊敬。当时组织一个为着统一全省民众运动的抗战统一委员会，徐特立同志被聘请为常委之一。徐特立同志当时在长沙经常可以出席银宫的星期名人演讲，青年会、文抗会、职抗会等召集的座谈会，文抗会所办的政治性的训练班教课，以及各学校各团体的演讲。

张治中当时曾对人讲："我们应该和共产党在工作中竞赛，不应该压制共产党。"

当张治中主持湖南政治的第一个时期，这一切设施和态度可以说是稍许进步的，给了民众以多少希望，给了抗战运动以多少推动，给了党的发展和工作以多少便利处。但是，因为那个时候许多政策执行得不彻底，尤其是对于民众有直接利害关系的兵役问题，优待抗属问题，免除苛杂、改善民生问题，惩治贪污、土劣，改善下层政治机构问题，土匪问题，都不能采取正确的办法加以解决，就是训练青年，改组乡、保人选，举行普遍的民众社训，也因为国民党原有势力居中操纵和阻难，效力大为减少，一切设施当然没有坚固的基础。短的时间一过去，薛岳一来，和国民党原有势力勾结一起，使湖南的政治不得不又走上黑暗的前途。

（二）现阶段的政治情形

张治中主湘政时，除本省保安队、民众抗日自卫军以外，对于直接抗日的军队是不指挥的，对于省政完全自己处理，对于当时国民党特派员赖连（琏）所领导的党部不十分合作，很少受国民党的影响。

薛岳兼战区司令，省政府各厅设茶陵，以秘书长李扬敬代行主席职，国民党省党部主任委员李毓尧为省府当然委员，每次参加会议，这叫做加强党的领导，所以现在叫做党、政、军合一，在湖南也实现了党权高于一切！

现在省府委员名单为：

1. 薛岳，主席，复兴社，忠实和崇拜蒋介石的人。
2. 李扬敬，秘书，代行主席，薛岳的部下。
3. 陶履谦，CC，民政厅。
4. 朱经农，CC，教育厅，何键时就在湖南，教育界的罪人。
5. 杨锦仲，不明何派，财政厅。
6. 余藉传，CC或是接近CC，建设厅。

7. 李毓尧，CC。

8. 陈渠珍，接近CC，军人，湘西的土皇帝。

9. 谭道元，原是军人。

由这个名单可以看出，现在省政府实际上是受CC操纵的。

薛岳自己在长沙（住乡下）主持第九战区的事务，而九战区政治部主任是康泽，秘书是方学芬（法国留学生，稍许进步一点），薛最信用的政治顾问是任启珊，可以说除方以外，都是最不讲理和专门反共的一窝。

我们且来看一看薛岳主持湘政以后的设施和成绩吧：

1. 取消抗战统一委员会，组织党政包办的动员委员会。以前的抗战统一委员还有八路军驻湘代表参加（以湘省名绅的资格），还有工会、商会、学生会代表参加。动员委员会的组织就以省主席、县长为当然主任委员，再加县党部书记长及所谓法定的代表组织之，一切都操之党政方面，民众无参加可能，但是也从来未曾看见动员委员会做过什么事。

2. 取消青年干部训练班，取消各县社训。以先张治中时所派到各县进行社训的学生都令其回原来学校读书，民众训练的工作，交给各县政府经过乡、保长去进行，等于停止进行。

3. 取消民众抗日自卫军独立的系统组织。指定县长和县书记长为正副队长，缩小民众武装数量，每乡仅数杆枪。

4. 设立县政研究会。第一届训练二十八人，都是由薛提调一些军事干部，如营、团长等，受训三数个月，派赴各县当县长。第一批委派出去的约七八人，其余或派其他工作，或是候缺。

5. 严剿土匪。湘西是土匪最大的集中地，其中势力较大的是陈渠珍，其余还有集中三四千人枪的大帮土匪不少。薛强调彻底剿尽政策，集中四个师以上的兵力到湘西，围逼他们自动投降。因为土匪的队伍大多数虽在名义上业已收编，一则薪饷不够，仍然实行劫掠以维持生活，一则不愿意开出来打仗，拒绝往外调动的命令，时常反复，陈渠珍即依此自大，坐收其利。这一次薛以大兵压迫，一方面土匪部队也多少受了抗战第一、反对内战的影响，大部分已收编为新编第六军，开到常德、桃源一带整理，预备上前线，有一些也就暂时自动解散，隐藏起来了。至于产匪的根源，当然还是未去掉。

6. 抢运沿洞庭湖积谷。在敌人逼境并屡次到沿湖各地抢劫谷米的时候，这诚然是要政之一。去年各地丰收，沿湖所剩谷米当在五百万石以上，但是因为军政当局的垄断，商家办米就说他是居奇，是奸商，以致商人不敢运。接近战区各河内都设有工事和埋置水雷，交通时受阻碍，军队掳封船舶，船夫视为畏途，不敢出远门，无船可运等等，使这一政策不能顺利完成。湘西、湘南一带，谷米价格一般都上涨起来了，形成一则太多，一则缺少的畸形。

7. 兵役成问题。因为对民众缺少政治宣传，强制民众当兵；因为虐待被征壮丁和新兵，用绳索捆绑壮丁，待新兵如同罪犯，关闭室内，屎尿都不让自由，又用体刑，新兵开小差被抓回的有被钉死或打死的；因为不实行优待抗属；因为兵役办理不公平，有钱有势的人家那怕是四五个儿子也不会被征；因为民众生活日渐困难，越是穷困越要养家等等，兵役问题最是麻烦，最是引起民众怨恨。于是拦路捕捉外县过路壮丁，夜间派枪兵围房子捉壮丁，用钱买壮丁，贿买乡、保长免征或是缓役，有些地方甚至闹到壮丁都不敢在家里睡觉，不敢在田野工作或是远离家乡，或是兄弟分开产业，假报自己是独子或长子，以避免兵役，各种怪现象都有。

据说现在每个壮丁都要总抽签，每个壮丁都要随身带兵役证，没有兵役证、免役证或是缓役证的就不能走动，就有被捉去当兵的危险。

8. 难民分到各县按保寄养。战争在豫皖赣一带时，湖南所到难民确是不少，被收寄的在十五万以上。于是决定分派〔到〕各较安全县份，每县一千八百到四五千不等，各县再分派到各乡按保寄养，规定每日发伙食钱一角。可是，因为难民不懂当地方言，到乡下去不一定能领到伙食钱，无法谋生，难民怕被人谋害（溆浦县曾发生难民偷吃小菜而被当地打死的），坚决拒绝下乡，或是下乡以后又回城市。最近则有许多难民私逃回沦陷区域去的，政府曾用拦路枪杀逃走难民的手段，也不能制止难民的回乡活动。

在芷江的榆树湾曾设立难民开垦区，不过充其量仅能容五千多人，并且因为难民缺少资本，没有牛，没有农具，要他们做到养家活眷仍然成问题。

在沅陵、宁乡都曾由社会团体创办难民工厂，或是纺纱或是缝衣，但不过容纳六七百人，并且其中不少是本地的贫家子女。

9. 训练乡、保长。按各行政专员区集中乡、保长受训，美其名曰提高乡、保长政治知识，改进下属行政机构，实际上少不了一门防共、反共的训练，对于民众的真正利益并没有帮助。现在党、政当局正在进行强制各乡、保长都要加入国民党，不是国民党，不能担负乡、保长的职务的计划。

10. 税捐重重，人民生活恶化。一两银子的田赋，抗战以前连正常附加也只五元上下，去年则增加到十八元以上（湘阴）、二十元以上（长沙）

的。水陆大道，到处设关，无论是外来货或土货都要抽通过税，所抽税额有百分之百的，最近才由中央颁令不准超过百分之三十的货价。上海入口货常有被指为日本货被扣押充公的危险，因此日用品价格迅速上涨无已。

11. 统制食盐。湖南原来吃淮盐，抗战到达长江流域以后，全靠由浙赣路、粤汉路供给浙盐和粤盐，最近则只能依赖川盐。运输困难，食盐总在恐慌中，于是决定由政府统制贩卖。近来，则改为由政府统制分配，按乡、保、甲分派，每人每日合三钱盐，但是常常隔几天不分。另一方面，党、政机关和军队可以凭条子买盐，于是民家只好经过他们的手出重价偷买食盐。官价定三角六分多钱一斤，而军人偷卖的盐总在七、八角以上一斤的高价，运到乡下则卖一元一、二角一斤了。长沙一带的农民，每一石谷不过能换到二斤多盐而已，许多贫民只好不吃盐。

12. 湖南省临时参议会。当张治中未离开湖南时，省临时参议会就已经开始筹备，出席人的选出分为由各〔地〕提百分之六十，各团体代表（提）百分之二十，省府提百分之二十。当时我们向省府、省党部提出，省临时参议会应该和国民参政会一样有各党、各派、各民众团体派代表参加，张治中本人表示接受，并且据他说徐特立的名字已经通过了。我们一共提七人，后来依南方局意见再加提六人，一共十三人。屡次催促，省党部、省政府两方面都不作具体答复。等到薛岳上任以后，名单正式发表，我党所提名单竟不列一个，连徐老的名字都抹去了。

1939年8月，省临时参议会在长沙开第一次会议，有人说"这是一次CC派大会"，参议会出席人之一任凯南先生说："这个会毫无意义，毫无益处，仅仅是大家说说话而已。"实际上确是如此。

议长赵恒惕在会议中曾高叫着："要提高乡、保长地位，我愿意回家去当乡长去！"或许他都感觉到省临时参议会是无用的吧？

13. 剥夺民众言论、出版、集会、结社自由。这一类杰作就是借口没有领取登记证，停止《观察日报》、《真理》旬刊、《时代青年》的出版；禁止各机关、各学校不准阅读《新华日报》《解放》《群众》并一切进步的理论书籍；一切集会要事先得到党、政当局的同意，一切群众组织要经过登记，经过审查，得到党、政当局的允许才行。

用这一套道理解散了塘田战时讲学院，解散了衡山的战时工作服务团，赶走了许多外来的团体。

14. 制造摩擦。一切以前的逮捕或杀害我党的同志的案件都不能妥当解决，并且在薛岳指挥下，有计划的布置了平江惨案；不准八路军、新四军通讯处的设立；不准八路军驻湘代表徐特立同志在湖南居住；各处调查、登记和破坏中共的组织。以上这一些，如像我只是说到目前政治形势的逆转、倒退，没有说到一点好的方面，其实在去年六月省政府还发表了一个新的施政大纲，一般的说条文辞句都写得不错，不过没有一点见诸实行而已。

15. 政治上总的方面虽然如上所述，但有时也因地而异，因人而异，因时而异，并不是全省完全一致。例如：

临近战区的县份岳阳、平江、南县、宁乡在敌人将要攻入湘北时，都曾表现过某些进步的设施，接近进步分子，组织游击队，对群众运动比较开放，对下属行政机构稍予注意，比较认真训练壮丁、武装壮丁等等。

某些行政专员，如徐庆誉（驻浏阳）、曹伯闻（驻郴县）、岳森（驻邵阳）都是比较进步的。不过行政专员大概都没有实权，不能够起决定的作用，他们不赞成反共，不贪污腐化，只能自己做个好官，有时还拗不过上峰的命令、国民党的攻击。

某些县长，如以前南县蒋先启，溆浦后来又调沅陵的张某，以前岳阳某县长，都是比较接受进步设施，接近进步分子的，不过都逃不了国民党的反对攻击，不能久于其位，都次第被撤职了。

### （三）湖南的经济情况

湖南的经济情况，一般的也可以分做两个阶段来说，就是武汉、广州未失守以前为战时繁荣时期，武汉、广州失守以后为衰落时期，不过不像政治情势那样明显罢了。现在分述如下：

1. 工业：湖南新式工业比较说长沙是集中的地点。以前长沙有纺织厂、修械厂、玻璃厂、面粉厂、织袜厂、织布厂、电厂、白铅炼厂、黑铅炼厂、小机械厂，抗战后还从外埠迁移来了电器厂、汽车修理厂、被服工厂。手工业工场为织布、漂染、织袜、肥皂、牙刷、缝衣、竹业、木业、泥水业、皮革、制笔、印刷、铜铁器、码头伕、洋车伕等，数目更是不小。长沙大火以后，部分工厂、工场是迁移别处或乡下，但是因此损失而不能重新开工的居多数。

新在湖南建设的有酒精厂、植物油厂等；军器工厂集中湘西的有沅陵、安化（烟溪）、辰溪（二处）等四厂。

纺织厂原来移一部分到沅陵，现再移黔阳的安江，规模不及以先大。

湘西那些偏僻的地方以先连手工业都不发达的，现在有了许多大规模的机器工厂，尤其是军火工厂。

各种手工工场原来以集中长沙、益阳、常德、邵阳、平江、浏阳等处为最多，现在以避免空袭，都疏散到乡下了。又以原料（如棉纱、颜料、干碱、漂粉、缝机、袜机等等）缺乏，燃料涨价，资金滞塞等原因，手工业在总的数目上说是相当缩小了的。在湘西、湘南某些地方局部的看，比以前又是较为发达一些，并且木机、手纺车正在发明中，家庭纺棉花的事又会恢复起来的吧。

2. 农业：湖南的农村出产以谷米、茶、桐油、鱼类、茶叶、菜油、猪牛、皮革、猪肠、猪鬃等为大宗，武汉、广州失守以后，这类东西都无法出口。去年是大丰收年，洞庭湖沿湖各县谷米无法大批运出，鱼类出产的洞庭湖因为敌艇劫掠无法活动，茶叶、桐油是对外贸易大宗，现在都由政府统制运销，数量减少，价格较前也大为低落（桐油价格最高时卖到七十余元一石，现在才二十余元一石），这都是湖南农村经济最大的损失。

至于一般农民经济，也同样日趋贫困。因为农产品价格没有提高（湘西、湘南米涨价是运费花的太多），外来日用品如盐、煤油、布匹的价格都增加了四五倍，一般农家都弄得入不敷出；因为捐税增加，田赋也增加四五倍。抗战后，以前苛杂大半仍然存在，再加上新的什么自卫队薪饷用费、购枪费、出征壮丁慰劳费（其实就是一保公摊的买壮丁费，买一壮丁要出身价六十元到一百二十元不等）、鞋袜寒衣捐（是按户摊派的，鞋袜、棉背心由各民家做好缴纳，或是出代价五角至一元五角之谱）。临近战区各县为破坏公路和大道，动员劳役辄以数千数万计，伙食由乡、保派收，被征的人只有饭吃，无工费，家中无人可供劳役的，还要抽破路费，这个办法必然耽误了农民的时间，还要拿出钱来破坏铁路、公路，常常要壮丁离自己家乡数十里或百多里，耽误时间有到一星期或十多天的，农民视为苦差。

还有一种不著形迹的大损失，就是某些地方因为要躲避壮丁，不敢在家里住，直至远离家乡，减少了农村中的劳动力。

尤其是佃农，辛苦一年，大半粮谷送给地主，自己所收才三五十石，以长沙附近的谷价算，才抵百五十元左右，怎样能养家活口！所以许多佃农都要求退佃，因为他们实在不够生活。

就是一般自耕农和中农也因为不能经营副业，弄不到额外收入，也大半在崩溃中。

3. 商业：经营商业的范围现在是大大的缩小了，和海口各商埠断绝了关系，土产不易输出。城市中有被空袭的危险，临近战区如长沙等处的较大商家，有小部分转移到湘西，甚至桂林等处，大部分是已经停止营业。

长沙大火，商家损失不小，火后有许多是由店员合股经营，大老板都不愿意冒险复业，所以资本是大大减小了的。

到处设卡，收关税奇重，有些货物抽到百分之百，又最易被指为仇货加以扣押，甚至没收，使商人受到不可挽救的损失，这样也就提高了货价。

总的说起来，商家资本额是减少些了，大家都做入口投机生意，利润倒是较高的，蚀本的是少数。

4. 交通：新建设的固然有些，如洞榆公路修成功，烟（溪）江（大江口）公路在赶修中，但是破坏的更不少。长沙到沅陵的公路破坏到桃源以上，长沙到邵阳公路只通到永丰以上，长沙到衡阳公路，衡山以下都破坏了，长沙到武昌，长沙到浏阳以东的公路都破坏了；铁道则岳阳以南渌口以北的粤汉路、湘赣路、湘黔路都已彻底破坏；平江、长沙、湘阴、宁乡等的大道都已破坏；水道则湘江从湘潭以下，其余洞庭湖旁各小河都已布置工事或放置水雷，时常炸毁船只，死伤人命，军运、商业和旅行都是极不便利的。当然，在防阻敌机械化部队，延缓敌人的前进，是有多少效率的。

综上所述看起来，湖南经济情况是在下降中，工人失业、农民破产的加多，土地价格下降，只是军事工业大规模的建立在湖南，手工业在某些地方有些发展，是好的现象，民众生活不但不能改善，反而更加困苦。因此，对于动员民众参加抗战，是会逐渐增加其困难的。

**（四）文化教育状况**

1. 文化繁荣时期：湖南文化教育，在数量上说是一个很发达的地方，不过在何键统治时，称为最黑暗时代，在学校内提倡读经信佛。抗战以后，平津、上海告紧，学生回湘开始努力救亡宣传，办得有《湘流》《前进》等周刊，组织了文化界抗战协会、中苏文化协会湖南分会。不久以后，继起的有《大众日报》、《观察日报》、《抗战日报》、《火线下》三日刊、《中苏》半月刊、《妇女》周刊等在长沙，《真理日报》在邵阳，《呼声日报》在溆浦出版。

在长沙组织了一致剧社、一九三六剧社、世界语学会；在湘潭组织了南国文艺社；在新化、溆浦、南县等都组织了文艺性质的团体。

当时迁移到长沙的学校，有北平清华大学、民国学院，并且新组国立联合大学，收容平津、上海各地大学学生，这里面来了许多进步分子，推动了湖南的救亡运动。

当时在长沙并少数县城，都组织各种座谈会，作理论上的研讨，有群众大会听取名人演讲，徐老到长沙后就作了许多次的演讲。

《新华日报》在长沙设分销处，生活、上海杂志公司、新知、大上海图书公司、明明〔书店〕，以后有新路书店并设，大批销售各种救亡理论、唯物辩证理论、马列主义等书籍，《群众》《解放》《全民抗战》等进步刊物。

战时书报供应所（现移邵阳），沟通各县文化也取了相当作用，当时除武汉以外，长沙被称为文化城。

2. 文化衰落时期：武汉失守，长沙大火之后，情形大变。许多外来文化人离开了湖南，失掉了长沙文化中心，分散了力量，反动势力对文化运动渐次实行压迫，学校分散各县，易为学校当局束缚，因此等等，湖南文化运动日趋下降。学校的数目，各县民众教育馆的设施，倒未见得减少。

湖南文抗会因为其中国民党委员怠工，以致不能恢复；中苏协会迁沅陵；一致剧社在沅陵、常德一带工作；其余文化团体或自动解散（如一九三六剧社），或不起什么作用（如南国）。

《大众日报》《真理日报》前后以经费困难停刊；1939年6月以后，《观察日报》、《真理》旬刊、新创办的《时代青年》，都以得不到登记证被迫停刊；《抗战日报》自己解散。到现在，湖南进步的报纸仅仅一个去年8月才创刊在茶陵的《开明日报》，正在国民党攻击预备把它打倒中，《开明日报》的前途，恐怕不是被迫停刊，就是开倒车。

中等学校大多数集中在湘潭（三个）、湘乡（四个）、蓝田（八个）、新化（十个以上）、邵阳（五个）；湖南大学迁辰溪；沅陵、辰溪、乾城、永绥、凤凰各县还迁来不少中等学校，最大的是国立安徽中学，有学生五千以上。邵阳的国立第十一中学（收容湖南沦陷区及其他学生），也有学生三千以上。国民学院迁溆浦。这些学校多半分散在农村中，无论学校当局如何禁止学生外出，禁止学生阅读课外书籍，尤其是严禁阅读共产党报纸和理论书籍，但是青年总大多数是向上的，他们不断叫出自己的苦闷，不断要求抗战教育。国立安徽中学的学生，男生则开小差，女生则夜间痛哭，连他们的校长邵华先生也不得不长叹："为什么我用心教育，你们就收获不到丝毫效果！"岳云中学校长当他发现他的学生投考"陕公"和"抗大"时，连呼曰："我失败了，我失败了。"为之泣下。湖南大部分学生都感觉得自己是住集中营，不是住学校。

各处经售进步书籍的书店，在某些地方被封闭（常德、沅陵），但现在长沙、邵阳、衡阳、茶陵、辰溪、兰（蓝）田等处仍然有生活、新知、新民、五五等书店存在，不过被搜查、被没收书籍则是常事。反动派想用这个办法使书店蚀本，自己倒闭，同时由三青团的系统在各重要县份开设青年书店，推销汪派、托派刊物，不过生意上到底冷淡一点。

现在国民党对异己者严厉执行检查制度，同时不给登记证，使非国民党办的报纸、刊物得不到合法地位。

强迫教员（中、小学校的）和中等学校的学生加入三青团、国民党也在认真执行。

湖南唯一实行抗战教育、中央领导下的武冈塘田战时讲学院，仅仅维持了七八个月，在1939年5月被军队围迫解散。溆浦的卢峰中学，早在1938年就被停办了。不过还有些个别进步分子领导的学校在各处存在着，例如新化上梅、益阳蔚南、屈镜文办两校（民教馆名义）。

总之，湖南的文化教育从1939年开始又走上了黑暗的前途，青年们在威迫利诱中苦闷着，怯懦的会畏缩，勇敢的会力争光明，造成这种形势最负责任的是教育厅长朱经农和彭国钧等人。

## （五）军事

对这门没有详细的调查，实际情形又不知道，只能简而简的说一点。

湖南的军队可以分为：

①前线战斗部队：

岳阳、湘阴、平江、浏阳等处。

②补充部队或预备部队：

宁乡、长沙、益阳、常德、汉寿、南县、华容、安乡等处。

③休养和补充缺额部队，八师人以上：

湘乡、邵阳、武冈、芷江、辰溪等处。

④在训练中的新兵：

1940年要抽集壮丁三十万名，邵阳、桃源、零陵等处为集中地。

⑤省保安队：

无一定驻地，由省保安司令调动。

⑥宪兵。

## 第三、湖南的党（1939年12月止的情形）

先要声明几句，我因为不是担负组织部工作，又常在外县巡视，所以全盘的了解很差，郭建鸣同志有一个详细的报告，如果长江局转来的话，应该把他的报告作为根据，在数目字上我这个报告是很靠不住的。

（一）湖南党的发展过程和有利条件

湖南有马日事变，有秋收暴动，有游击区，阶级仇恨是相当深的。大革命时代的组织基础，除在平、浏、茶、攸、汝、桂一带能有武装保卫以外，可以说所留无几。

1937年抗日高潮已经到来，一直爆发了"七七"事变，这给党在湖南的恢复以极有利的条件。请看以下事实：

①平津、上海各地教授、文化人、学生回湘或转学到长沙国立联合大学，其中有我党同志二十多个。

外来文化人和学生在长沙组织进步刊物，成立文化界抗敌协会等，给湖南抗日救亡运动以大的推动。

②湖南各县有许多老同志抗战以后回家了，在监牢里释放出来了，以前不敢动，现在敢动了，他们在各处开始救亡运动，甚至组织支部（如溆浦的瞿、刘等）。

③徐老回长沙，八路军设驻湘通讯处，许多脱离党的同志，许多向往中共主张的青〔年〕都自动找来了。

④外地机器厂、兵工厂、抗战团体往湖南迁移，也送来了党员。

⑤稍后，抗大、陕公在湖南公开招生，党很方便会到许多进步青年，一小部分在陕北求学以后又回去了的。

⑥张治中办干部训练班，训练后派往各县工作，把革命的种子撒播到各县去了。

⑦长沙危急，学校移后方，也给党以分布到各县去的机会。

⑧省委负责人以及分配干部到各县去发展组织。

⑨还要说到的，就是中共主张完全公开传播，八路军、新四军开前线，得到全湘民众的拥护和爱戴。

（二）对于发展党的不利条件

①顽固分子却处〔处〕威胁青年，甚至污蔑、逮捕、杀害中共党员。

②国民党统治破坏、压抑群众运动，高唱防止共产党活动。

③国民党破坏进步报纸、杂志，查禁没收理论书籍，封闭进步学校（如塘田和卢峰），禁止群众集会、结社。

④党的原有基础散布得不平衡，宣传还不够深入和广泛。

（三）发展党的实际情状

1938年7月，湖南省委根据中央大量发展党员、增加党员七倍的指示，决定计划动员所有组织为完成这一任务而努力，到十月检查，实际增加了六倍有余，由五百多人增加到三千人左右。

发展最快的要算长沙城乡，长沙市某缝纫支〔部〕一月内由五人增加到三十多人；铜官瓦窑区总共工人三千多人，到1938年底发展到八百多人，该区负责同志专以发展党员为工作优劣的标尺，介绍最多者认为模范支〔部〕、模范党员，并颁发奖品以为鼓励。

溆浦刘某同志向县委报告，西北乡某地可以成立区委，已有同志八十多人，并指定三人为区委负责人。过三个月去检查，八十多人仅是谈过话，三个负责人还未见过面。

后来检查铜官特别快的实际情况，发现那完全是拉夫主义，有的一个加入就把自己的父母、兄弟、姊妹都拉进来了。有一个圈子里的小头目，他一下子介绍了四十多人，原来就是他的同行兄弟，区委对于他们的履历、政治表现、工作态度一概不管，到后来一人退出，就牵连全家或全帮兄弟。他们各支部差不多都不分配工作，不纳党费，不服从党的决议，他们把党腐化了，把党的纪律破坏干净了，省委只好要他们整个解散，重新登记。

另外一个现象和上述的相反，例如一个可以完全在曹某同志领导下的女校，七八个月不能发展一个人。省委派白某同志到湘西去建立组织，三个多月才收获到三四个可靠的同志，再加上几个同情者。邵阳、新化在开始一个时期，半年多还停留在原有基础上。

在发展党的一个拉夫、一个关门的两个危险倾向，很久以后才把它克服过来。

（四）由量的发展到质的巩固

1938年底，湖南党开始注意到党的巩固问题，但是还是叫的"在发展中巩固党"的口号。到1939年6月，湖南党员总数共计有五千多人。

从这以后，政治形势逆转，湖南省委根据南方局的决定，着重于党在质量上的巩固，在湖南则停止党的发展，号召全党严格清查党内阶级异己分子，将支部中坚强的党员和不了解政治、不认识党的分子分别成立小组，无教育希望、不可靠的分子则加以隔离,只维持个别关系,以至开除出党。整个区有问题的,如铜官则重新登记。

组织常益、衡阳、邵阳、湘中中心县委,将省委干部分配到中心县委去,改组各县委,对干部整个加以调整,以加强下级的领导。

严格执行党纪,号召全省党要做到支部按时开会。同志绝对服从决议,进行工作,每月缴纳党费。

以环境关系,不能经常开办大的训练班,号召全省党组织、各县、各区、各支的学习大组提高同志们政治水准,尤其注意区、支的干部训练。

湖南党经洗刷后,党员数量会减到三千多人。例如铜官原八百,会只能保留一百至二百人;湘潭原来五百以上,只能保留百多人。

(五)有组织的地区和党员数量

湖南省委所辖地区原来不是全省:

①平江、浏阳、湘阴、岳阳东部属湘鄂赣特委。

②茶陵、攸县等处原来属赣委。

③岳阳、临湘、醴陵、长沙、湘阴在湘北紧急时,原已移交湘鄂赣特委;以平江惨案,长沙关系仍保留在湖南省委。

④南〔县〕、华容、安乡三县,1939年夏移交鄂委。

湖南一共有七十五县,有党的组织的六十县以上,在湖南省委直属下的五十县以上。我们把这六十五县分为七个大区域,组织特委或中心县委,现在将已有组织的五十县分区表列如下:

①湘中五县:

长沙(县委)、湘潭(县委)、湘乡(县委)、宁乡(县委)、安化(县委)。

以上五县委,约八百八十名党员。

②常益七县:

益阳(县委)、沅江(县工委)、汉寿(县委)、常德(县委)、桃源(特支)、澧县(整理中)、临澧(整理中)。

以上三县委、一县工委、一特支,约六百六十二名党员。

③衡岳四县:

衡山(县委)、衡阳(县委)、祁阳(区委)、零陵(〔支部〕)。

以上二县委、一区委、一支〔部〕,约三百名党员。

④邵武五县：

邵阳（县委）、武冈（〔支部〕）、新化（县委）、新宁（个别关系）、城步（个别关系）。

湘西南四县：黔阳（〔支部〕）、芷江（〔支部〕）、晃县（〔支部〕）、通道（个人）。

以上二县委、四支〔部〕，约三百名党员。

湘西南暂辖于邵阳中心县委。

⑤湘南十三县：

郴县（县委）、耒阳（县委）、安仁、资兴、永兴、宜章（县委）、汝城（县委）、桂东（县委）、桂阳、嘉禾、兰山、临武、常宁。

以上五县委，约一千名党员，其余不明。

⑥湘西十县：

沅陵（县委）、溆浦（县委）、泸溪（县委）、辰溪（县委）、大庸（个人）、永顺（个人）、保靖（〔支部〕）、乾城（〔支部〕）、凤凰（〔支部〕）、麻阳（〔支部〕）。

以上四县委、四支〔部〕，约二百名党员。

以上共计二十一县委、一县工委，区委、支部、小组数目不详（这些数目请以湖南组织部郭同志的报告为准），三千三百四十二名党员。

## （六）党员成分

这我简直无法提出数目字的统计，以我估计，大约是：产业工人约百分之三。

手工业工人约百分之十五。

农民约百分之六十。

知识分子约百分之二十。

军人约百分之二。

①产业工人包含于：

新化锡矿山，湘西辰、沅、烟溪兵工厂，衡阳、粤汉路，湘西公路，晃县汽车厂，沅陵、祁阳被服厂，常宁水口山，宜章香花岭。

以前长沙有：纺纱厂四十以上，黑铅炼厂五，白铅炼厂十三，码头二十以上，长沙大火后都分散了。

②手工业工人以下列各地为多：

长沙、铜官一百以上。长沙市以前〔有〕缝纫支〔部〕四十以上，织布支〔部〕二十七,现可恢复一部分。

益阳

汉寿

常德

邵阳

③知识分子:

中、小学教员以汝城之小学教员为最多,长沙、益阳次之。

学生则以湘乡、安化、新化为最多,湘西、湘西南各才建立组织的地方都是教员或学生。

④军人:

军中同志原来几达二百人,近以联络不易,军队流动性大,减少一些了。

⑤农民:

除党员数量很少的地区以外,农民几乎都占多数,尤其是湘中一带,农民中的自耕农、贫农占多数。

(七) 党龄

湖南老党员不多,以我所知道长沙、宁乡、益阳、常德、汉寿、沅江、湘潭、湘乡、邵阳、溆浦等县有三五人不等;湘南为游击区,老同志较多,县委以上领导机关老同志占多数,总数大概不会超过一百二十人以上,由省外来的以外,有一小部分是重新介绍加入的。

湖南党员绝大多数是1938年加入的。

(八) 女同志

依妇女部统计,全省才一百零二个女党员,在全省党员中才百分之三弱。其中大部分是女教员、学生等知识分子,女工、农妇占少数。

女党员为什么这样少,其原因在于:

①还没有引起全党同志的注意,尤其是县、区以下的领导机关忽视这一工作。

②工作未深入到妇女群众,尤其是女工、农妇中去。

③妇运干部缺乏,许多积极分子离开原有岗位。在湖南,妇女干部多半参加在女青会、妇女慰劳会、儿童保育院、宣传队等处工作,工作对象并不是妇女。小学教员如果不由学校走进农家,也是不容易接近妇女的。

④目前湖南的妇运一般的还是普通救亡运动,并未关联到妇女群〔众〕

的本身利益，因此不能团结她们，锻炼她们。

（九）干部问题

①数量：湖南到底有多少干部，我手中无此种正确数字。据大概估计，特委、中心县委、县委一级的约九十人，区委一级的在三百以上。

②干部性能：湖南干部中一般的说，最感缺乏的是组织人才、工运人才，文化人才保留得也太少，很多人都离开湖南了（老练的只留下谭、张、蒋、杨、潘等数人而已）。

③干部的党龄：老干部很少，估计在六十到一百左右，县委以上老干部约占三分之二，区以下则几乎尽是新干部。

在工作中，表现出来老干部比较谨慎，新干部在政治上较开展，许多县的工作（益阳、南县、湘潭等处）是由新干部建立或开展起来的。

（十）领导机关

（1）省委：

①人数：省委原来九人，高、郭、任、聂、蔡、王、徐、袁、帅，现在留在湖南的仅高、聂、王、袁、徐。而徐不便参加会议，袁参加中心县委工作，省委实际上仅留三人。省委秘书涂，青委李、陈、□，文委任、潘、杨。

②省委会议：每周举行常委会一次，三个月举行全体会议一次。

③各部门分工：原来分为书记、组、宣、统、军、民各部，下设文化、工运、妇运、青运各委，实际上因为各常委轮流在各县巡视，除组、军两部设干事外，都是光杆。各部、各委的独立工作，始终未建立起来。

④对下级的关系：省委领导特、中〔心〕县〔委〕一级。青委轮流巡视各县，传达省委的决议，开办训练班，收集各项材料报告省青委，非省常委所决议，巡视员不能擅自改变。

全省交通网正筹划建立中。

（2）特委、中心县委、县委：

各级党委名单一律由省委决定，最近因为保持秘密的关系，把已经暴动〔露〕了的工作同志一律加以调整，各级党委负责人以三人为限。

注：我以为常益、衡岳、湘中三个中心县委实际等于特委，因为这三个委员会都有自己独立的负责人，他们要经过县委才能领导支部，这和湘南特委是一个形式。

（3）区委、支部和小组：

湖南省，区委在农村中尽量以一个乡为范围，支部以保为范围，小组则以五人为限。

### （十一）县委的领导

大部分在改进中，部分县委能够独立自主地进行工作，如决定保、甲长人选，介绍教员，参加民众武装，揭破与排除汉奸势力，慰劳过路友军，组〔部〕担架队、公路大道破坏队，办壁报，开书店，各县都有些收获。

### （十二）区委

大部分缺少自动工作能力，区委干部多数是不脱离生产的，常常感觉到时间不够。

不能明析的建立各部门工作，书、组、宣等所负工作差不多无什〔么〕分别，每个人分配着去出席支部〔会〕。

区委干部以政治、文化水准较低，不善于作政治分析和报告。

自己的力量差不多都不能独立开办训练班。大部分还不善于研究工作经过，提出工作经验。

总之，湖南大部分区委还只能被动的执行县委的指示，缺乏独立工作的能力。

### （十三）支部

①会议：许多支部是能够按期或不定期召集的。

②大部分支部不善于认识环境，布置当地工作。在会议时，每每空谈政治。有某些支部逐渐能够关心当地问题，如兵役、征款、改选保甲长、粮食、食盐等问题，支部生活就逐渐活跃起来。

③对于纪律，一般还很少注意，如走动时不知道拿介绍信，不能按月收党费。

④支部委员会的分工，一般是不明确的，很容易弄成书记管理一切的现象。

⑤一般地不知道教育新党员。

⑥支部选举负责人时，常常容易发生"他闲一点，生活有办法一点，可以担任书记"的观点。

### （十四）党内教育

省委前后曾五次办训练班，注意训练〔县〕以上的干部。课程是：政治、统一战线、游击战、民运四项为主，还收获到相当成绩。

县委、特委办训练班颇多，几乎每县都办了几次，因此养成不少新的下级干部。

提高党内学习精神。党六中全会决议传达以后，开始努力提倡，但仍很少成绩。

普遍的训练新党员，在长沙时，省委曾指定专人负责进行过。一般的说，对这一工作是做得太差。

### （十五）执行纪律和思想斗争

对于这一点是注意得太差的，以致普遍发现不缴纳党费的，转移别地不拿介绍信的，不严格保持党内秘密的现象。

1938年南岳集训，三个新党员被威胁时写了悔过书，党给以开除的处分，并通知全党。

新化某新党员同样在被县长威逼时写了悔过书，当给以开除党籍的处分。

……[1]

至于思想斗争的事，1938年在长沙市曾发现恐惧国共重行分裂、马变再现的观念，当时开展全市党的讨论，指明当时统一战线正在开展，马日事变是不会重演的。

1938年底，湖南某些地方曾普遍发生要求把党公开，党指明是太幼稚太危险的见解。

## 第四、统一战线

### （一）开始注意统一战线的工作

湖南从1938初徐老到长沙后，就开始了统一战线的实际活动，省委也就开始注意这一问题，但是当时还只是注意到群众团体的调整。例如：

湖南文抗会在被省党部几乎要强制封闭的时候，党领导他们改选理事会，吸引进去几个国民党员，以免激烈冲突而能继续工作。

国民党要封闭职抗会，省委主张保存职抗会实力，不采取解散的方法，而是并入长沙工抗会。

那时候，对统一战线工作是没有系统、没有计划的。1938年9月听取南方局的报告以后，对于统一战线部门的工作方才有比较正确的了解。依照中央指示，统战部的工作要以专人负责，任务是调查友党、友军和政府对本党态度，收集材料加以研究，指导公开工作同志的工作，调整友党、友军、政府和本党、八路军、新四军间的关系，团结进步分子等。

可是，湖南党省委以下各级领导机关的统一战线部都是有名无实，曾未做过工作报告，党的系统公开了的同志只有任作民、衡阳的李华楳而已。至于因为工作方式不好，行动过于暴露，因而被国民党看出或是被进步分子找到的倒不少，长沙、益阳、汉寿、沅陵、溆浦、新化、邵阳、湘潭、郴县、耒阳各处都有，以致在工作上受到损失。

现在且将以前曾调查过、研究过以及和政府、友党、友军等关系分别报告如下。

（二）湖南的国民党

1. 省党部：

湖南国民党省党部很长时期以彭国钧为领袖，叫做甲派，和当时掌握政权的何键一派叫做乙派的相对立。

彭国钧到湖北当特派员的时候，湖南国民党的特派员是赖连（琏），赖连（琏）仍然继承着甲派的衣钵。

何键离开湖南以后，乙派很受打击。

张治中主湘政后，复兴社的势力在湖南开展起来。张治中很不满意赖连，常常骂当时的国民党为腐化，为只领薪水不做事的懒东西。

乙派为着保持实力，就各方面找帮手，有的接近进步分子如刘岳厚，有的转入复兴社。

现在湖南省党部的是包含各派的分子，而以甲派即CC派为主，主要负责人为：

李毓尧——主任委员，以前无派，近年加入CC。

肖逢蔚——书记长，CC。

谢祖尧——CC。

仇硕夫——CC。

周邦式——CC。

伍仲衡——以前为改组派。

肖训——

秦镜——

刘岳厚——以前何键派，不负实际责任，被人反对，较进步。

熊雄——F？

黎养牺——F？

省党部移沅陵时，分设湘中、湘东两视察团。现在省党部移茶陵，长沙设办事处，以伍仲衡为主任。

2. 国民党县党部：

甲派（CC派）在各县很占优势，因为他们始终把握住教育机构，以前乙派完全依恃政治势力，这样在各县就不容易固定，很易随县长的进退而转移。而甲派则根深蒂固，现在各县党部书记长差不多全是教育界人。

祁阳、零陵、永州几县县党部在省党部改派书记长时，曾拒绝交代印信，发快邮代电，反对撤换，结果是失败，因为他们是乙派。

国民党的党部在各县无论有无党员是要设立的，因为好安置人，好发通电，拥护某某，反对某某，至于党权高于一切还是政权高于一切，这要看政权是拿在那一派手里。何键当权，乙派的党权自然高于一切，现在是薛岳高于一切，CC派很能和薛岳合作，所以也看不出党权怎样低于政权。张治中时代是政权高于党权。

3. 国民党的党员和组织：

国民党的组织还是往昔的一套，县以下设区党部，区以下设区分部。

国民党的下层组织，原来久已有名无实，不能开会，不能工作，谁是党员，要不是位居要津的，大概都不知道，尤其是乡下零星的党员，或许有，组织就不易找到。

不过抗战以后，受了中共工作发展的刺激，1939年以后，也来了两个收拾残局的办法，一个是重行登记，一个是大批征求党员，高叫着湖南五万个党员的口号，这一来就发生许多新的现象。

宁乡某国民党老党员接到省党部通知书，要他登记宁乡几个乡的党员，他着急得没办法，叫大家来登记，于是只好掏腰包请客，才登记了二三十人交卷，自认大触霉头。

高叫下乡运动，到四乡先设起区分部来，再送登记表、入党表，请求土豪劣绅加入。

到各种训练班（如社训干部训练班，暑假学生集训队）、中等以上学校、小学校职员、教师、各种救亡团队等去强迫加入国民党，许多处所为着这件事和三民主义青年团冲突起来，因为三青团也正在那里抢团员。如是，国民党去宣传"要加入就加入党，可以做官，三青团是乳臭小鬼！"三青团去宣传"三青团是复兴国民党的，党已经腐老了，没有希望，要有好前途的加入三青团！"常常逼得青年们走投无路，痛哭甚至牺牲职业或学业。

现在国民党叫出每个公务员、每个兵、每个铁路工人、每个汽车路工人、每个乡保长、每个小学校教员都应该是国民党员。谁拒绝他们的强迫征求，谁就是共产党，就要将他撤职。

我以为：如此努力拉夫，五万个党员的数目会是可以完成的。不过在许多偏僻县，如湘西、湘西南某些县份，国民党恐怕还只有县党部一级的组织。

### 4. 国民党中进步分子：

被国民党强迫征收入党的许多青年，当然有许多是进步的，这一种我不说。

国民党老党员里面，仍然有些进步的分子。保靖县党部和三个进步青年一起工作，通过县党部要求我们派干部帮助工作；溆浦龚某请某同志编辑他所发行的晚报；刘岳厚开办《开明日报》；徐某女士请某同志为副乡长。

县长如以前南县的蒋先启、张某，都是愿和进步分子合作的；以前岳阳某县长也如此，不过都以不善掩蔽被省党部所密告被撤职了。

其余办理学校，请进步分子当教员；公正士绅与进步分子共同经营书店（郴县、邵阳、茶陵、沅陵等处）、办报纸（如唐某）、办刊物（如邵阳唐某）、研究政治形势（在益阳、南县等处），保释共产党员（衡阳中共党员被人诬为土匪捉去，士绅保释）的人到处都有一些。

### 5. 三民主义青年团：

湖南三青团原来指定酆悌为团长，酆被枪毙后，许多时期没有团长。1939年改定薛岳为团长，朱经农、李扬敬等为常委，总团部设长沙，总团部以下设：

长沙区团部：辖平江、浏阳、宁乡等县。

益阳区团部：辖常德、汉寿等县。

邵阳区团部：辖武冈、新化等县。

衡阳区团部：辖衡山等县。

沅陵区团部：辖辰溪、溆浦等县。

未正式成立团部的设筹备处。

三青团的各级主任都是指定的，对团员异常专制，团员仅能听命令而行动，不必经过什么会议公决，每日要向主任做工作报告，稍不如意就受凌辱。衡阳三青团某主任常常叫团员进办公室，立正半天，不吩咐一句话又斥令退出，使团员闷得哭脸。

三青团团员一部分是集中住起来，编为工作队的，经常出外工作，如写标语、扫街、街头宣传、写壁报、维持本会会场秩序等等。他们穿整齐制服，食用由团供给，此外有不供宿食、不集中住的团员。

在三青团的领导之下，常常组织服务队、工作队一类团体在其指挥下进行宣传工作。

三青团的团员很普遍的是强迫拉进去的，自己投进去的多半是要求解决衣服和饥饿问题的，当然有一部分是国民党豪绅、资本家的子弟。

三青团在湖南青年中、社会上都还没有什么信誉，他们在长沙组织有社会服务部（开设食堂、寄宿舍、娱乐场、浴室、理发所等），在主要交通县开设有青年书店，据说这是要养成青年人服务社会的能力。

**6. 国民党、三青团对本党态度：**

湖南国民党和汪精卫似乎有些默契，由什么事实可以证明呢？

（1）汪派刊物由党部散发。

（2）汪发表"艳电"后，各地民众要求反汪，沅陵（省党部）、衡阳、祁阳、零陵、湘潭的党部都是禁止反汪运动的。

（3）衡阳县党部以向、李等刊售反汪小册子，乃借口未经审查，违犯出版法，拘捕李同志，交涉才释放。

（4）《民意》等汉奸刊物，可以在许多书店贩卖。

所以国民党省、县党部都是反共的，张治中时代还稍许不同一点。他们都是两面派，党公开同志和他们见面时，就很讲客气，背面就来厉害的。他们的办法是：

（1）严密监视各公开机关和个人（如通讯处的徐老）。

（2）对中共党员登记、盯哨〈梢〉。

（3）威胁那些接近中共的青年。

（4）不断令党、政、教育各机关造谣诬蔑，防止中共活动。

（5）以汉奸、土匪破坏兵役，扰乱军心等名义逮捕中共党员。

（6）随意没收马列主义及一切进步书籍刊物。

（7）禁止机关、学校订阅《新华日报》《观察日报》《解放》《群众》等抗战书报。

湖南国民党对抗战救亡不热心，对反汪运动不高兴，对反共很积极。

湖南三青团也是反共的。邵阳三青团对封闭《观察日报》很出力，并派干部到塘田讲学院去起破坏作用。可是塘田的三青团分子反被我们感动，都痛恨国民党封闭那个学校。

三青团的反共不同于国民党,就是他反共也反汪,并且他还要做抗战救亡运动。

（三）湖南的政府对本党的态度

可以分开来说:

1. 张治中政府:张本人当时强调团结,对徐老很尊敬,对民运很提倡,对国民党的腐化很反对,应该有利于两党的合作。但是他没有下层干部,各县政府差不多都是原来的,他的命令下面可以不执行,各县仍然继续不断发生摩擦,他也不能认真处罚那些摩擦专家。

2. 薛岳政府:薛是平江惨案的指挥者。薛兼湘主席后,徐老三次往见,都被拒绝。他是一部分反共密令的制造者、颁布者,对各县反共案件,没有一件是平允处理了的,他在反共问题上和省党部完全一致。

3. 各县政府:大部分是反共的,但是程度不一致。新化王县长公开反共最早（系在1939年4月）,威逼学生写悔过书;安化县长逮捕××[2];溆浦县长捕×、×[3]等;耒阳捕四人;衡阳捕三人,茶陵杀人捕人各十多个;宜章捕××、×××[4];安仁枪杀×××、×××[5];衡阳杀×××[6]。都明知道所捕所杀是中共党员,这算是第一等反共健将。

沅江县不肯明显捕共,说是不敢作破裂团结的罪魁;长沙县长张某捕中共同志,得到通知后即行释放;徐庆誉专员硬由县保安队手提释放两个中共党员。这都是愿意顾全团结大义,不愿意糊涂反共的。

南县的蒋,沅江的张,可以和中共同志往来,共商工作,这是不赞成反共政策的人。

（四）友军对本党八路军、新四军的态度

驻平江的杨森,临湘、岳阳一带的孔荷宠是执行平江惨案的。

衡阳、耒阳的逮捕中共党员,都是由当时的保安司令现在的行政区专员兼保安司令王昌炽干的。

其他各地驻军,保安团、队等,还没有具体反共的表现,不过据听说李觉的政治部军官们虽不立刻压迫我们,而是采取防止的态度。

驻益阳的川军,驻长沙的军队,政治部和个别同志接近,在他们的帮助下,可以发动民众运动,并捕杀以前铲共义勇队队长、现改编为保安队实在是汉奸的曹明阵,这是一些进步的行为。

（五）阶级间关系的变动

由于我党统一战线政策的正确运用,阶级间的关系显然发生了变化,这一论证表现于以下诸事实：

1. 湖南原为游击区，阶级仇恨本深。从新四军改编后，我们同志能帮助政府清匪，地方安静，他们对中共政策再不怀疑了。
2. 衡阳北乡士绅保释被诬为匪的中共同志。
3. 益阳某老者，宁愿请教于中共一青年同志。
4. 溆浦某将军甘为×[7]同志作保。
5. 一般民众都了解中共的政策，佩服中共的艰苦作风。
6. 一般民众都甚怕国内团结的破裂。
7. 一般民众都把中国不会亡的信念寄托在中共八路军、新四军身上。
8. 中共领袖的传记、陕甘宁边区、延安、八路军、新四军的故事行销各地，极受欢迎。

（六）摩擦和对策

1. 尊重政府和友党，对政府正确设施力加赞助，不同意的加以善意的批评和建议。
2. 各县发生捕人、杀人案件，纯采合法手续，经过政府解决，不准采用破坏统一战线的报复手段。
3. 努力发动党和群众参加政府所号召的国民月会、兵役、劳役、义卖、献金、募捐、募寒衣等运动，得到广大同情。
4. 不收编土匪，不联合土匪做自己力量，尽量说服土匪来大家参加抗战；在必要时，帮助政府清除匪患，使顽固分子无所借口，进步分子同情我们，免除许多摩擦。
5. 对友军、伤兵、难民，我们发动群众慰劳。滇军出征六个月，经过滇、黔、湘、赣数省，从来未被人招待过，经过长沙时，我们发动民众烧茶水、煮红薯招待他们，他们感谢得几乎流泪。对伤兵、难民的慰劳，我们同志总是很亲切，常常被管理人发觉而拒绝去工作。
6. 号召同志熟悉工作环境，在群众中努力提高信誉，争取群众，团结进步分子，孤立顽固派，使下层行政机构逐渐改良。
7. 发动广大群众推动政府或友军排除顽固派头子。益阳曹明阵的枪毙，是因为民众有几百千把的呈文请求政府处决，是因为广大群众指证曹明阵杀过〔我〕军、埋枪枝、作汉奸的阴谋。长沙民众自卫队副队长盛渐逵的被撤职，也是因为广大群众的告发。

### (七)统一战线工作的经验与教训

1. 统一战线的巩固主要的是下层做得好,上面的统一战线容易碰到一群不谈合作、面善心狠的顽固派(湖南国民党是从来不愿意和我们往来的),下层士绅反倒可以得到很多了解我党政策、同情我们的、诚心和我们合作的进步分子。

2. 国民党、三青团都采用强迫加入的方式,自然有不少的进步分子加入了国民党,但是这些人自己并不愿意戴国民党的帽子,他们对国民党反而悲观失望,所以在政治上固然要强调国共合作,实际上还是要和进步分子合作,你硬说他是国民党,他反而不敢亲近你。

3. 在群众运动中,要努力组织小规模的真正的群众组织,以群众力量争取合法公开(如益阳、常德的工会)。再一点,就是设法钻到合法团体里去。

4. 提高党员的社会地位,设法把握乡村行政机构,进行广泛的民主教育,逐步改善民众生活是我们巩固统一战线的最好方式。

5. 小资产阶级集团,如商会行业工会,我们要加以注意,联络他们或派人参加工作,这如果有成绩,许多时候在政治上是有影响的。

6. 合作社事业我们一定要参加,要领导,我们要在经济上巩固自己的地位,也是改善民生的最好办法。

## 第五、湖南的民运

### (一)由发展到沉寂

湖南民运和整个政治形势相配合,是由发展走向沉寂。抗战初期,民运相当获得自由,首先是长沙,逐渐发展到各县,但是他还限制于文化界、上层知识分子,还没有深入到工农中去,还限制于进行抗战救亡的宣传,还没有接触到广大群众的实际生活上去,差不多仅仅做到这个阶段就遭逢到无理的统治、压迫和解散的厄运,现在又是死气沉沉的了。不过仍然要承认,初期民运在宣传抗战救亡、统一战线的理论上,有不可磨灭的功绩,影响到以后工作的开展,还是有多少基础可以凭借。

### (二)初期民运的情状

初期民运有他几个特色,就是:①多半是由外来知识分子、文化人或中等以上学生所发动。②多半是不事先取到合法地位。③是由于广大群众的拥护、参加而很民主的。④他们的行动是为着坚决抗战,坚持团结,是一种活跃的进步的姿态。例如：在长沙成立的文化界抗敌协会、职工抗敌后援会、中苏文化协会湖南分会、世界语学会、战时青年服务团、一致剧社、一九三六剧社、许多的歌咏队、读书会等等，都是由平津、上海等处来湘的教授、学生所发起，所组织或是所领导而成立起来的。他们都不先通过政府和国民党的允许和登记，他们都有几十或几百个实际参加会议、参加选举、参加工作的群众，他们召集群众大会、演讲会、游行大会、演剧唱歌，慰劳伤兵、难民，开政治座谈会，办政治的、游击战研究的、医药救护的、世界语的、俄语的训练班，他们这一套工作方法和方式很快的传达到了各县。文抗会的宣传部并且有外县通讯课，经常通讯的有三百多人。

### （三）原有的合法团体

各种各类的合法团体可以说是应有尽有，湖南省抗敌后援总会、湖南省妇女会、工会、农会、商会、学生会、新生活运动促进会、佛学会等什么都有，并且各县都有分会。这些合法的群众团体，也有几点特色：

①经过政府登记，并受政府党部津贴。

②除商会、学生会、工会以外，都没有会员，工、商、学生会会员是必然的（或者说当然的），不是自愿的，只要你是做生意、读书和开工厂或做工（工会是雇主、工人合一的）。

③开会、选举理事必须得到国民党党部的允许、派人出席和指定名单，他们的决议案和理事，几乎都不被群众所拥护。

④工作是除等因奉此以外的有关抗战工作，就是摊派捐款，摊派寒衣，收集慰劳品，有时乎〈候〉派代表参加"群众大会"，慰劳伤兵，收容难民等等。

⑤各县所有各团体的招牌（只商会是例外），几乎都是挂在国民党县党部的门前。

以上所说是一批古老的群众团体，是大革命时代遗留下来具有外形的僵尸。

### （四）抗战以后新增的合法团体

张治中主持湖南省政时，相当的注意民运，他相当了解古老的合法团体无法动员民众，所以他的态度是：①准许新旧并存，组织一个抗战统一委员会来统一民运，调整民运，推动民运。抗战统一委员会的常务委员以党、政、军诸首脑为主，则加群众团体代表、社会名流（徐特立同志就是以名流资格参加的）为副，设立秘书处，以黄少谷为主任，可是这个统一委员会还没有实际行动起来，就跟着张治中一起下台了。②颁令组织各业、年龄、性别的各类团体，毫没有实现。

薛岳兼理湖南省主席以后，首先取消抗战统一委员会，组织什么动员委员会来管理民运，以省、县的党、政、军的首长为常务委员，参加某些合法团体的代表，于是他成为统治、压迫和阻碍民运的总参谋部。

再要说到合法团体，那就是三民〔主义〕青年团和三青团所组织起来的某些工作队、服务队、宣传队等等了，三青团有完全垄断民运的企图。

男、女青年会，虽然是基督教徒，在湖南很做得一些工作，尤其是宣传方面，如演讲会、座谈会，女青年会的宣传队（演剧、歌咏、壁报，在各县流动的）慰劳伤兵、难民，后方服务站（招待过军和伤兵）等等，颇有成绩。

此外，还有一部分用工作历史、群众力量争取到手的团体，且分述如下。

### （五）我们对于民运的支持

要说到湖南至今还有真正的民运没有被顽固分子完全扼死，主要的当然是群众的力量，再一层就要归功到我党对民运政策的正确。

1. 农运。现在我们并不去组织什么农会，主要的是从改善乡、保、甲下层行政机构着手，竭力争取进步分子或是自己同志当乡、保、甲长。至于这点，越是下层越易得手，乡长多半是由□政府委派或指定的，所以在收获上乡长一级成功的少，保、甲长较多。

依借保、甲机构可以召集保民会议、甲民会议，解决当地日常问题。

依借保、甲机构可以训练民众，如组织联保队，训练壮丁。

农村中进行文化运动，推动进步分子办学校，或介绍进步分子或同志当教员，这一点颇有些成绩。长沙、益阳、新化、邵阳、湘乡、湘潭、汝城这样学校有十多个到五十个以上，全省计算总数在一百以上。

经过小学教员可以做家庭访问，开办学校、补习班、识字班等政治宣〔传〕和文化工作。

农村斗争，在沅江曾发动算帐（问修堤的土劣要帐看）运动，反对贪污，动员数千农户参加；益阳桃花江抗捐运动。

揭穿汉奸阴谋，反对贪污的乡、保、甲长，动员群众破坏大道、公路、铁道，招待过路友军（长沙组织群众招待茶水、红薯颇成功，并组织妇女队替友军缝补衣服，募手巾、棉背心等）。在长沙紧急时，领导群众作清野工作，贮粮、贮盐等等，实际抗战救亡〔工作〕都能注意去领导着做。

2. 工运。长沙大火后，湖南不多有的产业工人星散，大部分失业。纺纱厂迁移到沅陵；被服二厂在沅陵、祁阳等处开工；很大数目的长沙手工业工人也解散了；很多泥木匠被征到茶陵去修省政府房屋（据说有三千多人）。其余常德、益阳、衡阳、邵阳等城以被敌机轰炸奇惨或被威胁，工厂迁移下乡。军事工业、公路、铁路对工人防范极严，以军法制裁工人。对工运开展是有新的形势，并且是比较困难的。

湖南干部中，工运干部是特别缺少，一个安源老干部派到锡矿山工作，不能有很好的收获；军工厂中仅保持一些个别线索；衡阳中央皮革厂曾有读书会的组织；铁路（衡阳粤汉路工）工人有饭党的组织；锡矿山有工人学校；祁阳有工人俱乐部。产业工人中的工作，其他无足道的。

说到手工业工人的组织倒稍许有一些，以前长沙的织布工会、缝纫工会都可在党的领导下工作，现在解散了，削弱了。此外可以说的有：

①长沙铜官陶业工会：会员三千多人，办有工人子弟学校五所，可惜不善于作改善生活与组织合作社等活动，现在以货无销路，工人穷困已极。

②益阳总工会：以织布、漂染、造纸、织袜、竹业、豆腐干业为主要力量，共百多行业的联合组织，会员共二万多人，是由党领导组织起来的统一战线的组织，现在很被三青团所注意，常务理事陈××有被收买动摇的可能。

益阳失业工人组〔织〕救护担架队，共一百五十人。

益阳织袜工人曾作加薪斗争，调解结果，增工资每日三至四分，但领导者被开除三人，不是完全的胜利。

工会常领导工人作募捐、募寒衣、掘汽车路、组织自卫队等工作。

③常德：以国民党怕工会被我们操纵，两年多以来还只是一个总工会筹备处，团结工人约三四百人，领导救亡运动。

④汉寿：有三十多余〔个〕联合组织的总工会，以木业、缝衣、码头工人为主，是统一战线的组织，工会主任刘某是CC派，但罗（□□）、曾（□□）两同志极得工人信仰。工会所属惠贸合作社共计有工人数千人，工会和政府及驻军（川军）的关系颇好，组织得有担架队。

⑤沅江：正在进行筏业工会的组织。

其他各处工运没有什么显著成绩。有许多地方党，在主观上还忽视工运，也不懂得怎样开步走。

3. 青年。关于青运，青委李锐同志已来此，当有详细报告。为简略起见，以前的都不谈，现在还在继续工作的有：

①湖南大学的学生自治会。

②桃源女中的学生自治会。

③长沙的育英儿童工作团：儿童三十人，在湘潭、湘乡、邵阳、衡阳、耒阳等县巡回工作，颇为民众钦佩，也被国民党忌视，拟往桂林。

④江苏青年工读团：在泸溪工作颇有成绩，得当地民众拥护，成为当地工作树立的基础。工读团是黄炎培等领导的。

⑤长沙战时工作队：原为党、政当局所号召组织，共四队，在四乡巡回宣传，现有三队可在我党领导下工作。

⑥湘乡的战时工作队：在紧急时，我党同志脱下长衫组织担架队抬伤兵，民众感动，一时参加者二百多人，为政府所奖励。

⑦衡山战时工作队：参加者二百多青年，工作颇积极，被三青团胁迫解散，于是他们都加入了南岳游击训练班，毕业后派前线工作。

⑧溆浦民国学院的前进社：参加者四十多人，出前进刊物，名《文化战线》，可惜作风太左，不能团结全体同学，以拒绝某些分子加入，让他们另组织一个"立□"社相对抗。

⑨基督教女青年会的宣传队：以前在衡阳、邵阳一带工作，颇著声誉。

⑩自治女校迁衡阳乡下，以作农村工作太积极，被国民党压迫撤销某教员职务。新化的上梅，益阳的蔚南，长沙的育英都和自治〔女校〕一样是进步的学校。邵阳的求实女校也是接近我们的。

⑪其余有关青运的各中等学校内的活动，我不详知。

⑫民先队依据党的决定，许多地方刚组织起来就要他们取消，费了不少唇舌去说服，现在都取消了。

⑬武冈塘田战时讲学院，省委用很大力量，看为湖南青年干部训练的大本营，1939年5月被武装包围解散了。

湖南的青年运动还限制在知识分子群中，工农的青年的组织和活动还没有开张。

青年运〔动〕还主要的限于作救亡运动，为青年本身利益的斗争还没有发现。

4. 妇运。帅大姐可以做详细报告。我的意见，以为湖南还止〈只〉有高高在上的妇女运动，全国妇女慰劳总会湖南分会在宋美龄的督促、张素娥和进步妇女热心合作的条件下，安下一个较好的基础，很长的时候在我党影响下工作，主要的也限制在慰劳伤兵、难民、儿童保育上面，真正的组织广大妇女群众为妇女利益而活动，认真训练女干部，则始终未作过。

湖南是过于缺乏工农群众中的女干部。

（六）国民党对于民运的态度和方法

①国民党对于民运的态度是"民可使由之，不可使知之"命令民众、麻痹民众的老办法，例如：

举行国民月会——用警察强迫参加，不参加就处罚。

公民训练——强迫参加，不去的罚款。

壮丁训练——一次不上操罚洋一元。

募捐、募寒衣等——按户、按机关、按学校分摊，强迫交纳或是老实扣薪饷、扣津贴。

《力报》义卖——强迫每商店一份，每份最少一角。

②民运一切统一于国民党：

组织团体——要先呈报党部，取得允许，成立后要登记。

举负责人——名单先交党部审查通过。

开会（连座谈会、读书会在内）——先报告党部，请求派人出席，否则为非法。

纪念会、群众大会——只准由党部召集，一切标语、宣言要由党部审查，盖印后发出，否则为犯罪。

③国民党是需要民众服从他，而自己的利益始终和民众的利益相冲突，□怕民众觉悟和团结有力量起来反对他。反对民主是好由他专制，反对阶级斗争是要工农群众做他的死奴才。

④国民党宣布铁路工人、汽车路工人都是公务人员，都要加入国民党，想这样来防止工人接近共产党，或是更好去执行他的野蛮的党的制裁。因此，国民党的领导者是工农、青年、妇女群众的死敌。

（七）民运的经验与教训

①善于争取和把握住乡、保、甲下层行政机构，这是团结农民的最好方法。因为，这可以相当改善民生，提高民生，调处阶级间的冲突，团结进步分子，打击汉奸顽固派。

②善于利用公开合法的条件。例如，〔到〕各已经存在的团体下去工作，如男女青年会、妇女慰劳会、老牌学校中去工作。育英儿童是以工作成绩先取得九战区政治部的赞许；一致剧社曾以个别社员深得鄢悌信任而取得

登记；以及直接去参加党、政、军队所组织的服务队或工作队，更用不着自己去登记。

③要合乎广大群众的要求，用群众的力量去争得存在。如常德、益阳、汉寿等处的工会，如祁阳的工人俱乐部，都是因为下层工作做得好，就可以保持自己的领导，国民党想要破坏也不易。

④要善于推动与团结进步分子。许多学校因为维持在进步分子手里，男女青年会、妇女慰劳会的张素娥等等不容易被顽固分子打击下去，我们能接近他，尊重他而取得工作的机会。

⑤要推动每个支部做群众工作。支部要经常注意自己环境中每天的问题，研究、讨论、决定进行工作的策略，分配每个同志动手才能成功。

⑥要更多的注意工人运动。应该一般的以工运为中心，并由省、县委多多培养工运干部。

⑦不要忽视商人中的活动。商人在城市中的作用并不比工人差，但是我们对这一工作还太少经验。

## 第六、湖南的民众武装

### （一）民间枪枝

湖南是素来不准民间私藏枪枝的，不过这条规定只在湘中、湘北一些县分是如此，一到湘西、湘西南、邵阳、武冈等处就散布枪枝不少，常有大帮土匪集合在那些地方，多的由几百到几千。在陈渠珍的家乡凤凰县，还有不小规模的枪炮厂，手工造枪也颇发达。

### （二）人民抗日自卫军

1938年，湖南各县普遍成立人民抗日自卫军，省设总司令，由张治中兼司令；各县以县长为正队长，另委一人为副队长；县以下分乡设分队，乡抗日自卫队设常备队，人数、枪枝不等，由十多个到三十多个，常备队在本县可以调动，一切费用由各乡自筹。

各县、乡自卫队在乡间所作的事情，是防土匪、抓壮丁、摧捐款，有时候还干涉民间的纠纷，至于汉奸倒未必十分注意。有些地方的自卫队指挥者如长沙的盛渐逵，在长沙紧急时，擅自取消"抗日"字样，压制民众组织游击队，公开对人说他反共不反日，倒真是一个汉奸，和抗日自卫军的名义是相反的。

一般的说，民众武装的领导权都操在土劣之手，每月派用费三五百元，人民不胜其繁苛，现在差不多不能不减少人数，每乡四五人或十人以下。

张治中时代，将所存老废枪枝三千多分发各县，不足的数目，由各乡、各县集款购买。如此计算，这种抗日自卫军人枪总数在二万到三万元之谱。

这种武装大部分是土劣自卫的，未见得能够抗日。我们家乡在去年秋，日军来到时，他们都丢枪跑了的。

壮丁训练，主要的是教的立正、稍息、开步走、敬礼等，碰得有驻军好的，可以请到军队里的教官，教以开步枪、机关枪、掷手榴弹等（如在长沙），对于抗战是有实际用处的。这种壮丁训练很普遍，十八岁以上四十五岁以下一概强迫参加，人多就分批训练，每批教一个月，每日早晨两小时，因为不用政治说服，纯用武力强制，人民怒愤，而又无可如何。

### （三）抗日游击队

政府不准人民擅自成立游击队，岳阳未陷落时曾组织三百人以上的游击队被改编，溆浦曾由我党同志号召武装民众，集合两百多人开前线参加游击，被强制改编，大部分逃散。

一般民众，对于游击队的干部是欢迎的，尤其是农工群众如此。我们经常作这一准备，到沦陷时可以组织小的游击队。

从临湘、岳阳一直到赣北，有一个游击总司令，是樊松甫；孔荷宠是岳、临、鄂南一带的游击司令。

湖南的党现在还没有直接领导游击队，将来如果能发动游击，则干部异常缺乏。现在只能在训练干部，讲游击战术一课，实际经验就很困难。

## 第七、敌人、汉奸在湘情况

### （一）敌人的进攻

从1938年11月以来，敌人的进攻停止在新墙河北岸。

1939年9月26日，日寇先遣部队曾到过长沙市八十多里的麻林桥，只停留一晚就迅速撤退。陷落才四五天的湘阴县城、平江县城又告克服。

湖南被敌沦陷的地方，至今还只有临湘、岳阳两县的大部分土地。

### （二）敌伪汉奸的活动

敌人时时企图由鄂南、岳阳、赣西北分途进攻长沙和由广州北犯之敌会师衡阳，打通粤汉线，切断东南与大后方交通，这一计划是一定有的，不过总要算碰了一次打击了。

敌人由湘北撤退时，仍然施用他的怀柔政策，被虏壮丁大部分到岳阳后，发盐一大碗或米一大碗遣回，站队训话说："日军不杀百姓，是我救大家的，下次来的时候，你们不要怕，不要逃跑，要欢迎皇军"，云云。

不过，敌人已经做了不少杀人、放火、强奸的"成绩"，民众不易被骗。

敌人在进攻长沙及平〔江〕时，常由飞机投下武汉、南京的汉奸报纸，散传单，散汪精卫的宣言，散反蒋、反共的小册子，散优待证，劝告军民不要抗日、携械投诚有赏等鬼话，不过一般民众不敢收藏，拾后就烧掉，怕有汉奸嫌疑。

汉奸到处活动，如益阳的曹明阵，长沙的盛渐邃，还有一个曾是铲共义勇队的周八胡子、丑先期等都是汉奸，他们的部下公开对人说："日本来了不要怕，唐□到湖南来当省长，都是我们圈子里（青、红帮）人，我们还会有官做呢。"

湖南国民党大部分有通汪嫌疑，他们替汪散小册子，禁止民众反汪等可见端倪，或许是机会还不成熟罢了。

（三）我们对敌人、汉奸的对策

①加紧对民众宣传，揭穿敌人诡计、汉奸阴谋，坚定民众抗战信念。

②搜集汉奸证据，发动民众督促政府给汉奸首〔领〕以严厉制裁，同时向糊涂虫小汉奸加以说服。

③尽量开展反汪运动，到处促成并参加反汪运动。

④训练民众、武装民众，预备和敌伪汉奸坚持干下去。派同志加入自卫队，获得武装，办游击训练小组，到紧急时，党员和群众一起进退，领导群众做收存粮食，搬移妇女、老小等清野工作。

## 第八、今后湖南党的任务

（1）为完成党中央所决定"坚持抗战，反对投降；坚持团结，反对分裂；坚持进步，反对倒退"的急迫任务，应该更加扩大和深入的宣传反汉奸汪精卫联系到反顽固派的工作，揭破敌伪汉奸汪精卫、顽固派等投降分裂、阻碍进步的阴谋和亡国灭种的危险。

（2）扩大宪政运动，普遍到工厂中、农村中、学校中去，提高民众对民主的认识和要求。

（3）认真执行统一战线的策略，和进步分子团结得更紧，帮助他们，教育他们（对政治认识上说），照顾他们，以达到孤立顽固派，打击汉奸汪派、顽固派的反动势力。

（4）以经常照顾大众利益，努力工作，注意道德，使党员成为工农中最可信赖的友人；以提高党的社会地位，争取乡村政权，提高民众中民主教育，发展文化教育，改善人民生活，使群众永远团结在党的周围，是克服一切危机，争取最后胜利的枢纽。

（5）迅速在质量上巩固党的基础，这要求改进支部生活，加强党内教育，严格执行纪律，认真教育全党做秘密工作，清洗异己分子，使得党不怕任何风吹雨打才行。

（6）所有支部都要参加群众工作，尤其是工人、妇女、青年群众中的工作，应更加多多研究方法，培养专门干部，有计划的分配到工人、妇女及青年群众中去。

（7）对于小资产阶级、贫民、商人、文化界，应加重注意维护他们的利益，因为他们在抗战中、民主运动中都是不可忽视的力量。

（8）改善各级党委的领导方式，县委、区委在领导上要做到自动一些，才能够在党中央、省委的原则指示下灵活的处置一切日常事变。党内秘密交通网，要迅速建立起来。

（9）对革命的长期性、艰苦性估计不够，在某些逆流到来时，张惶失措，以至动摇、自首、悔过。要有预见，从思想上克服这类危险。

## ●注释

[1] 此处编者删去一百二十余字，系举例说明一些自首分子情况。

[2][3][4][5][6][7] 姓名系编者略去。

（《抗日战争时期湖南地下党历史文献选编》，湖南人民出版社1985年版）

# 塘田战时讲学院第二期招生广告 [1]

一、宗旨：本院同人深感民族文化因抗战而中断，特创设本院，期树文化据点于农村，并以为海内倡。

二、性质：本院性质略同旧时书院兼采学校制度之长，指导从游诸子自动研求匡时致用之学术。

三、名额：××添招研究第三班一级新生五十名，附设补习部第×班一级新生五十名，研究生第一第二班二级插班生十名，补习部××……×名。

四、××：研×……×：

××××中×……×近代史、哲学概论、社会科学大意、军事常识、文艺（选修）、经济地理、抗战常识、外国语（选修）、余从略。

研究班第二级：

中山学说、西洋近代史、经济学、现代哲学思潮、军事常识、文艺（选修）、国际问题、外国语（选修）、余从略。

附设补习部第一、第二级：

中山学说、国文、地理、历史、社会科学讲话、抗战常识、××常识、英语（选修）、数学（选修）、余从略。

五、××……×：

学院研究生修业以半年为一学级，每修完一级成绩及格而需要×××修××书，修业满一年成绩及格×××……×书。

六、×……×：

1. ×××学生或有同等程度者得投考研究班，无性别年龄之限制。

2. 初中学生或有同等程度者得投考附设补习部，男女兼收，惟女生采取特殊管理。

3. 甄别手续，入研究班者，举行社会科学、时事等测验，作文一篇，口试；入补习班者举行算术常识等科测验×……×。

七、缴费：

每学期学费十元，膳费二十元（每月四元），杂费四元（每月八角），讲义费一元，学生会会金五角，赔偿准备金五角，共三十六元，均于入学时一次缴足。膳费讲义费赔偿准备金三项均于期终结算，多退少补。

八、服装：

本院学生一律短装，须自备草绿色制服。

九、报名：

报名自二月十日起至二月二十八日止，收考试费二角，远道学生得通函报名。

十、测验：测验定于三月一日举行，远道学生随到随试，报名及测验地点均在本院——邵阳设代办处，地址在湖南文抗会通讯处。

十一、开课：开课日期三月十日。

十二、院址：湖南武冈东乡塘田寺。通讯：邵阳南路塘田寺邮局。

院　长　覃　振

副院长　吕振羽

中华民国二十八年（1939）元月三十日

## ●注释

[1] 此原件存湖南省博物馆。文中"×"号为原件模糊之处，字迹无法辨认。文中标点亦为编者所加。——编者

（《抗日战争时期党在邵阳的活动》，邵阳党史资料丛书第1辑，1985年10月）

# 塘田战时讲学院二十八年春季招生

民国二十八年（1939）二月二十六日

一、研究生新生一班50名，插班生15名，投考资格限高中或大学程度。

二、补习班50名，插班生10名，投考资格限初中程度。

三、收费：全期各费共36元，一次缴足。

四、报名：2月6日开始，开学定3月6日，简章函索即寄，须附邮票2分。

五、邵阳长兴街孤儿院湖南文抗会通讯处代办报名测验，由本院常务董事陈润泉先生主持。

六、院址：邵阳南路塘田寺。

院　长　覃　振

副院长　吕振羽

抄自湖南省博物馆

（1）310722

（《抗日战争时期党在邵阳的活动》，邵阳党史资料丛书第1辑，1985年10月）

# 塘田战时讲学院院歌[1]

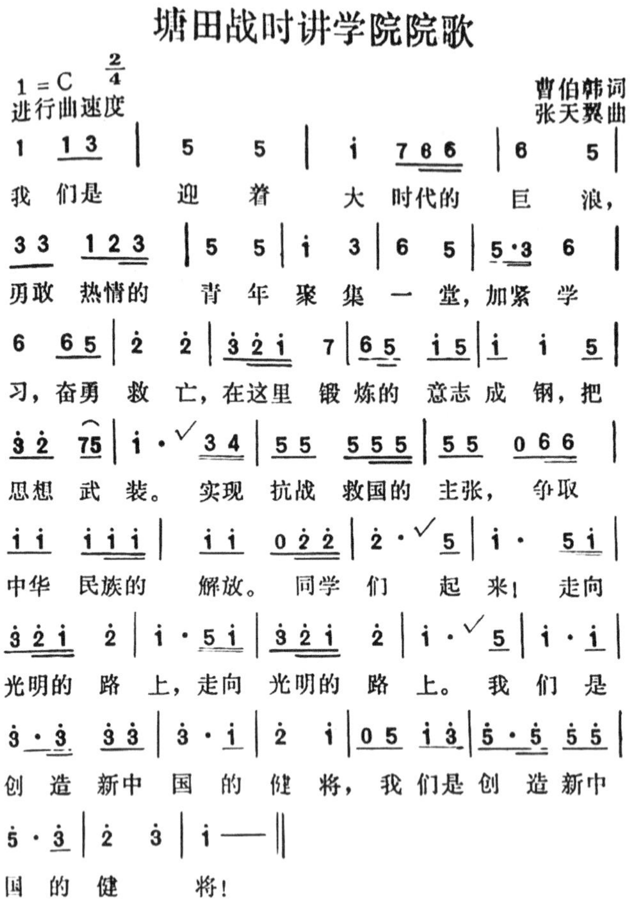
塘田战时讲学院院歌
1＝C 2/4
进行曲速度
曹伯韩词
张天翼曲
我们是迎着大时代的巨浪，
勇敢热情的青年聚集一堂，加紧学
习，奋勇救亡，在这里锻炼的意志成钢，把
思想武装。实现抗战救国的主张，争取
中华民族的解放。同学们起来！走向
光明的路上，走向光明的路上。我们是
创造新中国的健将，我们是创造新中
国的健将！

## ●注释

[1] 此歌系1983年10月根据塘院老同志座谈会上部分老同志回忆及合唱录音整理，并经邵阳地区文化馆音乐专干姚林同志作了技术处理。

（《抗日战争时期党在邵阳的活动》，邵阳党史资料丛书第1辑，1985年10月）

# 年青的学校——邵阳通讯[1]

我们的"塘田战时讲学院",从9月16日那天诞生到现在,快五个月了,这到底是个什么样的学校呢?

## 优美的塘田

听你站在学校那一面,都可以看到山。夏天,青郁郁的树林,象一道篱笆样的把我们学校围护起来;冬天呢,一个一个巨石竖立出来,站在那里,好像穿上灰布风衣的哨兵。但是你要到山上去,还得经过水田,穿出树林,同学们吃完晚饭,就爱在这儿谈天、散步。还有校门外那条不大的河,无论你是在河边那白沙发一样的沙滩上跑跑也好,或一动也不动躺在那里,目光注视着那又怕又爱的水面,都好极了,仿佛自己是躺在白(发)如银的祖母的怀抱一样。

## 我们生活在民众中

我们才幸福哩!因为我们真正生活在老百姓的中间。

我们一出学校,便碰着那土头土脑,背起锄头,缠着腰带的老百姓,他们只会很亲爱的望着你笑,或干脆的一动也不动站着,注视你的衣襟,不然就张开大口喊你一句"先生",很难——简直可说不会遇到"早安""你好""我好"之类所谓交际语。常来碰,碰熟了,在校内都可以经常碰到,尤其是倘若你到他们家里去进行访问的时候,他们会请你吃混浊的茶,自己田里出的甘蔗和花生,吃饭、吃酒,而且你是非吃不行。他们还使自己的儿女们叫我们叔叔、哥哥、姑姑、姐姐,实际上已把我们看作他们家庭中之一员了。

## 划阶段的武汉失守

我们学校创办的宗旨中有一点是"期树文化据点于农村"。虽然我们战时讲学院的文化是离不开战时的,但在武汉失守后我们学院不但要担起延续民族文化的责任，并且要"树立救亡工作据点于农村"。使我们的学院成为救亡工作的策源地，更积极地去参加争取民族解放的斗争。在学习方面，以前的选修课除不为目前所急需的取消外，一律改为必修，并将内容改得更加切实，如政治经济学改讲社会学概论，文艺创作改为通俗文艺等。并将那本不入正流的戏剧、歌咏也列上了课程表。工作方面以前仅仅只有单零零一个半身不遂的壁报，同那个用来点缀点缀纪念日的戏剧。后来便不同了。有正式的壁报社，在外面设立壁报站。画漫画的漫画组，经常排演的戏剧团，唱歌的歌咏团，打进老百姓中做工作的访问队，开办民众学校的民众教育部。我们提出了"工作第一"的口号，每人至少得参加一种工作。生活方面，以前是无规律的，可以自由行动的。武汉失守后，课程表上多了一种讲游击的军事常识，我们生活便规则起来了。早晨天一亮便爬起来到操坪——实际上就是一个围着几株古树，牧童耍玩的草坪里跑步。上午上课，下午工作，到操坪去上操。晚上开会、自修、睡觉。但这并不是学校在武汉失守后一种新的教育计划，这是我们同学在学校召集的临时座谈会里讨论出来的结果，请求院方实行的。

## 生活检讨会同小队会

我们学校是有很多会的，各工作部门有自己检讨同计划的会，各种课程有各科的研究会，有分析国内外时事的时事讨论会，有解决青年切身问题的青年问题座谈会……但其中最特出的要算是生活检讨会、小队会同晚会了。

生活检讨会虽是没有定期的，但差不多每两星期都有一次，主要的是为着改善我们的生活。在这里，我们可以谈到学校行政、学生会的工作，师生工友们的私生活，甚至同学间所闹的小孩子脾气。总之，只要是包括在我们生活范围里的，都将毫无掩蔽的被提出，受到那一点客气都没有的检讨和批判——但这些都是善意的。所以一提到生活检讨会，便立即令人有严肃之感，但绝不会有不寒而栗的事情。

我们是没有一刻停止我们的工作与学习的，这样，一切错误和问题便不断的被发现出来，为了应付这临时发生的小问题，我们有一种小队会，一队通常是十个人，开小队会时有教员出席。这种会自由得很，形式也不拘，由同学提出个别问题——如国内情势，政治问题，工作上所遇到的困难，生活缺点，某同学的顽皮，学习上的问题等，共同来发表意见，我们可以说那些会对于问题是采取阵地战的方式，而小队会则是游击战的，它的作用之大，有如孙悟空身上一根毫毛，解变出许许多多的东西来。

### 星期三的晚上

晚上在星期三，是特别令人感到愉快和高兴的——因为这是晚会的时间呵！

早遇几天，晚会主席便到处钻来钻去，像一只小老鼠样在发掘新的节目。

"我们是迎着大时代的巨浪，勇敢热情的青年……走向光明的路上，我们是创造新中国的健将。"灯一亮，大礼堂便浮荡着一种愉快的雄壮的歌声，团团的聚集着全院的师生工友同跑来参加的附近农民。我们的晚会开始了，于是东边一个提议，西边一个赞成，"李先生讲笑话""周工友唱山歌""欢迎我们的邻居唱小调""薛同学唱祁阳戏"，掌声、笑声、粗大的、尖锐的，各色各样的声音，充斥着这个满有生命力的会场，什么故事、笑语、山歌、小调、渔鼓、大鼓、平调、地方戏、抗战歌曲、外国歌曲……花样又繁多，又新奇，同学、先生、邻居、工友闹作一团，——但绝对不是胡闹，一直要到"起来，不愿……冒着……前进！进！"的义勇军进行曲唱后，会场才得平静下来。

当我想到初来时连黑板、连铃子都没有，仅仅一所行将倒塌的大住宅，居然被赤手空拳打出这么一个有声有色的天下来时，不禁又深深地加强了对"抗战必胜""建国必成"的信念了。

### ●注释

[1] 原文载民国二十八年（1939）二月二十六日《抗战日报》（星期日）第二版"青年列车"第四期（青年列车社主编）。

（《抗日战争时期党在邵阳的活动》，邵阳党史资料丛书第1辑，1985年10月）

# 抗战戏剧在塘田[1]
## ——"我们的工作"之三

吕健云

小陈睁圆了眼睛,翘起了嘴巴,斜倚在礼堂的墙边,叽里咕噜道:"整天地跑,来回三十里,吃了粥饭去,演了戏,又得饿着肚皮赶回来……"

"可不是,昨天打白仓回来,几乎把肠子都饿断了。"艮望着小陈笑眯眯地说。

这些话头,马上便引起站在礼堂的一堆女同学的共鸣。"我的腿简直酸得要命。"

"还说腿酸,我脚底这个冻疮,这几天都给挤破了。"秦擦了擦她的脸说。

"也没见我们这个话剧团,什么东西都没有,连景布都要向人家借,你看,昨天拿人家的门帘,黄的,白的,拼凑起来代替,成什么样子!"

"这是艺术化呀!"

大家都笑起来了,嘻嘻哈哈的声音,几乎要挤破这个礼堂,把屋顶冲飞去。

云夹着一大卷壁报,标语,后面是民教部长姜,手拿着一根小竹棍子。

"同学们,我们走吧,今天是我们这个宣传周最后一天了,要多卖点劲呀!"云走进礼堂,便打起喉咙,笑嘻嘻的喊。

天扮着鬼脸,阴沉沉瞧着大地。空中灰色的云块,互相追逐着,太阳想从那稀薄一点的云层挣扎出发愁的脸来,呼吸呼吸空气,但马上便给她身边的一朵淡黑色的云拦住了,冷气正像一个恶魔样的盘踞着田野。风无情的刮起落叶,戏弄着这一群在途中工作者的衣襟,拍击着他们的脸。我们是正向水西唐家行进着。

这简直不是一条街,两旁约莫有五六间小铺子,街道是充满了杂草,旧布条,甘蔗皮,花生壳……。铺子里的人都站了出来,直瞪瞪的望着我们。几个在街上乱奔乱跑的小孩,一见我们,便很恭敬的向我们行礼,关心的问:

"先生！怎么今天这么多的先生来上课呵？"

当我们把原因告诉了他们的时候，这群小孩便四道乱跑乱嚷：

"先生们来了！"

"演戏了！"

据姜同学的报告，这就是此地民众学校的学生。我们唱了一个歌，通过这街道，就在这街道不远的地方停了下来。

保长来了，带来了一大缸茶，向我们说了许多"对不起""辛苦了""难为先生们""我们乡下人，不晓得的地方，请原谅"一大套感谢的话头。

保长走后，一个同学说：

"过去有许多做工作的一提保甲长就头痛，说他们全是坏蛋，我看，也不一定，只要自己好好应付，不逗起他们恶感，保长也有好的，像刚才这个。"

"我来的时候，心里还懒懒的，有些不情愿，这一来，我倒非卖劲不可了。"

这时，云慢吞吞的走进来，两只手扣在背后，皱着眉头道："他们弄的台实在太小了，地点又不好，怎么办？""在哪里？"坐着的同学，一面问，一面便都拥向校门外去了。

舞台是我们没来，就给当地老百姓弄好了的，在校门旁边的田里，是几张桌子凑成的。

同学都挤在这狭小的台上，感觉到这台实在是太小了。都乱七八糟的出主意，有的说要找些木板来重新架一个，有些说只要再找几张桌子来凑实些就行了，有些却主张另找一个地方。

导演王先生指着面前那土坑，对同学说：

"那个地方很好，弄一个露天舞台，真不错呀！"

他摇摇摆摆的向土坑走去，同学们都跟在他的后面。

爬上了土坑，大家都说，这地方不错，很好。

"我们干起来，派谁去借东西？"王先生扬起手，对同学说。

那个戴眼镜，有绅士风度——我们的大哥郑，第一个答应了。

好几位同学都说愿意去，于是便由王先生指定五个人同郑去借东西。

东西借来了，锄头、竹杆、绳子，还有一床大垫棚，一张旧行军床……

跟着这六个借东西来的，有那个保长，保长背后还有两个人，背着两大捆甘蔗。

郑一到大土坑上，便对着大家，指着保长与带来的那两大捆甘蔗，说：

"张保长太客气，我无论如何要他们不必带来，他总要送，哈哈，哈哈……"

"真太对不起各位先生，我们乡下人，没有什么好东西，这一点点的，请先生们不要见外。"张保长向前走了一步，对我们说，两个背甘蔗的，也附和着。

我们客气客气了几句，两大捆甘蔗被领受了下来。

同学们一面吃甘蔗，一面便忙着布置舞台来。挖的挖，架的架，竖的竖竹杆，有些便去拿绳子捆扎，不到十来分钟，一个露天舞台便叫我们弄成功了。

台前黑压压的，站着有老头子、壮丁、妇女儿童，闹嚷嚷的来了两三百人。

阳光已从云里逃出来了，无力的照着我们。我们一些人去台后化装，一些在台前对这些老百姓唱歌。通常，歌咏总是在戏剧前头，起先锋作用的。

戏一幕一幕的演下去，老百姓们出神的望着，到那"上前线去"汉奸要打死伤兵的场面时，群众发怒了，他们喊：

"抓住，抓住那汉奸，打死他！"

待看到"打鬼子去"中日本兵的残酷时，他们又不住的摇头，发出"日本人真不是东西"的叹息。

到"烽火中"，他们可怜着难民，老太婆流了眼泪，他们诅咒汉奸，当看到我们的游击队出来时，都高兴地笑了。

在我们演完戏走的时候，他们又围着我们，问多少时候再来，张保长一直送了我们一里多路，说了很多感谢的话，又约了下次一定来，才回转身去。

3月20日——塘田市

● **注释**

[1] 原文载民国二十八年（1939）四月一日《力报》第四版

（《抗日战争时期党在邵阳的活动》，邵阳党史资料丛书第1辑，1985年10月）

# 塘田战时讲学院全体学生告别武冈人士书[1]

吕振羽

武冈全县父老兄弟诸姑姊妹公鉴：

  日寇侵华，民族文化备受摧残，多数青年失学，流亡载道，生等怵目惊心，颇认识战时文化特殊之需要，故无意于名山之恋，唯冀获短期训练，俾想学一技之长，献身祖国，然此类学校为数不多，且以资格限人，官墙难越，生等彷徨四顾，莫知所之，幸赖塘田战时讲学院于去秋成立，其创办人为党国名流，为文化界之硕彦；其招生苟具备相当之基本知识，而有志求学者，并无学历资格之限制；收费较普通中学尚低；其课程亦深合乎战时需要。复得湖南第六区保安司令与行政督察专员出示提倡，生等以为此乃天与之求学机会，不可交臂失之，因是先后来院就学焉。

  生等入院以来，见院内师长一言一动不稍苟，其艰苦奋斗，初非驱于名利之念，所授课程除英文、数学、自然科学等基本学科外，其他如中山学说，社会科学等，均系根据三民主义之最高原则，参考国民党抗战期间之文献，以说明科学上之一般理论，平时纪念集合亦无不谆谆以忠诚团结举行最高领袖抗战言论告诫生等，以是默察由院举办人之旨趣，实为忠实恪行三民主义与抗战建国纲领，盖已充分认识对我国民族之责任，故不得不为战时文化尽其所能耳。

  生等读书之余，师古人经义治事并行之遗意，并遵照领袖之所昭示，学生在抗战期间，应有一技之长，为国服务，颇致力于抗战宣传工作，如戏剧、壁报、访问及民众学校等，所用材料总根据领袖言论、政府法令，工作时且取得当地教育委员会或保甲长之指导，生等皆纯洁之热血青年，凡此诸端，无非辅助政府推行法令，且为当地民众服务，我武冈父老审迹本院，于此等情形，谅能洞悉无遗，毋使生等之喋喋也。

  不幸本年四月二十一日，时在本院开办七个月之后，第六区保安司令员及行政督察专员，以及武冈县政府突奉省令查封本院，其理由为根据密报，本院既未呈准主管机关立案，擅自招收学生讲学，其所讲授之课程，又多不利抗战之反动思想,显系别有作用云云。生等闻悉之余,不胜惶悚,问之本院当局。本院固未尝不准备立案也,徒以资金缺乏,又于战时,暂时只能系书院制之过渡方式,最近学院当局正拟进行筹募基金,准备立案,改办平时学院,且开办之初,曾获党国元老之领导,地方当局之提倡与获(按:此处疑有脱落)亦有半立案之性质。抗战之后各地当局以及热心人士,倡办战时短期学校或青年训练班等,有如雨后春笋,因均实际有利于抗战前途,或能获得政府及社会人士之赞助,亦未尝有加以取缔或命令停办者也。因本院招生讲学,绝无私擅之嫌,至于讲授课程,前已申述,不但于抗战毫无不利,且处处与最高领袖及最近全国教育会议所昭示之抗战教育原则相吻合,今未受奖而反获罪,宁非无不至奇之事。

由此以定,密报所云,如非恶意诽谤,即系轻信捕风捉影之流言,而非根据目击之事然,盖以本院同学日有增加,成绩蒸蒸日上,必不免招致少数不明大义者之嫉视,由事空穴来风,构成莫须有之罪,案非无故矣。

本院师生以精诚团结为抗战建国之前提,深信此次事件,实由于政府一时误令,诚恐奸人挑衅毁损本院办学之初衷,沾污生等向学之纯洁,故力持镇静,按下内心悲恸,接受政府命令,立即整装挥泪离院,以示朝野上下一德一心之精神,至于获罪之处,本院师生反躬自问,无愧于心。"墨写说谎终掩不住血写事实",深信一时之误令,终不难渔水冰释,生等二百余人,暂时虽有失学之痛,如抗战方针不变,抗战终有发展之机会,民族解放之日,前途幸福,无属无望,失之东隅者固可以收之桑榆也。

本院青年承地方父老之爱护与指导,一切进行俱称便利,使生等得以安心学习,实不胜感激,而生等对当地民众文化工作心有余而力不足,贡献过微,有负父老诸公之期许,今当敌寇犯湘已紧,湖南民众极待动员之际,不得不与诸公别矣,既怀依恋之情,复多惭忿之感,望垂察焉。

● **注释**

[1] 此件存湖南省博物馆。此件系塘田战时讲学院被国民党反动派封闭后撤退至油塘时,由吕振羽同志所作,油印发出。油印者为雷震寰(现在湖南省总工会工作)。江明于1995年10月12日。

(《吕振羽全集》第九卷,人民出版社2014年版)

## 塘田学院被勒令解散 [1]

〔武冈讯〕此间县政府于昨（二十日）发出布告，略谓，以奉上令云，塘田战时讲学院，自客岁创办以来，未经主管机关立案，擅自招生讲学，教育局长杨韶华，率队兼程前往，勒令解散云。

● **注释**

[1] 原文载民国二十八年（1939）四月二十四日《力报》第三版

（《抗日战争时期党在邵阳的活动》，邵阳党史资料丛书第1辑，1985年10月）

# 写在塘田解散以后 [1]

为 容

这一期开学不久，大概是第三次纪念周吧！吕振羽院长便很愤慨地指出了当时外间对我们学院的怀疑，并做了一个无情的揭露与批判。

第一点：外间怀疑：为什么一个青年，甚至以前不太懂事的青年，在塘田读了一个学期，就知道那么多的事，懂得许多理论，在工作上出得许多花样，就是说，进步得太快了。

假如这可以作为他们怀疑的理由的话，那我们认为他们实在太幼稚了，简直幼稚得可怜，站在抗战的立场，这种幼稚的论调是有害的，惨痛的历史教训，难道还给予得不够吗？只有自身力量的从速增长，只有作为抗战中坚的青年的飞越进步，才能抢救中国的危亡；多进一步，便多减少一份痛苦，与他们完全相反，在我们看来，进步得太不够了，太缓慢了。

第二点：塘田的教授，大都是著作家，大学教授，他们往常可以弄到几百元一月，可是在塘田，四块大洋，或许仅仅多一点，他们难道是傻瓜吗？

这点，丝毫不足奇怪，在伟大的民族自卫战争进入紧急阶段的今天，只要不是汉奸，就得认清自己的责任。站在应站的岗位上，贡献所有的一切，为国家，为民族，为神圣的抗战，就得选择最能打击敌寇，最能贡献自己的岗位，而不应该谈到金钱禄位，谈到个人的幸福安宁。抗战需要更多的优秀干部，战时教育在湖南，还没有得到普遍的开展。由于我们本身不能拿枪杆上前线，又不愿苟且偷安，与抗战隔离，我们选择了训练青年干部的工作。因为青年是抗战的将士，是群众的组织者和领导者，对他们多做一份工作，即对抗战建国增加一份力量，这难道有什么奇怪吗？

第三点：有人怀疑我们注重社会科学，而没有普通学校的物理化学。

这一点，我们曾不止一次向当局建议，由各县设立科学馆，以便利自然科学家的研究，和启发民众的科学思想。可是，没有得到回响，经费困难，使我们不能购备科学仪器和各种实验用品。但这是不是说我们不注意自然科学呢？不是的。我们也有数学，有自然科学概论，而且使自然科学和社会科学有机地联系起来。毫无疑义的,我们注重社会科学,三民主义尤其重视。我们不只是叫青年认识现实,忠于抗战,最重要的,是从理论上坚定青年对于坚持抗战,坚持持久战,拥护团结统一,反对分裂,反对敌探汉奸亲日派分子,拥护最高领袖,实行三民主义,争取最后胜利的信心和信念,这难道还不够明白吗?

我们拥护吕副院长这个批判,因为它是全院师生一个共同的呼声。

绝对公开,我们的教育方针,是坚持抗战,坚持持久战,实施战时教育,培养抗战干部,这个方针是正确的。

我们的教学方法,是教学一致,是理论学习与工作学习的有机的配合。因为"理论不和实践联系起来,就要变成无对象的理论,同样,实践如果不以理论为指南,就要变成盲目的实践"。无疑的,这个方法是正确的。

这正确,表现在全院师生工友的紧密团结,对学院的热诚爱护;表现在教学计划与工作计划的如期完成;表现在学校与当地民众感情的融洽,表现在当地救亡运动的开展、蓬勃。

这正确,表现在第六区行政督察专员李琼先生的布告,鼓动学子入院投寄;表现在第六区保安司令岳森将军通令所属一体保护;更表现在我们的院长,董事,是党国元老或军政要人。

然而,果竟被解散了,在敌寇加紧进攻湖南,湖南民众需要着新的觉醒,需要着更多的塘田战时讲学院的今天,被解散了。

我们服从政府的命令——一点也没有麻烦,为的是顾全大局,不给敌寇汉奸以造谣污蔑的机会,我们知道,并不是政府与我们为难,而是别有用心的无稽的密报。政府不得了解我们,然而我们相信,正如我们的教授、国民党员廉先生所说的一样:"在沉痛之余的一缕希望,就是,总有一天,政府会了解我们的。"

在悲痛的话别会中,在情感冲动的哭泣之后,我们全场站立起来,通过了一个坚强的铁样的决议:

"我们是中华民族的优秀儿女的一群,今后坚决继续塘田的精神,加紧学习,加紧工作,在战斗的岗位上,最能打击日寇的岗位上,贡献最大的努力,以邀取政府对我们最后的光荣的了解。"

●注释

[1] 原文载《抗战日报》民国二十八年（1939）五月十九日（星期五）第四版

（《抗日战争时期党在邵阳的活动》，邵阳党史资料丛书第1辑，1985年10月）

# 抗日战争时期党在邵阳的组织和活动[1]

中共邵阳市委党史办

抗日战争时期中共邵阳地下党组织,是从1938年开始逐步发展起来的,到1942年下半年基本停止活动。

在邵阳最早发展党组织的是进步报纸《真报》报社。1938年7月建立了中共湖南直属邵阳支部,8月成立了党的县委会,11月中共湖南省工委及由党领导的一些抗日团体相继迁来邵阳。从此,邵阳党的组织不断发展壮大。1939年9月,成立了中共宝属工作委员会[2]。

在中共湖南省委和邵阳地下党组织的领导下,邵阳掀起了轰轰烈烈的抗日救亡运动,各种抗日团体应运而生。党在坚持抗日民族统一战线的同时,还利用各种方式揭露国民党消极抗日、积极反共的反动方针,同它作了有理、有利、有节的斗争,有效地发展和保护了党的组织,并为抗日战争培养、输送了不少人才。抗日战争时期的邵阳党组织,在邵阳革命斗争史上写下了光辉灿烂的篇章。

## 一、《真报》的创办和省直属邵阳支部的建立

卢沟桥事变后,日本帝国主义对中国的侵略步步加剧,而国民党反动派却采取不抵抗政策,蒋介石还发表什么"牺牲未到最后关头,决不轻言牺牲,和平未到绝望时期,决不放弃和平"的言论,对日寇乞求和平。在此国难当头之时,邵阳一些具有爱国热情的青年学生,纷纷走出学校,奔上街头,宣传抗日救国。1938年2月,刚从上海回邵阳的进步知识分子敖振民等,出于爱国热情,邀集李化之、唐旭之(唐麟)、谭涤予等进步知识分子,共同商议,拟在邵阳创办一张四开日报,取名《真报》,用以宣传抗日救亡。唤醒群众的民族意识。创办报纸,最困难的是缺乏人力和资金。敖振民等人一面四处奔走,集资四百多银元;一面物色编撰人员。1938年2月下旬,敖经友人介绍到湖南省文化界抗敌后援会(简称文抗会)要求派人协助办报,得到了省文抗会和八路军驻湘办事处的大力支持。八路军驻湘代表徐特立欣然

为《真报》题写报楣。通过文抗会和办事处的介绍，地下党员杨卓然来邵阳帮助办报，并以办报为掩护，建立党的组织。当时与杨的联系人是省委负责人之一的聂洪钧同志。

杨卓然来邵阳之前，敖振民利用关系，积极活动，取得了本地国民党当权派中个别开明人士的支持，办好了发行登记手续，使《真报》获得了合法的发行权利。

报纸从1938年2月开始筹备，同年4月21日正式出版发行，每期发行量一千份左右。报社设在邵阳市兴记皮庄谢宅内。社长敖振民，杨卓然担任主笔，他与敖振民轮流撰写社论和编辑时事新闻。不久，经敖振民介绍，杨卓然认识了唐旭之。唐是循程中学的英语教员，常为《真报》撰写社论或时事评论，并翻译一些特稿。此外，李化之负责编辑副刊《老百姓》。在报社担负记者、校对、发行等工作的还有刘敢鸣（文炳）、申曼华、伍白涛、谢行恕、廖淑儒等十余人，大都是中小学教员，或有其他职业。

《真报》利用合法地位，巧妙地宣传党的抗日救亡的方针、政策，刊登了很多关于我党领导抗日战争的消息、通讯、评论和社论。李化之主编的副刊，登载一些通俗易懂、短小精悍的文章，很受群众欢迎。敖振民、唐旭之、李化之、杨卓然等还创办了"资江图书室"，利用进步书籍和开展有益活动，以教育启迪青年，吸引了不少进步青年前来参加阅览和活动，李春芳、赵绿波、谢佑民等一批进步青年就是在这些活动中迅速成长起来的。从而为发展党的组织创造了良好的条件。7月，杨卓然在《真报》社内第一个发展了唐旭之入党，不久，李化之二次入党（李1926年入党，后脱离关系），接着又发展了李琦、唐谨微等人入党。1938年7月，中共湖南省工委批准成立省直属邵阳支部，指定杨卓然担任支部书记。8月，杨卓然离开邵阳去塘田战时讲学院，支部书记由唐旭之继任。

## 二、中共邵阳县委会成立，党的组织迅速发展壮大

在唐旭之任支部书记期间，该支部又在城内发展了李春芳、谢佑民、赵绿波、喻静纯（女）、刘劲吾等十余人入党，党员人数迅速增加。这年8月，经省工委批准，中共邵阳县委会正式成立，唐旭之任书记兼宣传部长，邵另人任组织部长。1938年11月，谢劲之调邵阳任宣传部长。1939年7月，谢竹峰调邵阳任组织部长；8月，唐旭之调走，由谢竹峰任县委书记兼组织部长，谢劲之任宣传部长。

在中共邵阳县委会的领导下，首先在城内发展了一批党员，这时党员的分布，不仅有教育界、新闻界的优秀知识分子，还有不少的店员和工人。到1938年底，城内党员已达四十余人，建立了城关区委，由省工委派到新化锡矿山发展党组织的老党员易清源同志来到邵阳，担任城关区委书记，陈大盛、彭忠轩、王福聚分别担任组织委员和宣传委员，区委机关设在田家湾韩家即易清源同志的住处。

城关区委下辖三个支部和两个党小组。即：维新街支部、鼓楼亭制鞋生产合作社支部、济英补习班支部和资江图书室党小组、油坊党小组。维新街党支部书记陈大盛，组织委员彭忠轩，宣传委员王福聚，共有党员二十二人；鼓楼亭制鞋生产合作社支部书记曹芙英，这个支部有七名党员，全是从江苏、安徽等地迁来的难民；济英补习班支部有党员十余人，支部书记申振中；资江图书室党小组有五名党员，油坊党小组有三名党员，负责人李春芳。

中共邵阳县委在继续巩固和发展城市党组织的同时，还大力加强了农村党组织的建设。1939年春节前后，李化之、谢劲之、刘敢鸣等分别到邵阳东乡、南乡等地搞党组织的发展工作。他们大都以学校为基地。主要党员骨干均以教师的合法身份进行秘密活动。如东乡（现邵东县）党的基层组织负责人赵勤、彭柏林、禹问樵、尹舫仙等均是学校教师。他们白天教学，晚上或其他业余时间，在当地以学校为据点开展抗日活动，如成立抗敌后援会，建立文化服务社，办农民夜校、识字班、宣传队、救亡小图书室、壁报社等，利用墙报或演讲，宣传抗日救国的道理，组织人民群众积极投入抗日救亡活动；同时发动进步青年参加中华民族解放先锋队（简称民先队），并从优秀队员中发展党员，壮大党的组织。

到1939年上半年止，邵阳全县约有党员二百人，县委下辖两个区委（城关区委、廉桥区委），一个特支（火厂坪特支），二十余个支部。除邵阳城区党组织已如上述之外，各地建立的党组织的情况是：

1. 邵阳东乡（现邵东县境内）有廉桥区委、团山总支、火厂坪特支和廉桥、流泽、三斯堂、两市塘、柳公桥、三民中学等支部。

廉桥区委书记赵勤，组织委员彭柏林，宣传委员曾国策，共有党员数十人，领导廉桥附近的支部。

团山总支所辖的团山、流光岭、燕子塘三个支部，是彭柏林在1939年夏帮助建立起来的，总支书记尹舫仙（后叛变），支部书记分别由禹问樵、尹如圭等担任，这三个支部共有二十余名党员。

火厂坪特别支部由杜启贤（后叛变）任书记，这个特支包括现在的火厂坪、佘田桥、水东江一带，地域广，党员较多，所以称为特别支部。

廉桥、流泽、三斯堂、两市塘、柳公桥、三民中学等支部的书记分别由赵勤、曾咏沂、赵毅（女）、李仁、曾国策、谢国安担任。

2. 邵阳南乡（现邵阳县境内）的罗塘支部，书记刘敬庄，副书记刘应环（现名刘平）。下设五个小组，分别由刘书简、刘诗英、刘应环等领导开展活动。罗塘支部是1939年上半年由李化之帮助建立起来的。李化之离开罗塘后，彭柏林接替李的工作，进一步发展壮大了党的组织。谢竹峰、谢劲之都到这里指导过工作。这个支部约有党员二十名，大部分是从"民先队"积极分子中发展起来的。

### 三、湖南省工委迁驻邵阳和省党代表会议的召开

1938年下半年，日寇占领了武汉，岳阳危急，长沙受到严重威胁，国民党湖南省党部仓皇迁往沅陵和耒阳。我党为确保机关安全，决定将中共湖南省工委机关从长沙撤退。根据周恩来同志的指示，省工委机关拟迁驻邵阳。因为邵阳地处湘中，联系各地党组织较为方便，同时也比较接近桂林八路军办事处。武汉失守后，通过桂林八路军办事处易与上级联系。这样，中共湖南省工委机关便于1938年11月长沙"文夕大火"后，迁来邵阳，八路军驻湘办事处（迁邵阳后改为通讯处）也同时迁来邵阳，给邵阳党的活动带来了无限生机，使邵阳成了当时湖南抗日救亡的中心之一。

中共湖南省工委机关设在邵阳市回澜街，省委的负责人都分散居住在邵阳市内，他们往来于全省各地，进行秘密联系，从事党的工作和抗日救亡活动。八路军驻湘办事处设在东门外两路口附近的曾家院子里，办事处主任王凌波。徐特立以八路军驻湘代表的身份做上层统战工作。另外还有戴昌明、杨汉章等几名工作人员。从办事处1938年迁驻邵阳至1939年10月徐特立、王凌波离开邵阳止，这里一直是湖南省委活动的重要场所之一。

1939年2月初，在八路军驻湘办事处楼上召开了湖南省党代表会议。出席会议的人员有：省委委员、特委和中心县委负责人、县委书记和各抗战机关团体的负责人约三十人，其中包括高文华、徐特立、任作民、聂洪钧、郭光洲、蔡书彬、王涛、袁学之、帅孟奇（女）、李锐、涂国林、王铁铮（白云）、欧阳方、苏镜（女）、杨第甫、陈养吾、李文定、陈次林、谭伟、毛特夫、李业勋、曾国琦、杨隆誉、曾淳、唐旭之等。会议由省委书记高文

华主持,南方局负责人博古(秦邦宪)出席了会议。这次会议主要有三项议程:(1)博古传达中共中央六届六中全会精神。(2)高文华代表省工委作前段工作总结和部署下阶段工作的报告。郭光洲、任作民、聂洪钧、李锐分别作组织工作、宣传工作、军事工作、青年工作的发言。会议还进行了分组讨论,博古应与会者的要求,就讨论中提出的一些理论和政策问题作了解答。(3)会议正式成立了中共湖南省委,选举了省委领导班子。一致选举高文华、徐特立、任作民、聂洪钧、郭光洲、蔡书彬、王涛七人为省委委员,袁学之、帅孟奇为省委候补委员,高文华任省委书记。

这次省党代表会议共开了五天,是中共湖南省委在抗日战争时期举行的一次最为重要的会议。会议根据六届六中全会精神,总结了前段工作的经验和教训,部署了今后的工作任务:继续深入开展抗日救亡宣传活动,壮大党的队伍,提出了"巩固地发展党的组织"的口号;继续举办党训班,加强党员的纪律教育与保密教育;开展军事学习,使党员具有游击战争的知识,准备建立敌后抗日根据地;派党员军事干部打入地方武装,使其成为抗日同盟军。会议还决定建立几个中心县委。省委准备在反共逆流中迁往农村,各级党组织由半公开状态完全转入地下斗争。

中共湖南省委在邵阳活动一年时间,1939年12月撤离邵阳至衡阳,以后又迁往湘乡……

## 四、中共宝属工委的成立及其领导下的基层组织

1939年9月,根据省委决定,建立了中共宝(邵)属工作委员会(简称宝属工委;也称邵阳中心县委或宝属中心县委),以加强宝属地区地下党的工作,宝属工委管辖邵阳、新化、安化、武冈、新宁、城步、绥宁等县的党组织。

中共宝属工委的领导成员基本上是原邵阳县委的负责人。书记兼组织部长仍然是谢竹峰,宣传部长谢劲之,后又调来李文定(李蛰)担任委员。1939年冬谢劲之调走后,由丁务淳(周宏明)任宣传部长,陈楚任委员。1940年7月,刘建安从新化调来邵阳,担任宣传部长。另外,从耒阳调来王来苏担负交通联络工作(任工委机关党支部书记)。担负交通联络工作的还有刘松。从1940年7、8月丁务淳、陈楚离开邵阳后,宝属工委的领导成员只有谢竹峰和刘建安两人,一直到1942年下半年宝属工委撤离时止,没有进行过调整。

宝属工委所领导的县（区）委和支部：

### 1. 中共邵阳县委

宝属工委成立后，仍保留了邵阳县委（其所辖党的组织如前所述），先后由周道、彭柏林、赵勤等负责县委与宝属工委的联络工作。

### 2. 中共新化县工委

新化县工委于1939年9月划归宝属工委领导。1939年3月至1940年1月，县工委的负责人是：书记李涵葳，组织委员常杏云，青年委员张声楷；1940年1月至2月，刘熙安任县委书记，刘建安负责组织，阎戈南（杨黎原）负责宣传；1940年3月至8月，阎戈南任县委书记。

1940年5月，义务教育实验区支部书记李化之（华之）被捕，伪县长王秉丞对其不分昼夜地进行严刑逼供，李坚贞不屈，惨遭杀害。由于形势日趋恶化，到1940年8月，新化县地下党基本停止活动。

### 3. 兰（蓝）田特别区委

兰（蓝）田特别区委也是1939年秋由湘宁中心县委移给宝属工委领导的。特别区委下辖兰（蓝）田小教支部、兰（蓝）田码头支部、街道支部、三甲支部、珠梅农民支部、学生支部、关王桥农民支部、省立临中支部和杨家滩私立文艺支部，共计党员六十余名。梁杜任特别区委书记，宣传委员是梁辅光，工运委员是吴源泉，统战委员是梁轶素（宜苏）。1940年3月，中共宝属工委派刁牧夫（敬之）、姜积璜（姜景）去兰（蓝）田特别区委工作，地下党员梁介福也从外地转回兰（蓝）田开书店，于是兰（蓝）田特别区委的领导班子进行了一次调整：刁牧夫任书记，梁杜任组织委员，姜积璜任宣传委员，吴源泉任工运委员，梁轶素任统战委员，委员梁辅光、梁介福（分别负责教育和交通联络）。1940年5、6月间，刁牧夫等先后被捕，刁惨遭暗杀，兰（蓝）田特别区委遭到严重破坏，基本停止活动。

### 4. 武冈、新宁、绥宁、城步的党组织

这些地方的党组织均是1939年4月塘田战时讲学院被迫解散时建立的，开初由省委直接领导，1939年秋移交给宝属工委。

塘田战时讲学院被迫解散时，李锐同志传达省委指示，从当时没有建立党组织的武冈、新宁、城步、绥宁等县同学中，各选拔数人，进行一周左右的训练，由吕振羽、游宇、阎戈南等同志负责领导，建立各县的直属支部。根据省委指示，在油塘举办了两期建党训练班，最先建立的是金称市支部（当时属武冈县，现属邵阳县），王时真（江明）任支部书记，李志国、姜

积璜、吕恒芳（一平）为支部委员，后来王时真、李志国、姜积璜等同志调离当地，改由吕恒芳任支书，李树荣任组委，吕楚臣任宣委。接着，先后建立了新宁、洞口（原属武冈）、绥宁、城步等地的党组织，郑奎田任新宁支部书记；雷震寰为洞口负责人；李子华为绥宁负责人；肖强欤为城步负责人，以上五县约有四十余名党员，从而填补了上述各县党组织的空白。此外，从外地迁来新宁的衡山乡师党支部、城步简师党支部、武冈国立十一中党支部，也与宝属工委建立了一定的联系，在开展救亡活动方面做了大量工作。

## 五、党领导下的邵阳抗日救亡团体和救亡活动

日本帝国主义大举进攻中国，使祖国的大片河山遭受敌人践踏，激起邵阳人民的无比愤慨。在中共湖南省委和邵阳党组织的领导下，邵阳的抗日救亡团体如雨后春笋，党所领导的抗日救亡活动开展得轰轰烈烈，如火如荼。

### 1. 党领导的抗日救亡团体

邵阳的抗日救亡团体，除前面已提到的《真报》以外，主要有：《观察日报》、"塘田战时讲学院""湖南省文化界抗敌后援会邵阳分会""邵阳宣传基站""战时书报供应社湖南分社""青年抗战服务团""中华民族解放先锋队"等。

《观察日报》是1938年11月随中共湖南省工委从长沙迁来邵阳，并于同年11月29日复刊的，该报名义上为私人主办，实际上是湖南省委的机关报。《观察日报》复刊后即与邵阳的《真报》合并。报社设在离城区较远的鼓楼亭陈氏飨堂内。由省委负责人聂洪钧、蔡书彬直接领导，社长唐文㼈（因唐不在邵阳，由潘开茨代理），杨隆誉任总编辑，邓克生任总经理，王楠秋任副经理，李声玄为主编，杨荣国为主笔，张天翼为副刊编辑，唐旭之编本地新闻。原《真报》人员大部分参加了该报工作，敖振民、李仲顾、李化之、刘敢鸣、伍白涛等人也常为该报写稿。《观察日报》完全是按照《新华日报》的宗旨办报的，坚持抗战，反对投降，坚持团结，反对分裂，坚持进步，反对倒退。该报发表了大量的抗战新闻，宣传了我党抗日救国的方针政策，曾全文登载过毛泽东同志的《论持久战》《论新阶段》等著作，因而引起国民党反动派的极端仇视。邵阳反动当局遂于1939年4月18日以未办理登记手续为由，强行封闭了《观察日报》。

塘田战时讲学院是1938年6月经省委研究同意创办的。目的是培养抗战人才，院址在武冈塘田市（现属邵阳县）清末大官僚席宝田的一座别墅里，国

民党元老、国民政府司法院副院长覃振任院长，湖南省参议会议长赵恒惕任董事长，省主席张治中、六区保安司令岳森、武冈县县长林拔萃等任董事。但实际负责院务工作的是省委指定的中共党员副院长、著名历史学家吕振羽，教师有张天翼、雷一宇、李仲融、曹伯韩、王西彦、陈润泉、游宇等。他们大都是国内知名的进步作家和学者，该院有学生约三百人。学员大都来自邵阳及东安、祁阳、湘乡、宁乡等县，也有来自江西、福建、湖北和东北等省份的，大多是抱有抗日救亡之志的爱国进步青年，有些还是冲破家庭和社会的重重阻挠而来的。讲学院的教学方法是理论与实际相结合、课堂教学与课外活动相结合、个人阅读和集体讨论相结合，与社会联系密切，与群众打成一片。教职员也只由学校供给膳食，没有工资，每月发一块银圆作零用，生活十分艰苦。但他们为了宣传党的抗日救国主张，培养党的干部，根本不考虑这些。讲学院于1938年9月16日正式开学，1939年4月21日被国民党顽固派用武力强行解散。

湖南省文化界抗敌后援会邵阳分会是1937年底成立的，有会员数十人，这是抗战初期最活跃、影响最大的民众团体。长沙大火后，省文抗会随省委迁到邵阳，并于翌年1月18日成立文抗会邵阳通讯处。文抗会邵阳分会同后来迁邵阳的省文抗会通讯处在团结广大爱国知识分子、扩大抗日团体、宣传抗日救亡等方面起过较大的作用。

邵阳抗日救亡文化宣传基站设在驿传街，由张迈群、潘超负责，是全省较早建立的文化宣传基站之一。主要任务是编印各种抗日救亡的小册子和宣传党的革命战略的宣传品，免费赠送给各地宣传站（队）、民众阅览室，发给各民众学校作为教学的课本，向群众进行抗日救亡宣传教育，以鼓舞群众抗战的斗志和必胜的信心。同时，还将"邵阳抗日救亡宣传基站"的证章发给青年抗战服务团的骨干团员佩戴，他们都为此而感到自豪，加倍努力工作。

战时书报供应社湖南分社是长沙"文夕大火"后迁来邵阳的。主要供应与抗日有关的进步书报杂志，其所属的书店、图书馆遍布邵阳城乡；多达数百所的救亡小图书室，是在它的帮助下建立起来的。该社常向一些进步团体和进步青年提供《论持久战》《论新阶段》《毛泽东自传》《大众哲学》等书籍，寄赠各种进步报纸、杂志。还油印出版了一种八开的壁报资料，每期三至五张，免费寄给各地救亡小图书室作为出壁报的资料，用以宣传抗日救亡和交流书讯。

青年抗战服务团，是由塘田战时讲学院派雷一宇老师（1939年被国民党杀害）和学生申苏民（现名申剑涛）同志负责建立的。1938年11月开始筹建，到1939年2月完成，申苏民任团长，共有团员七百多人，后来从服务团的骨干分子中发展了党员约三十人。

中华民族解放先锋队（简称"民先队"）是中国共产党领导下的进步青年组织。邵阳的"民先队"是1938年秋开始发展起来的。吕振羽负责的塘田战时讲学院发展了"民先队"员一百多人，加上邵阳东乡和城区发展的民先队员，共约二百人。这些"民先队"员后来有一部分发展为中共地下党员，为抗日救亡做出了较大的贡献。

**2. 党所领导的抗日救亡活动**

（1）开展轰轰烈烈的抗日救亡宣传

1938年至1939年，在党组织的发动和领导下，邵阳各抗日团体组织的抗日宣传活动十分活跃，各种抗日宣传品、进步书报广为流传，人们的抗日热情日益高涨。"资江歌咏队"和"资江图书室"吸引了不少爱国进步青年。"资江歌咏队"在团长严庆澍（唐人）的带领下，走街串巷演出"放下你的鞭子""打鬼子去"等剧目，使广大市民群众深受鼓舞。唐人还亲自上街向市民演说抗日道理，指挥浩浩荡荡的游行队伍进行合唱。"资江图书室"及遍布城乡的各个进步书店、图书室将进步书刊送到学校、集镇和群众较为集中的地方，使成千上万人受到抗日教育。1939年元旦，党组织发动"民先队"的青年在驿传街召开文艺晚会，演出各种短小精悍的节目，演唱了《义勇军进行曲》《长城谣》《大刀进行曲》等歌曲，台上领唱，台下合唱，抗日歌声响彻整个会场。

（2）为抗战培养干部，为党的组织输送人才

参加邵阳各抗战团体的进步青年和爱国志士，通过抗日救亡、民族解放的爱国主义教育，通过艰苦环境的锻炼，很多同志走上了革命道路。在塘田战时讲学院学习过的约三百人，一百多人参加了"民先队"，四十多人参加了党的组织。他们先后奔赴抗日前线，奔赴革命最需要的地方，成了革命的骨干力量。

（3）动员群众积极参加支援抗战的活动

具有光荣传统和爱国热情的邵阳人民，在党的领导下，积极参加各种抗战团体，开展各种支援抗战的活动。广大店员、工人、市民有的争当民先队员；有的参加伤兵服务队，慰问抗日伤病战士，为伤病战士代写书信；有的

开展义卖活动,为前线战士捐款筹物。例如,1939年春节,"民先队"员打破旧习,没去拜年串门,而在爆竹声中唱起了"啦啦啦,我是卖报的小行家",走街串巷,义卖报纸和春联。一方面进行抗日宣传,一方面为抗日募捐。他们的行动感动了广大市民,使邵阳掀起了人人为抗日出钱出力的热潮。

## 六、国民党反动派猖狂反共,党的活动基本停止

1939年6月"平江惨案"后,国民党反动派的反动气焰越来越嚣张。当时盘踞邵阳的中统特务头目卿国魁、县党部书记刘昌峨、中统驻邵阳第六区情报站站长孙长植等人,秘密执行他们上级的反共阴谋,在邵阳制造白色恐怖,大肆搜捕和暗杀共产党员。邵阳城内先后有十多名党员被捕,四位同志英勇牺牲。1940年夏天,共产党员申振中、彭俊文在城内火神庙城墙上被国民党以可疑分子抓住,从申振中裤袋中搜出《支部工作纲要》的小册子。即将申逮捕,进行严刑逼供。申振中因在狱中被折磨,出狱后不久即病死。接着邵阳县委负责人彭柏林,共产党员周道相继被捕。狡猾的敌人妄图从他们口中得到我党的重要机密,破坏我党的地下组织,对他们软硬兼施,轮番审讯,但他们始终坚贞不屈。彭柏林被敌人用绳子勒死后,沉尸高庙潭中;周道被枪杀于城北临津门的城墙外。同年7月,廉桥三民中学地下党支部书记谢国安被敌人跟踪,深夜枪杀于邵阳城郊张家冲亭子附近的蔗田里。

鉴于当时的形势,根据党中央提出的"隐蔽精干,长期埋伏,积蓄力量,以待时机"的十六字方针,我党斗争形式更加隐蔽,为了避免损失,保存革命的有生力量,中共宝属工委采取了四条应急的措施:

(1)将敌人破坏活动十分猖狂的新化、武冈等地的党员迅速撤离本地,先转移到邵阳,后来一部分转到桂林八路军办事处,没来得及转移的停止活动,就地隐蔽,以保存有生力量。

(2)邵阳城内的地下党员要分散居住,没有职业的要尽快找到职业。谢竹峰化名"夏先生"(取谢与夏的谐音)和从廉桥三斯堂调来的女共产党员赵毅(现名张启宜)开小店子,以打袜子和用土机子纺纱为掩护;李文定和爱人赵耀南开办"女子自立缝纫店";刘建安和妻子韩淑仪在城郊五里牌开饭店;王来苏在沙子坡一个伤兵医院门口搭了个棚子卖小吃。这些地方实际上成了地下党的秘密联络点。

(3)严格控制接头,建立单线联系,没有要事不能彼此往来,以防

不测。

（4）开辟新据点，以备时艰之用。由刘松和廉桥调来的党员赵五奶（赵彭南）假称母子，在洞口开铺子，作为党员转移的新据点。后来刘松被抓壮丁，赵五奶一直坚守岗位，直至抗战胜利，这里一直是我党的一个联络点。

尽管敌人使用各种卑劣凶残的手段，地下党始终利用各种方式与其周旋，领导人民运用"有理、有利、有节"的策略原则，同国民党反动派进行卓有成效的斗争，保存了我党有生力量。1942年8月，谢竹峰、刘建安、王来苏等先后离开邵阳后，除农村个别党支部、个别党员在与上级组织失去联系的情况下仍在坚持活动以外，宝属工委及其领导的大部分党组织基本停止了活动。

● **注释**

[1] 执笔人：赵开勤；审查人：市委党史办副主任 姚克俭；市委副秘书长廖晚庭、段世汉。

[2] 也有的说是邵阳中心县委。此系根据高文华、谢竹峰等同志的回忆确定的。

（《抗日战争时期党在邵阳的活动》，邵阳党史资料丛书第1辑，1985年10月）

# 中共金称市支部的建立及其活动 [1]

中共邵阳县委党史办

中共金称市（原属武冈县，今属邵阳县）支部是1939年5月建立的。开始直属省委领导，同年12月省委撤离邵阳后，转由宝属工委领导。这个支部从建立到邵阳解放，历时十年。在白色恐怖的环境中坚持斗争，发展壮大，为抗日战争和解放战争的胜利做出了贡献。

## 一、支部的建立

由于蒋介石积极反共、消极抗日，1939年4月21日，中共湖南省委在武冈县创办的塘田战时讲学院被国民党反动派武装包围，强行解散。省委指示讲学院党组织，在学院解散转移时，要帮助湘西南几个空白县发展党员、建立党的组织。根据省委指示，讲学院党组织负责人吕振羽、游宇、阎丁南（又名阎戈南，现名杨黎原）等，在武冈县的油塘举办了两期建党训练班。当时，武冈金称市籍的学生吕恒芳（又名吕一平）、李树荣等参加了学习。学习结束后，讲学院党组织派党员王时真（又名江明）、姜景（又名姜积璜）在金称市、油塘一带发展党员。他们先后发展了吕恒芳、李树荣、张绍艺、吕楚成、彭义方、吕慧能、李志国、吕国华等人入党。是年5月中旬，经省委批准，建立了金称市支部。支书王时真，副支书吕恒芳，支部委员李志国、姜景。7月，中央决定调吕振羽去重庆工作，临行前吕振羽向省委汇报了金称市支部的组建情况，并把这个支部的组织关系转给了省委。这时，王时真随吕振羽离湘去重庆工作，支部书记职务由吕恒芳接任。9月，吕恒芳去省立第一临时中学学习，支书职务由李树荣接任。1940年10月，李树荣为躲避伪乡长李树藩的暗害，出走桂林，由吕楚成接任支书，李毅卿、彭义方任支委，直到解放。

1942年秋，中共宝属工委转移，该支部与上级党组织失去了联系。这时，党支部一面派易延仁到华北解放区去寻找上级党组织，一面继续开展党的工作。

## 二、支部活动情况

中共金称市支部自成立之日起，就按照党的路线、方针、政策，积极开展工作。

### （一）宣传群众，进行抗战教育

金称市支部建立之时，正是日本帝国主义在中国横行之日。党支部一建立，就把抗日救亡摆在第一位，积极宣传群众，发动群众，为抗日贡献自己的力量。1940年初，根据邵阳中心县委关于壮大力量、团结抗日的指示精神，支部决定，先利用教育阵地宣传抗日，为党培养抗日人才。首先党支部作好开明绅士吕遇文的工作，在他的支持下，吕楚成、李毅卿、彭义方等党员被聘进古峰乡中心小学教书。然后他们以这所学校为阵地，组织进步师生和学校周围的革命群众，与把持学校的吕音南、李树藩等反动头目展开了针锋相对的斗争。他们冲破重重阻力，组织学生在校内校外唱歌、演戏、出墙报，热情地宣传我党关于"坚持抗日、反对投降，坚持团结、反对分裂，坚持进步、反对倒退"的抗战方针，把学校和学校周围的抗日活动搞得轰轰烈烈，整个学校气氛空前活跃，师生抗日情绪日益高涨。是年秋天，由于吕楚成、李毅卿宣传抗日引起反动当局的怀疑而被解聘，吕楚成被迫回到家乡麦元团小学任教。他又在这个小学创办了青年补习班，组织张必烈、吕基学等十多个进步青年参加学习。他们油印了塘田战时讲学院的《民众课本》作教材，并秘密组织学生阅读毛泽东同志的有关抗日的著作。经过培养、考察，先后吸收了李众卿、唐远逢、吕基学、曾令英等青年入党。这批青年当时在抗日宣传和与反动势力作斗争中起了一定的作用，后来都成了解放战争中"湘中二支队三团"的骨干力量。

### （二）发动群众，坚持与反动势力进行斗争

金称市党支部在白色恐怖下经历的十年，也是坚持与反动势力进行斗争的十年。1940年正月，国民党武冈县党部派了特务沈某来到金称市，以设立"禁烟公所"为名，企图侦破我地下党组织的活动情况。党支部针对他们的阴谋，组织党员深入群众，依靠群众掩护自己，发动群众揭露敌人的阴谋。有一次，沈某与伪乡长李树藩狼狈为奸，借口沈某房里被盗，李树藩把贫苦农民李万泽和响大娘捆绑起来，进行严刑拷打，企图通过他们供出地下党组织。党支部一面立即组织村民集会，到伪乡政府去抗议，质问李树藩为何无故吊打良民；一面派人向伪县政府控告沈、李的霸道行为，迫使伪乡政府释

放了李万泽和响大娘，使他们的阴谋未能得逞。

据彭义方、张必烈等人回忆，1941年秋，国民党区分部书记吕音南，为了侦破我地下党组织，他们在古峰乡中心小学追令所有教员加入国民党，每人发一份申请书，以此来观察教员的反应。当时，吕楚成、彭义方、李毅卿正在该校任教，吕、彭两人立即去邵阳找到中心县委联络员曾广才、曾广益，经他两个请示中心县委领导，县委指示，党员可以打入国民党，以资掩护。要充分利用合法身份开展工作，发展组织，积蓄革命力量，以应时变。据此，支部决定吕楚成、李毅卿、彭义方三个党员加入国民党。后来，当吕音南辞去国民党区分部书记职务时，地下党支部派人多方活动，使彭义方担任了国民党区分部书记职务。

1942年下半年，中共邵阳中心县委撤离，党的领导转移，金称市党支部与上级党组织失去了联系，斗争更加困难了。但是，党支部并没有因此而停止活动，他们利用各种形式更加隐蔽地继续坚持斗争。党支部发动党员自筹经费在金称市街上建立了一个"营业社"，以做生意为掩护，开展党的活动。1946年夏伪乡长陈子明辞职，党支部乘这个机会，组织"营业社"成员在乡民代表中活动，选出了同情革命、思想比较进步的"营业社"成员吕基贤为乡长并推荐张贤享（地下党员）为乡政府干事。从此，党支部控制了乡政权，他们利用这一合法地位，与国民党上层人物开展明里暗里的斗争。如在国民党抽壮丁时，他们采取拖延交兵时间、减少交兵数量、放走"中签"当兵的壮丁等措施进行抵制。张贤享利用担任伪职的方便，放走了熊家院子的壮丁，彭义方放走金称市同生祥壮丁，吕伯文放走青山院子的一些壮丁，保护了贫苦农民。另外，还利用这个方便惩罚乡丁、警察的敲诈勒索行为，例如有一次，白仓警察所的四名警察在古峰乡诈骗农民钱财。张贤享发现后，立即告诉乡长吕基贤，吕立即派乡队副尹大来带乡丁前去捉拿，把那四名警察送伪武冈县政府拘留，并将他们的警帽带回白仓警察所。白仓警察所所长见扣压了他的部下，便恼羞成怒，下令全所警察倾巢出动，将古峰乡政府围住。这时，乡长吕基贤下令乡丁全副武装上炮楼，严阵以待。彭义方与陈祥峰发动附近一百多农民，手持扁担、鸟铳，浩浩荡荡开进古峰乡政府所在地——金称市街上。白仓警察所长见势不妙，被迫下令撤兵，鼠窜而回，从而打击了伪警察所的反动气焰。同时，他们对那些贪污挪用办学经费的小官吏进行了清算斗争。当时办学主要采取按富户人家占田多少，筹捐学田，再按学田交纳租谷。易应锦、易应尧是杨青小学的"学租"保管员，合伙贪污挪用学租，影响教学工作，群众对此意见很大。地下党员张必烈、易延耀等，发动青年群众对他俩进行清算，强迫他们及时还清赃款，保证了学校工作正常进行。

1946年冬，金称市的反动头子陈筹、陈中洲、陈南翔为了扩充反革命力量，在金称市大肆发展三青团员，准备筹建三青团区队，扬言可以领得枪支，企图以此来对付"营业社"。党支部针对这个情况，决定以吕应中为首组织张必烈、吕希文、吕振夷、李毅卿、吕国华等十名党员打进去，以个人名义参加三青团，张必烈、李毅卿、吕国华还担任正、副分队长。后来，反动当局有所察觉，改变了主意，没敢发枪。

1949年2月底，在解放战争不断胜利，全国解放已成定局的大好形势下，原武冈县四望乡（今属邵阳县）乡队副莫新春和进步青年唐道光、李梦麟经过秘密策划，发动了武装起义。第三天，唐道光、李梦麟就来到党员张必烈家里，向张谈了莫部起义情况，要求张帮助寻找党组织。张立即向吕楚成汇报了情况。支部决定：先派张必烈、易延耀加入莫部，协助抓好部队工作。以后，金称市支部又陆续派出彭义方、李众卿、曾英民、唐建梧、王代儒等十四个党员到莫部工作，领导和改造了这支队伍。

## 三、整顿发展党的组织

金称市党支部坚持斗争，并在斗争中不断整顿、发展壮大。抗战胜利后，党支部发现个别党员有贪污、腐化行为，他们除个别帮助教育外，还在组织生活会上进行帮助。1947年夏，支部还进行了全面整顿。党员吕希文权欲熏心、贪污腐化、欺压群众，又讳疾忌医，党支部决定：开除他的党籍；对长期不参加党的会议不过组织生活的吕国华，停止了组织生活。通过整顿，严明了党的纪律，提高了党员的觉悟，增强了党支部的战斗力。

1949年初，中共邵阳中心县工委建立，派人对金称市党支部进行了考察了解，了解到金称市党支部坚持斗争十年，大多数党员表现很好，为当地人民做了许多有益的工作，但他们与上级组织失去联系多年，决定采取重新入党的办法，恢复他们与上级党组织的关系，重新组建支部。开始通知张必烈到中心县工委汇报支部情况，随即发展张必烈重新入党。尔后，江鹭、刘少川又介绍吕楚成、李树荣、李毅卿、曾英民等重新入党。重建了"中共金称市支部"，由吕楚成任支书，李树荣、曾英民任支委。同年7月，金称市支部为了斗争的需要，在新宁县回龙寺一带发展了伍炳询、邓集贞、吕一琦、曾祥安、姜积儒、肖体鑫入党，报请邵阳中心县工委批准，建立了回龙寺分支部，直属金称市支部领导。这个分支部共有党员九人，曾英民任分支书记。他们通过各种途径，为新宁县的和平解放做了不少的工作。十年中，金称市党支部共发展党员三十三人，壮大了党的队伍，为抗日战争和解放战争的胜利作出了贡献。

● 注释

[1] 钟玉恒执笔整理

（《抗日战争时期党在邵阳的活动》，邵阳党史资料丛书第1辑，1985年10月）

# 抗日战争时期邵阳东乡党的组织与活动概述

中共邵东县委党史办

抗日战争时期,中共邵阳地下党组织在东乡(今邵东县)得到迅速恢复和空前壮大。1938年至1939年,邵阳东乡建立了一个区委,一个总支,一个特支和十余个支部,党员人数达一百六十多名。东乡地下党坚持党的统一战线,领导工农群众和各界爱国人士,开展了轰轰烈烈的抗日救亡运动,谱写了一曲曲可歌可泣的战歌。

## 一、党组织在东乡的恢复和发展

李化之是抗战时期中共邵阳东乡地下党最早的领导者和组织者。

李化之是宝庆东路杉树坪(今邵东县黄陂桥乡杉树坪村)人,又名绥之,1926年任长沙农协宣传部长,大革命失败后,潜往岳阳、杭州、上海、南京等地从事党的地下工作。在杭州,由于叛徒出卖不幸被捕,关押在南京陆军监狱。1937年七七事变后,抗日战争全面爆发,国民党被迫释放"政治犯",李化之出狱后赴延安。1938年春,党中央派徐特立、高文华从延安来湖南开展抗日救亡工作,李化之随行回到家乡邵阳。他和唐旭之(唐麟)、杨卓然、敖振民等创办《真报》,任副刊编辑。1938年7月,《真报》社内建立直属中共湖南省工委领导的邵阳支部,同年8月成立中共邵阳县委,李化之是支部和县委的负责人之一。

在中共邵阳县委的领导下,到1938年底,邵阳城内发展了党员四十余人,建立了城关区委,易清源任书记,东乡籍的陈大盛、王福聚分任组织委员和宣传委员。与此同时,李化之受县委的委派回到家乡。先后发展了彭柏林、赵竞之(赵勤)、曾国策(曾日章)、刘松、李仁、蒋甲裁缝、赵宗礼、张秋岩(张大野)、彭俊文(彭伊洛)等人入党。把红色种子撒播东乡各地。

1938年11月,中共湖南省工委及党领导的一些进步团体相继迁来邵阳后,东乡地下党组织得到空前的发展壮大。这一时期,党的组织有:

廉桥区委。它与邵阳城关区委同期成立，是邵阳农村唯一的区委，赵竟之任书记，彭柏林任组织委员，曾国策任宣传委员，领导廉桥、流泽所、三斯堂支部。廉桥支部书记为赵楚卿（后为赵廉逊），党员有赵廉逊、赵菊秋、唐典、赵会四、颜德贤、曾鲁等。流泽所支部书记为曾泳沂，党员有刘惊天（女）、赵会文、赵慕贤等。三斯堂支部书记为赵毅（女、又名赵遴淑，化名张启宜），党员有赵四求、彭满秀（女）、唐兰英（女）、赵娥真（女）、赵画屏、赵端容（女）、赵爱吾、赵戒之、赵绿波、赵爱仁（女）等。

流光岭总支（一说是区委）。成立于1939年春夏之际，书记尹舫仙，总支辖流光岭、团山、燕子塘支部。流光岭支部书记为尹如圭。党员有尹粹甫等。团山支部书记为禹问樵，党员有曾新光、禹洁、禹琳之、曾翔青、王玉华、王玉珏、穆海楼、禹仪善、尹仲容、禹新初、彭光勋、禹云乘、禹若林等二十余人。燕子塘支部书记为曾虎贲，党员有曾智周等。三个支部经常在一起活动。

火厂坪特支，书记杜启贤，党员有火厂坪、佘田桥、水东江一带的杜启基、赵正常、周德卿、李武、李昆仑、曾冬阳、杜振授、申振中、申能安、申剑涛（申苏民）、肖珏、申伟翼等二十余人。

界岭支部，陈大盛、彭忠轩、王福聚除在邵阳城区开展党的活动外，还在家乡界岭发展党员，建立支部，陈大盛任书记，彭忠轩任组织委员，王福聚任宣传委员。党员有朱玉丰、朱肯成、朱有初、刘正一、刘正二、陈庆聪、周桂生、刘秋甫、杨庆堂、袁福廷、彭希斋等十五人。

此外，三民中学（今邵东二中）建立了支部，书记谢国安。两市塘一带建立了桎木山支部和大禾塘支部，张秋岩、李仁分别担任支部书记，刘松、李琦等分别在自己的家乡黑田铺、范家山和黄陂桥、仙槎桥、渡头桥等地发展了一些党员，成立了临时支部。

## 二、轰轰烈烈的东乡抗日救亡活动

东乡党组织得到发展、壮大后，党领导的抗日救亡活动轰轰烈烈地开展起来了。

1938年冬和1939年春节前后，中共邵阳县委派党员骨干李化之来到东乡，在发展党组织的同时，组织民先队和成立抗敌后援会。党的基层组织负责人赵竟之、彭柏林、禹问樵等均是学校教师，他们白天教学，晚上或空余时间，分别在廉桥、流泽所、团山、流光岭等地，开展形式多样的抗日救亡活动。赵竞之在六合亭、三斯堂一带开办"六三图书室"，不仅有固定的总室，还设有流动性的分室。禹问樵在团山组织编写《晨钟》壁报，设立小图书室，举办星期时事讲座，开办农民夜校。李化之组织进步青年黄河清、赵卫等在瓢厂办应时补习班。李琦、周道在大禾塘刘家田塘办应时补习班。申剑涛1938年11月上旬从塘田战时讲学院回到东乡，在塘院教师、共产党员雷一宇的领导下，于1939年2月成立青年抗战服务团，申剑涛任团长。东乡各地设宣传站，水东江站负责人申能安，宜春桥站负责人申伯福，佘田桥站负责人申云溪，火厂坪站负责人赵正常，杜家坳站负责人杜启基，廉桥站负责人吴渊亮，两市塘站负责人李培根，宋家塘站负责人姜收军。渡头桥、三都铺、棠下桥、仙槎桥等地也设有宣传站。东乡共有宣传站十余个，团结了一大批爱国青年和各阶层爱国人士。

各抗日救亡团体，在党组织的领导下，组织和发动群众，开辟活动场所，阅读进步书刊和宣传资料，开展多种活动：或发表演讲，或举办时事座谈，或成立文艺宣传队，以宣传我党抗战主张。这样，大大激发了人们的抗日爱国热情，并培养了一批抗战骨干力量。各地党组织在抗日救亡团体中发展了一批党员，为塘田战时讲学院输送了不少学员，这些人有的后来成了我党的优秀干部。团山党支部书记禹问樵组织抗敌后援会会员和中华民族解放先锋队队员编写《晨钟》壁报，三五日一期，每期十来份，张贴于流光岭、团山、完善堂、崇山铺、青玉寺等集镇，其资料除报纸外，主要来自战时书报供应社湖南分社编印的《壁报资料》（油印三日刊）。《晨钟》壁报社附设的图书室，共有进步图书三百余册，有马克思、列宁、毛泽东著作，有《新华日报》《救亡日报》《观察日报》等报刊十余种。通过举办时事讲座和开办民众夜校等形式，宣传了党的抗日救亡主张，他们还组织大唱救亡歌曲，印刷散发揭露蒋介石消极抗日、积极反共罪行的传单，在难民中开展反对汉奸煽动难民回乡当"顺民"的斗争，同时组织他们生产自救，使三十多个难民在千里迢迢的异乡生活，激发了抗日爱国之情。难民中的王玉华、王玉珏、穆海楼还被发展为地下党员，增强了团山支部的战斗力量。青年抗战服务团设立的水东江宣传站，地处衡阳、湘乡、祁阳三县交界处，这里每五天赶一次墟场，每场有上千人，宣传站常在赶场的先天张贴大量的标语、墙报、漫画。逢场当天，又增加演说队和加演街头剧数场。其中《打鬼子去》《放下你的鞭子》等街头剧特别受欢迎。文艺宣传队还被衡阳、湘乡、祁阳的近邻群众请去演出。在文艺宣传队的影响下，申辉庭、周俊、赵裕民等一批热血青年也加入了抗战服务团，有的还奔赴了抗战前线。廉桥、火厂坪、两市塘、范家山、渡头桥、仙槎桥等地的抗日救亡团体，在地下党组织的领导下，也开展了轰轰烈烈的抗日救亡活动，整个东乡掀起了声势浩大的抗日救国的热潮。

## 三、东乡党组织被破坏前后的斗争

1939年冬至1940年秋，国民党反动派先后发起两次反共高潮。邵阳的中统特务卿国魁、县党部书记长刘昌峨，中统驻邵阳第六区情报站站长孙长植等人，在邵阳城内制造白色恐怖，大肆搜捕和暗杀共产党员，敌人的魔爪也伸向了东乡。面临敌人的反动气焰，东乡地下党组织进行了坚决的斗争。

1940年春，李化之受中共宝属工委的派遣，偕其妻彭柳英，以邵阳县义务教育处教员的公开身份，去新化秘密从事党的地下工作。由于叛徒出卖，于同年5月壮烈牺牲。彭柏林接任中共邵阳地下党联络员后，出生入死，进一步开展地下斗争。1940年秋，邵阳斗争环境越来越恶劣，彭柏林在一个深夜召集赵竟之等八名地下党员在邵阳城内六亭岭商量隐蔽转移。几天后不幸被捕，他坚贞不屈，大义凛然，后被敌人残酷杀害。1940年7月，三民中学地下党支部书记谢国安被敌人跟踪，深夜枪杀于邵阳城郊。大禾塘地下党支部书记李仁，被国民党便衣暗杀，连尸体都未找着。白色恐怖笼罩东乡，一批党的优秀儿女惨遭杀害，东乡地下党组织处于最艰难阶段。廉桥区委书记赵竟之，当他与彭柏林开办的地下党联络点"六三图书室"和"明月楼酒家"被国民党封闭后，他秘密潜走邵阳县城，不久又化装潜往湖北找到了党组织，在《七·七报》社工作，1942年在湖北黄冈与日寇作战英勇牺牲。廉桥区委宣传委员曾国策，在区委遭到破坏后，与党员吴伯安、唐春甫、刘惊天等在宋家塘附近的柳公桥开办纱厂，以纺纱为掩护，继续开展地下工作。他们组成临时党支部，曾国策任书记。后纱厂倒闭，组织遭到破坏。曾国策潜往福建，被敌人残酷杀害。流光岭总支书记尹舫仙、火厂坪特支书记杜启贤，在白色恐怖下，革命意志动摇，党的信念丧失，经不起严峻的考验，先后自首叛变，成了国民党反动派的鹰犬。

邵阳基层党组织虽然遭到了严重破坏，但在中共宝属工委的领导下，邵阳东乡一部分党员坚持"隐蔽精干，长期埋伏，积蓄力量，以待时机"的方针，继续开展党的地下工作。三斯堂支部书记赵毅，受中共宝属工委的调遣，与工委书记谢竹峰、党员王来苏、彭满秀、曾国维、陶先觉、李叙英等在邵阳城北和东郊，以开小店为掩护，秘密开展党的活动。东乡黑田铺党员骨干刘松，奉调任中共邵阳地下党联络员。他化名莫科，遵照中共宝属工委的指示，和女党员彭满秀以"母子"相称，去洞口开店子、摆摊子，开辟党的联络点。范家山的党员骨干李琦去道县找党组织，后被特务推入沱江牺牲。桎木山党员张映南，到革命根据地找党组织，后来加入了新四军。1940年入党的龙仲，潜往贵阳找到了党组织。团山支部书记禹问樵、流光岭支部书记尹如圭、桎木山支部书记张秋岩及团山支部的二十多名党员，在找不到上级组织的情况下，仍然坚持斗争，在乡下秘密从事革命活动。

1942年，中共湖南省委书记高文华赴延安，其职由周礼继任。1944年，周礼奉周恩来指示，从四川经贵阳转到湖南，龙仲随之同行。龙仲受党的委派，旋即从长沙回到邵阳，在家乡万安乡（今邵东县周官桥乡）开展党的地下工作，在龙仲的领导和组织下，1945年春在万安乡成立青年抗日救国会（又称青年抗日救国同盟，简称"青救"）。龙成伯、赵江邺（赵刚）为负责人，成员有赵万里、赵安吾、赵赐生、陈求崧、龙旭卿等四十余人。在"青救"中，龙仲发展了龙成伯、赵安吾入党，不久，龙仲去长沙汇报，经省委批准成立党小组，并接受赵万里为党员。在党的领导下，以万安乡为中心，东乡又掀起了如火如荼的抗日救亡运动，党组织也不断发展壮大，东乡人民以高昂的斗志迎接抗日战争的胜利。

（《抗日战争时期党在邵阳的活动》，邵阳党史资料丛书第1辑，1985年10月）

# 塘田战时讲学院[1]

中共邵阳地委党史办　中共邵阳县委党史办

塘田战时讲学院,是抗日战争时期由中共湖南省委领导的一所培训基层抗日干部的学校。该校从1938年9月开学到1939年4月被国民党反动派武装封闭,历时8个月,共培训了两期,学员计二百五十余人,为我省的抗日救亡工作做出了贡献。

一

塘田战时讲学院(以下简称讲学院),是根据当时抗日形势的需要办起来的。

抗日战争爆发后,为民族生存而奋斗的中国人民,时刻都在渴望着抗战的胜利。然而,战争的进程是曲折的,由于蒋介石消极抗战、积极反共,国民党战场节节败退,继上海、南京失陷后,1938年5月,国民党又放弃了徐州、开封、安庆,出现了日寇围攻武汉,袭击南昌,进攻湖南的严重局面。面对这种形势,毛泽东同志发表了《抗日游击战争的战略问题》和《论持久战》等光辉著作,对亡国论、速胜论等错误论调进行了彻底批判,系统地阐明了持久战的总方针和抗日游击战争的战略地位,要求全民族进一步团结起来,坚持抗战,坚持统一战线,与敌人进行英勇战斗。根据我党抗战到底的总方针,中共湖南省委于8月13日发表了《保卫湖南宣言》,号召"全省三千万同胞紧急动员起来,团结起来,组织起来,武装起来,到军队去,到游击队去……,到前线及围绕前线胜利的各方面抗敌战线上去,一致为保卫中国,保卫武汉,保卫我们湖南而战"。并准备在日寇进攻长沙时,领导和组织全省人民开展抗日游击战争。当时,大力培训干部,组织一支强大的干部队伍,已成为实现这一战略计划的关键。但是,"想要利用已有的学校目前不可能,过去曾经利用过临时大学的训练班,目前省党部防范严密不可能进行"。(徐特立《在湘十个月的工作报告》)塘田战时讲学院就是在这种形势下诞生的。

1938年6月，湖南省文化界抗敌后援会研究部主任吕振羽同志向省委建议，在武冈县塘田市（今属邵阳县）创办讲学院，培训基层抗日干部。这一建议得到省委和中共驻湘代表徐特立同志的同意与支持，并派吕振羽同志负责筹备。

吕振羽同志得到省委的指示后，立即拟订筹备计划，积极开展工作。当时，国共两党虽已实现了第二次合作，但以蒋介石为首的国民党当局推行的消极抗日、积极反共的反动政策的实质并没有改变，对我党的活动防范仍很严密。为了团结各方面的人士共同抗日，减少阻力，争取学院的合法存在和发展下去，决定按照党的统战政策，利用当时湖南国民党内CC派、复兴派、何键派之间的矛盾，邀请一些国民党进步人士担任讲学院的院长、董事长和董事。经过一段卓有成效的工作，国民党中央政府司法院副院长覃振（覃理鸣）同意兼任该院院长，湖南省参议会议长赵恒惕同意任该院董事会董事长，国民党湖南省党部执委刘子奇（刘岳厚）、湖南省第六区（邵阳）专员公署专员李琼、保安司令岳森同意任董事。接着，吕振羽和雷一宇一起赴塘田市筹备具体开办工作。到塘田后，又得到当地绅士、武冈县第九区区立小学校长吕遇文的大力支持，吕振羽即将有关办学的一些事务性筹备工作委托吕遇文办理。由于吕遇文出面筹协，武冈县县长林拔萃、绅士吕惠阶、李心徐等也同意担任该院董事。在他们的支持和帮助下，在塘田市对河、夫夷水畔借得了清末中宪大夫、太子少保席宝田（东安人，靠镇压湘、桂、黔边少数民族暴动起家）的"塘田别墅"作为校舍，并且解决了办学中的一些具体问题。8月初，吕振羽回长沙向省委和徐特立同志汇报筹备情况，省委指示吕振羽立即以覃、赵的名义向同意参加董事会的诸人发出聘书和成立董事会的通知书，发函征求新董事。吕振羽又通过覃振、赵恒惕致函湖南省政府主席张治中，告知筹办讲学院的情况，请其担任名誉董事，要求他们对学院多加保护。张治中回信表示谅解和同意。董事会的成员，除赵恒惕、张治中等人外，还有吕振羽、翦伯赞、吴剑丰、陈润泉（常务董事）、刘道衡等。8月底，整个筹备工作基本就绪，印发了招生广告，请各县教育局、师范、中学保送青年学生入学，并由省委通知各地党组织选派青年前来学习。讲学院于9月16日正式开学。徐特立同志将创办讲学院的情况写信报告了毛主席和张闻天（洛甫）同志。

## 二

讲学院是省委直接领导的。为了坚持抗日民族统一战线和适应当时形势的需要,该院院长由覃振担任,而实际负责该院工作的主要是中共党员、副院长吕振羽等同志。教务部教务长由中共党员、著名文学家张天翼担任(兼教文艺理论与创作),1938年11月底,张天翼调省委《观察日报》工作后,由曹伯韩(教政治经济学)继任;学生生活指导部主任由中共党员雷一宇(教外语)担任,是年底,雷调邵东一带开展抗日救亡工作,由中共党员游宇(主持抗日民族战争讲座)接任;研究部主任由中共党员李仲融(教哲学)担任;补习部主任先由雷一宇兼,后由中共党员陈啸天(教国文)接任;事务部主任由吕遇文担任;王时真(江明,中共党员,原为研究部学生)任院长办公室秘书。讲学院的教师还有著名文学家王西彦(教文艺理论与创作)、著名国学家吴剑丰(教孙子兵法)、自然科学教师陈润泉、游击战术教师杨卓然(当时系中共党员)和王煜(当时系中共党员)、音乐教师林居先(中共党员)和周白(中共党员)、数学教师徐昭(中共党员)等人,全院教师大多数是省委从湖南文化界抗敌后援会等抗日救亡团体和外来干部中选派来的,多数是我党党员和进步人士。

讲学院自创办之日起,就建立了党的支部,由杨卓然任支部书记,雷一宇任组织委员,林居先任宣传委员兼管该院中华民族解放先锋队(以下简称民先队)的工作。1938年11月,杨卓然离开了讲学院,不久,省委又调走了雷一宇、林居先,改派游宇接任支部书记,阎丁南(杨黎原,是从延安派来湖南工作的)任宣传委员兼民先队工作,王煜(此人后来情况不详)任组织委员,为了更好地掩护吕振羽、张天翼两同志,使他们在一般党员中也不暴露党员身份,该院还建立了党的三人小组(一说三人委员会),由吕振羽任组长,张天翼、杨卓然为组员。该院的一切重要问题,均由三人小组研究决定,再由支部书记带到支部会上讨论,贯彻执行。以后,由于人事变动,三人小组由吕振羽、游宇、阎丁南三人组成,吕仍为组长。党支部在工作中认真执行建党方针,在学生中发展了王时真、郑奎田、姜景、邓晏如、曹力进、吕一平、雷震寰、李志国、李前茵等四十余名党员。同时,该院还建立了中华民族解放先锋队组织,发展民先队队员一百余人。

讲学院为了实行教学民主和生活民主,在学生中建立了学生自治会。自治会可以派代表参加院务会和参与教学研究、伙食管理,进行评教评学,及时反映同学的意见与要求。自治会还经常组织学生召开"生活讨论会",开展批评与自我批评,进行自我教育。该院的干部、教师都不发工资,只供给食宿。他们与学生同吃同住同活动。因此,上下之间,师生之间的感情很融洽,真正做到了团结、紧张、严肃、活泼。

## 三

讲学院的教育方针是"坚持抗战,坚持持久战,实施战时教育,培养抗战干部"。根据这一方针,该院编创了一首气势磅礴的院歌:

> 我们是迎着大时代的巨浪,
> 勇敢热情的青年聚集一堂,
> 加紧学习,奋勇救亡,
> 在这里锻炼的意志成钢,
> 把思想武装,
> 实现抗战救国的主张,
> 争取中华民族的解放。
> 同学们,起来!
> 走向光明的路上,走向光明的路上!
> 我们是创造新中国的健将,
> 我们是创造新中国的健将!

并以"精诚团结、英勇活泼、紧张严肃"十二字作为培养院风的准则,要求学生把抗日救国作为自己的神圣职责,发奋学习,努力工作,积极参加民族解放的伟大斗争。

讲学院在1938年9月第一学期招收学生一百二十余人,编为研究一班、研究二班和补习班。1939年第二学期又招收了两个班,即研究三班和补习二班,每班新生五十名,另外还招收了插班生二十五人。招收的学生主要来自本省各地,而以邵阳、武冈、新宁、东安、祁阳、新化、湘乡、湘潭、宁乡等县的为多,也有的来自江西、福建、湖北等省。招生的对象,不分职业、学历,只要是有志于抗战的青年都吸收。因此,该院学生中既有青年学生,也有小学教师;既有工人,也有军人。在文化程度上,既有大、中学文化的,也有小学文化的,还有的仅念过几年私塾。其中,有的是各地党组织介绍来的（包括省委机关干部子弟，如高文华的女儿廖文英也在该院学习），有的是进步人士推荐来的，也有的是慕讲学院和教师之名，致力于抗战而来的。学习期限为一年，学生的费用均由本人自行负担，每个学生每学期交学费十元（据有的老同志回忆，第一学期为六元），膳食费二十元（每月四元），杂费四元（每月八角），讲义费一元。

讲学院根据教育方针和学生文化程度高低，确定教学内容，研究班设中山学说、文学、哲学、经济学、社会科学大纲、中国近代史、西洋近代史、国际问题研究、经济地理、军事常识和抗战常识等专修课；补习班设中山学说、国文、史地、自然、数学、社会科学讲话、战时防护常识和抗战常识等专修课；并以"中国民族解放运动史""抗日民族战争讲座"（多以孙中山先生纪念周会的形式进行）为两级的共修课。教材大部分由教师自己编写，由谱匠用活字木版印刷或油印，内容多合于战时需要，巧妙地宣传马列主义，宣传我党的抗战路线、方针和政策。曹伯韩的《社会科学十讲》、吕振羽的《中国民族解放运动史》等就是该院的主要教材。讲学院不仅从理论上对学生进行抗日救亡的宣传和教育，而且还注意引导学生深入社会，深入民众，开展抗日救亡活动。当时，学生自治会成立了抗日救亡宣传队和民众教育部。抗日救亡宣传队内分壁报组、漫画组、戏剧团、歌咏团、访问组，要求每个学生至少参加其中一项工作。学生除课堂学习外，以大量的时间和精力参加社会活动，到周围的广大乡村、集市宣传抗日。同时，还先后在院内及附近的塘田市街上、周家村、水西唐家、油塘李家等地办起了儿童识字班、成人识字班以及由女生送教上门的妇女识字班和民众夜校。识字班设国文、算术、唱歌三门课程，其教材大多数由讲学院学生在曹伯韩老师指导下自己编写。内容由简到繁、由浅入深，由单字到造句、叙事，由群众日常生活到社会生活和抗战问题。如其中有一篇课文的内容是："塘田塘田，美丽家园，盛产稻谷，又产甘蔗，我爱塘田，我爱家园，决不允许，鬼子侵占。"课文通俗易懂，易于接受，对启发群众的觉悟，鼓舞群众的抗日情绪取得了很好的效果。

后来，讲学院还根据形势的发展，陆续派遣一部分同学回乡，以小学为中心，建立抗日救亡活动据点，武冈、邵阳（包括今邵阳、邵东、新邵、隆回等县）、洞口、新宁、东安、祁阳、湘乡以及洪江等地，就建立了救亡室、读书会、歌咏队和救护队等抗日救亡组织。据一些老同志回忆，其中在邵阳东路的宋家塘、范家山、廉桥、两市塘、水东江、火厂坪等地建立了二十多个文化宣传站、民众夜校和民众阅览室。

## 四

讲学院整个办学的过程，是同国民党反动派进行尖锐斗争的过程，也是扼杀革命力量的势力同发展革命力量的势力之间的一场严重斗争。

在筹备期间，湖南省教育厅厅长CC分子朱经农就极力阻挠，覃振、赵恒惕亲自写信给他，请其担任名誉董事，他回信拒绝，并附限制成立私办大专学校的条例一份，声称筹备工作须"按合法手续进行"。接着，又指使该厅主任秘书周调阳致函吕振羽，提出种种苛刻条件，企图逼使筹建工作半途下马。开学后，国民党反动派又从邵阳、新宁等地派遣三青团骨干混入学院，进行破坏和捣乱，他们在师生中散布悲观论调，说这个学院不像学院，肯定没有前途，企图动摇学生学习的决心；他们拉拢和引诱一些学生酗酒、打牌、斗殴，偷窃老百姓的瓜果、蔬菜，损坏群众的庄稼、农具和船只，企图把青年引向邪路，破坏学院与当地群众的关系；他们还在师生中宣传什么中国只能有一个领袖（指蒋介石）、一个党（指国民党）、一个政府（指国民政府），并在讲学院想方设法发展三青团员，反对发动民众参加抗日战争；后来，他们还公开拿出手枪，威胁进步同学，制造恐怖，企图使讲学院陷入混乱。对此，讲学院党组织领导群众同他们进行了针锋相对而又有理有利有节的斗争，在群众中揭露他们，孤立他们，使他们声名狼藉。

在院外，反动派也在群众中制造舆论，说讲学院是"共产党办的西南抗大""吕振羽是共产党员，不要上他的当"。他们还采取种种手段，逼迫覃振在报纸上公开发表谈话，声明讲学院与己无关等等，企图搞垮讲学院。

长沙大火后，张治中被免职，第九战区司令薛岳接任湖南省政府主席兼保安司令，伪教育部长、CC头目陈立夫即电令薛岳查办讲学院。电报大意是说："据报，塘田战时讲学院，实即奸党之西南抗大，宣传错综复杂的思想，愚弄青年，欺骗群众，希望捣乱社会秩序，危害三民主义，应严加查办，制乱未萌……"薛岳立即电令第六区专员李琼和保安司令岳森"派要员查明具复"。1939年初，李、岳复转令武冈县长林拔萃"派要员查明具复"。林接令后便电约吕振羽去武冈，拿出薛岳的训令对吕说："我的地位不能帮你顶，只能帮你拖，你最好去找覃院长、赵议长帮你顶一下。"吕振羽认为情势紧急，回院后一面派人向省委报告，一面决定派陈润泉去找赵恒惕，必要时再去找覃振。2月，白仓乡谭乡长来院告知，说已接到林县长的训令，请讲学院代拟复文。讲学院对复文提出了一些具体建议，要乡公所自行起草，并约好在定稿前通知讲学院派人去看一下。2月底，吕振羽对白仓乡公所拟写的复文稿做了某些修改，待缮写发出后才回院。由于讲学院自创办之日起坚持对国民党地方政权负责人员做统战工作，乡长、县长直至六区专员、司令都为讲学院的撤销拖了一段时间。白仓乡公所的复文拖至4月才到薛岳那里。

1939年1月，国民党召开了五届五中全会，决定了"溶共、防共、限共、反共"的反动政策，通过了蒋介石提出的《限制异党活动办法》；同年2月又秘密颁发了《异党处置办法》等一系列反共文件，在全国范围内掀起一股更大的反共逆流。此时，薛岳一面训斥六区专员、司令、县长、乡长"忽视政令""虚词搪塞"；一面严令六区选派干员率兵以武力解散讲学院，并不断以电话督催。在这种情况下，李、岳复转令武冈县长林拔萃办理。林得令后，再次电约吕振羽去武冈，拿出一叠电报说："老弟看了这些电报，就知道陈立夫和薛岳是把你当真老虎打了！恐怕自有武冈以来，再没有比这更大的案子了！塘院是没法挽救了，你赶快回去收拾。"

在薛岳的督催下，武冈县政府于4月20日发出布告，勒令解散讲学院。六区保安司令部和武冈县政府派兵三连，分别从邵阳、桃花坪、武冈出发包围讲学院，武冈县教育局还派课长彭方魁、课员周石安前往督办。

讲学院被国民党反动派包围后，师生员工在党组织的领导下，团结一致，坚持斗争。第三天，吕振羽和王时真从武冈赶回塘田市。当晚讲学院召开了党组会议，决定了斗争方法和撤退步骤：（一）成立讲学院结束工作委员会，由吕振羽任主任，陈润泉、游宇、阎丁南、李仲融、吕遇文任副主任，分别负责学生、教师的疏散工作；（二）利用六区保安团与武冈县保安团之间的矛盾，争取一部分军队先行撤兵；（三）党员干部和学生提前撤走一部分，有的撤至桂林，有的疏散回家或介绍工作，副院长吕振羽和少数教师、学生留下来办理结束工作，等待省委指示；（四）加强全院团结，维持正常秩序，防止坏人造谣、破坏；（五）深入做群众工作，揭露反动派的阴谋，以事实教育群众，争取群众同情；（六）遇事同群众商量，依靠周围群众的帮助，随时掌握国民党军队的动态。经过耐心细致的工作，由邵阳和桃花坪来的军队陆续撤走。但是，彭方魁、周石安等则更加嚣张，他们闯至院长办公室，要吕振羽确定全院师生离院的日期，并交出院牌、院印和全体人员名册。对此，吕振羽同志义正词严地指出：军队必须全部撤退到对河，否则无法办理结束工作；结束日期，自军队撤至对河之日起，须二十天以上；至于院牌、院印，并非政府颁发，无缴销之必要；要全体人员名册，更无道理，绝对办不到。争执达数小时之久。由于吕振羽等同志坚持斗争，毫不退让，彭、周等人的阴谋没有得逞，并于第二天将军队撤退到对河。

在敌人的武装包围下，讲学院被迫停办。在撤离之前，讲学院邀请附近部分群众与师生一起举行了"话别会"。教师、学生以及周围群众都义愤填膺，纷纷发言，揭露敌人的阴谋，控诉反动派的罪恶，从而教育了群众。话别后，陈润泉、曹伯韩、李仲融等老师和邓晏如、王琦蔚、吕剑莹等同学陆续撤往桂林，按讲学院的决定，以剩余伙食费的一部分和处理院产的数千元余款作为基金，在桂林成立了"石火出版社"（意即石在，火种是不会灭的）。在结束过程中，省委派李锐同志到院传达了省委指示，同意讲学院党组织的撤退计划和措施，并布置讲学院党组织在讲学院解散后，安排一部分党员干部去尚未建立党组织的武冈、新宁、城步、绥宁等县建立党的组织。4月底，吕振羽、游宇、阎丁南同志和少数师生在离讲学院约十华里的油塘，举办了两期建党训练班，学习内容主要是抗战的形势与任务、党在抗日战争时期的战略和策略、党的干部政策与群众路线等。党训班结束后，王时真、雷震寰、郑奎田分别在武冈金称市（今属邵阳县）、竹篙塘（今属洞口县）、新宁建立了三个省属党支部，李子华、肖强钦在绥宁、城步建立了两个党小组。以后，这些党组织都发挥了一定的作用，其中金称市党支部自王时真等建立起来后，发展了三十多名党员，一直坚持到邵阳解放。在油塘还印发了《塘田战时讲学院全体师生员工向全国各界人民申诉书》《致覃院长、赵董事长书》《告别湖南省同学书》《塘田战时讲学院全体学生告别武冈人士书》等，愤怒地控诉国民党反动派强行解散讲学院的罪行。同时，还编辑了约十万字的《战时塘田纪念册》（未出版）。有组织有领导地做好撤退转移工作。

## 五

塘田战时讲学院存在的时间虽然只有8个月，但在党的领导下，正确地贯彻执行了省委制定的教育方针，宣传了马列主义和我党的抗日主张，培养了大批有志青年，有五十余人光荣地加入了中国共产党，有一百余人加入了中华民族解放先锋队。讲学院解散以后，他们有的奔赴延安，有的参加了新四军，走向了抗日的最前线；有的留在国民党统治区从事地下工作；有的回到家乡发动和组织群众开展抗日救亡活动。其中，曾国策同志在"皖南事变"中壮烈牺牲，谢维克同志在邵阳从事地下活动时被敌人杀害，为革命献出了宝贵的生命。讲学院不仅为抗日培养了干部，而且播下了革命火种，鼓舞了人民群众的抗日热情，有力地推动了全省抗日救亡工作的开展，在我省抗战史上写下了光辉的一页。

●注释

[1] 执笔：刘兴汤、钟玉恒。

（《抗日战争时期党在邵阳的活动》，邵阳党史资料丛书第1辑，1985年10月）

亲历者回忆篇

# 高文华同志召开的座谈会记录（摘抄）[1]

### 第一次：1982年4月21日上午

高文华：

请大家谈一谈抗战初期湖南党组织的活动情况。一个一个谈吧。

……

杨第甫：

省工委到省委，实际上有三次组织，头一次是任作民、谭丕模、袁泽颐；以后是高文华、聂洪钧、帅大姐、任作民、谭丕模、郭光洲，以后又参加个蔡书彬。正式成立省委，人数要澄清，各种说法不同，我记得是这样的：高文华、聂洪钧、徐老、任作民、王涛、蔡书彬、郭光洲、帅孟奇、袁学之，前七名是正式委员，后两名是候补委员。现在有人把周里同志也放到里头去了，那时他没有参加这个会。王涛是湘南特委书记，成立省委时，搞过一段时间的组织部长。

……

高文华：

1939年正式成立省委，我记得开始时，负责组织的是任作民，他调走以后，也不是王涛，是郭光洲。

袁学之：

省委机关在湖南的大城市转了一个圈，后来在农村中生根落户。

首先在长沙寿星街，（长沙）大火以后搬到邵阳。去邵阳之前，在湘乡铁炉冲待了一下。1938年底到邵阳，1939年10月，从邵阳搬到衡阳。周里这时已调到省委当干部科长。一到衡阳，帅大姐就安排周里、我、毛碧云、许文卿住在一个屋子里。帅大姐安排毛碧云住机关。

到衡阳第二天，聂洪钧喊我去开会。我记得那次会议是在王涛家里开的，确定帅大姐、梁春阳、毛朗明、欧阳方为七大代表。老高交待，将湖南情况如实汇报，我们赞成老毛（指毛泽东）当主席。

到1940年春，省委搬到湘潭。在湘潭建立了七八个联络点，一部分是从湘潭乡里来的，比如胡佑生，解放以前牺牲的，还有一个老谢，同贾大姐一起卖榨菜；一部分是安源来的，如江福生、陈桂林；还有从益阳来的，如丰淑英夫妇。共三部分人，上十个机关，互不串连。到1940年4月，老高从重庆回来了，传达总理指示：隐蔽精干，积聚力量，长期埋伏，以待时机。老聂和老高还传达了中央指示，不通过任何党的组织关系，自己去创造机关，而且要创造大出大进的机关，有名有姓的机关。这样，我们就通过自己的活动，到1940年10月，把省委机关建立完毕。省委三个常委，老高住在什么地方，我现在还不知道。（高文华：我住在永丰镇附近，你住在离永丰大概上十里路，文士桢住在街埠头睦邻堂。）文士桢住的地方叫睦邻堂，跟曹树文、郭寻之、曹树兰住在一起。我住在洪山殿，省委开会就在我家里。

到1940年底，皖南事变，根据总理、老高的指示，省委就全部埋伏了，埋伏在现在的双峰县，当时是湘乡的永丰镇。

现在看起来，我认为，省委跟中央的路线还是跟得很紧的。前一段是大刀阔斧打开局面；皖南事变后，根据总理的指示，隐蔽精干，长期埋伏，积聚力量，以待时机，这个时期是这样做的。

这以后，老高派我到邵阳，把邵阳中心县委安排一下，把机关搭起来。刘建安、韩素梅（淑仪）同志开了个饭铺，叫"五里牌饭铺"，谢竹峰也开了一个小铺。

我参加了大概七八次省委会，内容现在只记得这些。

第一次省委会是1939年2月，在邵阳回澜街八路军办事处楼上，开党代表会。这次会大概是三十几个人，博古参加了。会议的中心内容是传达六届六中全会精神，老高传达。还进行了选举，选举的委员是九个。我记得民主酝酿名单头一个提出来的是老高，老高又提了两个，一个帅孟奇，一个袁德胜（袁学之）。以后选举时，我就问："老高，你犯过什么错误没有？"那是比较民主的。我们尊重老高，但还是那样问，这就是党的作风。选举结果，你（帅孟奇）是老八，我是老九，我们那时是候补。蔡书彬走了以后，你（帅孟奇）是正式的。九位委员，有五个到过苏联：帅孟奇、徐特立、聂洪钧、蔡书彬、王涛。（帅孟奇：王涛在省委没搞好久，就到福建去了。）省委委员中的工人成分：老高、郭光洲、我（袁学之）、你（帅孟奇）。郭光洲是泥瓦匠，老高是搞建筑的。

会议上，博古同志传达了六中全会的报告，照本宣科，还说，省委要好好地在湖南建立抗日根据地。他还找人个别谈了话。老高作了报告，郭光洲也讲了话，聂洪钧、苏镜和我们都讲了话。苏镜是讲半边天，她讲他们新化是半边天。她在新化县当县委书记，发展的女党员多。几个委员分工时，我是湘中中心县委书记。帅大姐是秘书长。（高文华：那时叫秘书，不叫秘书长。）是一样的。我从安源回来，汇报都是向她讲的。宋廉是衡阳县委书记。

那次会，除了省委委员，下面来的，从我这个地区去了我和湘乡县委书记毛特夫。那时韶山归湘乡县委。毛特夫发言主要是讲湘乡战时工作团。这是任作民同志搞的，长沙大火后，起了很好的作用，利用湘乡中学的校长和战时工作团，组织了一批知识分子，发展了一批党员，现在这些党员不少还在。当时老高就讲，什么人都可以掩护在战时工作团里头。湘乡战时工作团还要好好总结。王礼中、胡开驷、胡开骆、毛特夫、陈拔黄等都在战时工作团里。老高还提出要胡开驷办报，后来没办了。

袁学之、杨第甫：

参加那次会的还有白云、李文定、李声玄（《观察日报》的支部书记）、张迈群（宣传基站）、李锐（是大会秘书）、欧阳方、陈次林等。

袁学之：

还有：唐荣前是做具体工作的，参加了会议；谭伟是湘潭县委书记；毛特夫、宋廉、曾胡子，还有一个李业勤（现在叫做丁波）。李业勤是抗大七队学生，是我介绍入党的，后来他是搞粤汉铁路工人运动的。他是资兴人，现任中国图书进出口公司的经理。

会议还开了娱乐晚会，博古也参加了，我唱了《小放牛》。

博古作了报告，又总结了一下。老高有一次谈话，我印象比较深的是，他说干部问题正如博古同志所说，没有德不能当干部，没有能力也不能当干部。老高把博古同志讲的又强调了一下。博古同志讲，我们的统一战线工作又要硬又要软，软呢，不能软得丧失立场；硬呢，不能硬得破坏统一战线。

杨第甫：

1939年疏散、撤退干部，我觉得都做得蛮好。如果省委执行指示不坚决，我们这些人也就没有了。我走了没有几个月，敌人逮捕的名单上就有我嘛！在湘潭就有国民党逮捕我的通缉令，只要迟走三个月，我就散了场。我是8月走的，11月就抓了七八个人，枪毙在易家湾。所以说，省委执行中央的指示很坚决，没有犹豫。

但是还有些问题，比如，有些人可以挽救，没有尽最大努力去挽救，把他们甩了。我就举王楠秋这个例子，如果不是我冒一点险，他就完了。……

另一个就是往邵阳搬家，有些公开工作和秘密工作没有区别。《观察日报》搬到邵阳去的东西，封条上都是盖的八路军办事处的印章，押运的人都挂着十八集团军的招牌。《观察日报》一到邵阳别人就知道是共产党办的报纸。当时我们还没有电台，就利用徐老同国民党邵阳警备司令岳森的关系，要徐老介绍找岳森，说《观察日报》记者来抄电报。徐老是什么人呢？谁都知道是共产党的代表，由他介绍去抄电报，这不是"此地无银三百两"，告诉人家《观察日报》是共产党的报纸嘛！

1938年还是国共合作，那个时候湖南省还准备成立参政会。（高文华：张治中在湖南还是比较开明的。）

湖南真正白色恐怖，是1939年下半年。1939年上半年是"风雨欲来风满楼"，封闭塘田讲学院，封闭《观察日报》，这就给省委敲响了警钟。（袁学之：这个时候，老高拿张报纸给我看，说，敌人已经进攻了。为什么呢？在国民党《中央日报》登了一个消息，说外省的部队不能在湖南设立办事处，这一条就是指八路军办事处。因此说，委屈不能求全。）1939年就把邵阳办事处撤销了，迁到衡阳。

湖南省委应变，我觉得还是抓得比较及时的，一是撤退干部，一是把党由公开转入地下。省委领导干部，还是有应变经验的。

1940年，省委又从衡阳搬到湘潭来了，高文华、聂洪钧、袁学之、郭光洲、王涛都在湘潭，有七八个机关。你们都是做生意，我和聂洪钧是做榨菜生意。

## 第二次：1982年4月22日上午

**帅孟奇：**

我们是1938年底搬到邵阳。1939年开代表会，当时是四个中心县委。会后不久，我就到了益阳，老高还在邵阳。你（指高文华）大概是12月走的，是先到湘潭，没有到衡阳，衡阳是聂洪钧在那里。

…………

**高文华：**

李文定在益阳搞了一段，就到邵阳同谢竹峰在一起。搞了几个月之后，又调到湘西，就是沅陵、辰溪、泸溪那一带。湘西原来是梁春阳在负责，后来梁春阳调到湘中中心县委搞组织部长，就把李文定从邵阳调到湘西，接替梁春阳的工作。后来他撤退到桂阳去了。

袁学之：

我谈谈1939年2月到1941年7月这期间所了解的一些情况：

整个形势是，1939年贯彻六届六中全会精神，提出党的组织要巩固发展，各级要集体办公，集体办公的含义就是打游击。毛主席的《论新阶段》已经出来了。这时湖南准备大刀阔斧，打开局面，多结人缘。所谓"大刀阔斧，打开局面"，就是广泛发展统一战线；所谓"多结人缘"，是任作民传达的周恩来同志指示，争取同盟者，团结进步派，争取中间派，打击顽固派；坚持团结，反对分裂；坚持进步，反对倒退；坚持抗战，反对投降。武汉撤退，长沙大火时，有那么一股逆流，但反共高潮还没有到来。这个时候，我们还公开在《观察日报》发表文章。昨天杨第甫讲徐老跟岳森交涉，由《观察日报》记者去抄电报，是太暴露了。其实，《观察日报》是省委机关报，这是不成其为秘密的，也不存在暴露不暴露的问题，就像《新华日报》是党中央机关报一样。《观察日报》是号召全省人民的一面旗帜。《论持久战》及许多进步文章，我们都转载了，号召团结、进步、抗战。所以说，组织上应该秘密，至于宣传上，公开的号召，是不应该秘密的。

敌人查封《观察日报》，老高提出了从八个方面进攻。所谓八面进攻，就是从八个方面求援，覃振是其一，还有其它一些关系。《观察日报》那时搬到邵阳，姚永的社长，潘开茨的总编辑。除了《观察日报》是省委进行号召的旗帜以外，我记得还有一些抗战救亡的组织。

…………

帅孟奇：

我当时的一个报告中，常益中心县委有六百多党员。

在邵阳开党代会时，我记得有三千多党员。为什么我记得呢？因为那时我们党的经费少得很，博古不是参加会了吗？老高要我同博古谈一谈，我就同博古讲："我们湖南发展组织最快，你给我那点钱就够了吗？"博古就同我开玩笑说："你有多少党员，一块钱一个党员。"我因和他熟，也开玩笑说："我有三千多党员，一块钱一个，才三千块钱，那能干什么事，不行。"同他争了一下。后来增加了多少钱，就不记得了，大概是一两万。这是1939年初。

沅陵有个《沅陵日报》，是我们党办的报纸，周立波当社长，廖沫沙也在那里搞过，老高还写了文章。

后来党员少了，是往延安送了一批，有些到北京去了，有些转入地下了。自首的只是个别的。就说李声玄，他自首了，没供出党的组织，只消极不干了。黄思禹也是这样。李声玄当时是《观察日报》支部书记。

我们那时训练党员，起码要他懂得党章。那时我们办训练班，就是在肖敏颂的房子里。

### 第四次：1982年4月24日上午（略）

袁学之：

………

江福生是个工人，当时，老高、文士桢和我三个人开会，给他四十块钱，要他到邵阳去建立一个联络站。第一次没建成，第二次给六十块钱，建成了。联络站就建在国民党一个团长家里。以后我和老高去邵阳检查工作，住在国民党的团长家里。他是个职业革命家嘛！

我们过去关心干部、爱护干部不够。这次你老高、帅大姐在这里，希望能和大家见见面，问题能解决就解决，作一个总结。1939年春成立省委九个人，今天剩下我们三个人。我们在见马克思、毛主席之前，把这段工作向湖南省委、向后人做一个交代。

### ●注释

[1] 本文根据《高文华同志召开的座谈会记录》摘抄的，原载《湖南党史通讯》1984年第3、4、5、6期。参加座谈会的老同志：高文华、帅孟奇、杨第甫、袁学之。

（《抗日战争时期党在邵阳的活动》，邵阳党史资料丛书第1辑，1985年10月）

# 访问高文华同志记录

时间：1984年6月16日

地点：北京市北太平庄新开口4号高老家

访问者：邵阳市党史办戴中翔、刘兴汤、钟玉恒（高老的秘书陶荣祥同志在座）

高老说：

1938年创办塘田战时讲学院是吕振羽同志提出来的，经省工委研究同意，我也发表了意见，同意办这所学校。当时，日本打进来了，郑州失守，武汉、湖南也可能沦陷。我们要办这所学校，目的是培训党的干部，准备打游击，保卫湖南。后来，塘院被国民党反动派派兵包围。解散时，省委曾派李锐去塘院传达省委指示，同意解散，并在油塘办短期训练班，发展党员。当时省委具体负责抓塘院的是蔡书彬同志。

高文华

1984年6月16日

（《抗日战争时期党在邵阳的活动》，邵阳党史资料丛书第1辑，1985年10月）

# 高文华同志给邵阳市委党史办的信[1]

邵阳市委党史办：

根据我的记忆，1939年2月在邵阳召开的是省党代表大会，不叫省委扩大会议。哪些同志参加了这次会议及哪些同志发言？请你们查阅我在1983年与帅孟奇、袁学之、杨第甫等同志召开的座谈会记录，《湖南省党史资料》上已转载。

在这次会议上，选举产生了省委。不久宝属工委成立。省委于1939年八九月撤离邵阳时，因为有些同志转移他地，宝属中心县委改为工委，谢竹峰为工委主要负责人。

我撤离湖南较晚。1940至1942年去重庆前，我经常到邵阳及其他有中心县委或党的组织的地方跑。那时的中心工作除了转移撤走一些不宜于在湘工作的同志外，还组织安排那些留下的同志隐蔽埋伏，寻找合法的职业掩护身份，继续坚持斗争。于刚同志说1940年在邵阳见到我和聂洪钧同志，这是可能的。但不能以此断定省委机关没有转移。我们的那份座谈会记录材料已经详细地谈了这一时期省委机关几次转移的时间、地点，不再赘述。

徐特立同志是以中共代表的身份主持八路军驻湘办事处的。徐老的主要任务是搞上层统战工作，王凌波同志是驻湘办事处主任。有的说在长沙不叫八路军驻湘办事处，而叫通讯处。我是1937年由延安抵长沙的。在我的记忆中始终是叫"办事处"，只是撤出长沙后在邵阳等地叫过"通讯处"。如果在长沙叫过"通讯处"，可能在我来长沙以前，或是我们内部统称。当时是在国共合作形势下设立的这样一级机构，除长沙外，武汉等地也有。请查阅《南方局及中央指示文件汇编》（童小鹏同志主持搞的，已被中央党史征委征集在《南方局专辑》里，不久将出版）。从组织原则讲，"八办"与省委不是领导与被领导关系，但"八办"是中央派出机构，徐老德高望重，党内外信息灵通，对省委工作起了很大指导作用，我们都很尊重徐老的意见。

高文华<br>1985年6月8日

●**注释**

[1] 此信由高文华同志的秘书陶荣祥同志代笔，高老亲自签署的。高文华同志抗日战争时期任湖南省委书记；现任全国政协委员、原农垦部副部长及顾问。

（《抗日战争时期党在邵阳的活动》，邵阳党史资料丛书第1辑，1985年10月）

# 关于中共湖南省委及邵阳地下党组织的一些情况[1]

李 锐

我是1938年六七月间到长沙的。这时，省工委新成立了省青委，于刚（陈泽云）任书记，我和杨隆誉（杨庚）、吴继周、曹国枢、张迈群等是委员。那时于刚兼长沙市委书记，省青委日常工作由我负责，同时我还担任省"民先队"队长。

1938年长沙大火后，省工委搬到邵阳。不久高文华和于刚去延安开会。后来于刚调湘乡任中心县委副书记（书记袁学之），由我代理省青委书记。省委正式成立后，我在省委组织部工作，部长是郭光洲，唐荣前作机要工作，组织部就我们三个人。住在唐麟（唐旭之）一个亲戚家里。

1939年八九月间，南方局在重庆召开南方各省青年工作会议，我是代表湖南去参加的。

我是1939年12月离开邵阳的。在我离开邵阳前，据说国民党已开始调查我的行踪。我在邵阳那一段（1938年11月至1939年12月）时间，作为省委巡视员、特派员到过兰（蓝）田、新化、益阳、常德等县委和中心县委，检查工作，传达省委指示。还到过武冈，去那里联系过国民党军校的一个党员（没联系上）。还到过洞口，在一个党员（似是一师或其他中学的学生）家里住过。有一次，省委派我偕同张竹如（女，苏镜的同学，延安来的，后脱党）一起到晃县，因张的姑父唐星是何键系统的将级军官，时在晃县任职（参谋长之类）。晃县当时是国民党宪兵总部。有一个党支部，支部成员薛某等是从上海一个经济机关撤退到晃县的。省委当时有成立湘西南工委的打算，拟派我去，后未果。塘田战时讲学院被迫解散时，省委派我去处理塘田讲学院的后事，并建立地方党组织，后来到了新宁。有个塘院的学生党员郑圭田，是新宁人，我住在他家中。还有田庚锡，是1938年初入党的，我的"武大"同学。在新宁建立了党组织，是叫支部，还是叫特支，记不清了。

《观察日报》被封闭后，大约是六七月，我还主编了一个《学生时代》的刊物，大约出了两三期，封面是邵宇画的。邵当时在书报供应社工作。乔木同志到邵阳时看到这个刊物，说太红了。南方局青年工作会议后，我同乔木一起到湖南，检查湖南青年工作。12月一起离开邵阳，经重庆到延安。

我在邵阳时没有具体管邵阳的工作，了解情况不多。当时邵阳的县委书记是唐麟，敖振民虽然没解决党籍，但做了很多工作，同唐一起办《真报》。

1939年2月省委在邵阳召开的那次会议，我作具体会务组织工作。实质上是一次党代表会议。参加会议的人员，可能不到三十人。于刚、黎澍没有参加；唐麟是邵阳县委书记，只要在邵阳，应该是参加了的。陈养吾（蓝田特区委书记）肯定参加了会议。在会上发言的，除了材料上列的名单外，王铁铮（白云）、曾惇肯定是发了言的，李文定（李鳌）好像也发了言。

省工委不是更名湖南省委，应该是正式成立湖南省委。因为省工委经过一段工作，在全省已经有了一定的基础，所以会议正式决定成立湖南省委，选举了省委领导班子。省委领导成员的排列，应该是：高文华、徐特立、任作民、聂洪钧、郭光州、蔡书彬、王涛和袁学之、帅孟奇。

省委迁出邵阳的时间，肯定不是1939年11月。因为我是12月离开邵阳的，当时根本没有议论过省委要迁出邵阳的问题。省委迁出邵阳的时间，起码是12月底或1940年初。

关于邵阳党组织的名称问题，是叫邵阳县委，唐麟是书记，后来应该是叫中心县委，不会叫宝属工委，说1939年9、10月省委将要撤离邵阳时成立宝属工委，似也不可能，因为那时没有议论过省委搬迁的问题，因此也就不存在决定成立宝属工委的问题。

1985年6月5日

## ●注释

[1] 姚克俭、赵开勤根据记录整理；李锐同志审阅修改过。

（《抗日战争时期党在邵阳的活动》，邵阳党史资料丛书第1辑，1985年10月）

## 忆从北平沦陷后到湖南工作[1]

吕振羽

北平沦陷后我和方慰农一道由北平经烟台赴南京。周小舟经翦伯赞转信给我："家父嘱，盼兄回湘开荒。"翦伯赞约我去见覃振[2]。行前叫我对覃振说他也是共产党。我说那不行。见覃振后，翦伯赞说："振羽是共产党，我也是。你不信，问振羽。"我没说话。翦对覃说："我们去（湖南）成立中苏文化分会，你去作会长。将来局面打开了，你回湖南作主席好不好？"

从北平逃出时，因沿途有日军把守，我化装为包头面粉公司经理方慰农的佣人，给他提着他的大烟。在天津上轮船，遇着一个地下党员靖大康（靖任秋），他旁边坐着个戴拿破仑帽子的人。靖介绍这位就是吕振羽先生。那人问我："你是不是有位朋友叫陈酉生（王世英）？"[3]我说："是。你是不是陈酉生？"他说："是。"又碰着徐冰爱人张晓梅，我当时冷得不得了。张把她的毛衣给我穿。她与邓（颖超）大姐同行。邓大姐拿了一个箱子给我提着，说："你不像个旅客样子，你拿着这只箱子吧。"我们租了个汽车从烟台到潍坊，大家挤在一个汽车里面。到了济南，王世英等同志去延安，他们说（先）到陕西一个农业学校去。我与他们分手。分手时王世英对我说，可去南京找我的朋友叶剑英先生。我到南京福厚岗60号，看到周围都是国民党特务。我到门房去问，门房说这里根本没有叶剑英这个人。

分析一下湖南形势，大革命失败后湖南党组织没有了，只有几个中共特科的党员如刘道衡。抗战开始，我回到湖南（长沙），当时只有从北平、上海回去的一些知识分子。从北平回去的有几个党员，有萧敏颂、曹国枢、曹国智、苏镜。从上海回去的有的是在中华书局编辑曹伯韩、陈润泉。当时有进步倾向的有罗叔章、搞音乐的张曙。钱君匋是中共特科介绍的。不久徐老特立任八路军驻湘代表，我和他接上头。当时帮助徐老工作的是王凌波[4]。他对我早就有些了解，对徐老说我是党内史学家。徐老告诉我："你的工作就同我取得联系。"当时湖南没有党的组织，我当时组织湖南文化界抗敌后援会。王（凌波）告诉我："党员只有你一个人，这是很艰苦的，你可以利用历史家这个牌子。"果然，在湖南文化界抗敌后援会的时候，国民党捣乱，我们依靠群众把他压下去了。选（文抗会）主席时我的票最多，国民党捣乱，说不合法，应该政府批准。群众反击，说不批准我们就不开会了。选出理事会后，国民党报纸不给登。我们自己写了贴到各处墙上。当时湖南（政坛）两派，即甲、乙两派。甲派是国民党中央派CC派，乙派是湖南地方派。乙派即何键派，（有）刘子奇（湖南省公路局局长）。（我们）同何键谈问题都找刘子奇，他较开明，因受国民党蒋介石派的逼（迫），两派争权夺利很剧烈，各有各的报纸。甲派里有两派，CC和复兴社。甲派当时在湖南办刊物，国民党出钱，易家越（诗人易石虎之子）（办）复兴社报刊。何派有《国民日报》《民国日报》。《力报》据说接近复兴社，主编康德。《大公报》主编朱石农。文抗会成立的消息，国民党利用新闻检查，报纸都不给发表。我们利用刘子奇，他让一个报纸发了一个简单的消息。何键写了一个条子，每月津贴三百元，我们请省党部备案发津贴，他给退回来了。我们进行了严重斗争。我说省党部管群众团体，省政府都津贴了三百元。省党部书记长赖琏说津贴三十元。我回去后再写信请他立案发津贴。省党部回了个信，说我们经费不足，每月只能给津贴三十元。我们拿了它就算备案。我们选了六个常务理事，有我、廖庶谦、陈润泉、李仲融、刘子奇、陈大榕。廖任组织部主任，研究部主持文抗会训练班、读书会，我任研究部主任。李仲融任宣传部主任，陈润泉任总务部主任。他在学院街租了间大房子，全家住在里面。研究部有几个人得力，武纤生夫妇，保定人，先把他们放到文抗会，后放到中苏文化协会。以后有从江苏无锡吴泽介绍来找我的张迈群、潘超（都是常州小学教师）。研究部同组织部合作，在学校和工厂里面、店员里面组织很多读书会，同时在文抗会机关办了战时常识训练班、救护训练班、歌咏班。战时常识训练班办了八期，每期八十人，里面出了不少党员。读书会各商店店员里面也出了不少党员。长沙这个（局面）为湖南建党打下了基础。徐老、高文华都是这样看的。谭丕模两口子回长沙后跑到桃源去教书。文抗会成立后，没有选上他，他很生气。文抗会成立后，翦伯赞拿着覃振的信回湖南，我和他一起去找刘子奇。根据徐老、王凌波的意见，不要叫（中苏文化）湖南分会，就叫长沙分会好了。中苏文化协会长沙分会选举，会长为覃振，徐老、张西曼、黄一欧、刘子奇、赖琏、吕振羽、翦伯赞等为常务理事。分会成立时，何键（要）省政府批准一个月给四百元津贴，赖琏（要）省党部批准每月给一百元津贴。当时租了很大一幢房子。办了一个俄文训练班，游宇在办。（他）留过苏，与韩光同志很熟。翦伯赞为驻会理事，他家里人及亲戚都住在那里。他的跟班张□臣也住在那里。谭丕模任中苏文化协会秘书。党组织原想让谭丕模把中苏文化协会工作搞起来，但谭无威信，翦不理他。任作民（任弼时同志之兄）[5]告诉我，组织上为了开展中苏文化协会工作，把翦伯赞吸收到党内比较好。但他是国民党（司法院）简任秘书，党章规定要两个比较老的党员介绍。省委决定，由三个人介绍，张唯一、吕振羽、谭丕模，时间为1938年□月。中苏文化协会（分会）成立后，经常与文抗会轮流主办大型报告会和座谈会。文抗会工作开展后，国民党搞破坏，利用方克刚组织抗敌总会。说"抗敌总会成立了，你们文抗会赶快来登记吧。"当时我去找方克刚，面对面的斗争。"你抗敌总会应该由各方面开会成立。你们抗敌总会怎么成立的？现在会员多少人？做了多少工作？现在我们为了抗战，你们为了什么？"以后他又耍花招说文抗会不来登记，就要何键取消二百元不给津贴了。我们不理他，动员三千人展开了全城游行示威行动，开展抗日救亡运动，反对有名无实的抗敌总会，说他们为日本人帮忙。最后赖琏亲自出马，说："你们文抗会还是和抗敌总会合作，你们有什么条件，我们可以考虑。"以后我们又去和何键方面进行工作，找刘子奇出面讲话。我们说："他们如果这样搞，我们要在全国发通电。"刘子奇找赖琏说："你们这样搞可不好。如发通电，何主席可受不了。"这时他们在易家越刊物里面正式攻击我和廖伯华。说文抗会路线反集中、反统一，不利于抗战。我们写文章反击。我们说："我们赞成统一、赞成民主。我们不讲民主，什么人讲民主？我们要抗战中起码的民主。"沈钧儒先生来长沙，我们把情况告沈，要沈讲话。沈在银宫电影院讲话，"抗战中应有起码的自由，政府只能赞助，不能阻止"。我们写文章，宣布我们办文抗，政府怎么答复，怎么讲的，给宣布了。以后他们也就不说了。当时有两个托派，一为周春秋（浏阳人），一为武钟道（安仁人），以刘子奇关系混入文抗会活动。他们到什么团体里去活动，我们给群众讲明，群众把他们驱逐了。在百货公司群众要打他们。我告诉刘子奇。刘说："他们这样干，群众要打他们，我们不管。"

那时我在《中苏文化》写了形势讲话，专论大体都是我写的。同时写了战时教育专论，在湖南《大公报》《力报》发表。《大公报》是国民党支配的报纸，但色彩不是那么浓厚。我在教育专论中提出战时教育。在日寇继续进攻时，应发动群众保卫湖南。徐老认为很重要，写了信给毛主席、洛甫同志，给我看了信。"泽东、洛甫同志：吕振羽同志是我党地下党员，在群众中有较好的威信和影响。他主持办了个学校，培养游击战争基层干部、地方工作基层干部，选择地在武冈塘田。是（适合）开展游击战争的好地方。"当时在徐老指示下，我起草了塘田战时讲学院的（招生）简章、战时教育机构。（因为）战时青年无地方可以读书。根据徐老指示，由覃振任院长，我任副院长。省委指示，派我为党代表，代表省委领导学校、三人委员会。（塘田战时讲学院）招生章程，湖南博物馆（保存）有。我有一个同学范□，是邵阳县政府的科长，拿去杂志给印了（章程）。覃振自己去找了赵恒惕做董事长，成立了一个规模广泛的院董事会，得到了刘子奇的密切合作，亲自写信给邵阳地区。省委指示尽量取得对方同意。张治中说他只能挂个名，做名誉董事。湖南省教育厅长朱经农很顽固，把请他做董事的信退回，并寄了一个章程，说塘院不合大专学校手续和章程。我说："为了抗战，是战时讲学机构，不是正式大专院校，抗战胜利就不办了。"国民党一直要我们立案，我们不去立案。国民党大报、小报放了谣言，说"（吕）假借覃（振）、赵（恒惕）名义，欺骗青年许多钱……"省委当时派了很多同志来讲学院工作，如游宇、林居先、雷一宇，又派了党内干部曹伯韩（大革命时名曹典琦，很活跃的共产党员，曾作过向忠发秘书。后任文字改革委员会办公厅主任），后来（从延安）派阎丁南来塘田战时讲学院。

● **注释**

[1] 整理者后记，此回忆应该在1978年以后，系先母江明根据先父吕振羽口述记录稿。整理时除个别地方为了阅读方便作了调整，并加了注释，其他均保持原貌。——吕坚

[2] 覃振（1884—1947），时任国民政府司法院副院长。

[3] 王世英（1905—1968），时任中共北方局联络部长，是1935至1936年吕振羽参加南京国共合作谈判的中共联系人。参见《吕振羽全集》（第十卷）第103—112页《南京谈判的始末》。

[4] 王凌波（1988—1942），时任八路军驻湘通讯处主任。

[5] 任作民（1899—1942），时任湖南省工委统战部长。

（节选自《吕振羽未刊自述》，《历史教学问题》2022年第6期）

# 湖南王船山学术讨论会日记[1]

吕振羽

（1962年11月）17日

上6时由宿舍赴东郊机场，8时乘机起飞。

此次去长〔沙〕，本非原来打算。由于李达师及谢华均来信恳约，两湖社联等派人与湖南哲学研究所所长王兴久同志亲来恳邀，余甚同意前去。渠等回湘后，又派人到济〔南〕述李、谢及平化同志坚要前去之意，无可再却。只得与时真并树云一行也。

下午1时50分，飞抵长沙南郊机场。朱凡、刘寿祺、方克等同志到机场迎接。住湖南宾馆，我们夫妇住534号。李鹤师早抵此，住434号。

晚饭后，略事休息，即开党内负责同志会议。朱凡同志汇报筹备经过及会议安排等，似是对方针等方面问题，尚未具体考虑到。旋要我谈山东孔子逝世2440年学术讨论会的经验。我谈后，并指出，王船山逝世270周年学术讨论会情况与彼有别，只可参考，不能硬经验。会议至11时50分始毕。

18日

上午，周礼同志来访李、潘二老及我。旋召开党组会，宣布党组成员为周礼、秦雨屏、李达、潘梓年、吕振羽、朱凡、刘寿祺、关锋、方克等同志。提出讨论：1.选党组正、副书记；2.讨论会的进程安排；3.讨论周礼同志代表省委讲话的稿子。大家一致选周礼同志为党组书记，秦雨屏同志为副书记。在发言的讨论上，集中在方针政策与如何贯彻方针政策的问题上进行了讨论。对议程问题作了大致安排。周礼同志旋宣布省委决定，党组由潘梓年、吕振羽、朱凡三同志组成中心小组，负责日常工作。平化同志来。

下午2时，纪念王船山逝世270周年学术讨论会正式开幕。

议程：①选举主席团；②主席团会讨论会议进程及正副秘书长人选；③朱凡同志报告筹备经过；④李达同志致开幕词；⑤周礼同志代表省委讲话；⑥潘梓年同志代表〔中国科学院〕哲学社会科学部致辞；⑦吕振羽同志讲话；⑧嵇文甫同志讲话；⑨闭幕。

6时，省委宴会。平化同志讲话，甚明确扼要。

宴后，平化同志拉着我说：你只抓政策、观点两点，旁的可随便参加，以注意身体为主。

### 19日

上午，参加第一组讨论会。彭雨新、林增平、张立民等发言，介绍了各种分歧意见。

下午，阅读论文。

晚观花鼓剧。受凉，夜腹泄。

### 20日

上午，阅读论文。

下午3时，党组扩大会。

各组汇报讨论的关键问题及其广度、深度。听取杨荣国、萧萐父、朱□□等介绍各组发言情况。关锋说在济南，抽象继承法很多，学到的东西很少。这次无论从会内会外都感到丰富，学到不少东西。

董谦同志提出拟减少新闻上提名。我未提意见，由潘（梓年）、省委决定。

### 21日

大会发言。彭雨新从明清之际的社会经济结构上叙述阶级关系——市民与封建、农民与封建、中小地主与大地主。龚明凡对王船山代表中小地主阶级的主张作了论述。

方克同志将减少新闻提名之稿征求意见。我表示这问题请不必问我。

下午，刘先□发言：王船山是温情脉脉，要维护地主阶级的剥削……徐旭生说：船山只能从张载那里发扬光大。用阶级分析法去对待一个思想家切要慎重。我很不赞成某个思想家是代表某个阶级的、是某个阶级的代言人……

晚饭后，吴传启、林聿时、关锋等同志来，谈到近日会议发言情况，认为徐旭老下午发言所说，是超阶级的。

旋杨第甫、唐旭之、方克等同志来，谈及船山的阶级性问题，并提出要我作一总结性的发言，固拒不获。

### 22日

上午，大会发言。唐明邦、林双忠等发言，均颇有分量。冯友兰发言，一面再三申明自己与大家无分歧，一面又转弯抹角地说：船山在"理与气""器与道"的问题上是唯物主义者,超过了程朱;而在"心与理"的问题上,只批判了陆王,而未超出程朱的圈子,是唯心主义的。所以船山的世界观有唯心、唯物的两面性。至于唯心主义是否只是残余?他说,船山在晚年(70岁以后)的著作中说"性"时是唯物主义的。所以说唯物只是残余。这乃是转弯抹角地把船山学曲说为二元论者,为朱学。因为"心与理"乃在阐明存在与精神的关系问题,"理与气"则在阐明客观世界与规律性问题,"性"又是在阐明根本范畴的属性。

熊子烈同志约为湖南历史博物馆题字,拟题《七绝》一首(编者注:诗文略,见《学吟集诗选》)。

下午,看论文,准备发言稿。

## 23日

上午,小组讨论。

拟为〔湖南〕烈士(革命)纪念(博物)馆题诗(编者注:诗文略,见《学吟集诗选》)。

下午,党组会。周礼同志主持,讨论会议最后两日发言及闭幕式。决定嵇、关、杨、吴等发言之后,临时号召自由报名发言;决定我于自由发言后作总结性的发言;闭幕式由潘老讲讲学术讨论的方法,李老致闭幕词。

下午,参观船山学社及展览馆。我因须准备发言稿,未参加。

3时起床,开始写发言稿,边写边交树云誊抄。

## 24日

上午11时,方写完发言稿,觉得有点仓促和粗糙。时真细看了一遍,提出几点修改意见,作了修改。

下午听关锋、姚薇元、谭戒甫等同志发言。关发言不同意冯的意见,也批评了嵇文甫、吴泽两同志关于船山的历史观的意见,意谓恩格斯关于马克思主义以前的唯物主义在社会观都是唯心主义的论证,同样适于中国哲学史上的情况,并谓船山的历史观也只能说有唯物史观的因素或倾向。

谭戒甫发言说,只能认为船山有唯物思想,不能夸大为唯物主义;他也有唯心思想,但唯物思想是主要的……云云。散会时,我对他说:"谭老,就您所说,船山还是唯物主义者。"他说:"还是只能说是唯物思想。"

下午5时半,将发言稿交方克同志,请3位秘书长转党组成员并省委负责同志审查。

晚去鹤师(李达)处。鹤师坚持让〔我〕去武汉作一二次报告。不便固辞，约定12月初离湘前去。旋至吴泽处，约他与我夫妇同行离湘去武汉。

浴后，口占纪念船山诗（编者注：诗从略，见《学吟集诗选》）。

### 25日

6时起床。8时出发赴韶山谒主席旧居。10时抵韶山，参观留影。旋由时真执笔留字。

谒韶山毛主席旧居留词：

诞降巨人处，韶山旭日红。

五洲同仰颂，声气翕东风。

时真

下午5时半回至长沙。宾馆饭后，人民出版社刘□同志、历史研究所叶华同志来，并赠书。旋寿祺同志率湖南师院历史系教师五位同志来。

### 26日

会议闭幕。上午9时开会，由杨荣国、谭戒甫相继作大会发言和自由发言。谭发言颇多错误。杨说，自张载至王船山，中国社会思想的主流是唯物主义，亦颇欠妥。

旋至我作总结性发言，饭前讲了一点一刻钟，午饭午睡后又讲了一点四十五分钟。共谈了三个问题：①关于王船山的时代和其思想的阶级性问题；②关于船山的世界观问题；③船山在政治上的思想主张、爱国主义和民族观等方面的问题。并原则地谈到谭的一些错误论点（如说毛主席继承了王船山，又谓应继承船山的儒家学风等等）。

据朱凡、王兴久同志说，反映尚好。唯詹剑峰前来表示："声明一句，我所说的理气一元论，是高度的唯物主义。"徐旭生同志表示："从全体说报告很好，有些关于我的意见，我们回头谈谈。"谭戒甫说："很好，各抒己见呗。"杨荣国向我表示说："很好。讲得有条有理。"但吴泽问他，他却未表示意见。

散会后，医生来试血压，左为152/92，右为100/100，并谓心脏有二级或一至二级间的杂音。因之，晚会"龙舟会"，未去参加。

拟为湖南图书馆题字：

博学而强识，力学以穷理。

由博到精难，从约而博易。

### 27日

上午，参观〔湖南〕革命博物馆、历史博物馆。革命馆有"塘田战时讲学院招生广告"复制品一张,"塘田战时讲学院告别武冈各界人士书"原件一纸、复制品一纸。

题赠革命博物馆七言一则(编者注:诗文从略,见《学吟集诗选》)。

题赠历史博物馆七言一则(编者注:诗文从略,见《学吟集诗选》)。

下午,参观船山学社。房址虽系复建,甚似原来之建筑,惟进出之小巷不拆去。内湖南学联办公室,宛似当日。明翰、波扬等同志早已为党流了最后一点血,不禁戚戚。

船山展览馆陈列甚好,只是说明多有不当处,容当向有关同志建议改正。吕、周两馆长陪同参观,意甚殷,可感。

晚观"龙舟会"。此剧不只在思想性、艺术性上非任何他剧(连同"西厢记"在内)可比例。船山在此剧中,不只骂倒明朝皇室、皇族、明清官僚,与清廷不共戴天,而又明显表示出代表市民阶级的倾向和反封建纲常名教的思想。

### 28日

7时起床,8时出发,赴衡阳访船山故居。11时抵衡山,在城关略事休息。下午1时10分车抵衡阳,住地委宾馆。地委第一书记胡云初同志、书记荣成和同志、董子林同志、市委书记岳健飞同志及副市长张同志在馆相候。

饭后,由岳书记、张副市长等陪同参观船山展览。所列清季世璜所绘"船山先生行迹图"临摹品六十二幅,甚可珍。原件为七十一幅,藏馆内。应邀对说明词提了一些修改意见。并留词云:

究穷理气迈前代,鞭打程朱非宋明。

探石鼓回,看书院古碑。石鼓〔书院〕为四大书院之一。共留影。旋至湘江大桥,遥望东洲岛,即船山学院故址——今为水产学院院址。闻尚有"船山书院"四个大字、碑四大块,王闿运文及书,另四大块为序船山子孙入院学习文云云。

晚由岳健飞同志陪同观衡市花鼓剧,节目亦为"送表妹""打铁",似较长[沙]市、邵阳市花鼓剧团所演为佳。剧情亦略为曲折,合情。

### 29日

7时起床,7时半早餐后,略事休息,8时出发,赴市区曲兰公社访王船山故居"湘西草堂"。横匾云:"旋翁□戚占,船山先生论解也。船山明壬午孝廉,研精理学,博通经韵,构草堂著书充栋。制军李□屡过□□,题其堂曰:湘西草堂,志不朽也。传今可百余年,不无栋折榱崩……"署为"丙午科举人拣选儒学教谕年宗戚晚生李翼顺为跋"。又对联：

　　　　堂构叠新，数代长香生瑞色。

　　　　岗陵交祝，千秋令望灿宏猷。

　款：施翁老先生重修草堂并八十万寿。众戚友同赠。

李翼顺谓船山"研精理学"，以制军李□题堂为荣云云。立意在赞船山，实则把船山贬得很低。亦谓众戚友之同赠，更见庸俗。

旋余夫妇与市委书记岳健飞同志参观船山手植枫树，盘根错节，经三百年仍生气甚盛。衡市文化科长刘和声同志为我等就枫树下摄影。

住草堂之李步云妻与余等谈及，渠有三男三女，长二女已出阁，长子在华中入华中工大……意甚得，对党甚感戴。旋要煮白薯款我等。乃辞谢回兰西附中休息。附中一年级二女来招待，甚聪秀可爱。与之谈学习及其家庭情况。小妹子并持来纸笔，云："请您老留几个字，指导我们学习。"我题字云：

"为无产阶级而学习，为共产主义事业而学习。发扬革命的艰苦传统。"

临别时，同将两双小手握着我夫妇的手，乌黑的眼睛水汪汪流着眼泪，时真亦不禁热泪盈眶。

旋至大罗山下的虎形山谒船山墓。先至山下之墓庐。一船山十一世孙，似为不识字之农民，能口述十四诫之嫁女不要财礼，不信僧道等条。并谓船山当日只有地，湘西草堂为光绪三十三年官府所建，船山当时只茅舍三数间。李步云妻所述相同，但谓只有田几斗云。

墓庐渠口张翰仪对联

　　　　故国剩金盌玉鱼，青塚兽崇高节里。

　　　　遗迹览石船枫马，丹心常照大罗山。

王船山墓地对联

　　　　1.北海隐脉无双士，南国儒林第一人。

　　　　2.前朝干净土，高节大罗山。

此辈赞船山者，无不以船山为尽忠于前明而死……若辈何尝又仅能知船山，赞之者实亦无不抑之甚也。无怪船山临终前戒子孙不得为他铭墓作传……盖深知若辈不足以知他之心迹，深恐受其诋毁与抑贬也。

晚观祁剧，焦光甫一角甚佳。我意至少其前段不在叶盛兰之下也。

## 30日

7时起床，因车子均须去北城添油，所以直至10时方起行。下午1时车抵南县。上至半山亭，下山游南岳庙。庙规模宏大，有似故宫。内有千多斤之元辽钟。有李白诗石碑，清康雍、乾碑及派员致祭碑。

庙中所遗文物甚富。最可珍者，为清代心月和尚经三年刻成之五百罗汉。心月，闻曾参加太平天国运动。字画文物陈列室，亦有不少可观之件，惜未细看。

下午3时，离南岳，7时回抵长沙。省委方克同志来。为照顾我身体，决定把我报告排至3日。

〔12月〕1日

刘寿祺、朱凡同志陪同观岳麓山。旧地重游，虽年来建设已面目全改，仍倍觉亲切。爱晚亭为我入团旧地。赫曦台规模依稀当年。六君子堂为湖大工科学生会址，当年宾步程为摧灭学生会，便公布收回六君子堂。御书楼已易一新洋楼。北海碑已作为省文物保护重点，周密保护起来。麓山寺之佛殿及殿前植之两罗汉松依然挺拔苍翠。白鹤古泉已建亭加栏。蔡墓坟上略事徘徊，谈及蔡锷的历史及其岳丈刘举人、妻刘氏、内弟刘峒等情况。时真与树云回后作了笔记（省宣传部从朱、刘闻知，向树云要记录）。

午前参观了师院，历史系资料室及图书馆文史书籍。下山后参观湖大。

岳麓山及二里□一带，已为两校校址布满。师院规模尤大，布局亦甚佳美。麓山及其北延之山岭，均已植树成林，一二十年后将不只风景更丽，且将解决省会一部分用需木材。

5时回城，过轮渡，遇周士钊副省长。晚，方、朱、王、陈同来，补学术讨论会总结。

2日

上午，王建中夫妇率子女及其他同志多人来。

下午，参观古籍书店，买书画等共160元，由该店寄北京。

3日

上午，为省宣传部主办之报告会作报告。题为"中国历史上的几个特点"。

晚，开党组会，总结学术讨论会的工作。参加者为省宣传部正副部长、省委秘书长及上次与会各人与谢华同志。我与谢发了言。最后秦雨屏同志提出以我及他的发言为基础，向省委写一报告。

4日

上午，休息。

下午，参观天心阁及文物商店。买了书、帖、文物等共九十余元。

夜观湘剧"赵五娘"四出。

### 5日

上午，继续作完"中国历史上的几个特点"的报告。周礼、秦雨屏等同志均来参加。报告完后，周礼同志讲话说："振羽同志这个报告，是马克思主义的。大家要好好讨论，尤其是历史教学研究人员，应切实学习一下。"

休息时，周礼同志又谈及劝我去邵阳一带看看，并同意刘寿祺、邓晏如两同志陪同前去。

下午，寿祺同志陪同参观自由市场，东西甚多，价钱亦不甚高，令人宽慰。

本日《新湖南报》发表诗作五首。

晚，吴泽谈近年来情况，至11时。

### 6日

上午，方克同志及省团委宣传部同志谈高校学生思想等情况（昨日雨屏面约于12月9日为湖南省青年作一报告）。

下午，史学会秘书长刘梦华同志谈史学界情况。

准备"一二·九"报告提纲。

### 7日

上午，与长沙历史学界同志们开座谈会。刘寿祺、方克等同志参加。座谈会由湖南历史考古研究所所长谢华同志主持。

我谈了两个问题：①关于湖南历史研究工作应该作些什么和怎样进行的一些意见；②关于史论结合和其相关的一些问题。只谈了二时二十分钟。吴泽同志谈了"关于历史人物的评价问题"。似讲得宽了些，个别地方有不够稳当处，因此作了一些插话。

下午，准备"一二·九"报告提纲。

晚饭后与瑶青谈话。

### 9日

上午，为省团委主办之"一二·九"作报告，到会干部及学生约2500人。会议由周礼同志主持。

下午，至古旧书店，购古碑帖字画等共约200元，由该店负责邮寄。至此共计这次回湘已共购书籍及字画四百余元。

秦雨屏同志通知，由刘寿祺、刘逊夫同志陪同去邵。

晚，观豫剧"司马貌告状"。

## 10日

上午，为湖南博物馆、图书馆写字。跋王船山遗稿《噩梦》及手稿。

下午，与时真同去理发。理发师与余夫妇分别接谈中，悉二人均有工作，各八口人；一人工资八十元，其长、次子已作工；另一子入中学，二、三子入小学。夫妇工薪百余元。情绪甚好，对社会主义前途充满信心，对党和毛主席表示无限信任。

旋同参观美术工艺品商店。

晚，时真同学张鹊梅夫妇来访。

观湘剧高腔"柳毅传书"。

## 11日

上午8时由长沙出发赴邵阳。下午1时1刻抵邵。住邵阳地委招待所。在地委内，均建在南关外之山上，地形面目之改变，几使我不能识出。余夫妇所住及寿祺所住，均为三大间（会客室、卧室、卫生间），设备齐全而又现代化。招待所所长为邓观胜同志。

地委第一书记谢新颖同志，书记为王维、曾广城、霍旭奎、郝文成、王惠庭（兼专员）、石新山、张厚（兼湘乡县委第一书记）。宣传部长为张瑞川同志。副部长为赵世芳同志。地委秘书长为王润民同志。

夜观祁剧"马刚打闸""探监""闹府"。由王维、王润民、刘逊夫等同志陪同。

拟偕时真与刘寿祺同志等由长沙赴邵阳道中诗（编者注：诗文略。见《学吟集诗选》）。

## 12日

早饭后，候王维、张瑞川等同志。10时来，略商定日程后，即由张瑞川、邓观胜等同志陪同参观双清亭。双清亭已辟为公园。唯关圣庙内部已圮，但室壁尚完整。双清亭碑，明成化万历三碑字均佳，惜已与清康熙、乾隆、光绪各碑相同，几半已泐损而不可识矣。当便提及保护之事，瑞川同志表示将作一簷（檐）以保护之。"双清胜览"四字（传为明朝巡抚周××所书），书法甚佳，现已模镌四字于园门。双清亭尚完好，但横额已不存。我1938年所提"万山来天际，一石压江流"一联，闻早已为国民党反动派所毁。今日重来，空气有雾，远山不可见。"一石压江流"之景象依然也。张瑞川同志一再提出要我重写一次交镌悬。"双清亭"字不及"双清胜览"。

两头石门框各一联尚不甚佳。

旋参观邵阳市皮革厂。厂长刘同志为来自胶东之工人,由胶东南下到邵之胶东皮革技工共十余人,现留下仅4人。现该厂有工人三百余,技术工百余,大部分为1958年入厂者。刘厂长云,现因原料供给关系,仅能开半工,生产能力不能全部利用。原料不仅用牛皮,并利用猪皮、狗皮、麂皮等。产品有皮鞋(男女,均出口),手提小皮包及皮箱、皮衣等共二百种,制作颇精美。刘厂长告我,工厂国家投资仅百余万元,自1951年建厂以来,已共产出1300多万元。瑞川同志与刘厂长硬要我夫妇制皮鞋,不可却,已同意收费各量制一双。时已11时45分,乃回招待所。

下午,至邵阳师专,与该校教师48人开座谈会。寿祺与张瑞川同志略作介绍,即由该校教师提出几个问题。因时间关系,我仅谈了"历史科学如何为无产阶级政治服务?""关于历史人物的评价问题"等作解答。在解答问题前,我对这次回邵的感想与兴奋心情说了几句话,并希望该校教师继承与发扬邵阳地区的革命传统,进行资料调查,配合教学进行科学讲授。该校校长刘泉清同志当即表示"接受这个任务"。

晚观邵阳花鼓剧"磨豆腐""送表妹"等四出。剧颇佳,但个别地方可改一下。如"送表妹"中男谓女"没廉耻""不怕丑"……不只太过,且不合情。

## 13日

上午9时半由邵阳市〔出发〕,经桃花坪(隆回)、沙子坪、石下江(洞口属)、竹篙塘,12时半抵高沙。下午2时半在区委用完午餐。餐后,树荣等三人伴寿祺回其老家(烂泥坑刘家),并由区委副书记刘参军陪往。正书记曾有德同志陪我夫妇参观高沙市容并自由市场。旋介绍了高沙区生产社会情况,着重谈了一个五年连续增产的大队;同时谈了去年三门破获一反革命组织。曾有德同志年轻(32岁),头脑颇清楚。

下午6时,抵武冈,住县委。

车过处面貌已全改变,不少新建红砖高楼,已使余不可复识。

武冈县委第一书记为迟维景,副书记为周建平、杨孝友、宋宗君、陈玉清等同志。县长为张颂田(常委),副县长为萧奇峰等。宣传部长为周孝信,县委办公室主任刘伦达同志。

## 14日

上午,由县委约集有关方面座谈,搜集、了解思思学社、思思学校、二邓先生著作等情况。剧团团长为邓成云之子，被介绍到我的面前。革命感情，袍泽厚谊，我不禁老泪纵横（时真有记录）。

下午，参观第二中学（在二邓先生祠故址后），高、初中学生大都长得很好，聪秀、坚实，围着我们，笑容天真可爱。法相岩，古碑甚多，有宋开禧、淳祐，明弘治、嘉靖、万历等朝石碣。

旋至文化馆，看邓成云同志文物、遗嘱，欧阳东（编者注：邓成云、欧阳东均为大革命时期牺牲烈士）等同志手迹，农会证章及邓遗像等。令人极感奋。

晚观祁剧"隔窗会妻""打侄上坟"等。颇佳。

### 15日

上午，访翠云公社资南大队，书记刘顺龙。户数，295户。人口共1098人。全劳力214人，半劳力196人。土地1040亩。耕牛51头，另小牛10头。农业产粮1962年比1961年增产19%。口粮去年人均390斤多。今年460多斤。平均亩产600斤左右。劳动报酬，去年平均每日8.2角。今年平均每日12角。猪：1961年共110头。1962年217头。除五保户、困难户外，每户都养猪。个别有养4头。鸡，每户都有，多的至20只，少的亦五六只。50%户养了鹅。有50户养了兔。蔬菜年产10万斤左右。鱼年产2万斤左右。油，每人市〔分的〕低的有3斤，高的12斤。大约有40人去自由市场卖东西，有10来人搞转手买卖。1961年、1962年增产原因，主要是"整了五风"、多劳多得，对〔农业〕六十条、十二条觉得好。但有些地方还不大相信。每亩施猪、牛粪，每亩平均25担。

公社有一医务所。有一小学，有200多人。民办班有50多人。上中学的有30人左右（已毕业约10人，有1人考入湖南大学）。〔大队〕有党员21人（内妇女3人）、团员34人（内妇女11人）。支委7人。1960年整风前，有50多个水肿，现已消灭。

下午，为武冈机关部队学校干部约1600人作报告。据县委书记迟维景、宣传部部长周孝信同志表示，反映很好。县委布置大家学习，与当前正举行过的会议起了很好的配合作用。

晚，邓小龙来与我及刘寿祺同志谈。我从政治、思想、组织观念等方面进行教育。

### 16日

上午8时半，武师一位〔任教〕三十多年语文老教师谢某某来，谈二邓著作情况。"十室之邑，必有忠信"。此人似真实作过学问工作。他拟写二邓年谱，我提了一些对二邓思想的意见作参考，并加以鼓励。迟闻同意。

旋迟征求对县工作意见。我谈了（时真有记录）。迟表示完全同意。

11时由武冈出发，12时15分抵新宁，第一书记曲铎同志在吃饭前介绍了该县五年来的生产情况。除1960年外，是逐年增产的。1960年也只比1959年低，但也比1957年高。宣传部长李中富同志谈了点教育情况。

下午2时离新宁，渡夫夷向邵阳县前进。家山故水，分外有情。过白沙、迴龙市、塘田、白仓、黄唐到邵阳县（塘渡口）。金子岭即灿岭，又名河伯岭，为巫山山脉，由黔桂来，巍峨奇秀壮丽的山势，左翼至白仓四尖峰而降为丘陵地带，右翼至五峰铺三县今邵阳、祁东、东安之四明山，西降为丘陵地带。河左自新宁至马头桥场为紫云山，马头桥距金称市约40里，金称市距塘田15里。紫云山虽不似金子岭之崇巍蜿蜒，然亦秀丽，与金子岭沿资江左右两岸蜿蜒而下，蔚为山川之壮观。

5时40分抵塘渡口，住县委。县委第一书记车仁光同志去五峰铺，书记孙作英、张玉清两同志迎接，陪同晚餐。

## 17日

上午，县委办公室主任黄子元同志介绍邵阳县情况。

基本情况：共147671户，508571人。耕地738947亩，其中水田545742亩，另外自留地76421亩。有9个区，62个公社，938个大队，7026个小队，一个农场，二个林场。

8个区总产量：1949年至1952年平均年产量为17638万斤。1953年至1957年平均产量为22509万斤。1958年至1962年平均产量为294680万斤。1957年23310万斤。1958年33000万斤。1959年30406万斤。1960年24833万斤（因旱134天）。1961年29082万斤（因旱50天）。1962年30150万斤，增产4.6%。

1953年至1957年平均亩产285斤，口粮409斤。1958年至1962年平均亩产408斤，口粮418斤。1962年口粮为440斤。

征购：1953年至1957年外调数为3928万斤。1958年至1962年外调数为27121万斤，每年平均为5424万斤。本年为5795万斤。

猪：1958年至1962年平均为22300头。本年到上月发展数为96000多头。存栏数83349头。年底可到11000头。

食油：第一个五年计划，平均年产860836斤。第二个五年计划，平均年产862600斤。本年完成45000斤。

……

汇报中，车仁光同志从五峰铺归来后即前来参加汇报。

下午，为县委机关及正在县开会的区级干部等千数百人作报告。根据车仁光同志所提出要求及干部思想情况，讲了革命传统与国内外形势及任务问题。报告会由车仁光同志主持，群众情绪饱满。

## 18日

上午，由张玉清等同志陪同到塘田。刘老、张书记、我等由区委书记唐克桂同志陪同过河。划船的即当年常接送往来夫夷、邵阳市各处并给塘田战时讲学院帮忙的周维合同志。一见之下，与我夫妇相互紧握双手，热泪盈眶，慨然道往事。

过河，由塘院院前码头登岸，初入全院——即今邵阳县第四中学校址。现已拆了周围高墙，重建了若干新宿舍。院长办公室、党委办公室、民先办公室、讲义印刷处等故址，历历如昨，令人感奋。

旋访周家院子与吕家院子，多人尚识余夫妇，尤其是当年识字班学生，如久别家人，表现一种令人说不出的阶级情谊，又皆诚恳要我们进屋用茶饭……

旋过河，当年常为塘院及我理发之工人陈同志，相遇紧握余手，与余夫妇相问，皆不禁热泪横溢，并坚邀入其居处历述旧事。

据县委副书记张玉清同志说，周维合、陈同志等常津津和他道塘院及我个人当年事迹。

在走回区委的道上，一位女同志（李秀荣）笑着走过来拉住时真的手，问知名字后，彼此都热泪横溢。回至区委，吕礼思、陈启国侄等五人均已在，乃由区委布置一室，与我夫妇相聚，道及生活情况。云本年口粮每人平均在700斤，真令人兴奋。礼思未犯过"五风"（张玉清同志从各方面加以证明，并谓他为队最有威信干部）。

下午，为塘田区干部作报告，根据区委书记唐克桂同志、县委副书记张玉清同志意见，围绕塘田战时讲学院的历史向干部进行革命传统教育。参加者满堂，情绪始终饱满。刘、张等均认为结合现实能解决问题。塘田区委诸同志均认为，讲学院的影响是深远的，在群众中扎了根。张玉清同志对时真说："你真正回到革命的老家了。"

## 19日

上午9时，李树荣同志谈：

1. 地下组织问题。a. 1953年□月，邵阳县委杨洪达同志面告："你那个组织关系，解放前你那个支部的关系都不承认了。"我问："什么道理不承认？"他说："你对吕楚臣没起监督作用。"我也没追求，回去后就没通知我过组织生活。

b. 集体参加国民党的问题（去桂林回来后的情况经过）。1945年，我走时与吕楚臣、李义卿三人在我家开会。我交代说："支部由吕楚臣同志负责，组织宣传由李义卿同志负责。与上级联系由吕楚臣同志。"1946年恢复金称市完小，我没带回组织关系。武冈三民主义青年团团长陈柳州要其弟陈寒柏在金称市建三民主义青年团。我、楚臣、义卿三人都在完小教书。楚臣、义卿怕陈寒柏把整个青年拉去，不知如何搞的，另外和吕应中一起把较好的青年搞个三青团。从吕楚臣手里拿过三青团名单册子来看，有我的名字。我当即说，我已年纪大了，不能参加。吕楚臣在学校想搞三青团时同我谈过，说组织三青团好搞工作，我也以为他那样搞对，口头上也表示同意。自己不参加，思想上表示不同他们合作，把我的名字扯了。

2. 谈油塘保存了塘田战时讲学院院牌、院铃、文件、图书、用物、文具等。

①石火出版社曹伯韩派人来取去油印机、油墨。

②日本投降后恢复金称古峰学校，拿去十一二个荷叶灯、板凳几条。

③解放后：a. 段中兴区长说为保管塘田书籍，派河边乡政府李竹林把所有书籍等东西装了一船到塘田市区政府（当时区委书记为张寿芝同志，他现任专区人民医院党委书记。副区长王林）。并由蒋绍斌（区管财务）打了收据。在塘院前码头起东西时，王伦拿去两张照片。其他东西放在区里楼上，如何放法，我不清楚。

b. 仍保存在油塘的讲学院文件（账本、信、油印品、讲义、学校记录稿、章程等），放在我家中楼上角落里。肃反时，邓代英（县财贸肃反办公室干部）等人把这些东西都拉走了。现油塘已没有了。

c. 讲学院的铃记、印章、图记等，装在一小桶中，也放在楼上角落里。土改时搞到哪去，不清楚。

我说了今后如何搜集〔塘院资料〕的一些意见。参加同志有县委档案馆负责人罗华生、宣传部□应祥。

午饭后，我、时真与县委第一书记车仁光、副书记张玉清说了我们亲自经历、布置及接触到的解放前金称市等处地下党的情况，提出如何对待与处理地下党组织的问题，对待和处理地下党党员关系的问题，等等（时真与树云有记录）。张玉清同志表示说：看来金称市支部应重新搞一下，李树荣、张必烈等人的党籍问题也应重新搞清楚。车仁光同志交代组织部管理干部的干事详细记录，要他重新整理材料。

3时，邵阳县立一中校长来接我去该校作报告。报告前，由张玉清、刘寿祺同志讲了话和作了介绍。报告题与在塘田区委相同。听众情绪始终很好。与会同志认为比塘田区委所讲为好，并有新的内容。报告毕出场回县，学生群起送至校门外很远，时天雨，虽屡劝他们回校，亦未能阻住。

晚饭后，时真为地、县委办公室及宣传部干部聂义生、罗华生等同志讲塘田战时讲学院发动民众识字运动经过，被围剿查封时的话别会情况。效果很好。会后，与会同志有的送照片、写信。聂义生同志说："我们过去注意不够，塘田战时讲学院是办在邵阳地区内的第一个马列主义学院，影响很深远。我们今后要充分利用它作为对干部进行教育的乡土教材。"

20日

早饭后，应县委之邀，寿祺同志、时真及我与随行同志和县委负责同志合摄一影。

10时，起行赴邵阳市，12时抵达，住地委招待所120号。

下午，医生来量血压，为右132/80，左130/80。听心脏无异常杂音。

旋，地委宣传部长张瑞川同志来，在刘老住室先商定日程。婉拒不得，我为地委机关干部作"关于中国历史上的几个特点"报告，分两次讲。刘讲"关于阶级斗争问题"。

旋车仁光同志及李荣中（邵阳县委书记）来，由李谈关于解放前地下党金称市直属支部及党员情况。我接着谈自己的一些看法和意见。未完，因谢新钦、曾广成同志来，乃相约另找一时间再谈。谢、曾等同志不同意我们后天即去长沙，坚请为干部作报告。刘、我均同意。

晚饭后，作日记。

因车仁光同志今晚须参加地委电话会议，乃以电话再约。地委同志来谈干部思想情况，为明日报告作准备。

8时，地委宣传部理论科科长唐瑛同志谈干部思想情况。

1. 国内形势问题基本解决。

2. 国际形势问题反映多些，对中印边界问题、反对修正主义问题。

国内：

1. 承认一年比一年好，但对前几年有些人认为不能说成绩是主要的，如粮食减产、工业下马。

2. 大有好转，干部个人（粮食26.5斤，低薪）困难未减轻多少。

3. 对形势好转的原因，有的认为今年主要是风调雨顺，政策不是主要的。

4. 对三面红旗、对总路线，认为反映了全国人民意愿；主要在"大跃进""人民公社"的问题上，有的说：前几年如说大跃进，工业还可以，农业减产如何能说是大跃进？个别的观点、立场有问题。如双峰政法干部说："大跃进就是半夜喊天亮""破冰打冰""三年苦战，五年恢复，八年一场空""既是大跃进，为何又提出恢复到1957年时的标准？"有的还提出三个标准：1. 产量年年上升。2. 人民生活逐步提高。3. 市场活跃，物价逐步降低。以此衡量前几年恰恰相反。甚至有的说是"工厂倒闭，通货膨胀"。

对人民公社，问是否办早了。对人民公社的优越性怀疑。"一大二公"企业下放了，公共积累全丢了。三级所有制，今天生产队比以往高级社规划还小，大公何在？五位一体，现队、队只有农业。"社政合一"，现情况与过去高级社差不多，高级社与过去乡人委差不多，优越性何在？有的甚至说：公社化以后，五风更严重了。有的说：公社办早了。如不上，生产可能还好些，不致减产。

关于阶级斗争问题。

有的认为不存在阶级了，斗争熄灭了。"地主不讲话，富农不吱声。中农随风倒，调皮捣蛋的是一些贫农。"

对方针任务问题。

以农业为基础，工业为主导与第一个五年计划提出优先发展重工业是否矛盾？以工业为主导，又说各方面都支援农业，岂不成了附属部门，如何能起主导？

国内形势问题上还有个较重大的问题，对前几年错误的认识。有的同志说既属于工作上的错误，为什么范围这样广，时间还这样长？工作错误与路线错误的界限何在？

国际形势问题：

东风压倒西风问题。有的说，在目前这个论断是否还合适？说有利于人民方面的发展，现状是否相符？

如何理解东风压倒西风。多数认为，与帝与修都处在同等阶级，如何能说是压倒？

说朋友越来越多。印已进入帝国主义怀抱，非洲有些民主主义国家是支持印的。社会主义内东欧是一帮，我们是一帮，如何能说越多？

《人民日报》社论后，多数同志很义愤。有些同志主张索性直接把赫鲁晓夫拉出示众。有些同志说东欧跟赫鲁晓夫是可以理解的。

多数同志很担忧，说不分裂，事实上已成分裂局面。苏联的和平堡垒已屈服于帝国主义，社会主义阵营已削弱了。有些说，他们是多数，我们是少数、穷朋友，还要支援人，得不到支援。

有些说，产生现代修正主义的历史背景何在？远因、近因是什么？是否由于机会主义的社会基础没消灭？近因又如何解释（如对古巴问题）？反华大合唱为何这时更凶？

知识分子中与赫鲁晓夫观点有共鸣的，说：在古巴问题上，赫鲁晓夫作了明智的妥协，避免了一场核战争。帝国主义动刀，我不动刀，矛盾就缓和。还有些害怕的说：现在社会主义内部闹分裂，中印边界又成僵持局面。如爆发世界大战，我们不好办。个别甚至说：我们是四面楚歌。东有台湾，西有帝国主义，南有印度，北有苏联，关系不好。害怕颠覆活动。还有些说：这样发展下去，苏、东欧是否会弄成资本主义复辟，出现第二、第三个南斯拉夫。

10时，即由刘寿祺同志主持，我、时真、聂义生、唐瑛、王树云参加，总结这次访问邵阳专区的活动和工作。由聂义生、王树云、唐瑛等同志相继发了言，讲得过好，未谈及缺点。我从地、县工作等方面谈了几点。旋由刘寿祺同志作了总结（时真、树云均有记录）。

## 21日

逊夫来，说他们今下午须回省，不能陪我们。准备下午报告，把在长沙所作报告的提纲看了一遍，并作了补充。

下午，为地委机关干部作报告。

晚饭后，与邵阳县委第一书记车仁光同志、书记李荣中同志继续谈金称市地下党问题（树云、江明为记录）。最后，任光同志表示，金称支部完全要肯定，个别党员问题另作个别审查。

晚，在地委机关看电影"南海渔潮"。

## 22日

李荣中同志率松杣区委副书记曾纪松、公社书记冯云辉、石溪大队支书罗传汉、竹塘大队燕富生、生产队长唐一鸣等同志来谈该社增产等情况。

曾纪松谈：现有大队97个，生产队757个，户14470，人50695。耕地85481亩（其中水田72493亩）。丘陵地带，山多陇少。解放前是很穷的地方，土质很差，70%以上为旱地，无水源。"天晴一把刀，落雨一团糟。田泥不沉底，牛下挤肚皮。""半天看不见太阳。"历年来自然灾害，产量低，常年亩产200斤，好年300斤，旱年颗粒无收，生活水平很低。解放后，反霸土改到互助组、合作社后，生产大大增加，亩产为300多斤。由于自然条件限制，合作规模小，抗自然灾害能力薄弱。1953年全区每人产量不到400斤，卖给国家粮312万斤，国家〔返〕销却为383万斤。通过1958年成立公社，全区掀起大跃进，几年来生产有了大的发展。人产300至500斤。1957年为504斤。1958年人产过714斤。1959年全区受旱面积65.2%，长达134天，人产却过833斤，比1957年增加65.2%。1960年为连续干旱的一年，并有虫灾，全区社员战胜了旱灾，保证了丰收，人产过862斤，比1957年增产76%。1961年人产833斤（划去部分自留地，加上自留地合计863斤）。1962年集体平均人产817斤，自留地人均62斤，合共为人879斤。

由于粮食增产，家畜禽有大的增长：

猪：1957年6701头。1958年7840头。1959年11078头。1960年降至7042头。1961年10824头。1962年为12540头（茶园公社不在内）。

鸡鸭鹅：1956年户均5只。1857年到8只左右。1962年户平均20多只。

家畜禽为农业提供大量肥料，今年为60万担。

为国家贡献的商品粮，逐年增加。1957年征5169235斤。1958年征9868654斤。1959年征13180000斤。人均卖345斤。1960年征14350000斤。人均卖368斤。1961年征12569848斤。人均卖300斤。1962年征12380000斤，比1957年增加1.5倍。

总产量：

1957年26604288斤。1958年33200022斤。1959年36286955斤。1960年36990212斤。1961年33300553斤。1962年35967000斤。

经验和体会：区委在执行党的决议上贯彻了民主，首先是区委取得一致，加以贯彻。区的班子固定（十六个委员，大部分为1956年的，情况熟悉。八十五个支书，只有八个为大跃进以来的，其他都是土改以来的老支书，脱产干部），60%为本地干部。

去年春季以来，发现了单干风的苗头。了解后，及时召开干部会、群众会进行宣传，把单干风压下去了。教育后，在群众中进行了四条讨论：①回忆过去单干怎样？②通过合作化的发展情况。③讨论党的政策能不能发展资本主义？单干还是集体好？④坚持集体，在集体前提下搞小自由，明确发展前途。

每次运动前作好调查研究，贯彻指示，每项政策基本合于群众要求。如水利成了群众性的自己的运动（群众不同意搞大水库），区委便决定：社办为主，小型为主。到1960年，全区修成96个水库，内中型1个，有1个发电站，另有一火电站。全都中用、受益。新建、扩建、补修山塘3986个，河坝46处。水利工程占了耕地面积7000来亩。现一般种了双季稻，亩产700多斤。新开荒11241亩，一般不影响水土保持。高处田用抽水机，现6个公社有45台，1086马力。全区水稻面积60%以上能抗旱80天以上。

冬田，过去无此习惯。从1958年开始大冬田运动。冬田比不冬田每亩增加产量50斤左右。因此每年冬田达60%以上。

三光除虫，从1958年开始普遍。因之近年虫害比过去少得多。

扩种双季稻，直至1957年种双季稻面积很少。1958年总结了种双季稻的经验，大部地不宜于复种，乃扩大双季稻。从1961年以来，经验证明哪些田能种，哪些田不能种。今年种双季稻26500亩，平均亩产600至650斤，沿河土质较好地方达700多斤。投入每亩须多施1/3杂肥、化肥须3斤多。中稻平均亩产450至460斤。沿河土质好的地为510至520斤。双季稻每亩须多10个劳动力。

加强社会主义思想教育，坚持集体，没出现单干。但从去年有点单干风。现在还有说，田分不得也要分，一般为富裕中农。坚持集体生产，一般是积极的。社员中有五好社员18540人。其他放弃集体搞个人的很少。观院公社3600多社员中，只有3人放弃集体搞个人。也大抵由于家中劳力多，口粮多。

农业生产层层分工，实行责任制、包片、包队、包陇。春耕准备，一般作得好。靠头年冬搞好肥料。山肥、种胡豆、大麻子，冬肥好。

对干部进行经常教育，防止骄傲自满，进行前途教育。及时检查工作的进行、政策的执行情况，及时发现问题、解决问题。各部门的支援，促进了发展。

当前存在的问题：

1. 今年半产，但生产不平衡，口粮平均458斤，加上自留地为520斤。但有两个大队口粮在400斤以下，54个生产队口粮在400斤以下（一般在370至380斤）。原因是连续水灾，其中一个大队由于领导骨干不强，另15个队由于田少人多（四固定时有些人不在家，下放时回来了）。全区最低的也有352斤，最高的有900多斤（每人产量1680斤）。

2. 少部分干部、社员对以农业为基础，以重工业为纲的认识不足，想搞手工业。

3. 少部分社员，特别是富有户有单干思想，说田分不得地分得，地分不致减产。

4. 水利兴修、配套进度不快。计划28万个劳动日，现只完成8.5万个。

5. 抽水机修配，明年利用存些问题，受管队负担大。

下午石溪大队罗传汉同志、燕窝大队唐一鸣同志谈：

石溪大队：户244，人757。水田1305亩，地139亩。从1957年连年增产。

1957年，575000斤。1958年，685000斤。1959年，720000斤。1960年，725000斤。1961年，722714斤。1962年，732000斤。

地区沿河，中间有一条溪，只怕水灾，今年水淹四次。1957年统销了3万斤，1958年统购任务18万斤，1959年25万斤，1960年32万斤。1961年34万斤，另加换购1万斤。1962年25万8千斤。

平均每人2亩地，父辈时也很苦，吃过神仙土、野菜。

生产发展，主要靠水利，现只怕涨大水，不怕旱。

今天主要讲1961年、1962年连续水灾又丰收的情况。今年水淹，未倒房（因现在是青砖、板房，1949年淹了很多），淹地856亩，严重减产。全队共减产120000斤。四次水灾，干部群众都有些悲观失望、垂头丧气。因此，有些生产队长不干了。大队便采取挽救办法，如何平衡生产、增产，争取中稻由去年亩产375斤提高至452斤，尽量恢复产量；增加红薯产量，现已扩大到220亩。

党支部有4个委员，分工3人各包一片，另1人抓经营管理。14个党员，有12个小队有，另2队无。干部一般为土改、合作化干部，1959年处理的部分干部现又恢复了。干群关系从去冬比较密切了。

1958年、1959年初大搞钢铁，树木砍得厉害。1个大队烧18个木炭窑，1天须砍树二百多根。从10月到第二年2月，共烧了树最多的三个大山。从前年搞林权下放后，去年特别是今年，竹子生了不少。现能包自己用，解决了一些困难，柴火不困难。

自由市场：1960年冬比较混乱，通过去年整风整社已较好。现由供销社定价格。猪肉卖给社3.7元1斤，买4.2元1斤。食油，每年人供3.5至4斤。专跑投机倒把的只是个别的。杣大队有1人，跑市、省以至新疆、广州，作旱烟买卖。买手表、肥皂回来卖。八十元一块表，卖二三百元。

## 23日

上午，参观城南桃花洞，为旧城南书院附近，面临大跃进中所筑成之大水库。各山陵遍植蜜桃，皆已成林。春夏之际，桃红遍野谷，绿树成荫，可想见风景之佳丽。洞内有南宋孝宗时□□碑。另"古云洞"摩碑，已泐不可识。据云为唐镌。当有数摩碑在洞内。邓湘皋主修《宝庆府志》均有记载。

下午，为地委机关干部及县委书记作报告，共讲了2小时45分。据谢新钦、王维、曾广庭、张瑞川同志说，"反映颇好"。

## 24日

上午，由张瑞川等同志陪同参观和平金笔厂。年产80万支，被评为中南、西南各金笔厂中第一者。大量销往东南亚及波兰等国。该厂工人大多为1938年入厂者，除上海来的老工人，已成该厂党政骨干。本地新培养的工人，已能掌握技术。金笔零件，95%已全由该厂自造。

旋参观造纸厂，有职工八百余，年产报纸、教科书用纸等共800吨，为国内规模较大造纸厂之一。原料为稻草、麦秆、蔗渣、新竹等。厂长唐同志为本地人，系由部队转业而来，陪同我等参观，能清楚述说全部造纸过程。

下午，由张瑞川同志主持与祁剧、花鼓戏两剧团的同志们开座谈会。参加者有：祁剧，郭品文、谢美仙、周美仁、蒋桂荪、毛海军。花鼓戏，王佑生、李明珍、陈伯卿。

刘寿祺提：

1. 戏剧的历史性问题。
2. 花鼓戏如何为工农兵服务的问题。

蒋桂荪提：①牛皋毁旨的历史性问题。②古为今用的问题，如"生死牌""昭君出塞"一类。③怎样写历史剧？④民间传统能否写成历史剧？（如"白蛇传"有人不承认）⑤历史语言问题。武则天、战争戏不敢演。

周美仁提：吴三桂与马龙。〔吴三桂〕征东、征西、平北、平南所涉及的少数民族问题。韩愈与佛骨问题。岳飞与杨再兴问题。写唐太宗、康熙，可否夸张虚构。

王佑生提：花鼓戏的方向与风格问题。孟姜女哭万里长城戏可否演？

陈伯卿提：①如何编历史剧？②如何恰当扮演历史人物？③如何用历史观点去看传统戏。

寿祺同志和我讲了话。惜因时间限制，未能畅所欲言。

## 25日

偕时真与寿祺及省委宣传部副部长张士杰同志等由邵阳返长沙。临行前参观了邵阳市图书馆、邵阳竹艺厂。

10时45分离邵，下午1时抵永丰，在双峰县委午餐。下午6时半抵长沙，仍住湖南宾馆534号。在距湘潭市约5里处，一轮胎爆炸，幸在平坦道上，如在陡坡，便有翻车可能。真是马克思在天之灵。

## 26日

上午，去湖南医学院高干病室检查。

下午，由刘寿祺同志陪同去省委看望周礼、谭余保、罗其南同志。秦雨屏因开会不在。

夜观湖北越剧团演出。

## 27日

上午，去湖南医学院16病室检查（作心电图、抽血验转氨酶）。

下午，去中山图书馆，看了一些宋、元、明善本书。旋即馆长室，看邓绎《云山读书记》稿，颇有所得。邓氏学说确有不少进步的东西。邓之著作，似是多在旅行与活动过程中写的。

## 28日

上午，复去湖南医学院16病室检查视野，并听该院教授总结〔诊断〕意见。大意云：脑下垂体瘤还未消失，心脏血压问题不大，未检查出有肝炎病症。

## 29日

因昨夜下半至晨9时汗未收，本日未出门，拟于明日回京。刘、朱诸同志闻讯来视看，雨屏同时来，坚决表示不同意离长。本日看了省委宣传部送来两份新闻稿，略作修改。

## 30日

上午，未外出，改了"关于蔡锷事迹零片"稿及在邵阳师专座谈会讲话稿。

下午，去历史研究所，与该所及博物馆同志熊老（子烈）等，就所提问题谈了湖南文抗会情况。

## 31日

上下午均未出门。晚赴省人委参加1962年除夕团拜会，夫妇同去。

● **注释**

[1] 1962年11月17日，吕振羽应湖南湖北社会科学联合会邀请，偕夫人江明赴长沙出席王船山逝世270周年学术讨论会，并在26日闭幕大会上作总结发言。期间，曾赴衡阳王船山故居访问。会后分别为湖南省委宣传及文教系统、省团委主办的报告会上作了学术报告，并与湖南历史考古专业人士进行座谈。之后，赴家乡邵阳市、武冈县、邵阳县参观访问，并分别为该地干部群众作形势与学习报告，与邵阳师专师生进行了座谈。日记始于11月17日，迄于12月31日，除学术活动外，对邵阳等地农业、文化等方面均有较详记载。

[《吕振羽全集》（第十卷），人民出版社2014年版]

# 忆油塘地下建党工作

吕振羽

1939年5月偕游宇、阎丁南、王时真等同志由塘田战时讲学院转入油塘进行建党工作。塘院被国民党反动派围封后,湖南省委决定以我为首进行附近各县地下建党工作。乃与游、阎、王等同志转入油塘李氏旧祠,办理地下建党及塘院善后事宜。集塘院学生中已发展之党员又籍隶附近者,开办两期建党训练班,建立了湖南省委直属下列各支部:金称寺支部(书记王时真)、新宁支部(书记郑圭田)、洞口支部(书记雷震寰)、绥宁支部(书记李子华)、城步支部(书记肖强欤)。其中如金称寺支部,在我与王时真同志离开当地时,已有党员十多人(王时真、吕振羽、吕一平、李树荣、吕楚成、李毅卿、薛夏、张轸、吕若兰、吕慧能等),以深入埋伏于农村为原则。同时按照省委指示,集塘院被围封时向国内、全省、各县区乡发布之宣言、书、代电等及其他有关文字,编成《战时塘田》册子,由曹伯韩、王时真负责编出,后送交省委。同时,将撤退至附近乡村人员,一一安排疏散妥当。并派李志国同志为油塘识字学校教员。

> 转入山村里,荒庙淘沙金。
> 塘田烈火后,油塘地下深。
> 构筑新堡垒,风火变古今。
> 总结旧经验,集汇龙虎吟。
> 随农篝渔火,采撷入高岑。
> 训练播火班,识字系众心。
> 同享今日苦,还有他年林。

[《吕振羽全集》(第十卷),人民出版社2014年版]

# 回塘田（二首）

吕振羽

偕江明回塘田探战时讲学院旧址并访旧，省委刘寿祺同志、县委张玉清同志同去。

### 其一

重回塘田廿三秋，万里江山红旗飘。
夫夷荡漾入海远，金紫巍峨入云霄。
旧人迎面横热泪，痛心当年说恩仇。
塘院自昔非孤岛，识字班通处处桥。
殖荒播种劳多手，党命南针日月高。
斗争起伏腾波浪，浪卷疾风翻新潮。
查办伪电盈两帙，报章肆詈特务习。
薛贼兽兵三路来，杀气腾腾妄暴雷。
护院众人多穷苦，御匪防顽夜常午。
话别会上义愤填，蒋党委员如氍鼠。
按步撤退工作好，未遗顽贼一根草。
斗争历历探遗址，逆水危舟未惜死。
喜看菁菁村干材，识字儿女亦成梓。
满堂社干尽俊英，乡土传统共论评。
同赞我党领导好，抗旱增产斗志腾。
三年水利连成套，从此不怕两月晴。
诸侄来会意殷殷，朴实情爱一片心。
要我回家住几日，牵衣拉手泪涔涔。
点点都是阶级爱，言真意切情最深。

## 其二
### 七律四则

**一**

奇秀夫夷画不真,周回到此若环珉。
沿滩陇里长渠绕,金紫岭前车路新。
旧地重来多故知,故山随至皆新人。
田园日暖歌声满,古渡绿杨尽可亲。

**二**

平石潭头绿更浓,石峰峻丽万山空。
田畴梯叠高金秤,湾渚萦洄到罗公。
片片果园随岭转,家家公社笑颜迎。
社员好问当年事,童小爱歌东方红。

**三**

膏火担簦卅年前,萑苻风唳难成眠。
抓夫派捐阎王殿,欺弱凌贫绅士权。
敢操生杀由团董,竟夺利权到学园。
门墙舞浴春风赋,惟念程门意惋然。

**四**

日帝兽骑压汉皋,兴庠讲学布新潮。
马列学说巨涛涌,陕甘红旗万众翘。
入园三百多贫苦,识字八班尽佃樵。
十月斗争如烈火,炎炎烈烈速成陶。

[《吕振羽全集》(第十卷),人民出版社2014年版]

## 回忆塘田战时讲学院 [1]

江 明  王建中

1938年夏，台儿庄战役胜利后，国民党军为保全实力，从徐州撤退，著名的马当防线，也没有经过剧烈战斗和取得适当代价，即行放弃。日军乃一面继续实行诱降，一面调集南北两战场的兵力西进，准备进攻中原，夺取武汉。全国最富裕地区，重要交通要道，著名大中城市，相继沦陷，人民惨遭屠杀和侮辱，流亡载道。5月，毛泽东同志发表了《抗日游击战争的战略问题》和《论持久战》，批判了国民党的"亡国论"和片面抗战路线，以及战略战术方面的消极防御、阵地战、消耗战；批判了王明的"速胜论"和轻视抗日游击战争的错误；精辟地阐明了持久战的总方针和抗日游击战争的伟大战略意义。中共湖南省委和中共驻湘代表徐特立同志，依据武汉可能失守、敌军可能进攻湖南的形势分析，便加紧动员和号召全省人民"有钱出钱，有力出力"，组织起来，保卫乡土，并由吕振羽、翦伯赞以名流学者名义致书国民党湖南省主席张治中，提出"保卫大湖南"的要求和主张：彻底发动和组织群众，积极准备条件，于日寇进攻湖南时全面开展游击战争，及与正面战场配合等等。徐老并主张在日寇攻入湖南时，我党独立领导开展游击战争，在湖南创立抗日民主根据地。

在当时形势下，培训党的骨干已是当务之急。吕振羽同志认为：苗岭山脉的巫山和雪峰山间（包括邵阳、新化、武冈、城步、新宁、绥宁、溆浦、东安、祁阳等县）为中心的山区，自然条件和社会条件都很适合开展游击战争。其中的四明山，明、清之际，曾有数万群众进入山区坚持反清斗争。而位于这个地区的塘田市，有现成的大房屋——席宝田的塘田别墅可以借用（席宝田，清末以镇压贵州兄弟民族人民暴动起家，清廷赏穿黄袍马褂，诰授中宪大夫，赐太子少保）。因此，他向省委建议去那里开办一所为开展游击战争作准备的学校，培养地方乡级工作干部和连排级游击战争军事干部。徐老和王凌波同志都很同意。他们和省委商定后，又写信报告党中央、毛泽东同志和洛甫同志。6月，湖南省委决定派吕振羽同志为副院长兼党代表、负责筹办塘田战时讲学院（以下简称塘院），院址就在武冈县塘田寺（今属邵阳县）。为了争取学院能尽可能多的时间存在和发展下去，省委决定尽可能通过广泛的统一战线形式来建立这个学院。通过统战关系邀请国民党政府司法院副院长覃振（号理鸣，国民党元老，湖南桃源人）为院长（实际是名誉院长），湖南省参议会议长赵恒惕为院董事会董事长；准备在日寇进攻湘桂铁路、潭宝公路地区时，以四明山区开展游击战争，作为开辟湘桂黔边区抗日民主根据地的据点。

吕振羽同志得到湖南省委的指示后，取得覃振、赵恒惕同意，由他们分别担任院长、董事长职务，又利用国民党CC派、复兴派和何键派之间的矛盾，取得何键派刘子奇（号岳厚）的支持，刘并同意担任学院董事。7月，吕振羽同志去邵阳，去塘田布置筹备工作。到邵阳后，以刘子奇的信与第六区专员李琼（何键派）接触，李同意任院董事会董事，并介绍第六区保安司令岳森（原谭延闿派）任院董事。吕振羽同志随即到塘田，在原区立小学校长兼区董吕遇文（号政三，当地开明绅士，吕振羽族侄）的赞助下，借得席宝田的塘田别墅为校址，并委托吕遇文负责院舍的修缮、院具设置等方面的筹备工作，同时还将省委拨给的二百块开办经费交给了吕遇文。由于吕遇文（学院董事）出面筹备，当地绅士吕惠阶、李心徐、李梯云和大革命时期曾任湖南土地厅长的李荣植、武冈县长林拔萃，均同意任院董事。学院董事会共有三十余人，包括了湖南各方面的人物。如著名历史学家吕振羽、翦伯赞，老国学家吴剑丰（湘乡人，曾任北平郁文大学校长）、文化界进步人士陈润泉等。解放后曾任湖南省委统战部长的刘道衡同志，当时也是学院董事会的成员。

8月初，吕振羽同志回长沙向省委和徐老报告筹备情况。省委同意立即以覃、赵名义，向同意任院董事的诸人发出聘书和院董事会成立的通知，并发函征求新董事。同时由覃、赵亲自写信给张治中与省政府教育厅厅长朱经农（CC派），告以筹办战时讲学院的缘起和宗旨，请其担任名誉董事。张治中回信表示谅解和同意。朱经农则回信拒绝担任名誉董事，并附限制成立私办大专院校的条例一份，声称"须按合法手续进行筹备"，企图迫使我们半途下马。针对这种情况，省委和徐老指定聂洪钧（省委组织部长兼军事部长）、王凌波与吕振羽共同研究。他们认为在国民党各派的矛盾中和武汉已受威胁的情况下，CC派一时不可能用强力来加以阻止；而加强对覃、赵的统战工作，免使中途生变，却具有决定性的意义。徐老和省委都同意这种意见。因此。一面即以覃振亲笔信复张治中致谢，请其多加赞助和支持；同时复函朱经农，表明塘田战时讲学院非正式大专院校性质，乃系旧时书院式的战时讲学机构，不能按平时大专学校的手续筹备；一面将招生广告在报上登出，并分送各县教育局、师范、中学，请其保送学生，同时省委还通知各县、市党组织动员和选派优秀青年入学。

省委决定张天翼（著名文学家）、曹伯韩、杨卓然、雷一宇、李仲融、林居先等同志与吕振羽同志去塘院工作。张天翼同志为教务长，吕遇文为事务主任，曹伯韩、李仲融等为教员，杨卓然为支部书记，雷一宇为生活指导员兼党支部组织委员，林居先为党支部委员负责中华民族解放先锋队工作。同年11月，因杨卓然去省委汇报工作，不知去向，省委并调走张天翼、雷一宇、林居先，另派陈润泉来校任教务长，派游宇同志接任党支部书记兼生活指导员，阎丁南同志为党支部宣传委员并负责"民先队"工作，王煜为党支部组织委员（塘院被国民党反动派封闭后，去桂林途中被同行党员发现王有问题），王西彦接任张天翼同志的课程，并请老国学家吴剑丰前去讲授孙子兵法。同时决定由吕振羽、游宇、阎丁南同志组成党的三人小组。为避免暴露吕振羽同志的政治面貌，他不参加支部的活动，三人小组在院内也不公开。以后，又调研究班学生王时真同志（即江明，原为院学生会主席）任院长办公室秘书兼民众教育指导员。

8月底，吕振羽等同志陆续到院，9月上旬开学。报到同学百余人，从政治面貌说，其中有我党的一个县委书记，两个党员，几个民先队员，也有曾误入歧途参加过三青团的青年，还有国民党从邵阳等地派来的反动分子如肖萍（又名李剑萍，后改名李云涛）、方品、吴总权等；从学生成分说，有印刷工人、小学教师、失业军人，还有尼姑，而以青年学生居多数；从地区说，有来自江西、福建及湖北、东北各省的，而以武冈、邵阳、新宁、东安、祁阳、新化、湘乡、湘潭、宁乡等县的学生为多；有由赵恒惕及其他方面介绍来的，而由党内介绍与动员来的居多。到1939年4月，学校被国民党反动派三路派兵"勒令停办"前，先后到塘院学习的二百五十余人，有的已陆续派回各地开展救亡工作。

塘院是当时中共湖南省委在国民党统治区所办的一所以统一战线形式出现的培训干部的学校，直属省委领导，是省委工作重点之一。省委和徐老对塘院的工作都很重视，经常给予指示，并多次向上级党组织汇报塘院的情况。塘院的负责干部，除事务主任吕遇文外，都是省委派去的，且多为我党党员和进步人士。塘院的教育方针、内容和方法等都经过省委、徐老和吕振羽同志的专门研究，徐老还及时将创办塘院的情况写信向党中央、毛泽东和洛甫同志作了汇报。在他写的《在湘十个月的工作报告》中就曾说："一个月前，我们的同志吕振羽在宝庆办了一个学校，名叫战时讲学院，已经找好校舍，开始招生，由司法院副院长覃理鸣当院长，吕振羽当副院长……。不久前，我曾写信给泽东、洛甫同志，要求派几个下级干部（去）当学生，将陕公和抗大的学风带去，以便在湖南进行抗战教育。"

塘院的教育方针，是以阶级教育为中心的抗战教育（即寓阶级教育于抗战教育之中，寓马列主义于爱国主义教育之中）。教学方法，采取课堂教学与课外活动、生活实践、工作实践相结合，个人阅读与集体讨论相结合，其基本精神是理论与实践相结合。根据学生文化程度的差别，学院分设研究班、补习班两级。研究班开设历史、文学、哲学、政治经济学、文艺创作等专修课，补习班开设国文、数学、自然等专修课，并以"中国民族解放运动史""抗日民族战争讲座"（为着冲淡颜色，以孙中山先生纪念周会的形式出现）、战时防护常识和体操（以长跑和爬山为主）为两级同学共修课。研究班的文学和文艺创作先后由张天翼、王西彦担任，哲学由李仲融担任，政治经济学由曹伯韩担任。补习班的国文先后由王时真、陈啸天担任，数学先后由徐昭等人担任，自然由陈润泉等担任。共修课的"中国民族解放运动史"由吕振羽担任，"抗日民族战争讲座"由吕、阎、曹、雷等共同担任，战时防护常识和体操由退职家居的军官李华白（当地人，国民党中央军官学校第八期学生，曾任团长及炮兵总队长）、王煜担任，歌咏先后由林居先、周白担任。教材大都由教师自己编选，由谱匠用活字木版或同学自己刻写蜡纸油印，在印发前大都经过集体讨论。

由于学院正确地执行了省委的教育方针和教学计划，特别由于形势的发展，同学们的进步很快，迫切要求抗战，渴求真理，追随伟大的中国共产党。学院党组织又正确地执行了建党方针和建立、发展民先队的工作，至1939年4月学院被"查封"止，共吸收民先队员一百八十余人、党员五十余人。

为了对群众进行阶级教育和爱国主义教育，密切与群众的联系，加强群众对学院的了解、信任和支持，为今后战火延及附近地区时领导群众开展游击战争准备条件，我们通过举办民众识字班的形式，开展了对学院周围的群众工作。先后创办了儿童识字班（均为附近农民子弟，在下午学习）、成人识字班（为附近贫苦农民设的夜校）、妇女识字班（派女同学到附近村子上门教学）、对河识字班、水西唐家识字班（帮助当地恢复已停办的初级小学，并附设成人识字班）、油塘李家识字班（派同学在当地小学担任教学工作，并附设成人识字班）等。识字班都设有国文、算术（笔算和珠算）、唱歌三门课。国文教材全系自编自写，内容由简到繁，由浅入深，由近及远，由单字到造句、谋篇，由群众日常生活到社会生活和抗战等，边编、边审、边教，给群众以适用的常识，启发阶级觉悟和鼓舞抗战情绪。有时由于教学上的需要，每每在一夜间动员同学用毛笔写出几十本笔划整齐的《民众识字》课本来。这在群众中产生了极好的影响，不少人说："过去的学生长年上学还不会记账，入识字班几个月，就学得点实用本事。"那时，在学院周围的田野、山村和夫夷江岸，到处都回响着抗战的歌声，这就密切了学院与当地群众的联系。具体表现在几次匪警中，群众纷纷自动到学院将妇女老幼接到其家中隐蔽，识字班的孩子常将其自家生产的李子、甘蔗、花生塞进识字班老师（均是塘院学生）的口袋里。国民党反动当局三路派兵包围学院、"勒令解散"时，群众情绪怨愤，纷纷议论："这样好的学堂也不让办，只好叫人去当土匪。"不少人不顾农忙活紧，都自动放下农活来帮助学院疏散人员、财物等等。这使塘院师生受到了平时难以受到的实际教育，加深了对党的群众路线的理解。

由于学院影响很大，附近的一些中小学、师范，或派人前来参观，或写信要求给予抗战歌词，有的还请学院派同学担任其歌咏教学。为了满足他们的要求，附近一二十里内的白仓司白仓小学、金称市古峰小学、连溪吕氏小学的歌咏课，都由学院同学每周轮流前去教课两次；五六十里内的，如黄亭寺唯一小学、塘渡口资汇小学、回隆寺回隆小学等，都由学院推荐同学前去任教。学院街头剧团和歌咏队在塘田市、金称市、黄亭市、塘渡口、回隆寺及学院周围几十里的农村、集市作了多次演出，教唱抗战歌曲，宣传抗日，受到群众的热烈欢迎和称赞。同时，又根据情况分析和条件的可能，派遣同学回到本乡，以小学为依据，建立抗日工作据点。在今武冈、邵阳、邵东、隆回、洞口、绥宁、东安、祁阳、湘乡、城步、新宁以及洪江等地，当时都有救亡室、歌咏队、读书会或战时救护队组织的出现。

为了扩大塘院影响，与国民党反动派的破坏阴谋进行斗争，我们创办了院刊《战时塘田》，在湖南《力报》副刊上开辟了专栏，将学院创办的缘起和宗旨、教学方针、方法及全院师生员工学习、工作、生活等方面的情况公诸社会。

由于学院的教学工作和院外群众工作、统战工作的开展，院刊的发行，学院影响扩大，从而也就导致了我院与国民党反动派间越来越尖锐、复杂的斗争。

在院内，国民党反动派从邵阳及新宁等地派来破坏学院的肖萍、方品等人（研究班学生），他们来院之初，伪装进步，不久即现出本来面目，进行破坏。第一步，他们在同学和教职员工中，散布流言蜚语，鼓动同学闹事，拉拢一些思想落后或警惕性不高的人游荡狂饮，每至深夜；并到院外偷窃群众果、蔬、竹笋，损坏群众的生产工具、船只等，企图以此来激起群众对我院的反感，破坏学院的声誉。第二步，他们在院外散布谣言，说"学院寿命不长了，政府（指当时的国民党政府）已下令查封"。后来，他们竟然拿出手枪威胁进步同学，制造恐怖气氛，企图使学院陷于混乱。塘院党组织研究这种情况后，便通过党和民先队在院内展开反谣言斗争；同时，采取一些表示要扩大学院的种种措施，以安定人心，并通过识字班向院外群众作必要的解释。对持枪威胁的行为，发动党员、民先队员进行揭露，并通过当地乡自卫队在院内外出示布告，令私藏枪支者于限定之日缴出枪支。肖萍、方品等人慑于形势，即于次日离院去邵阳城。数日后方品偕吴总权回院（肖萍已在群众中孤立，不复返院），从表面看，不似前之嚣张，实质上他们改变手法，伪装积极，设法和我们接近。吴总权、方品、廉叶（廉是伪中央政治学校毕业生，学院解散后，国民党政府教育部即任命他为湘中教育督察专员）等，一面多方侦察我党和民先队的活动，一面反复找吕振羽等同志要求设法介绍入党。吕振羽等同志识破了他们的阴谋，与之进行了复杂的斗争。这种斗争，一直延续到学院被迫解散为止。

1938年11月长沙大火以后，张治中被免职，薛岳接任湖南省主席。陈立夫就电令薛岳强行解散塘院，电文大意说："据报湖南塘田战时讲学院，实即奸党之西南抗大，宣传错综复杂的思想，愚弄青年，欺骗群众，希图搞乱社会秩序，危害三民主义，应严加查办，制乱未萌……"薛岳即以湖南省政府主席兼保安司令名义，令第六区（邵阳）专员李琼，保安司令岳森"派要员查明具复"。由于统战关系，林拔萃于1939年1月以电话约吕振羽同志去武冈，说"有事急待面商"。吕到武冈后，林将六区转来的薛岳的训令给他看，并说："我的地位不能帮你顶，只能帮你拖，你最好去找覃院长、赵董事长代顶一下。"吕感到情势紧迫，急赶回院。学院党组织根据这种情况，决定一面派人向省委报告，一面派陈润泉去长沙找赵恒惕，必要时转去重庆找覃振。2月，当地白仓乡乡长亲来告知，他已接到林拔萃转令"查明具复"的训令，请学院代拟呈复文稿。学院就复文内容提出了一些建议，拟请乡公所自行起草，并约定在最后定稿时由学院派人前去一阅。2月底，吕振羽同志亲自到白仓乡公所，对呈复文稿作了一些必要的修改，并亲自看到写好发出后才回院。由于乡长、县长、六区专员、保安司令都用拖的方法来帮助学院，白仓乡公所的复文大约到4月才到达薛岳那里。此时，薛岳一面复令申斥六区专员、司令、县长、乡长"无视政令""虚词搪塞"，一面严令六区派专员率兵前往塘田寺，勒令解散塘田战时讲学院，并不断以电话向六区督催。林拔萃得令，又约吕振羽同志去武冈县城。吕到武冈后，方知六区已派文某率兵一连，武冈县教育科长秦某、科员周石安偕武冈县保安团兵一连赴塘田，另一路也由桃花坪向塘田寺进发。而林拔萃则表示自己力量用尽，不能给予更多的帮助，并说此事全系县党部书记长易瑞芝等人搞的鬼；同时还拿出一叠省和六区发来的关于解散塘田战时讲学院的电报对吕说："老弟（指吕振羽同志）看了这些电报，就知道陈立夫和薛岳把你当老虎打了。恐怕自从有武冈以来，再没有比这更大的案子了。""塘院是没法救了，老弟，你赶快回去收拾。""祝你前途无量！"4月22日，当吕振羽同志回到塘田时，始知国民党的三路兵马已于21日以分进合击的形式先后到达塘田，贴出布告，封锁了学院大门。薛岳的布告大意说："查有吕振羽者，假借覃院长、赵参议长名义，擅自开办塘田战时讲学院，宣传错误思想，愚弄青年，蛊惑民众，图谋扰乱社会秩序。兹派员率兵前往，勒令解散，丝毫不得姑徇。该院员生人等如有抗拒情事，准予格杀勿论。"从此以后，塘院便进入了反包围和有计划撤退的斗争之中。

在反包围与有计划撤退的斗争中，我们胜利地达到了孤立敌人和保存自己的目的。

4月22日晚，学院党组织开会研究了情况，决定了反包围与有计划撤退的步骤：一、利用六区保安团某连与县保安团某连间的矛盾以及六区连长曾某"只要院里办文件，即可撤退的"表示，抓住有利时机，办好文件，争取该连先行撤退，再迫使县保安团某连撤至对河；二、为保证全院师生员工的安全，分别撤退，党员干部撤至桂林、疏散回家或介绍工作，吕振羽同志与部分老师留下来办理结束工作和等待省委指示，争取保全全部院产，不为敌人利用；三、加强全院团结，保持正常的情绪和秩序，防止坏人破坏和造谣，动摇人心；四、尽量拿事实在院内外群众中进行教育，揭露阶级敌人的反动面目，争取群众的同情；五、成立塘田战时讲学院结束委员会，以吕振羽、陈润泉、吕遇文、游宇为正副主任，同学代表和员工数十人为委员，阎丁南和李仲融同志负责同学的撤退工作，游宇、曹伯韩同志负责教职工疏散工作，吕遇文负责院产处理和财务工作；六、遇事尽量去依靠附近村镇群众帮助解决，并随时掌握国民党派来的保安团的动态。

由桃花坪前来的连长张某（据传此人之兄曾是党员，在大革命失败后消极的）是一个青年，是附近资汇乡三坡田人，他曾向院后周家院子的群众表示："我自己对吕院长和塘田学院的先生们是很敬佩的，这回奉命来解散这样好的学校，良心实在是有愧。"该连士兵大多数也是附近各乡农民子弟，他们夜里露宿于院后及两侧围墙下，也都有怨言。因此，我们便选派附近各乡同学，尤其是他们的亲戚故友，分别进行活动，学院并备热茶热饭招待他们，扩大了该连与另一连之间的矛盾。3日后该连即撤至塘田寺。至此，由武冈县城派来的一连更陷于孤立。在张连撤退过河后，所谓查办专员周、秦二人来到院长的办公室，要求给予一个全院师生离院的固定日期，并提出缴出"院印""院牌"和全院人员名册的无理要求。吕振羽等同志当即向他们提出反要求：一、军队不全部撤退过河，根本无法办理结束工作；二、结束日期，自军队撤退过河起，约需20日以上；三、学院"院牌""院印"并非政府颁发，无缴销必要，要"全院人员名册"更没有理由，绝不能同意。争执数小时，周、秦才勉强同意当日请示县长，只要县长同意，第二天即可将军队撤至对河待命；可不缴出"院牌""院印"，但要在结束前一定时日内截角。而在名册问题上争执激烈。最后吕振羽同志拍案而起，厉声怒斥："为什么故意提出这种毫无道理的要求，来阻挠学院的结束工作？你们要报功请赏，可拿我的脑袋去，何必在这些青年学生和忠于民族抗战教育的教职员身上打主意！这个学院是进行抗战教育的，你们封闭了这个学院，难道还想按名册去陷害他们？如果硬要这样干，我没法结束，一切都不负责，现在没什么可谈的，你们要怎样就怎样吧！我明日就回家，去找林县长和李专员、岳司令谈，必要时我还要去找薛主席、赵参议长。"他们还想再谈下去，被吕振羽同志等严词拒绝。周、秦觉得这样无法复命，次日便请武冈第九区学务委员吕音南前来调解（可能当夜请示了县府），同意不缴出花名册，并告诉学院，只要学院按日前双方同意的事项如期办理，当日下午即可把军队撤至对河街上。

通过全院师生员工的努力和附近群众的帮助（他们不少人在农忙时节放下自己的农活，用自己的船只，挑担来帮助学院撤退和疏散），撤退工作进行得很快，不到一个星期，即完成了人员的疏散撤退计划，清算了全部院产和公私账目。由于同学们的一致要求，不发还剩余伙食费，将此作为组织一个出版社的基金来纪念塘田战时讲学院。因基金不足，又将处理全部院产的余款数千元一并充作此项基金，成立石火出版社，公推吕振羽同志为股董会董事长。石火出版社设在桂林，由陈润泉、曹伯韩、李仲融等前去具体负责，由撤至桂林的同学中一部分党员邓晏如、王琦蔚、吕健云等参加工作。

在结束工作基本完成的时候，学院组织召开了"话别会"，全院师生员工、附近各村部分群众参加了话别会，并邀请了周、秦和两个保安团的连长以及自卫队长吕音奇、学务委员吕音南等人参加。大会一开始，群众情绪就极为激动。当吕振羽同志一上台，才说出"同学们"三个字就哽不成声时，全院人员连同与会的院外群众都不禁失声痛哭。当吕振羽同志讲完话后，同学、老师、工友都纷纷上台发言，控诉国民党当局封闭学院的罪行。院外群众议论说："这样好的学堂也不许办，只好不要读书人，想必要我们的崽女当瞎子。"话别会开到深夜，才在激昂的院歌声中结束。"话别会"后二三日内，师生们陆续向目的地疏散，吕振羽、游宇、阎丁南等同志撤至油塘。

在结束工作的进程中，省委派李锐同志前来传达省委指示，完全同意学院党组织的撤退计划和措施，并指示学院党组织，从家居武冈、新宁、城步、绥宁县（当时均未建立党组织）的党员同学中，各选拔数人，进行一周左右的训练，回家建立空白县的省直属党支部。因此，学院便一面在油塘开办建党训练班；一面筹建金称市支部，指定王时真同志为书记、吕恒芳（即吕一平）任副书记，李志国为组织委员，姜景为宣传委员，一面决定建立新宁直属支部。但由于新宁同学中的几个党员不能全部回去，便指定郑圭田为书记，并由李锐同志与郑圭田一同去新宁，帮助建立新宁直属支部。训练班结业后，又在洞口、绥宁、城步建立了党的支部。洞口支部由雷震寰同志任书记，绥宁支部由李子华任书记，城步支部由肖强欤同志任书记。至此，省委交给的建党任务已完成。除新宁直属支部由李锐同志向省委直接报告外；7月，吕振羽同志去邵阳（今邵阳市），将金称市、洞口、绥宁、城步四个直属支部的关系转给省委，并报告了建党经过。从此上述各县均建立了党的组织。

在建党工作进行的同时，我们还印发了《塘田战时讲学院全体师生员工向全国各界人民申诉书》《致覃院长、赵董事长书》《告别湖南全省同学书》《告别武冈各界书》（这都是在话别会前经过全体师生员工讨论通过的）等，同时又编辑了约十万字《战时塘田纪念册》（这个册子曾经省委审查，后因情势紧张未印发）。

今天回忆起来，我们认为当时省委和徐老决定在国统区创办塘田战时讲学院这样一所学校是正确的，他们为塘院制定的方针和任务也基本上是正确的。塘院党组织也正确地执行和实现了省委规定的方针和任务，培养了一批干部，教育和组织了群众，建立了空白地区的党组织，宣传了革命的思想，播下了红色的种子。正如"七大"代表、邵阳中心县委书记谢竹峰同志1944年在延安对吕振羽同志所说："塘田战时讲学院在邵阳一带群众中的影响是大的、深的，为后来的工作准备了条件。"

塘院同学经过革命理论的学习，又大都经受了群众运动、工作和一些阶级斗争的锻炼，提高了觉悟。此后，他们在不同的岗位，不同程度上起了传播革命思想和宣传抗日的作用；有许多同学奔赴战场，转战祖国南北，在抗日战争、解放战争中献出了自己的青春和智慧；有的人身陷敌人监牢，坚毅不屈；有的在组织和领导地下武装举行反蒋起义中经历艰苦卓绝的斗争，其中如曾国策（皖南事变牺牲）、谢维克（在邵阳被国民党反动派暗杀）等同志，已为革命流尽了最后一滴血；还有许多同志全国解放后已成为党的骨干，在各条战线上继续为党奋斗。塘院的影响深深地刻在人们的心里。

● 注释

[1] 本文系吕振羽1959年5月委托江明、王建中执笔并亲自审订、修改而成。

[《吕振羽全集》（第十卷），人民出版社2014年版]

# 忆塘田战时讲学院
## ——纪念吕振羽同志逝世三周年

邓晏如

1983年7月

1938年秋，中共湖南省委在武冈县塘田市（现属邵阳县）创办一所新型学校——塘田战时讲学院（以下简称塘院）。我是塘院研究班的学生，从学院开办到解散，就在那里学习和工作。本文所记载的情况，大部分是亲历的回忆，有些事实来自吕振羽同志的传述和档案材料。振羽同志是塘院的创办人，是我尊敬的老师。今年7月17日是他逝世三周年纪念日。我写这篇回忆录，以示对他的怀念。由于年日久远，错漏在所难免，如有不妥之处，盼知情的同志加以补正。

## 一、塘院诞生的时代背景

伟大的抗日战争，到1938年秋，已经进行了一年多，身受战争灾难，为着自己民族生存而奋斗的每一个中国人，时刻都在渴望战争的胜利。然而战争的进程是艰难的，由于蒋介石一伙实行妥协投降和反人民的路线，出现了国民党战场的节节败退的形势。在华北，卢沟桥事变后不到一个月，国民党就放弃了北京和天津，不久又放弃了察哈尔和绥远两省，到1938年3月，仅仅半年多的时间，日寇打到山西风陵渡，打到河南归德，打到山东枣庄，在华中和华南，1937年11月上海失陷了，12月南京失陷了，1938年5月，国民党又放弃了徐州、开封、安庆。8月，九江失陷，日寇实行海陆空联合围攻武汉，袭击南昌，进攻湖南。面对这种局势，毛泽东同志于1938年5月发表《抗日游击战争的战略问题》和《论持久战》，运用辩证唯物主义和历史唯物主义对亡国论、速胜论的谬论进行了彻底批判，阐明了持久战的总方针和抗日游击战争的战略地位，要求全民族的力量进一步团结起来，坚持抗战，坚持统一战线，同敌人进行英勇的战斗。8月13日，中共湖南省委发表《保卫湖南宣言》，号召"全省三千万同胞紧急动员起来，团结起来，组织起来，武装起来,到军队去,到游击队去,……到前线及围绕前线胜利的各方面抗敌战线上去,一致为保卫中国,保卫武汉,保卫我们湖南而战。"在此紧要关头,为了更好地贯彻党在抗日战争时期的总方针,适应战时的需要,塘田战时讲学院诞生了。

## 二、创立的过程

1938年6月,中共湖南省委和中共驻湘代表徐特立同志根据振羽同志的提议,分析了抗日战争的形势,决定在武冈县塘田市创办塘院,并派振羽同志负责筹备。振羽同志得到省委指示后,立即拟定筹备计划,积极开展工作。塘院是当时湖南地下党活动的重要组成部分。为了冲淡学院的政治色彩,加强统战工作,争取更多的人对塘院给予赞助和支持,以便创造条件取得合法地位,吕振羽、翦伯赞等同志与国民党上层人士进行广泛的联系。经过一段卓有成效的工作,国民党政府司法院副院长覃振同意任塘院院长,湖南省参议会议长赵恒惕同意任塘院董事会董事长,国民党湖南省党部执委刘子奇(岳厚)同意任塘院董事会董事。7月,振羽同志去邵阳走访第六区专员公署专员李琼和第六区保安司令岳森,经过洽谈,他们都同意任塘院董事会董事。接着,振羽同志和雷一宇同志去塘田市(小集镇)察看塘院的院址和对筹备工作进行具体布置。有关行政事务性的筹备工作委托吕遇文先生(武冈县第九区区立小学校长)负责办理。塘院的院址,确定在塘田市对河借用前清中宪大夫太子少保席宝田的别墅,这里共有一百多间长年失修的房子,前面被一条半月形河流(夫夷水)围绕着,右边是彭石潭和彭石岭,左边和后面是吕家村、周家村和大片稻田,对岸西南方是炮台山、朝阳庵、和尚岭、莫家岭和李家村,可以说山青水秀,环境幽静,只要将陈旧的房屋稍加修饰,就是开展战时教育的好地方。8月初,振羽同志回长沙向中共湖南省委和徐特立同志汇报筹备情况。省委同意覃振任塘院的院长,赵恒惕任董事长,并以覃、赵的名义,向同意任塘院董事的人发出聘书和宣告塘院董事会成立的通知,还发函征求新的董事。同时,由覃院长和赵董事长亲自写信给湖南省政府主席张治中和湖南省教育厅厅长朱经农,将创立塘院的缘起和宗旨告诉他们,并请其担任塘院的名誉董事。张治中回信表示谅解和同意,朱经农因要阻止塘院的创立,企图迫使塘院下马,故回信拒绝任名誉董事。针对朱经农等人的阴谋,省委和徐特立同志指定聂洪钧、王凌波同志与振羽同志共同研究,决定塘院按原计划进行筹备。8月底,塘院的筹备工作基本就绪，振羽同志和大部分教职员以及各地的学生先后到达学校，9月16日塘院正式开学。

## 三、组织机构和教师队伍

塘院成立了董事会，由湖南省参议会议长赵恒惕任董事长，湖南省政府主席张治中任名誉董事，刘子奇、李琼、岳森、林拔萃、吕惠阶（当地绅士）、李心徐（当地绅士）、李梯云（当地绅士）、李荣柏（大革命时代湖南土地厅的负责人）诸位先生任董事。这个董事会系统一战线组织，是为了团结各方面的人士抗战，争取更多的人对塘院给予赞助和支持，以减少阻力，创造有利的条件开展战时教育。除董事会外，还有院长、副院长、教务长、研究部、补习部、生活指导部、事务部、院长办公室。院长覃振、副院长吕振羽（兼教中国民族解放运动史）；教务长先是张天翼同志（兼教文艺创作和文艺理论），1938年11月张调《观察日报》工作，由曹伯韩老师兼任（教政治经济学），后又由陈润泉老师（教自然科学）兼任；研究部主任是李仲融同志（教哲学）；补习部主任先是雷一宇同志（兼教日语），后是陈啸天同志（教语文）；生活指导部主任先由雷一宇同志兼，后是游宇同志（兼教俄语）；事务部主任是吕遇文先生、副主任是许××；院长办公室秘书是王时真（江明）同志。塘院的教职员除上述人员外，还有文艺教师王西彦，国学教师吴季甄，游击战术教师杨卓然和王煜，音乐教师林居先和周白，语文教师徐昭和王时真，军事教官李华白，三民主义教师廉叶（国民党员，是国民党派来的），地理教师姜国杰（研究部的学生），历史教师高剑莹（研究部的学生），体育教师薛夏（研究部的学生），还有陈璧登是教务部的工作人员。绝大多数教职员都兢兢业业，任劳任怨，认真教学，积极工作，受到全院学生的信赖和尊敬。

## 四、办学宗旨和院训、校歌

塘院办学的宗旨，概括地讲，就是"树文化据点于农村""树救亡工作据点于农村"。在抗战时期，由于日寇的残暴，民族文化备受摧残，广大青年失学，流亡载道，彷徨四顾，亟须探求前进的方向。同时，城市与农村，前方与后方，游击队的发展与民众的组训，需要许多青年干部去开展工作。因此，塘院所面临的任务，就是要迎合各方面的要求，适应战时的需要，为了不使民族文化因抗战而中断和引导广大青年学好抗日救国本领，塘院必须实施战时教育方针,除了让学生认真学习科学文化知识外,还要关心国家大事,了解抗战形势,具备政治军事常识,开展民众教育,参加救亡工作。也就是说,要以农村为阵地,按照党在抗日战争时期的总方针,宣传抗战,宣传进步思想,宣传民族统一战线,组织民众,发展党员,建立党的组织,培养党的干部,为争取抗日战争的胜利贡献力量。

塘院的院训,开学之初,规定为"忠诚勤敏"。1938年12月19日又规定"精诚团结""英勇活泼""紧张严肃"十二字为养成院风的准则。对塘院的院训,曹伯韩老师曾在《力报》上发表文章,作了如下解释(大意):何谓忠?尽己之心为忠,我们做一件事,总要始终不渝,做到成功,如果做不成功,就是牺牲性命,亦在所不惜,这便是忠。我们要忠于国,要忠于民,要为四万万人去效忠。何谓诚?"诚"就是实事求是,理论与实践的统一,就是以坚决的意志来贯彻正确的主张,言必行,行必果,就是讲"信义",尽职责,不欺不凌,以造成一致赴难的团结,乐于为抵抗暴力,求取永久和平而奋斗。何谓勤?"民生在勤,勤则不匮","业精于勤而荒于嬉",尤其在抗战时期,醉生梦死之生活必须改正,奋发蓬勃之朝气必须养成,必须勤勉地学习,勤勉的工作。何谓敏?就是对任何事物要有敏锐的警觉性,生活要简朴,做事要敏捷,行动要迅速,"敏而好学,则进步可期""敏于事而慎于言,则工作有效"。总之,"忠诚勤敏",是我们中华民族固有的美德,当时塘院把它定为院训,是想把它发展为救国的道德,就是要求全院师生员工把抗日救国作为自己的神圣职责,努力学习,努力工作,在伟大的民族自卫战争中作出积极的贡献。

塘院的校歌大意是这样:"我们是迎着时代的巨浪,勇敢热情的青年聚集一堂,加紧学习,奋勇救亡,在这里锻炼的意志成钢,把思想武装。实现抗战救国的主张,争取中华民族的解放。"

## 五、教学方针、内容和方法

塘院的教学方针是以抗日救国为中心,向广大青年进行阶级教育、民族爱国主义教育和战时教育。学院在第一学期设三个班,即研究部第一班、第二班。补习部一个班,共有学生一百二十余人,有的是各地党组织介绍来的,有的是进步人士和开明绅士推荐来的,也有一部分是慕学院和老师之名而来的。1939年2月,研究部第三班和补习部第二班各招新生五十名,研究部第一班、第二班和补习部第一班各招插班生十名。学生以本省武冈、邵阳、新宁、东安、祁阳、湘乡、湘潭、宁乡等县为最多，也有来自江西、福建、湖北及东北各省的。文化程度参差不齐，大部分是中学生，也有大学生，少数只有小学文化程度（其中有一名姓陈的尼姑）。新生报到后，经过测试，按文化程度编班。现将各班的课程列后：

研究部第一班、第二班的课程：中山学说、西洋近代史、中国近代史、政治经济学、现代哲学思潮、军事常识、国际问题、文艺（选修）、外国语（选修）。

研究部第三班的课程：中山学说、哲学概论、社会科学大纲、经济地理、抗战常识、文艺（选修）、外国语（选修）。

补习部第一班、第二班的课程：中山学说、国文、地理、历史、自然、社会科学讲话、抗战常识、英语（选修）、数学（选修）。

上述课程，大部分是老师们根据湖南省委提供的《延安日报》《新华日报》《观察日报》《资本论》《共产党宣言》《国家与革命》《联共"布"党史》《大众哲学》《"左派"幼稚病》《论持久战》《抗日游击战争的战略问题》《中国共产党在民族战争中的地位》《统一战线的独立自主问题》《战争和战略问题》等书报编写讲义进行讲授的。每周振羽同志还利用周会或座谈会对"中国民族解放运动史"和国内外形势发表演说，游宇、曹伯韩、雷一宇、阎丁南等同志还组织"抗日民族战争讲座"。

塘院的教学方法，是教学一致，理论与实践相结合，课堂讲授与课外活动相结合，个人阅读与集体讨论相结合。塘院不同于一般学校，在这里既要学习，也要工作，学习和工作是为了生存，为了抗战，为了新中国成立。

## 六、学生自治会和课外活动

塘院有学生自治会组织，在学院和党支部的领导下，以党员和民先队队员为骨干，推动学习，维持治安，管理学生生活，开展课外活动。学生自治会主席由高剑莹同学担任，副主席由郑圭田、姜景同学担任。下设组织部、宣传部、学习部、民教部、生活部、总务部、体育部。各部的负责人，除高剑莹、郑圭田、姜景各兼一个部的主任外，还有姜国杰、王时真、雷震寰、薛夏几位同学。有的部还在下面设队或组，现在能记起来的有：宣传队、歌咏队、壁报组、戏剧组、访问组、募捐组、膳食组、治安组。每个学生要参加一至两项工作。为了宣传群众、组织群众、密切与群众的关系，以便战火蔓延到附近地区时领导群众开展游击战争，学院通过学生自治会以大量的时间组织和发动学生从事课外活动。大家常到附近村庄去访问、宣传和教唱歌曲，还在学院内办了儿童识字班、成年识字班和妇女识字班，吸收附近的农民及其子弟参加。同时，还在对河街上办识字班，在水溪唐家（离学院七里）、油塘（离学院五里）办民众夜校和帮助当地办小学。民众识字班和民众夜校的课本是在通俗读物专家曹伯韩老师的指导下，由王时真等同志编写，内容由简到繁，由浅入深，由近及远，由单字造句到叙事，由群众的日常生活到社会生活和抗日救国的大事。譬如，其中有这样的课文（大意）："塘田塘田，美丽家园，盛产稻谷，又产甘蔗，我爱塘田，我爱家园，决不允许，日寇侵占。"民众识字班和民众夜校是宣传抗日的一种很好的形式，像这样通俗易懂而与每个人的根本利益紧密相关的内容，在课堂上不要多加解释，就会激发群众的爱国热情。学生自治会还经常派宣传队、歌咏队、戏剧组到金称市、黄亭市、白仓司、回龙寺、塘渡口等集镇去进行宣传和演出，受到当地有关部门和群众的热烈欢迎。还派王翼飞（建中）和我分别与土匪部队联系，做他们的工作，启发他们的觉悟，以便将来开展游击战争时加以利用。还派人去水溪唐家、塘渡口帮助办织布厂和缝纫训练班，后来还派遣邵阳、武冈、新宁、东安、祁阳、湘乡、城步、绥宁、洪江等地的同学回本乡，以小学校为中心，办民众夜校，组织救亡室、读书会、歌咏队等，建立抗日救亡活动据点。1939年初，雷一宇老师和申苏民（剑涛）同学去邵阳县廉桥、水东江、两市塘、宋家塘、范家山、火厂坪（现在这些地方属邵东和新邵县）一带组织青年抗战服务团，先后成立二十余处宣传站、民众夜校、民众阅览室，大力宣传和开展抗日救亡工作，产生了良好的效果。

## 七、两种势力的斗争

塘院自始至终存在两种势力的斗争，一种是党领导的进步势力，坚决按照党在抗日战争时期的总方针，宣传抗战，宣传进步思想，宣传抗日民族统一战线，团结和教育广大群众，为争取抗战胜利而努力学习和工作。一种是以肖萍、方品等人为首的反动势力，从各方面进行捣乱和破坏活动。这两种势力的斗争相当激烈，一直延续到塘院被武装强迫解散为止。开学不久，肖萍、方品等人，在院内对学生和教职员工散布流言蜚语，鼓动一些学生闹恋爱、酗酒、打牌、斗殴和破坏正常秩序；在院外，偷窃群众的果、菜、甘蔗、花生，损坏群众的生产工具和船只，诽谤学院，破坏学院的声誉，激起群众对学院不满，他们散布悲观论调，主张消极抗战，反对发动群众，组织群众。对他们这些破坏活动，学院通过学生自治会组织，采取各种措施加以防范，并召开生活检讨会进行揭露和批评。他们还想方设法在院内发展三青团员，成立三青团组织。后来，他们又在院内制造事端，拿出手枪威胁进步学生，同学们对此非常气愤，怒斥他们的恐怖行动，并要求学院收缴他们的手枪，交政府严办。在群众的压力下，他们虽然承认了错误，但矢口否认有手枪，大家要求搜查，学院令其在第二天午前将手枪交出，并商请乡自卫队在对河街上和院门口张贴这样的布告："查近日土匪滋扰我境。凡藏枪通匪之徒，限三日内向本队投案，交出枪支，否则，一经查出，以土匪论处，决不宽恕。"肖萍、方品等人见势不妙，就悄悄地离院到邵阳去了。肖在塘院已声名狼藉，因而一去不复返。方品等人回院后，改变了策略，他们伪装积极，想方设法与我们接近，要求进步，要求入党入队，想钻进来侦察我党和民先队的活动。对此党组织早有戒备，他们的阴谋没有得逞。塘院第二学期于1939年3月10日开学，在开学的前后，他们又制造舆论，到处散布说"学院的寿命不长了，政府会来查封"。在此期间，院内院外有很多猜测，有些人怀疑塘院是"南方抗大"，并由此而提出这样一些疑问："为什么一个青年，甚至以前不大懂事的青年，在塘院进步那么快，学习半年，就知道那么多事，懂得许多理论，能出许多主张？""塘院的教师，大都是学者、教授和作家，他们往常可以拿几百块钱一月，为什么在这里过艰苦生活，每月拿几块大洋，毫无怨言，难道他们都是傻瓜吗？""为什么塘院只注重社会科学，而不像别的学校那样有物理、化学课程？"针对以上情况，振羽同志在一次"孙中山先生纪念周"会议上一一加以批驳和解释。他说：第一，把学生进步快作为怀疑的理由，实在太幼稚了，简直幼稚得可笑，站在抗日的立场，这种幼稚的论调是有害的，惨痛的历史教训，难道还给予得不够吗？只有自身力量的从速增长，只有作为抗战中坚的青年的飞跃前进，才能抢救中国的危亡，他们多进一步，国家便会多减少一分痛苦，因此，在我们看来，学生的进步还不够，还太缓慢了。第二，塘院的教师愿拿微薄的生活费，丝毫不足奇怪，在伟大的民族自卫战争进入紧急阶段的今天，只要不是汉奸，就得认清自己的责任，站在应站的岗位上，为了国家，为了民族，为了神圣的抗战，就应选择最能打击敌寇和最能贡献自己力量的岗位努力工作，而决不应该谈金钱禄位，谈个人的幸福安宁。抗战需要更多的优秀干部，但战时教育，在湖南还没有得到应有的普及。由于我们本身不能拿枪杆子上前线，而又不愿苟且偷安，与抗战脱离，所以，我们选择训练青年干部的工作，是完全正确的，无可非议。因为青年是抗战的将士，是群众的组织者和领导者，对他们多做一分工作，即对抗战救国增加一分力量，这难道不应该吗？第三，我们是不是不注意自然科学呢？不是的。我们的课程表上有数学，有自然科学概论，而且在教学上，常常把自然科学和社会科学有机地联系起来。毫无疑问，我们注重社会科学，也注重自然科学，尤其重视三民主义。我们不只是叫青年认识现实，忠于抗战，而最重要的是从理论上坚定青年对于坚持抗战、坚持团结、坚持进步，争取最后胜利的决心和信念，这难道不对吗？这次纪念周，肃穆凛然，振羽同志义正词严的讲话，表达了绝大多数学生和教职员工的心声。大家听完后，热烈鼓掌，由衷拥护，大力支持。

## 八、被国民党武装解散的前前后后

塘院从筹办之日起，就为国民党反动派所注视。随着时间的推移，他们把塘院视为眼中钉，肉中刺，想方设法加以摧残。塘院被解散的前后情况大致如下：

在筹办期间，湖南省教育厅厅长、甲派骨干朱经农对塘院就另眼相看。覃院长、赵董事长亲自写信给他，请其担任塘院的名誉董事，他回信拒绝。对塘院的筹备工作，他强调不能私办大专院校，提出筹办大专院校的种种条件，声称筹备工作必须按"合法手续"进行。他之所以如此，是想把塘院扼杀在摇篮之中。关于塘院立案的问题，振羽同志多次请当时在省教育厅工作的刘寿祺同志设法疏通，寿祺同志出力不少，曾耐心做该厅主任秘书周调阳的工作，望他给予帮助和支持。周虽同情，从中斡旋，但力不从心，塘院的立案问题始终没有得到解决。

开学不久，反动派在小报上发表文章，对振羽同志进行卑鄙的人身攻击。他们造谣说："教授吕某于北平危机时，贪生怕死，逃回湖南，纠集同类，以文化抗敌为名，进行阴谋活动；武汉危急，战火将烧及湖南时，又去武冈，假党国元老（指覃、赵）之名，开办塘田学院，愚弄青年，蛊惑民众，肆行敲诈剥削；昔日之穷教授，今则麦克麦克矣……（大意）"

1938年11月，反动派到处宣传"塘院是共产党办的南方抗大"，"吕振羽是共产党员，不要上他的当"。接着，又采取毒辣的手段逼迫覃院长在报纸上公开发表谈话，妄图以此来削弱和破坏塘院的影响和声誉。

长沙大火以后，张治中被免职，薛岳接任湖南省政府主席。伪中央教育部长、CC头目陈立夫给薛岳发出电报，大意是说："据报，塘田战时讲学院，实即奸党的南方抗大，宣传错误思想，愚弄青年，欺骗群众，图谋捣乱社会秩序，危害三民主义，应严加追究，制乱未萌……"薛岳接到电报，即以湖南省主席兼保安司令的名义，令第六区专员李琼、保安司令岳森"派要员查明具复"。1939年初，李、岳转令武冈县长林拔萃"派要员查明具复"。在此情况下，林便以电话约振羽同志去武冈，说"有事急待面商"。吕到武冈后，林将薛岳的训令给他看，并说"我的地位不能帮你顶。只能帮你拖""你最好去请覃副院长、赵议长顶一下"。吕感到情势紧急，回院后，一面派人向省委报告，一面决定派陈润泉老师去长沙找赵董事长，必要时去找覃院长。2月，白仓乡谭乡长来院告知，说已接到林县长"查明具复"的训令，请学院代拟复文。学院对复文提了一些具体建议，要乡公所自行起草，并约好在定稿前通知学院派人去看一下。2月底，振羽同志到白仓乡公所，对复文稿做了某些修改，待缮写发出后回院。白仓乡的复文拖到4月才到达薛岳那里，薛立即下命令，一面严厉斥责六区专员、保安司令、县长、乡长"忽视政令""虚词搪塞"；一面严令六区选派干员率兵前往塘院"勒令解散"。同时不断亲自以电话向六区督促。六区接到命令后，又转令武冈县选派干员率兵前往"勒令解散"。林拔萃得令后，又约振羽同志去武冈面谈。吕偕王时真同志到达武冈后，方知第六区和保安司令部已派文某（团长）率兵去塘田，武冈县保安团一个连也已出发，并派县教育局课长彭芳魁、课员周石安前去督办（是否有教育局长杨韶华？记不清了），还有六区保安团一个连由桃花坪直赴塘田市。林拔萃向振羽同志表示，他已无能为力，并说此事全系县党部书记长易瑞芝和教育局长杨韶华搞的鬼。林拿出一沓由省发来和六区转发的关于塘院的电报给吕看，其中有陈立夫给薛岳的电报，有薛岳给武冈县长的电报，有薛岳给六区专员、保安司令和专员、司令转发给武冈县的电报。当振羽同志看完电报后，林说："老弟（指吕）看了这些电报，就知道陈立夫和薛岳把你当老虎打了！恐怕自从有武冈以来，再没有比这更大的案子了。""塘院是没法挽救了，你赶快回去收拾。"

国民党三路兵马，是采取分进合围的形式先后到达塘田市的。文某带的军队首先到达，驻在学院对岸街上，他亲自到学院会见事务部主任吕遇文说："来时李专员再三叮嘱，请将此意转告吕院长。"经学院研究，由吕遇文主任给他写了"本院遵令停办"的条子，文于次日率兵回邵阳复命。另外两路人马，在彭、周的督促下，来势汹汹，摆开阵势把学院包围，他们将勒令解散的布告贴于院门口，把查封签条交叉贴于院门的合缝处。布告的大意是:"奉上令,塘田战时讲学院,自客岁创办以来,未经主管机关立案,擅自招生讲学,其所讲授之课程又多系不利抗战之反动思想,显系别有作用,特勒令解散。"

塘院被国民党武装包围后,全院师生员工便进入反包围和有计划撤退的斗争。振羽同志未回学院以前,大家在党组织的领导下,团结一致,加强警戒,维持秩序,保护院产和人身安全。4月下旬,振羽同志和王时真同志从武冈回到塘田。当他们到达离学院十里的岔江口时,学院已派人在那里等候,并汇报了情况。为了防止反动派对他们的陷害,学院又派姜景、周持中同学准备小船在对河迎接。在振羽同志渡河回院时,全院师生员工蜂拥而出,将他拥入院内,陈诉和探问,很多人流泪,振羽同志也不禁热泪潸潸而下。当晚党内开会,决定反包围和有计划撤退的步骤:(一)成立塘院结束委员会。以吕振羽为主任,陈润泉、游宇、阎丁南、李仲融、吕遇文为副主任,部分师生代表为委员。学生的撤退工作由阎丁南、李仲融同志负责;教师的疏散工作由游宇、曹伯韩负责;吕遇文先生负责院产和财务的处理工作。(二)利用六区保安团某连与武冈县保安团某连的矛盾,抓紧做前者的工作(该连已有表示,只要学院办文,他们即可撤退),争取该连先行撤走,以影响后者。(三)党员干部和学生,一部分撤至桂林,一部分回家或介绍工作。副院长和部分老师、学生留下来办理结束工作和等待省委的指示。(四)加强全院团结,保持稳定情绪,维持正常秩序,防止坏人造谣、破坏和动摇人心。(五)深入做群众工作,尽量拿事实在院内外群众中进行宣传教育,揭露反动派的阴谋,争取群众的同情。(六)遇事要与群众商量,尽量依靠附近村庄群众的帮助(国民党派来的军队驻扎在附近村庄),随时掌握国民党军队的动态。经过耐心细致的工作,由桃花坪来的那个连,三日后即撤至对河。这样,武冈县派来的那个连就沉不住气了,彭、周即到院长办公室要求给一个全体人员离院的日期,同时还提出交出"院印""院牌"和全体人员名册的无理要求。振羽同志立即指出:随来的军队必须全部撤退过河,否则无法办理结束工作;结束日期,自军队撤至对河之日起,须二十天以上;"院印""院牌"并非政府颁发,无缴销之必要;要全院人员名册,更没有道理,绝不能同意。争执达数小时之久,彭、周才勉强表示:立即向县里请示,只要上面同意,明日将军队撤至对河待命;可以不交出"院印""院牌",须在结束前一两日内截角。但在名册问题上相持不下,振羽同志便愤慨地说:"你们为什么提出这样毫无道理的要求来阻止学院结束工作的进行？如果为了升官发财，可以拿我吕某的脑袋去，何必在青年学生和忠于民族抗战教育事业的教职员身上打主意，难道想按名册对他们进行陷害吗？你们如果不改变这种态度，我一切都不负责。现在没有什么可谈的，你们想要怎样，就怎样吧！我明日就离院回家。"彭、周感到这样下去，无法复命，便于第二天同意不交出人员名册（可能已向上请示），并将军队撤至对河街上。

由于全院师生员工的努力和附近群众的帮助，结束工作进行得比较顺利，不到一个星期，人员的撤退疏散计划基本完成，全部院产和公私账目均已结清，剩余伙食费在同学们的要求下，没有发还，当时经大家研究，决定把剩余的伙食费和处理院产的余款数千元拿出来作为基金，在桂林成立"石火出版社"（其意是：石在，火不灭），以示对塘院的纪念。大家公推振羽同志为石火出版社的董事长，具体工作由曹伯韩、李仲融老师负责，曹任经理。

在进行结束工作时，学院召开全院师生员工的"话别会"，附近村庄部分群众和彭、周及两个保安团的连长也应邀到会。会议从开始到结束，大家沉浸在悲愤的气氛中。振羽同志走到台上，才说出"同学们"三个字，就哽不成声。这时，全院人员（除几个反动分子外）连同外来的群众都号啕大哭。振羽同志的讲话刚结束，很多老师、同学、工友上台讲话，无不表示愤慨和惋惜。院外的群众也议论说："这样好的学堂不许办，这是不要读书人。""话别会"开至深夜，达到了揭露反动派，教育群众，扩大影响的目的。

"话别会"之后，大约二三日内，曹伯韩、王西彦等进步老师和一些党员学生，便分别到目的地去了。吕振羽、游宇、阎丁南、李仲融、王时真等同志和一部分学生撤至油塘继续处理善后事宜。在油塘，根据省委的指示，主要做了以下几件事情：（一）办了两期建党训练班，每期十余人，时间十余天，内容是讲抗战形势，党在抗日战争中的战略和策略，干部政策，群众工作方法等。结业后，先后成立金称市、洞口、新宁、城步、绥宁五个省委直属支部。金称市支部以王时真为书记，洞口支部以雷震寰为书记，新宁支部以郑圭田为书记，城步支部以肖强欤为书记，绥宁支部以李子华为书记。（二）印发了《塘院全体师生员工向全国各界人民申诉书》《致覃院长书》《致赵董事长书》《告湖南省同学书》《塘院全体学生告别武冈人士书》。（三）编写了《塘田纪念册》送省委印发（据说，省委同意，但未印发）。

关于在几个空白点的县建立省委直属支部的情况，除新宁直属支部由李锐同志向省委汇报外，其余四个直属支部，由振羽同志去邵阳向省委报告了筹建经过，并将支部成员的组织关系转至省委。

塘院于1939年4月21日被国民党武装包围停办，武冈县政府勒令解散的布告是4月20日公布的，《力报》于4月24日发表"塘院勒令解散"的消息。整个结束工作进行一个多月，大约6月底以前，全院师生员工安全撤走，顺利完成了省委交给的各项任务。

## 九、党的领导

塘院直属中共湖南省委领导，具体领导塘院工作的是省委宣传部部长蔡书彬同志。学院的党组织，一是三人小组（委员会），二是党支部。三人小组的成员先是吕振羽、张天翼、杨卓然（现在不是党员）同志，吕任组长，后来张天翼调《观察日报》工作，杨卓然离院，补上了游宇、阎丁南同志。支部成员开始是杨卓然、雷一宇、林居先同志，杨任支书；后来是游宇、阎丁南、李仲融同志，还有王煜（后来叛变了），游任支书。振羽同志和张天翼同志是以著名学者的身份进行活动的，不参加支委会，在一般党员中也未公开自己的政治面貌。学院的一切重大问题，经请示省委，由三人小组讨论后，交支部书记带到支委会进行具体研究，贯彻执行。塘院秘密发展一批党员和中华民族解放先锋队队员，他们是各方面的骨干，认真学习，积极工作。

省委和徐特立同志对塘院非常重视，曾多次向上级汇报了塘院的情况，并经常在各方面对学院给予指示。（一）塘院的创立，由振羽同志提出，经省委和徐老研究确定的。当时的省委书记高文华同志在回忆录中写道："他（指吕）想办一个战时讲学院，我们也很赞成。……大家都同意他的意见。凡属赞成抗日的人都支持他，自己的子女也送到他那里去学习（高文华同志就送自己的女儿廖文英到塘院学习）。"（二）徐特立同志及时将创办塘院的情况报告了毛主席和洛甫同志，他写的《在湘十个月的工作报告》中有这样一段话："一个月前，我们的同志吕振羽在宝庆办了一个学校，名战时讲学院，已经找好校舍，开始招生，由司法院副院长覃理鸣当院长，吕振羽当副院长。……不久前，我曾写信给泽东、洛甫同志，要求派几个下级干部去当学生，将陕公和抗大的学风带去，以便在湖南进行抗战教育"。（三）塘院的教学方针、方法和作风。省委高文华、于刚同志和振羽同志一起在徐老那里开会，专门进行了研究。（四）塘院的主要教职员，都由省委调配，三人小组和支部主要成员也是由省委研究确定的。（五）省委军事部长聂洪钧同志将振羽同志和党外朋友准备在日寇继续危害湖南时即发动游击战争的情况向长江局（后改为南方局）作了汇报；省委组织部长郭光洲同志将塘院做统战工作和被国民党武装解散的情况向南方局作了汇报。（六）为了使塘院的工作符合党的方针政策和适应战时的需要，1938年11月底，蔡书彬同志到塘院向党员传达了六中全会精神。其主要内容是：毛泽东同志在六中全会上作了《论新阶段》的政治报告和会议总结，要求全党同志认真地负起领导抗日战争的重大历史责任，六中全会确定，要不断巩固和扩大抗日民族统一战线，用长期合作来支持长期战争，在六中全会上，批判了统一战线问题上只讲联合不讲斗争的迁就主义的错误，重申了全党独立自主地放手组织人民抗日武装斗争的方针，把党的主要工作方面放在战区和敌后，大力巩固华北，发展华中。全党必须自上而下地努力学习马克思列宁主义理论，善于把马克思列宁主义和国际经验应用于中国的具体环境，反对教条主义。蔡书彬同志还说："你们这里，吕振羽是历史学家，张天翼是文学家，还有不少学者和有专长的老师，塘院完全有可能办成培养我们党的干部的基地。"大家听了传达后，深受教育。提高了认识，明确了任务，更加坚定了抗战必胜的信心。从此，塘院更注重理论学习和战时常识的教育，课外活动和救亡工作增多了，军事课程抓得更紧了，当时还规定煮饭的"锅巴"不能吃掉，都把它晒干存放到仓库里，作为将来开展游击战争的干粮。（七）国民党派武装解散塘院，当结束工作正在进行时，省委派李锐同志到塘院作指示（大意）：1. 省委同意学院党组织的撤退计划和措施；2. 通过塘院事件，编印小册子，对国民党反动派进行揭露；3. 责成塘院在当时没有党组织的武冈、新宁、城步、绥宁等县的学生党员中，各选择数人进行短期训练，由振羽、游宇、丁南同志负责筹建这几个县的省委直属支部，同时建立金称市支部。以上情况说明，省委和徐老对塘院十分重视，非常关心，及时给予指示，这是塘院做好工作的根本保证。

## 十、深远的影响，难忘的人

塘院存在的时间虽然不长，只有七个多月，但硕果累累，影响深远。第一，先后在塘院学习的青年大约二百五十余人，他们受到抗战形势的教育，经过进步思想的熏陶，很多人后来在不同的岗位上发挥了进步作用。第二，学生中有五十余人加入了中国共产党，他们在抗日战争和解放战争中作出了重要贡献。解放后，有些人成为党的中层领导干部，据不完全统计，其中省属部、办、委、厅（局）或相当这一级的领导干部有十余人，他们在各条战线上努力工作。第三，受省委的委托，在武冈（含今洞口）、新宁、城步、绥宁、金称市（原属武冈县）等五个空白点建立了党的组织，为后来湖南党在上述地区的工作创造了较好的条件。第四，由于当时采取流动的方式对周围几十里的群众进行阶级教育和爱国主义教育，这就使解放前夕党在四望山、河伯岭、四明山一带领导地下武装斗争有了较好的基础，得到广大群众的参加和支持，经过刚毅顽强的斗争，终于赢得了胜利。总之，塘院像一座熔炉，投入矿石，铁水奔流；被反动派猛力一砸，火花四溅，变成了无数火源，到处燃烧。关于塘院的作用，1945年冬，周恩来同志在延安出席湖南工作座谈会时，有很好的评价。塘院的辉煌业绩和影响，将载入我党的光荣史册。

塘院之所以能够如此，应归功于党，归功于湖南省委和徐特立同志的正确领导。同时，对全院师生员工的辛勤努力，党外朋友的热情支持，广大群众的无私帮助，绝对不应忘记，尤其不能忘记振羽同志的功劳。振羽同志是我党优秀的无产阶级革命战士、我国著名的马克思主义历史学家。他在创办塘院的整个过程中，处处为人师表：为了党的事业和广大青年的前途呕心沥血，忠贞不渝，坚持真理，坚持原则，坚持党的方针政策，刚正不阿，临危不惧；办校认真，井井有条；教诲有方，孜孜不倦；治学勤奋，持论严谨，勇于探索，敢于创新；生活俭朴，作风民主，虚怀若谷，和蔼可亲，严于律己，宽以待人。振羽同志是我参加革命和加入中国共产党的引路人，对我的教育和启发较多，不断鼓励我前进。他的高尚品德，我要很好地学习，铭记在心，终身不忘。

（《抗日战争时期党在邵阳的活动》，邵阳党史资料丛书第1辑，1985年10月）

# 焦土上的火光

王西彦

人在一生中的行动，往往会被偶然所左右。如果我在武汉时不决定到南昌办报，以后的生活道路就可能有很大的不同。我刚到南昌就发现自己的选择是一种失策。可是，我毕竟还是在那间小学校的小房子里，忍受了个把月炎热的烘烤，喂了每晚都一遂贪心的蚊子。其实，多流些汗和多失些血都无所谓，最使我感到难堪的是觉得自己受了骗，上了当。去年冬季我在浙东海边被莫明其妙地赶出那所师范学校时，非但并没有怀抱懊丧的情绪，反而有些庆幸自己能够及早脱离那个令人窒息的僻远小镇。但这次的情形却完全不同了，我的确是凭着年轻人的勇气要好好地做点工作的，不料结果竟是如此尴尬，如此浪费了自己的热情和信赖。当我冒着盛暑挤坐在西去长沙的长途汽车里时，心胸里充满悔恨和失望。

出了长沙汽车站，我叫了一辆黄包车，直奔南小街一个朋友的寄住处。这位朋友就是原在上海复旦大学读财经系的金华人盛焕明，他毕业后进了银行工作，从上海调来长沙。个把月前我从武汉去南昌经过长沙时，曾到他的宿舍里看望过他，发现他和一位女同学分住在两间贴隔壁的小房子里，却有一扇小门相通，原来彼此已经是一对有实无名的夫妻。只是很快那位女同学就跟随她的税务机关迁往湘西，而他的银行却还留在长沙，因此不得不独自一人寄住在一位同事家里。他就向同事借来一张狭狭的竹床，放在自己的房间里给我暂时安身。因为没有帐子，晚上我被蚊子所扰而睡不着觉，只好移用清晨的时间来补偿。每天一早他上班去了，我醒过来时总看见桌子上给我放着一盆洗脸水，还有一副油条加大饼。晚上他下班回来了，就问我怎样打发一整天的时间，例如到些什么地方和见些什么人之类。知道我几乎已经身无分文，他就给我几块光洋，有时则摇摇头说："你这种东游西荡的日子怎么过呢？看你瘦得多厉害呵！回家乡去找个中学教员当当不好吗？"但他的劝告对我完全不起作用，我在心里暗暗回答他道："黄牛角，水牛角，各归各！你有你的路，我有我的路，道不同不相为谋！"我刚到南昌不久，就曾写信给武汉《战时青年》编辑部的陈落表示自己的失望，而他也回信要我赶快回武汉去，大家商量一下上西北还是去四川；等我拖到决定离开南昌时，他却已经随同编辑部去了重庆。我还是决定先回武汉，再转西北。于是，一天傍晚，我告别了盛焕明，提着个小小的行李包，守候在拥挤不堪的长沙火车站的候车室里，等待从衡阳开来的火车。因为武汉已成为日本侵略军夺取的目标，粤汉铁路全线都受到敌机空袭的威胁，这时车站内外到处是惶惶不安的人群，南下北上的火车都不见影子。我只好挤出人丛，先在附近小面馆里吃了一碗菜汤面，随后就进了小吴门，到水风井的"中苏文化馆"去休息。谁知就因为这件事，我又一次碰上了偶然所起的作用。

我曾在一篇回忆文章里[1]，记录下这场经历：

大概已经到了八九点钟，我正打算重新上车站去，忽然大门口来了两个人。一位是历史学家吕振羽，另一位就是张天翼。吕振羽是我的师辈，我在北平中国大学国学系当学生时，他是历史系的教授，我们早就有过较多的交往。至于天翼，应该还是初次见面吧，可是我们都觉得彼此是旧识了，一经互通姓名，就紧紧地握手并谈起话来。这种情形，的确只能用"一见如故"四字来形容。从红扑扑的脸色上看，他们两位显然是刚上过馆子，很喝过几杯。大家在一间堂屋似的会客室里坐下，振羽同志看了一眼放在我脚下的小行李包，问道："你这样一副风尘仆仆的样子，从哪里来？要往哪里去？"我简单地说了自己的打算。"我看你不要走了，"天翼像对一个老朋友似的说，"留在长沙和我们一起工作吧。""留在长沙？"我很有些吃惊。"对！留在长沙！"他加重语气，"你去西北是锦上添花，留在长沙却是雪里送炭！"于是，他们两位就互相补充地说了一些长沙文化界情形，说明了湖南文化界抗敌后援会的近况，又说到了刚刚创办的一个报纸和一所学校。报纸是办在小吴门外陈家垅的《观察日报》，学校就是办在邵阳南路塘田寺镇的塘田战时讲学院，都由中共湖南省委直接领导，都需要工作人员。"反正都是干革命工作，长沙的《观察日报》正需要人，就留下来吧。"天翼的态度更认真了，"一些朋友都上了前线，你就留着给我们做做伴，凡事也有个商量。"从他诚挚的声口里，我感到他对我的充分好感和信任，正由于他也早已赢得我的好感和信任，当晚我们经过一番商量，我就决定留下来"雪里送炭"了。

《观察日报》是由几个北平各大学流亡到长沙来的青年学生创办起来的，时间是1937年12月间，主要的负责人是北平大学法商学院的黎树苍（黎澍）和杨隆誉（杨赓），都是湖南籍。因为没有自己的印刷厂，只好托另一家报纸的印刷厂承印，诸多不便，以致出版了一些日子却不得不暂时停止，等到1938年3月间办起一个自己的小印刷厂后才重新出版。到了5月间中共湖南省工委正式宣布《观察日报》为省工委的机关报，从发行到组稿等方面，都得到党组织的大力支持。……

大概在和吕振羽、张天翼两位谈话后的一两天内，我就从南小街朋友的寄住处搬进了报社里。这时的报社已经由长沙城内下碧湘街迁到小吴门外的陈家垅，离城约两华里。社址是一座资本家的三层小洋楼，四周树木成荫，环境幽静，刚好能容纳一个报纸编辑部和一所小小的印刷厂。我的工作是接编原由木刻家魏猛克和罗高（张先畴）负责的副刊"观察台"，也偶尔写几篇关于文化或文艺方面的社论。猛克原是北平"左联"的旧友，这时好像已经离开报社；罗高曾和我共事过一个时期，彼此相处得很好。编辑部的负责人仍是黎树苍和杨隆誉两位；参加写社论和专论的有谭丕模、萧敏颂、杨东莼、于刚、李锐、李仲融、杨荣国等……（略）

在这段时间里，我的情绪的确颇为兴奋。南昌的《抗日报》虽成泡影，长沙的《观察日报》却办得很有生气。我觉得自己的愿望得到了一个实现的机会。但我也知道报社处在一个很困难的环境里。陈家垅的对面，隔着一片田野的山坡上，就办着一个国民党的什么无线电训练班之类的机关，它的任务就在监视报社的活动。此外还有一件令人触目惊心的事情，就是从小吴门到陈家垅的路上，要经过一所国民党的陆军医院，它距离报社只有约半里路远。既然名为医院，总是为伤兵和病兵服务的了，可是偏偏有大批重伤兵进不得大门。他们在抗敌前线流了血，受了伤，好不容易被抬下战场，送到后方的城市里来，却被抛弃在医院的墙脚边和隔着条马路的山坡下，因生命垂危，无力行动，只能躺在或爬在那里呻吟、哀号、诅咒和詈骂，听凭日晒雨淋，蝇叮蚊螫，等待死神的来临。当你走过那里时，老远就能闻到一股扑鼻而来的血腥和肌肉腐烂的气味。这情景使我回想起不久以前访问鲁南重镇台儿庄战场时，在被炮火所毁的车站里，在半塌的站房一角，我曾和一大群多数失去臂和腿的重伤兵终宵共处的经历。如果说那是在前线，仓促间救护人员的力量有限；那么现在已经抢运到了后方，为什么仍然要以同样的理由来给路人展览这种难以卒睹的惨象呢？

说到"难以卒睹的惨象"，我还应该在这里提一提10月19日鲁迅逝世两周年那一天，日本侵略者的"太阳徽"轰炸机给长沙市民所造成的灾难。前一天晚上，我刚给报纸写了一篇纪念鲁迅的文章[2]，第二天就遭遇到敌机的大轰炸。屠杀无辜的飞机刚离开上空，不待警报解除，我就以一个记者的身份赶到现场去采访。从上午7时，到午后1时半，敌机分成三批对长沙轮番轰炸。我是第三批敌机施虐后才进城去的，在浓黑的烟团下，在强烈的血腥气里，在妇女和儿童的嚎泣声中，我从小吴门外的韭菜园，经过浏阳门，直到南门的天心阁，然后又跑回来。目睹耳闻种种惨状，壅塞在我心胸里的愤怒几乎达到爆发点。不久以前我曾经在邻近前线的徐州经历过日本空中强盗屠杀无辜的悲惨景象，现在竟又在后方的长沙经历了同样的场面。我绝不相信异族侵略者会不知道那些重磅炸弹和烧夷弹的直接受难者都是一些手无寸铁的善良老百姓，对他们的任意屠杀就是在制造丧尽理性和无视人道的滔天罪恶。但这些人形兽们居然一次又一次地这样做了，难道自以为能够逃脱历史的惩罚吗？因为这次采访所得的印象过分强烈而深刻，回到报社以后，做完编稿工作，我无法安心睡眠，决定要写一篇现场速写来对凶残的侵略者表示抗议。虽然和枪炮炸弹相比，文字的力量和作用显得微乎其微，但自己手里既然有着一支笔，怎么能甘心沉默呢？即使写出来的文章没有一个读者，我也要抒发一下心头的愤懑。于是，第二天提早起床，我坐在编辑室的小桌子边奋笔疾书，一口气就写成了那篇题为《十月十九日长沙》的速写，前面还题了四句算不得诗的短句："今天，是伟大的先驱者——鲁迅，第二周年的忌日，——疯狂了的敌人，却在这天给长沙市民一场血的屠杀！"结尾处的最后一句是："一个伟大的灵魂说过：'血债要用同物来偿还！'"就发表在《观察日报》上。直到现在，已经过去了几十年，每次重读它时，仿佛还能看见那个令人窒息的烟火世界，闻到那股浓烈的血腥气。

就在长沙遭受大轰炸前后，有两件事情不妨在这里略作记述。第一件是周立波和舒群两位来到长沙，我们三人曾经在韭菜园一位熟人家里住过一晚，大家挤在一张床上，通宵长谈。我在一封写给正在香港主编《文艺阵地》的茅盾的信里，提到了关于立波的情形，他就在"文阵广播"栏里作了广播道：

王西彦自长沙10月2日来信："在这封信里，我打算告诉您一点长沙文艺界的新消息。很奇怪，长沙现在已经变成距前线最近的一个城市，武汉危急以来，这里理应发挥一点力量，可是却寂寞如死！天翼兄到邵阳'讲学院'去了，他走时要我在长沙做点'送炭'工作。这里文抗会的文艺研究会正在举办'文艺通讯站'，只是一向的空气太沉寂，所以总做得不怎么热闹。最近立波从前线回来，他到长沙编辑《抗战日报》。我们见面后，便要他也帮点忙，共同帮助文研会里的许多文艺朋友来开展文艺通讯运动。现在决定的工作有四项：第一，每周开座谈会一次，讨论文艺上的一般问题作阅读作品后的评感，以及如何努力使文艺工作配合到抗战上去；第二，打算出版文艺壁报一种，用最通俗的笔写出最通俗的'小文章'，每周张贴一次；第三，出版《文艺通讯》旬刊一种，篇幅大概和四川的《文艺后防》差不多，或许还要小一点，内容以通讯为主，作为通讯员们的发表园地，现在已经集稿，不久就可以出版；第四，扩大征求通讯员，不一定限于所谓文艺工作者，最欢迎士兵、工人、农民来参加，写出他们的实际生活，要参加的请写信到'长沙下学宫街18号文抗会文艺研究会'就行。长沙实在太寂寞了，这里的书店很不少，却没有新的出版物；如同《文阵》，这里的生活书店也没有。很多文艺爱好者都苦闷于没有新读物。《七月》停刊了，《自由中国》也不见出来，仅有的文艺刊物只有《文阵》一种，还没有买，想想这是怎么一种情形！"

下面是编者写于11月15日的注：

  文艺通讯员运动，广东文学会（全国文艺家抗敌协会广东分会）曾努力干过；广州沦陷后，失去了"总站"，工作停顿，但据此信则长沙恰在此时干起来了。现在长沙亦危在旦夕，西彦、立波等想亦他往。希望这运动在另一个地方再接再厉地干起来。[3]

这说明我的信写在大轰炸以前，但我记得立波并没有留在长沙，他和舒群一起又去了前线。至于文艺通讯员运动，我当时的确曾经努力过一阵子；即使后来文艺研究会不能活动了，《观察日报》迁到了邵阳，我也调到塘田战时讲学院去任教，《观察台》副刊改由天翼接编，我们还是通过报纸使这份工作继续了一个较长时期。

  第二件是《抗战日报》社曾经在皇仓坪远东电影院二楼举行过一次茶话会，我也被邀参加了；同时参加的有很多位文化界人士，记得最活跃的是身穿草绿色哔叽军装的田汉，他自然是随同第三厅撤退到长沙来的，和他在一起的是安娥，在参加者中间还有刚从广州逃出的欧阳山和草明，广州弃守是10月21日，自然在长沙大轰炸以后。听说欧阳山夫妇离长沙去重庆的旅途中，经过贵阳时遭遇敌机空袭，躲避警报回到原住旅馆，发现那里已在轰炸中成为一堆瓦砾，从广州仓促带出的行李全部化为灰烬。……

  在这些日子里，长沙的空气非常紧张。武汉是在广州弃守后四天沦陷的，到了11月12日，湘北重镇岳阳也被南下的敌军攻占。当天晚上，长沙就被国民党军警放火焚烧，就是震惊一时的"长沙大火"。人们总还记得，抗日战争揭开序幕后，曾经有人提出"焦土抗战"的号召，也就是南昌的国民党军政要人所标榜的"不准敌人住江西的房子，吃江西的米，喝江西的水，走江西的路"那一套宏论的依据。在实践上，1938年6月间就发生过黄河花园口决堤的惨剧，使几十万人民溺死在滔滔洪水里；而现在，长沙不可计数的市民又葬身在熊熊大火中。据说，这是国民党当局仿效俄罗斯库图索夫元帅在拿破仑入侵时火烧莫斯科的故事，妄想建立一次奇功；谁知日本侵略军并没有从岳阳继续南下，使得这场大火成为万人诟骂的罪行。

当长沙城内的军警们身背武器、手提油桶奉命放火的时候，我们地处城外的报社已经仓促撤离，去邵阳。启程前当运载全部工作人员和印刷器材的卡车停在湘潭县城外的公路上时，我们伫望长沙的方向，半空正被火光照映得通红。10月19日，敌人的重磅炸弹和烧夷弹已经使长沙市民受到了灾难；到了11月12日，国民党的军警又使幸免于难的长沙市民焚身火海。对无辜的人民来说，灾难的网罟实在太广大无垠了。

### ●注释

[1]《面临撒旦的挑战——记和天翼同志在一起的日子》，1981年9月《芙蓉》第3期；后又收入回忆文集《炼狱中的圣火》，1982年10月人民文学出版社第1版。

[2] 即《悲痛以上的感想》。刊于《观察日报》1938年10月19日"鲁迅先生逝世两周年特刊"。

[3] 1939年1月1日出版的《文艺阵地》第2卷第6期。

（摘自《不由自主的选择》，《新文学史料》1985年第4期）

# 忆塘田战时讲学院

陈啸天

塘田战时讲学院，是抗日战争时期（1938年秋）我党在国民党统治地区——湖南武冈县塘田寺镇，创立的一所抗日民主的新型学院。这所学院在当时湖南省委直接领导下，为实现抗战救国的主张，开拓战时教育阵地，积极培养了一大批抗战救国的基层骨干，从而更好地发动群众，组织群众，争取抗日战争的胜利，挽救祖国的危亡。至今时隔四十多年，讲学院的革命教育精神，火热的学习生活等情景，依然历历在目，铭记心中。

## 一

长沙大火以后，日寇侵入到离长沙百多里的汨罗江边。当时我在长沙县委工作，组织上把我和周白同志从长沙北乡的铜官，转移到东乡的五美，住在长沙县委组织委员毛道逊同志家，准备留下来，在沦陷区开展抗日救亡工作。那时，日寇正在发动诱降攻势，和国民党投降派讨价还价。

不久，我们奉命经衡阳去邵阳（宝庆）。这时兵荒马乱，人心惶惶，还不断从汨罗江那边传来隆隆的炮声，仿佛长沙随时都有沦陷的危险。我们乘汽车去邵阳，在坎坷的公路上经常抛锚。我们人地生疏，操着几句不熟练的湖南话，装作从外面逃难回乡的。国民党的特务注视着逃难的人群，乘机勒索钱财，我们随时都有遭到特务陷害的危险。半夜到了邵阳，不熟悉街道，只好在汽车站坐等天亮。

在邵阳，我们住在回澜街八路军办事处的招待所。这是一间小阁楼，只能住几个人，睡的是稻草铺，吃的是糙米饭，生活简朴、艰苦。但是，我们心情愉快，精神饱满，从来没想到对生活有什么要求。同志们见面时，不说名字，只说姓张，姓李，姓王，彼此亲切地称呼老张，老李，老王。大家心里只有组织，没有个人。离别时，说声："同志们再见啰！"回答是："好哇！同志，一路平安！"就算告别了。大家对同志这一称呼，感到十分亲切和光荣。1939年2月初，八路军办事处王凌波同志通知我和周白同志去塘田战时讲学院工作。他说："讲学院是我们党办的，我们要把它办成陕北公学那样。可是，那里不是延安啰，你们去了以后，要团结一切抗日力量，要做好团结工作"。我听说去讲学院，就要求去学习，因为我还年轻，工作经验不足，文化水平不高，渴望有一个学习的机会。王凌波同志说："工作就是学习嘛，在工作中学也是一样的。"于是我们就整装前往。其实，那时我和周白同志也是没有什么行装可整理的，只有两条被子、一个网篮装一些零碎用品而已。

天还很冷。夜里，我们搭一只装满货物的小民船，沿着资江逆流而上，船在江中像爬行一样慢。同船四个人，除我和周白同志外，有一位是塘田战时讲学院的学生，河南人，姓名记不起来了。还有一位刚从延安来的阎丁南同志，北方人，是北京的大学生，年轻活跃、直爽、健谈，喜爱唱歌。在他带动下，我们一路上歌声不断，心情舒畅。到了塘田才知道阎丁南同志是组织上新派来的党委书记（实际上是该院党的三人小组成员、党支部委员——编者注）。

我们在船上时都是吃糙米饭，菜是一碗少得可怜的辣椒炒干丝。开始吃不惯辣椒，后来越吃越有味，饭量也就越来越大。丁南同志年纪比我们大，思想水平比我们高，很自然地成了我们的领导。他看到我们吃饭越吃越多，便同大家商量节约饭菜，减轻船工的伙食负担，因为伙食是包在船费里面的。大家一致赞成，随即就少吃了。白天，我们还帮助船工摇橹，有时上岸背纤。晚上，没有灯火，我们就开学习座谈会。丁南同志还给我们讲了"一二·九"北京的学生运动，延安的战斗生活。还同我们一起学习了毛主席的《论新阶段》《论持久战》等光辉著作。在船上，我们的思想和谈论，都在考虑新的工作，或者研究党的政策和工作方法。对湖南山明水秀，尤其是资水的优美风光，都顾不上欣赏了。

船行了两天多时间，才到达塘田寺镇。

## 二

塘田战时讲学院在资江河（应是资江的支流夫夷江——编者注）中的一个小"岛"上。这里是一所大院，房子多，还有楼房可以住人，可能是过去的什么"宰相府第"，或者是大姓的祠堂。大院的大门面临资江河，后面是一片竹林，还有几户农舍，环境十分幽静，在抗战时期烽火连天的日子里，这是一个不可多得的读书的好地方。讲学院共分两部。

研究部：招收高中以上程度的学生，开设哲学、中文、历史（包括社会发展史）、抗战形势、自然科学等课程。课程分必修和选修两种，以自学和自我教育为主，适当地结合讲授。在讲授和自学中，理论联系实际。独立思考、各抒己见而又理论联系实际的座谈会和小组讨论很活跃。因此，学员的思想认识提高很快。同学们很满意这种新的民主的学习方法。

研究部主任是李仲融同志，他学识渊博，是知名的哲学家，同学们很尊敬他。他的住房经常有不少同学在那里讨论、座谈和争论一些重大问题。

补习部：招收初中以上程度的学生，主要是提高文化知识，开设语文、数学、政治常识、自然科学、文章习作等课。学习以讲授为主，辅以必要的小组讨论和交流学习心得。

补习部虽然是初中程度的学生，但年龄都比较大，自学能力和理解能力也较强，因此学习进步很快。

组织上安排我担任补习部主任，还负责讲一部分课。我在和同学们共同学习，共同生活中，建立了深厚感情。院部的组织设有正副院长，院长是覃振，副院长是吕振羽同志，他实际上是全院工作的负责人。院部秘书是王时真同志，教务长是曹伯韩同志，生活辅导主任是游宇同志，女生指导是周白同志，总务长是吕政三同志，大家称他为"三老爷"，他在生活安排方面，工作做得很出色。

学院的教职员工有教授、讲师。教师和一般工作人员，都是为了抗战救国走到一起来的。教授中有著名的作家张天翼、王西彦等。我到讲学院的时候，张天翼同志已离去。著名的历史学家翦伯赞在这里讲过课，自然科学家陈润泉也在这里执教。

全院有三百多学生，大都是来自湘西南的高、初中失学青年，也有从外省来的革命烈士子女和革命同志的家属。他们热爱祖国，有理想，有抱负，追求进步。男女青年济济一堂，朝气蓬勃地过着民主团结的学习生活。每天除上课、听报告外，早上有军体活动，学习一些武装斗争知识。下午的课余时间，有的在座谈、讨论学习心得体会，有的在分析研究抗日战争的形势，有的在研究作品创作等等。晚上，大家在桐油灯下看书学习到深夜。星期日上午，以小组形式深入农村进行抗日宣传活动。周末有文娱晚会，学生们自己组织，自己编排节目，在大汽油灯下，演出抗日话剧、歌剧，演唱抗日歌曲。内容丰富多彩。

讲学院的生活艰苦，学习紧张，但是大家心情舒畅，精神振奋。特别是师生之间，男女之间，建立了真挚的革命同志感情，互相尊重，团结友爱，互相帮助，共同进步。每周的民主生活会上，和风细雨地开展批评和自我批评，及时克服自己生活上、思想上的一些不良倾向。大家感到无比温暖和幸福。

讲学院的条件很差，经费也极困难。学生上课的教室是祠堂的厅堂，没有门窗，桌凳都是七拼八凑的。天晴的日子，经常在室外河滩上、竹林里进行教学，或座谈、讨论与学习有关的问题。教学用的书报很少，教材都是教师们自己编写的。没有印刷条件，就在附近乡下请几个为祠堂刻印族谱的人来，用木刻的活字印讲义，十几开的土竹纸印出来的讲义，好像宋朝那种古色古香的线装书。如果现在还能找到当时讲学院的讲义，倒也是珍贵的革命历史文物。

学院的领导都是知名的学者，他们都担负有讲课任务，如吕振羽、曹伯韩、李仲融等都亲自上课。吕振羽同志是全国著名的历史学家，看起来像一个乡下老头子，可讲起课来，学识渊博，语言深入浅出，寓意很深，同学们很敬佩他。讲学院被国民党查封以后，一些同志到了广西桂林，在东江镇施家园成立了石火出版社，出版了《社会科学十讲》等书，就是塘田战时讲学院曹伯韩等同志的教学讲义。这是后话。

讲学院的领导干部、教授等都是没有工资的，每月只发十元津贴费，和学生一样过着艰苦朴素的生活。大家心情愉快，政治热情很高，工作积极负责，为祖国的兴亡，民族的解放，辛勤地培育着一批批抗战救国的新生力量。在《塘田战时讲学院院歌》里，也充分体现了大家这种伟大的革命精神：

> 我们是迎着大时代的巨浪，
> 勇敢热情的青年聚集一堂，
> 加紧学习，
> 奋勇救亡，
> 在这里锻炼的意志成钢，
> 把思想武装。
> 实现抗战救国的主张，
> 争取中华民族的解放。
> 同学们！起来！
> 走向光明的路上，

走向光明的路上。
我们是创造新中国的健将，
我们是创造新中国的健将！

## 三

在当时斗争非常尖锐复杂的情况下，讲学院也混进了一些带着不同目的而来的教师和学生，他们对抗战没有信心，对救国更是茫然，常常在工作、学习等方面进行挑剔、干扰，甚至制造事端。讲学院在党的领导下，坚决贯彻执行党的抗日民族统一战线政策，讲民主，讲团结，耐心地对他们进行说服教育，尽量避免一些无原则的争端和摩擦，使学习生活和工作正常进行。

但是，消极抗日、积极反共的国民党反动派，是不甘心让塘田战时讲学院这所抗日民主的新型学院，在他们统治区内存在的。1939年，湖南发生震惊中外的"平江惨案"，国民党军队和特务袭击了新四军后方平江通讯处，惨杀和活埋了平江通讯处负责人涂正坤等全部工作人员。这就是国民党在抗日战争时期，掀起的第一次反共高潮。在发生"平江惨案"的前夕，国民党湖南省政府进行了改组，接着就向塘田战时讲学院开刀了。

4月底，国民党省党部派来了"大员"，带着一大队荷枪实弹的军队，包围了学院，以"混乱学制"的罪名将学院查封了。还贴出布告，勒令全院师生员工限期离院。讲学院的领导多次交涉据理力争，均遭到无理的压制。离院前夕，全院师生愤恨地举行大会，李仲融同志在会上大义凛然的痛斥国民党反动派的谰言，师生们振臂高呼口号。会后，师生们挥泪离别。

我和周白同志带着我们刚出生的孩子，半夜搭上一只小民船，告别了塘田战时讲学院。到了邵阳，在一个偏僻小巷中找了一家小客栈住下，不到一个小时就被特务盯上了。我们遵照组织上的指示去衡阳。在邵阳八路军办事处门口，我们登上一辆南洋华侨赠送的中型吉普车，驾驶员阿丕，是华侨。同车有两位省委负责同志，知道我们是从塘田出来的，要我们谈了讲学院被查封等情况。我们又情不自禁地唱起《塘田战时讲学院院歌》，眼睛含着激愤的泪水。

到衡阳已是晚上八九点钟了，我们住在市郊区的衡阳八路军办事处。几天后，张元培同志告诉我们要转移到广西桂林去。在办事处，我们意外地见到了徐特立同志。徐老以惊人的记忆力，谈到我们曾经在长沙见面的情况，并且语重心长地要我们带好下一代。

在广西桂林，我们自己租了一间房子，住在城边街七号，像逃难的外乡人一样，投亲靠友谋生活。一天，我在桂林东江镇跑警报，碰到了李仲融同志，他沉痛地告诉我，讲学院被查封之后，同学们在回乡途中有的被捕，也有被三青团分子杀害了的。有一部份去了延安，有的人被阻拦在潼关。

解放后，1956年我在南京又一次碰到李仲融同志，得知他在南京大学工作，家住南大附近的小粉桥。他高兴地说：现在湖南形势很好，在基层干部中有不少是塘田战时讲学院的学生，他们干得很不错。你如果到湖南去呀，他们一定会热情招待你。我也很激动地说：是种子嘛，总会生根发芽的啰！

（原文载《峥嵘岁月》第5集，湖南人民出版社1984年版）

# 在白色恐怖下坚持斗争的金称市党支部

吕一平　彭义芳　张必烈
1983 年 11 月

中共地下党金称市（原属武冈县，今属邵阳县）支部，是在1939年4月下旬，塘田战时讲学院（以下简称塘院）被国民党反动派武装查封（4月21日）后不久开始建立起来的，也是在塘院党组织的影响、培养和直接领导下建立起来的。这个党支部从1939年建党起，到1949年邵阳解放时止，在白色恐怖的逆境中，经历了十年艰苦曲折的斗争。党员从几个人发展到三十多人（包括回龙市分支部），除个别人消极动摇自动脱离党组织外，绝大多数同志坚持斗争到解放。正如中共邵阳县委向中共邵阳地委的报告中所指出的："这个党支部在国民党统治区内较好地执行毛主席、党中央关于白区工作的路线和政策，为邵阳的解放事业做出了一定的贡献，是一个坚强的地下党支部，其中大多数党员是好的和比较好的。"

## 一、塘院为建党准备条件

中共湖南地下党省委，为了宣传、实现我党抗日救国的主张，传播马列主义，培养开展抗日游击战争的干部，为在湖南沦陷后开展抗日游击战争，建立抗日民主根据地准备条件，得到中共驻湘代表徐特立同志同意，决定在武冈县（今邵阳县塘田市）开办塘田战时讲学院。这个学院由党员学者吕振羽、张天翼等同志负责筹办，得到湖南上层开明人士覃振、张治中、赵恒惕、林拔萃等人的支持。经过党员和进步教职员工的艰苦创业，于1938年9月筹办开学。由于塘院高举抗日民主的旗帜，以马列主义、爱国主义为主要教学内容，并采用理论联系实际的学习方法和开展民众教育活动，很适应当时抗战形势的需要和青年学生的要求。因此，塘院开办时间虽然不长（从开办到被查封前后不过八个多月），规模也不大（学生及教职员工总共仅三百来人），可是影响很深，震动很大。不仅使在校学生思想进步很快，而且对院外群众特别是贫苦知识青年影响很大。很多纯洁热情的青年，经过短短几个月的教育培养，有的加入了中国共产党，成为无产阶级的先锋战士；有的加入了中华民族解放先锋队，成为抗日救国的积极分子；附近不少农民子弟（主要是知识青年）主动来学院借书看，听讲革命道理，协助塘院师生开办民众识字班、组织歌咏队等，从而使自己的政治觉悟得到提高，有的就被培养为建党对象。这就为在金称市建立党支部创造了条件。

塘院被查封以后，为了发展和扩大党的组织，根据省委的指示，塘院党组织决定派遣塘院党员到武冈、新宁、城步、绥宁等党的空白点建立党的组织。金称市党支部就是在这个时候由塘院党组织直接领导而开始建立起来的。

## 二、金称市党支部的建立经过

塘院被查封以后，学院党组织主要负责人暂时移居油塘和金称市，办理学院的善后处理问题。在此期间，学院党组织负责人之一阎丁南同志负责主办二期党员训练班，为在金称市、武冈、新宁、绥宁、城步等地建党培养骨干力量。同时，指定党员王时真（现名江明）、郑圭田（已故）、姜景等同志在金称市汕塘一带发展党员，建立金称市支部。首先由王时真、郑圭田介绍发展塘院学生李志国、吕恒芳（现名吕一平）入党，接着又由王时真、姜景介绍发展李树荣、张绍艺入党；由王时真、吕恒芳介绍发展吕楚成、彭义芳、吕慧能等人入党；由吕恒芳、吕楚成介绍发展吕国华入党，金称市党支部从此正式建立起来。此后，又陆续发展了一些党员，最后达到30多人，并在回龙市建立了分支部。第一任支部书记王时真，副书记吕恒芳，支委姜景、李志国。王时真同姜景同志于6、7月间先后离开金称市，支书由吕恒芳、副支书由李树荣担任。同年9月吕恒芳回湖南省立第一临时中学师范部学习、工作后，支部书记由李树荣继任，副支书是吕楚成。最后一任支部书记是吕楚成，任期从1940年冬到1949年邵阳解放，他领导支部坚持斗争，作出了贡献。金称市党支部开始直属中共湖南省委领导，后因省委迁离邵阳，改为邵阳中心县委领导。当时中心县委负责人是谢竹峰、刘建安，负责同支部联系的是曾广才、曾广益。

当时由于没有开展工人、农民运动，发展党的对象主要是知识青年，发展党员的程序和手续是：党员根据平时的了解，物色发展对象向支部推荐，经支部负责人同意后，再由党员个别谈话、启发教育，成熟后（本人要求申请）才填表介绍入党（入党表是塘院油印的），支部批准（主要是支部负责人批准,不开支部大会,也很少开支委会)后,即举行入党宣誓。宣誓采用个别举手进行,不挂党旗,由支部负责人或介绍人领读誓词。誓词大意是:"我自愿加入中国共产党,服从党的决议,接受党的任务,遵守党的纪律,保守党的秘密,如有违背,愿受党的严厉处分。"从当时看,我们发展党员的手续是比较完备的,为了适应白区工作的需要,党员采用单线联系,不编小组。

金称市党支部建立不久,湖南形势不断逆转,国民党的反共气焰一天高于一天,继塘院被武装查封后,紧接着发生"平江惨案",不久又发生"皖南事变"。在国民党反共高潮白色恐怖下,金称市党支部始终坚持斗争,即使是在与上级党领导失去联系以后,仍然一面积极找党,一面仍然继续开展工作。

## 三、在白色恐怖下坚持斗争

金称市党支部在白色恐怖下,同国民党反动派进行了艰苦的斗争。首先,采取积极措施,保护塘院的革命图书。油塘这个偏僻小村,由于塘院被查封后,学院党的负责人吕振羽、游宇、阎丁南等同志在这里住过,大量的革命图书也存放在这里,后来又一度为党支部的活动中心,因而早就为国民党反动派所注目。1940年正月,伪乡长李树藩竟将伪禁烟公所设在油塘李氏家祠,名为禁烟,实为侦察我党的活动和抢劫塘院的革命书籍。党支部得此消息后,李树荣、吕楚成、彭义芳等同志连夜将所藏图书迁藏于油塘峡嵋巷后面岩洞里。一月后发现受潮,又分别迁藏于李树荣、吕楚成家的楼上天花板内,使这批图书一直保存到解放后,才送交塘田市区人民政府,由区干部蒋绍斌、李竹林二同志接收。

其次,与顽固反动分子伪乡长进行斗争,保护人民群众的利益。1940年顽固分子伪乡长李树藩利用禁烟公所的枪兵,向群众敲诈勒索,残酷迫害人民。一天,他们借口禁烟公所沈某房中被窃,不经调查,无故将农民李万泽和响大娘捆绑严刑拷打,进行勒索,引得群众十分愤怒。支部决定由李树荣、李业成二同志负责,一面发动群众到乡公所抗议,质问伪乡长为何无故捆绑拷打乡民,要他拿出证据来,并当面揭露他们敲诈勒索老百姓的罪行;一面向上告状。斗争结果,迫使伪乡长及沈某释放李万泽和响大娘,并保证今后不再压迫乡民,勒索钱财。这一斗争虽然激起了反动顽固分子的仇恨,却得到广大人民的赞赏和拥护。

再次，打入学校，夺取学校领导权，把学校作为宣传我党抗日主张的阵地。1941年上学期，通过开明士绅吕政三的介绍，吕楚成、彭义芳、李毅卿三同志打入金称市中心小学校担任教员。他们根据邵阳中心县委的指示，以学校为阵地，积极开展抗日宣传。一方面领导和发动学生演唱抗战歌曲，排演革命戏剧，以激发学生的抗战热情，并以桂林石火出版社（塘院办的）曹伯韩同志编的《新道路》为资料，编写墙报。同时，利用陈长山（开明士绅）六十寿辰捐献给学校的钱，向桂林生活书店买回一批通俗进步书籍供学生阅读。另一方面经常向学生作时事报告，针对当时反动派对内反共，对日妥协投降的阴谋，宣传坚持抗战，反对投降，坚持团结，反对分裂，坚持进步，反对倒退等我党的抗战方针，以坚定学校师生的抗战信念，在师生和附近民众中产生积极影响。

为了更好地掌握学校，使学校成为党的宣传和培养教育青年的阵地，党支部曾先后两次发动夺取学校领导权的斗争。一次是1941年秋吕音南辞去校长职务，他们内定由反动分子陈福祥为校长。在召开乡民代表大会选举之前，党支部动员进步教师吕楚国、陈耕辛、陈汉林等出面在乡民代表大会上做工作，揭露陈福祥等人的种种腐化现象和毒害学生的罪行，得到了与会代表绝大多数的同情，结果使陈福祥落选。陈汉林被选为校长。可是此事却遭到反动分子吕音南、李树藩、陈福祥等人的极端痛恨，他们向武冈县的县党部控告，说金称市有异党活动，利用乡民代表大会捣乱学校，破坏教育，伪县党部竟派人将吕楚国、陈耕辛、陈汉林等三人逮捕。支部当即四处工作，取得乡长吕音奇、开明士绅吕政三、吕教成等联名具保，才被释放。另一次是1946年秋，校长陈筹为伪乡长吕音奇被杀一案与吕醒凡打官司，不得不辞去校长职务。彭义芳得知此情况后，当即向支部汇报，支部决定趁机控制学校。恰巧吕希文由省立六师毕业回来，经张必烈提名，支部决定让吕希文去争取中心小学校长。当由张必烈陪同到武冈县城活动，通过同班同学周维道的联系，得到六师校长杨韶华的帮助，吕希文被伪县政府委任为金称市中心小学校长，张必烈任教导主任，李树荣为总务主任，吕楚成、彭义芳、李众卿、易延跃、李业成、陈汉林、陈星池、陈湘益等任教员。至此，我党完全控制了学校，使学校真正成为我党宣传教育的阵地和支部活动的据点。

选举陈汉林为中心小学校长的风波发生以后，国民党区分部书记吕音南，竟给当时未参加国民党的教员每人发一份加入国民党的申请表，强迫加入国民党，如不加入就以异党分子看待，在此紧迫情况下，党支部书记吕楚成在彭义芳陪同下,立即赶到邵阳县委请示,中心县委联系人曾广才、曾广益传达中心县委指示说:"可以打入国民党内部,以资掩护、保存实力,便于工作。"并指示"要充分利用合法身份开展工作,发展组织,积蓄革命力量,以应时变"。吕、彭回来后,支部根据上级指示,决定吕楚成、彭义芳、李毅卿三人参加国民党,后来吕音南辞去国民党区分部书记职务,支部又决定让彭义芳活动继任区分部书记。这样一来,国民党区分部已为党支部所控制,不仅粉碎了国民党妄图镇压我党支部成员的阴谋,而且在当时白色恐怖情况下,对于了解国民党的情况,掩护党开展工作,起到了一定的作用。

最后,创办纺织厂、组织"营业社",掩护和扩大党的活动。1940年油塘李氏家祠被禁烟公所占据后,支部在油塘的活动极为不便,决定迁移金称市。为了设立新的活动据点,报请上级批准并派来一位女同志直接领导,由党员张绍艺负责筹备,资金除由吕政三等人筹集外,吕楚成、李树荣等也都拿出几担谷钱,租了陈余庆先生空房为厂房,开办起纺织厂,招收青年女工二十多人。这个纺织厂成为当时支部的活动据点,党员经常在此接头,传达上级指示,研究斗争任务。邵阳中心县委来人也在这里住宿。一直到1941年秋后,吕楚成被反动派排挤解聘中心小学教员职务,回到麦元团办补习学校,支部活动中心转移,这位女同志也调走了,纺织厂才因此停办。

吕楚成同志回到家乡麦元团后,于麦元团小学创办补习班和民众夜校,用油印翻印塘院民众课本为教材,连续数年招收一些失学青年在此补习自学,继续宣传抗日,传播马列主义,启发青年的爱国热情和阶级觉悟,在此期间又先后发展张必烈、易延跃、李众卿、吕基学、易延仁等为党员。1944年秋为了团结更多的进步青年在党的周围,以利于更好地开展同国民党反动派的斗争,支部决定成立外围组织——"营业社",把当时比较进步的青年陈汉林、陈星池、吕应中、吕基贤、陈耕辛、吕伯文、吕敬社、陈湘益等都组织到"营业社"来。支部通过"营业社"团结更多的青年,这就为以后再一次夺取中心小学领导权、控制乡政权,反对国民党抓丁创造了条件。

## 四、同上级党失掉联系后,仍然继续坚持斗争

1944年秋天,邵阳市沦陷日寇压境时,中心县委联系人曾广才、曾广益从桃花坪来信,要吕楚成在三天内赶到桃花坪接头,吕接到信时已过一天,麦元团到桃花坪约一百华里,加上沿途又驻有国民党溃退的军队和土匪游勇

四处抢劫,行走十分困难,吕楚成因而未能按时赶到,未接上头,从此支部就同上级党失掉联系。(1980年从谢竹峰同志处得知曾广才、曾广益同志从桃花坪向武冈转移途中被敌人杀害了)。党支部同上级党失掉联系后,一面积极找党,我们除在本地区积极设法寻找党的联系外,并曾于1948年春派易延仁同志北上华北解放区,寻找上级党组织,一面继续坚持斗争,开展工作。

1. 利用国民党假民主,掌握乡政权。1945年日寇投降后,国民党实行假民主,在各乡成立乡民代表大会,乡长由代表大会选出。党支部决定利用杨青团和金称团的矛盾,趁机掌握乡政权,控制乡武装。支部派李毅卿竞选代表大会主席,推荐陈子明竞选乡长。结果李、陈都当选,给妄图当选乡长的反动分子陈筹以沉重打击。1946年夏,陈子明辞去乡长职务,支部又决定由"营业社"出面活动,选举吕基贤出任乡长,并派张贤享任乡公所干事,做吕基贤的助手。这时,乡公所掌握在党的领导下,按支部决定办事。如抵制国民党抓壮丁,他们一面拖延交兵时间,减少抽兵数字,一面故意放走壮丁,张贤享放走熊家院子壮丁,吕伯文放走青山壮丁,彭义芳放走金称市同生祥壮丁,使国民党得不到充足的兵源,不能及时补足兵额,乡长吕基贤曾受到伪县政府征兵不力的批评和申斥。又如禁止乡丁警察对农民敲诈勒索。有一次白仓警察所四名警察在古峰乡敲诈勒索,被乡公所押送到伪县府,并把四顶军帽送白仓警察所。白仓警察所派来全所枪兵将乡公所包围,乡长吕基贤在群众的支持下,在炮楼里严阵以待,后经支部团结开明绅士同警察所长说理,警察无理扫兴而去。后来,由本乡绅士联名向伪县政府控告,白仓警察所还受到了处分。

1946年夏,党员张必烈、易延跃在杨青团发动青年对学租保管员豪绅易应锦、易应尧的贪污挪用行为进行清算斗争;同年,夏堂元同志在金龙乡组织对豪绅会首夏某等进行了清算斗争,打击了豪绅的威风,提高了群众的觉悟。同年冬,三青团在各地大发展,反动分子陈筹指使地主陈南翔、流氓陈中洲积极筹备成立三青团金称市区队,并宣扬可以发枪,其矛头指向我党的外围组织"营业社"。"营业社"成员吕应中也想成立一个区队与之对抗,找吕楚成商量请求支持,吕认为可以领到枪支,决定支持筹备,并派党员张必烈、吕希文、吕振夷三人参加。在成立时,吕应中要求"营业社"全体成员都参加,成立区队的人数仍不足,临时又把党员吕基学、张贤享、李众卿、易延耀等同志喊来凑数。后来反动当局有所察觉,改变了主意,没有发枪。因此区队成立后只开过一次成立大会，也就停止了。

2. 继续发展党员，壮大党的力量，同时清洗蜕化变质的党员。1948年经过曾英明（新宁回龙市人）同志的工作和支部批准，发展胡作策、曾令英为党员，成立回龙市分支部。此后又发展党员五人。同年，吕楚成在麦元团补习班培养发展了唐远逢同志。在此同时，支部还对不服从支部领导，在竞选担任伪乡长以后，作威作福，贪污腐化的吕希文，给予开除党籍的严肃处理；对消极动摇的吕国华停止了组织生活。

3. 参加莫新春指挥的武装起义，帮助莫部与党取得联系。1946年党支部掌握乡政权以后，准备掌握乡武装举行武装起义。不料党内蜕化分子吕希文背叛了党，利用家族势力，借口攻击并强迫党支部推荐的乡长吕基贤辞职下台，由他身兼乡长、中心小学校长、三青团区队长三职。他同地方劣绅、地痞流氓同流合污，拒不执行党的决议。党支部虽然决定把他清除出党，但乡政权及乡武装已被他篡夺，以致党支部利用乡武装举行武装起义的计划无法实现。1949年2月，莫新春部队武装起义的第三天早晨，唐道光、李梦麟带通讯员唐超来到张必烈家（唐是党员易延仁的知己同学，1946年与易延仁、张必烈在杨青小学教过书，曾被培养为发展对象），告诉张必烈："莫部武装起义是我们搞的，现在虽然打出了解放军旗号，但未取得党的联系。"他们来的目的，就是为了寻找党的关系。张必烈告诉他们知道有一个地下党组织，但与上级党失去了联系，答应找找看。张必烈把此情况向吕楚成汇报后，支部决定让张必烈、易延耀参加莫部工作，任务是稳住该部使其继续向左转，防止被反动派拉过去。张到部队后，向唐道光提出两点建议：一是整顿军纪，建立开仓用粮制度，防止贪污现象；二是改变部队人员成分，多吸收贫苦农民和青年知识分子参加部队，逐步改变兵油子和土匪出身的人当军事骨干的现象，把军权真正掌握在起义核心人物手里。同时指出已经当军事骨干的兵油子和土匪出身的人，对起义也是有功的，不能立即撤下来。今后可以采取增加建制的办法，以后新缴的枪支和新招的人员，主要用于建立新的中队，物色可靠的人当军事骨干，随着部队的逐步扩大，绝大多数部队就可掌握在可靠的人手中。这些建议，得到唐道光的完全同意。当时唐在莫部处于政治委员的地位，有决定重大问题的权利。因此，张必烈被任命为军需主任，抓开仓用粮方面的军纪工作，并参加莫新春、唐道光、李梦麟组成的核心领导会议。同时任命彭义芳、王代儒、李业成为军需，他们既抓部队开仓用粮的制度，防止贪污现象，又调查国民党粮管员趁机隐藏和贪污粮食现象。如金称市粮管员吕泽春隐藏粮食三千多斤，就是被彭义芳同志查出来的。此外，易延耀同志协助部队收缴杨青团地主武装的枪支，另建一个独立分队，易任分队长，支部又增派张延（贤）亨、吕基学、曾英明等同志参加这个分队，协助易延耀工作。此后又收缴吕希文未缴完的枪支，分队扩大为中队（第五中队），吕基贤为中队长，易延耀为中队副。后来五中队又发掘收缴唯一乡尹国华（曾任过伪团长）隐藏的机枪一挺，步枪十支，手枪四支，接着又伏击缴获伪军长李朝耐（带领卫兵过杨田）的冲锋枪十支，手枪一支。由此可以看出，金称市地下党支部对于巩固、扩大武装起义的莫新春部队是有贡献的。

　　为了同上级党取得联系，党支部通过党员李众卿同莫昆洲的亲戚关系（莫在邵阳读书时被发展为共产党员，李与莫在交谈中探悉莫可能是党员并有可能找到党的联系），经过李与莫的多次接触，然后通过莫的关系，李与莫又数次往返于邵阳，结果同邵阳中心县委取得了联系，并陪同中心县委负责人龙仲同志来白仓一带了解情况。接着中心县委又派来以江鹜（化名为林大伟）同志为首的政工人员二十多人，将莫部改编为中国人民解放军湖南总队湘中第二支队第三团。从此，金称市地下党支部与莫新春部队同中共邵阳中心县委取得了联系。

　　（《抗日战争时期党在邵阳的活动》，邵阳党史资料丛书第1辑，1985年10月）

## 中共新宁地下党支部的活动情况[1]

郑秀仁

郑圭田是新宁地下党支部的组建者,他与其胞弟郑立山于1939年在塘田战时讲学院读书时,加入了中国共产党。1939年4月,塘田战时讲学院被国民党反动派封闭,该院的地下党组织也随即转移到油塘。郑圭田同志受组织分配,回新宁建立地下党组织,其弟郑立山也同时回新宁。我与郑圭田是一个村子里的人。他有学问,思想进步,同情贫苦人。因此我很尊敬他,并常到他家去玩。往来久了,圭田了解了我的思想和家境,就常常讲马列主义的革命道理给我听。我听了感到很新鲜,深受教育和启发,并逐步明白了革命道理。郑圭田同志特别关心我的成长,还常常考验我。他在楚南中学任教时,常要我为他送信、买东西。他以教书作掩护,从事党的地下工作。他的通讯地址是"新宁县吊井边瑞太号"或"北门竹山圫"。我以做生意作掩护,为他当交通员。圭田信任我,他对我讲过,李锐同志曾来过新宁,在他家住过。李锐来新宁的目的是帮助地下党组织接关系的。新宁地下党支部与田庚锡和衡师地下党支部接上关系后,李锐便离开了新宁。

1940年下学期,郑圭田被楚南的反动势力排斥,转到县立小学任教。他与县立小学教师蒋绍诩志同道合,组织发动全校学生与反动的训育主任罗祖谦进行斗争,并将悬挂在校门口上的国民党青天白日旗降下,升以扫帚代之,圭田因此又被解聘,蒋承宝等进步学生也被开除学籍。这时圭田在城镇工作更困难了,上级就指示他到农村去开展地下党活动。我经他直接培养考验多年,终于在1941年10月11日光荣入党,在田垄里举行宣誓。与我同时宣誓入党的还有郑秀益(此人1945年被淘汰)。以后,郑秀宏(1942年已故)、郑远悦(1968年病故)、郑秀悦(1948年病故)、郑秀芳(开除)等,经圭田同志培养考察先后入党。新宁支部于1941年7月15日晚在河边沙洲上开会,由支书主持,指定我为联络员。当时,上级曾有个姓方的同志(名字记不清了)来新宁指导工作,住在郑圭田家中,支书派我护送方同志到安心观,经武冈回去。不久,根据上级指示,圭田领导支部着手筹办夜校。经过一段细致工作,争取了伪保长郑华的支持,从公谷中拨出五担粮做夜校经费。圭田和立山任教,教材主要是抗战丛书。丛书是通过上级组织采购来的。由我串联贫苦青年农民入学。夜校设在柳山郑氏禀公仓楼上。于1941年8月中旬的一天晚上举行开学典礼,参加学习的有十六个贫苦青年农民。圭田同志首先讲述了办夜校的目的,接着带领大家订立学习制度,并一再勉励大家要好好学习,保长郑华也到会讲了话。从此学员们白天生产,或做抗日救国的宣传,揭露国民党消极抗日的反动行为,晚上读书,学习马列主义,唱革命歌曲,如《国际歌》《义勇军进行曲》《大刀进行曲》《游击队之歌》等。

后来夜校越办越大,地方反动势力惊慌了。离柳山极近的江口桥村有国民党二十八区分部,区分部书记郑燦然和组织委员郑小修及国民党县党部书记郑炳炎(又名郑祖遂,是城郊附近八甲上人)、反动团总郑木生目睹夜校深受农民欢迎,就慌了手脚。他们由仇视到疯狂破坏。1942年10月夜校被查封,支持夜校的保长郑华被革职充军,支部成员郑秀宏被抓去当壮丁,地下党组织随时都有被破坏的危险。为了保持革命力量,支部决定暂时隐蔽,分散活动。支书郑圭田去邵阳,我由支书介绍去凤凰林场搞地下工作,与一位技术员张振华接头,暗号是"黎明",对方回答是"黑暗"。其余在家乡搞隐蔽工作。

1942年10月间,圭田去信凤凰林场,要我回县。我于同年11月回家。回来后,支部在圭田家的杂屋里开会,参加会议的共五人。会上,支书传达了上级指示精神和我党延安整风精神,批评了郑立山、郑秀芳的错误行为。郑立山目无组织纪律,不参加地下党在邵阳及桃花坪的两期党员训练班,擅自到伪电报局工作。郑秀芳自行参加伪别动军,违背组织原则。支部一致同意将郑立山、郑秀芳二人清除出党。并由支书将处分结论转告本人,宣布开除他俩的党籍,不准暴露组织,否则处以极刑。支部还总结了一年多来的斗争经验与教训,教育了党员,增强了组织的战斗力。在此基础上,支部要求全体党员重整旗鼓,继续坚持党的地下斗争,每个党员既要隐蔽身份,又要胆大心细地开展工作。根据当时日寇即将入侵我县的客观形势,还要做好游击活动的准备。

1944年9月初,日寇的魔爪伸到了新宁。日寇飞机轰炸县城前一个月,伪县长廖配之便携带家室财宝逃之夭夭,地主老财亦远走高飞。日寇侵入我县后,到处奸淫掳掠,杀人放火,无恶不作。罗仲尧的伪保安大队名为抗日游击队,实是践踏人民的土匪。支书郑圭田带领郑秀仁等赶到水庙和出山口一带打入罗部,计划将这支队伍改造成为真正的抗日游击队,接受我地下党的领导,弃暗投明。经圭田等同志的说服教育,罗的部下有许多士兵产生了抗日的要求。在溢头,刘全德分队与日寇打了一仗,保护了人民群众的生命财产。9月6日,日寇退走广西,游击队有两个中队追到分水坳。但是,由于罗仲尧顽固不化,反动成性,拒绝改邪归正,郑圭田等同志在罗部只活动二十多天就被迫撤出来了。支部没有完成原计划的主要原因是:一是新宁沦陷时支部与上级党组织失去了联系,没有上级党组织的指示和领导;二是罗仲尧保安队的士兵多是流氓无赖,难以改造。

1945年5月,日寇败退时再次入侵新宁。在新宁盘踞三个多月,进行了灭绝人性的烧、杀、掠夺。日寇把全城所有的食盐全部抢劫到忠诚寺,派重兵把守。并把城郊柳山田垄上游的码口炸毁,致使柳山一带二千多亩良田干涸,禾苗严重缺水,有着颗粒无收的危险。为了解决人民群众的吃盐问题,保护好人民群众的生产,地下党支部带领群众与敌人进行了坚决的斗争。郑秀仁同志带领年轻力壮的青年,冒着生命危险,从西门游水过河,从日寇手中夺取食盐,并带领青壮年塞坝、堵水灌田。尽管敌人破坏,但经过人民群众的艰辛努力,还是获得了一定的收成。郑圭田同志还到龙潭桥把国民党主张抗日的龙江部队带到地势险要的鹞子岭阻击日本鬼子,迫使日寇逃窜广西。

1945年9月中旬的一天晚上,支部在柳山附近的办子园开会。到会的只有郑圭田、郑秀仁、郑远悦三人。这次会议对个别党员进行了处理,郑秀益不参加党的活动,宣布他自动脱党。同时还决定继续寻找上级党组织……

● 注释

[1] 李良洪整理

(《抗日战争时期党在邵阳的活动》,邵阳党史资料丛书第1辑,1985年10月)

# 邵阳青年抗战服务团与雷一宇

雷震寰

卢沟桥的炮声,惊醒了亿万人民的睡梦。古老的宝庆,兴起了轰轰烈烈的抗日救亡的群众运动。邵阳青年抗战服务团,就是一支最活跃的队伍之一。

战时书报供应社湖南分社的宣传基站,设在邵阳城外驿传街仁美巷口,负责人是张迈群和张超。邵阳青年抗战服务团成立后,与战时书报供应社一起,在城乡设有十多个宣传站,每个站都办起了黑板报、壁报,设立了民众阅览室,成立了歌咏队或演剧队,经常组织演出或张贴标语、漫画。东乡廉桥、范家山、两市塘、宋家塘、水东江、火厂坪、佘田桥等处的宣传站,还办起了民众夜校。

"起来,

不愿做奴隶的人们,

把我们的血肉筑成我们新的长城,……"

这歌声,这怒吼,震荡在资江两岸的原野,激起了广大青年的抗战怒潮。参加青年抗战服务团的,有中小学教师、工人、学生和社会青年。入团时,填写一份登记表,宣传站的负责人就根据本人的志愿和特长,分配参加各种活动。工作不但没有报酬,有时还要自己出经费,供应设备、工具、文具等。大部分经费来源,是爱国民主人士捐献出来的,如申镇坤等先生。

1938年12月,中共湖南省委主办的《观察日报》刊登了邵阳青年抗战服务团的章程,还发表了该团的告青年书。《告青年书》是当时在报社工作的张天翼同志起草的。从此,参加青年抗战服务团的人更加踊跃了。而三青团分子则对服务团进行阻挠破坏,对积极分子进行监视和打击。有一次,青年抗战服务团团长申苏民同志(现名申剑涛)去廉桥三民中学油印团员登记表,受到该校三青团分子的阻挠,竟至持手枪进行威胁。

建立和发展服务团的工作,是非常艰险的,要做深入细致的秘密工作和各种合法斗争。领导和开拓这一工作的是塘田战时讲学院的雷一宇老师。

1938年11月，雷一宇同志带了塘田战时讲学院的一个学生申苏民同志做他的助手，在湖南省委的直接领导下，具体负责开展这项工作。他们住在邵阳城驿传街的小客栈里。从建立宣传站开始，积极发展青年抗战服务团组织，先后吸收服务团团员五百多人，连同歌咏队和民众夜校的学员，联系的群众数以千计。并从中发展了党员和"民先"队员数十人。如廉桥的姜牧军、申振中；火厂坪的赵镇希、赵万里；宜春桥的申伯福；水东江的申雨露、申新安、周宪章等。发展之后，就将名单交给邵阳中心县委的李化之同志。

1939年1月，塘田战时讲学院放了寒假，同学们纷纷参加社会活动。我也去邵阳帮过一次忙，协助火厂坪宣传站创办一个民众夜校，同去的还有杜启贤、杜莫寰兄弟。记得过旧历年的那晚，我还住在范家山的小伙铺里，老板请我吃了团年饭和年糕，不收伙食费，以表优待。

建立青年抗战服务团的工作，于1939年2月完成，雷一宇同志离开邵阳时，囊空如洗，欠了驿传街客栈老板的伙食费和房租费十多元，只得将随身带的被褥和几十本书作为抵押。后来他告知我，才去赎回了。

雷一宇原名雷哲，字震宇，洞口人。生于1913年（民国二年癸丑），幼时好学，聪明过人，有神童之誉，学业成绩优异，小学、中学每次考试，总是第一名。1927年洞口农民运动兴起，他积极参加学生宣传队，剪妇女的辫子和发髻（巴巴头）、禁止缠足。以后在武冈丽泽中学读书，因闹学潮被开除学籍。他与武冈县长进行辩论，口若悬河，条条是道，驳得该县长理屈辞穷，只得将他转学高沙蓼湄中学。1929年毕业后，随同乡唐湘之先生去山西太原读高中，唐湘之先生不让他参加社会活动，乃于1930年下半年离晋赴平（北平），考入北京中国大学，本年冬参加中国共产党后担任该校团委书记。1932年在张家口搞地下工作时被捕，并被押解南京中央军人监狱，坐牢五年。直到1937年抗日战争爆发，国共第二次合作，我党提出释放政治犯以后，才获释回湘。当年下半年在洞口峡江小学代课，宣传抗日救国。他曾通过平元乡公所在洞口青山坪召开群众万人大会，登台演说，慷慨激昂，给洞口人民留下了深刻的印象。1938年，在长沙担任湖南文化界抗敌后援会总干事。下半年，与吕振羽、张天翼、李仲融等赴武冈塘田战时讲学院，担任生活指导部主任和补习部主任、日语教授、党支部组织委员、"民先队"队长。

雷一宇在五年的监狱生活中，阅读了大量的书籍，如《资治通鉴》

《二十四史》等，还学会了日文、法文、德文、俄文、世界语、英语。

1939年5月，雷一宇同志由衡阳去桂林，在途中被国民党反动派杀害。牺牲时年仅26岁。

他的短促的生命，饱尝了人间的苦难。他以苦为乐，俯首甘为孺子牛。在他出狱回乡的两年中，我们看到了他发出的熊熊火光。

（《抗日战争时期党在邵阳的活动》，邵阳党史资料丛书第1辑，1985年10月）

# "民先队"在邵阳的活动

李春芳

中华民族解放先锋队（简称民先队），是中国共产党领导下的进步青年组织。它在发动组织各阶层爱国青年投身抗日救亡运动，扩大和发展党的抗日民族统一战线方面，做了不少有益的工作。

1938年长沙大火后，我党省工委、八路军驻湘办事处迁来邵阳，邵阳便成了湖南全省革命活动的中心。民先队队员和广大青年在党的领导下，把团结抗日的群众运动搞得轰轰烈烈，热气腾腾。岁月流逝，时间已过去四十五年，这里记述的仅是一鳞半爪，敬希参与或了解当时活动的同志予以补充指正。

1931年日寇制造了九一八事变，卖国投降的蒋介石采取不抵抗主义，失掉了东北四省，又签订了丧权辱国的"塘沽协定"。日寇贪得无厌，继续侵入关内，造成华北危急，平津危急，全国人民面临当亡国奴的危险局势。北平、天津的学生在我党地下组织的领导下成立了"平津学联"，于1935年12月9日，举行了声势浩大的学生示威游行，喊出了"停止内战，一致对外""打回东北去"等振奋人心的响亮口号，很快得到全国各地的热烈响应。广州、南京、杭州、长沙等地学生相继举行了示威游行。这就是著名的一二·九运动。它与五四运动媲美于近代史册。这一运动唤起了全国人民，一致要求反动派停止内战，团结抗日，发扬了中华民族爱国的光荣传统。

当时，我党北方局及时指出："单纯的学生运动不能完成把日本帝国主义驱逐出中国这个伟大任务。必须扩展到工人、农民和军队中去。"共青团中央也发表了宣言，号召"爱国青年到工人中去，到农民中去，到商民中去，到军队中去……把抗日救亡运动扩大"。于是平津学联组织了500多名同学徒步南下扩大宣传团，深入广大农村宣传抗日。蒋介石害怕人民觉醒会影响他的独裁反动统治，便下令阻止学生继续南下，并强行解散了南下扩大宣传团，迫使学生们折返北平。根据党的指示精神，经过酝酿，南下宣传团于1936年2月16日（有说是2月1日）在保定研究决定，将南下扩大宣传团改名为"中华民族解放先锋队"。总队长是李昌同志，北师大队长是于刚（陈泽云）同志。发表了成立宣言，提出了战斗纲领，大大鼓舞了全国青年。"民先"组织迅速发展，抗日救亡活动在全国空前未有的广泛展开。民先队队员有的投奔延安，有的在当地坚持打游击。因此，震惊了反动派。蒋介石立即成立"三青团"，与我党争夺青年，并蛮横地于1938年以武汉卫戍总部名义强行解散中华民族解放先锋队，摧残和破坏全民的团结抗日运动。

1938年8月22日，中共湖南省工委青运负责人，原北师大民先队长于刚同志，在湖南《观察日报》上发表了《怎样才能统一全国青年组织》的专论文章，内容大意是对反动派解散"民先"组织进行了抨击，指出反动派倒行逆施，破坏团结抗日，帮了日本帝国主义的忙。

武汉失陷，长沙大火后，我党省工委和八路军驻湘办事处以及《观察日报》社迁来邵阳。湖南文化界抗敌后援会吕振羽、翦伯赞、张天翼、李锐、于刚、王西彦等著名人士也云集邵阳。邵阳成了湖南抗日救亡的中心。民先队作为党领导的革命青年组织，团结组织城乡各阶层青年，进行抗日救亡活动。组织的发展是很快的，活动地域是宽广的。

当时吕振羽同志负责的塘田战时讲学院（曾被国民党视为"南方抗大"），发展民先队队员一百多人。他们除了积极学好各种适应抗战所需的学科以外，还在附近二三十里的乡镇开展抗日宣传活动，创办农民夜校和识字班，教唱抗日歌曲，演活报话剧等。混进塘院的"三青团"特务分子则持枪威胁，破坏塘院声誉，塘田师生进行针锋相对的斗争，维护了塘院的学习秩序。在宣传鼓动以及后来被迫转移中，进步青年都起了很好的作用。不少同志后来转为共产党员，很多人后来成为革命和建设中的骨干力量，有的为革命而光荣牺牲。

李化之同志（我的革命引路人）在邵东黑田铺一带农村创办了进修补习班。仅该地一处就发展了民先队队员吕克明、金锦川等三十多人，其中多数人后来转为中共党员。

邵阳城区在中共特支（后改为中心县委）书记唐麟及成员李化之等同志的亲自领导下，对民先队的工作抓得具体有力，先后发展了敖振民、杨叙彝、敖峰、谢小晴、谢佑民、喻静云（女）、李春芳等为队员（谢、喻、李后转为中共党员），以资江图书室（长兴街孤儿院，现邵阳市皮件厂所在地）为阵地开展活动。

1938年下半年，战时书报供应所湖南分所（负责人张迈群，属政治部第三厅）迁来邵阳后，以战地服务处资江歌咏团、话剧团名义在省工委主办的《观察日报》上刊登了征求团员的启事："为启发抗敌意识，增加抗战力量起见，广泛征求团员。凡爱好歌咏、话剧、热心救亡工作者，不限性别、年龄，皆所欢迎！"除了民先队队员踊跃参加外，还吸收了广大的社会青年。这两个团的编导和教唱是严庆澍（《金陵春梦》一书的作者唐人）和邵另人等。他们热血满腔，而且艺术水平高，教唱了《义勇军进行曲》以及其他当时流行的抗日歌曲，如《长城谣》《打杀汉奸》《大刀进行曲》等，民先队队员都唱得很熟练。"工农兵学商，一齐来救亡。拿起铁锤锄头刀枪，走出工厂田庄课堂。到前线去吧，走上民族解放的战场……"每日清晨晚夕，那嘹亮昂扬的歌声震荡长空，唤醒着酣梦中的人们，给古老的湘中名城宝庆增添了浓厚的抗日气氛。1939年的元旦春节，我们还举办了联欢演出。节日中有张天翼写的《金鸭帝国的"大粪王"》独脚表演。这个歌唱剧团还经常走上街头，演出《放下你的鞭子》《捉汉奸》等街头活报剧，或在大庭广众中、群众集会上演唱《流亡三部曲》中的"我的家在东北松花江上……"哪怕是人声喧闹，秩序难以维持的场合，只要歌声一起，马上就安静下来。由于演唱者感情悲切，每当唱到"爹娘啊！哪年，哪月，才能够欢聚一堂"时，竟至使人掉下了眼泪。

1939年春节，以民先队队员为主，搞了春联、报纸的义卖活动。我们四五人一组身背"哑巴筒"，深入小巷院宅，一边卖报，一边进行抗日宣传，并将卖报的收入全部用来慰劳前方战士。

我们还有组织地参加了一些社会活动，如反汪锄奸大会的示威游行。在大会上徐特立同志还作了演说。徐老衣着非常朴素。演说深入浅出，很能打动人心。我们还举办青年艺术讲座、抗日救亡学术研究社等，从多方面扩大抗日宣传。

我们还利用资江图书室读书会讨论时事。有一次，国民党县党部社会科长唐典寯来会上大放厥词，胡说什么"青年人容易冲动，容易被人利用。不要作毛泽东的应声虫……"我们理直气壮地当众质问他："团结抗日不对吗？难道当汉奸，当亡国奴倒是对的？……"把他轰了出去。他们卑鄙无聊，还将1927年保存的铲共义勇队旧花名册拆开张贴在图书室进门的墙壁上，无耻地威胁我们。我们就愤怒地将它撕毁，大骂汉奸无耻。当然，这也促使我们警惕，但活动仍然照常进行。我们利用市民"躲警报"防空的时间，在邵阳市郊祭旗坡设立了流动图书室，吸引了很多城乡读者。后来又发展为补习夜校，识字、唱歌，很受附近农民的欢迎。

1939年春以后，蒋介石假抗日真反共的狰狞面目日益暴露，他秘密颁发了《限制异党活动办法》等。湖南换了反动头目薛岳当主席，强令我八路军办事处撤离，并查封了《观察日报》和塘田战时讲学院，白色逆流猖獗，乌云密布天空，迫使我党转入地下。党领导下的民先队也随形势的变化，以各种方式分散活动于各地。

1938年敖振民推介了杨志粹等同志，经组织设法去延安抗大学习（杨改名胡天兰）。杨的弟弟杨叙彝同敖峰、刘爱容（女）于1939年6月结伴奔向延安，步行到达陕西的宜羌县大驿镇时，被国民党鄂陕川警备司令部枪兵强行截住，他们只好被迫返回。绥宁武阳李子华同志在当地设立文化宣传站、茶水站，团结了一些民先队队员和农村青年开展抗日救亡活动。一直到1940年冬邵阳联络点被敌人破坏，奉上级指示才停止。其他地方的活动也是不少的。经过党的培养教育，现在各地担任负责工作的不乏其人。

当年活动于抗日救亡运动中的民先队队员，现存者已都是两鬓斑白、年逾花甲的老人了。忆及走过的艰难险阻的道路，无不感慨万千。无数革命先烈和老一辈无产阶级革命家为之流血牺牲和毕生奋斗的社会主义、共产主义事业如春光明媚，蓬蓬勃勃，欣欣向荣，前程似锦。在新的历史时期，我们要发扬革命传统，紧跟形势，争做改革促进派，为四化建设出力。

（《抗日战争时期党在邵阳的活动》，邵阳党史资料丛书第1辑，1985年10月）

# 塘田战时讲学院琐忆

杨卓然

塘田战时讲学院是国共第二次合作时期于1938年下半年创办的，可以说是党的抗日民族统一战线的产物。当时，在中共湖南省委领导下，由吕振羽同志通过董维键、翦伯赞与覃振的关系，推国民党元老覃振出任院长，吕振羽同志任副院长。覃振不管具体工作，其实是名誉院长，但由于他在国民党中有一定的地位和声望，有利于打通各方面的关系，使学院不经过立案而取得合法地位；副院长吕振羽负实际责任，领导全面工作；张天翼同志任教务长；吕振山（应为吕政三，编者注）任总务处长；我则以教员的名义兼管学生工作。

教员有党内同志吕振羽、张天翼、李仲融、游宇、雷一宇、林居先和我等人；还有党外人士陈润泉、曹伯韩、王西彦、吕振山等。当时办学条件很差，既缺乏教学设备，又没有一定的经费来源，所收学费微不足道，幸亏总务处长吕振山交游广，人缘好，有魄力，有办法，才保证了最低限度的供给。在这种情况下，教职员都没有工资而只有饭吃。王西彦、曹伯韩等人的零用钱还是靠稿费来解决的。但大家不但毫无怨言，而且心情舒畅，工作干得很出色。

为了掩护吕振羽、张天翼的党员身份，他们不出席党员大会，另与我组成小组，商讨一切重要问题，再由我带到支部会议讨论通过，贯彻执行。支部书记由我担任，组织工作由雷一宇担任，宣传工作由林居先担任。我调离后，省委指定游宇继任支书。当时除了在学生中发展党员外，还大量发展中华民族解放先锋队队员。院内组织了中华民族解放先锋队、学生会、话剧团、歌咏队，经常开展活动。学生除在院内学习革命理论、文化知识和接受初步军事训练外，还向周围群众宣传抗战救国纲领，教唱抗日救亡歌曲，开办识字班和夜校，和群众打成一片。

塘田战时讲学院积极宣传抗日，遭到消极抗日、积极反共的国民党反动派的敌视，他们不断派遣三青团骨干分子前来，伪装入院学习，实则进行破坏捣乱。他们和我们斗争的焦点，是争夺青年学生。我们在青年学生中大量发展了中华民族解放先锋队组织，他们就想方设法插手发展三青团组织；我们宣传全面抗战，动员群众参加抗日民族战争，而他们则主张片面抗战，反对发动群众，组织群众，宣传什么一个领袖（指蒋介石）、一个党（指国民党）、一个政府（指国民政府）；他们还散布流言蜚语，说这个学院不像学院，肯定没有前途，等等。我们不断在学生群众大会上揭露三青团骨干分子头目肖萍的阴谋，与之进行针锋相对的斗争。肖萍慑于群众的威力，后来悄悄地逃回了邵阳。

11月底，中共湖南省委派蔡书彬同志来院。为了保密，让他在院外附近大松林里传达中共六届六中全会精神。全体党员听得眉飞色舞，一致认为党中央非常英明，高瞻远瞩，实行伟大的战略转变，是及时的必要的。因而，大家增强了抗日救亡的信心和决心，提高了对抗日民族统一战线的认识，愿为打败日寇，保卫祖国而贡献一切力量。蔡书彬同志还说："你们这里，吕振羽同志是历史学家，张天翼同志是文学家，都是知名人士，此外还有不少学者、作家和学有专长的教师，你院完全有可能办成培养我们党的干部的基地。"这恐怕就是所谓"南方抗大"的由来吧！

（《抗日战争时期党在邵阳的活动》，邵阳党史资料丛书第1辑，1985年10月）

# 杨黎原同志在塘田战时讲学院史料座谈会上的发言[1]

1983年10月19日

参加这个座谈会，我很高兴。只是我在塘院的时间很短，经历不多，而且当时地下党有严格的纪律，不该问的就不能问，所以有好些情况当时并不了解。我去塘院之前是在延安工作。1938年10月，党的六届六中全会期间，高文华、于刚同志到了延安，他们向中央组织部要求调我来湖南工作。当年11月间，日寇大肆轰炸延安。轰炸过后，我和于刚同志以及许多南方的青年干部一道坐卡车南下，途中在几个地方都停留过。记得是在1939年1月28日，我和于刚同志到达衡阳，月底到达省委所在地的邵阳，听候省委分配工作。在此期间，曾与于刚同志一道，到过长沙等地，回邵阳时还小住了一段。省委决定派我去塘院是在1939年2月下旬，到4月21日学院被查封时，我在塘院的时间不过是两个来月，加上在油塘办党训班，搞建党工作，总共也不过三个来月。

我去塘院之前和以后，省委先由蔡书彬同志后由高文华同志同我谈过话。明确我去的任务是抓党的工作和青年工作，并指定我为学院三人小组的成员，其名称，我记得不是"三人委员会"；1953年人人写自传，我就写的是三人小组。三人小组负责贯彻党的方针政策。这个领导核心，在学院的党内也是不公开的。学院有党的支部。支部书记是游宇，王煜是组委，我分工宣传和青年工作，这些安排是蔡书彬向我和游宇谈的。

学院的建立，是省委和徐特立同志根据当时的形势分析作出的决定，并向党中央作过报告。1938年就估计到日寇有可能进攻湖南，当时虽没那么快，事实上1944年日寇就进攻到贵州独山，说明这个估计总的说是正确的，只是在时间上没有估计准确。日寇沿湘桂线进攻，我们就要领导开展游击战争；1940年秋，我从湖南被调到广西北部三江县工作，那时广西组织上曾与我谈过，我们党准备于必要时在那一带开展游击战争。而三江县正是属于湘桂黔这个三角地区的，这些打算都是一致的。湖南省委办塘院就是为此培训军政干部和准备群众基础的，所以省委很重视，吕振羽同志在建院方面成绩是很大的。

　　回忆我在塘院时主要做过以下几项具体工作：（一）到院不久，就遇到了第二期新生入学的工作，当时我重点抓了新生的思想政治工作；（二）抓了学生自治会的改选，记得高剑云任学生自治会主席，是我同他谈过话的。当时，我们党对学生自治会的工作很重视。首先，学生自治会是学院党政领导联系学生群众的桥梁；其次，通过学生会发动学生做院外群众的工作，不仅为塘院本身打好群众基础，而且为日后开展游击战争，准备群众基础；最后，使学生通过农村群众工作，实行教学同实践相结合。（三）学院被封闭前，除抓思想政治工作和青年工作外，也做了些党的组织工作；被封闭后，主要是抓在油塘办的党员训练班和五个空白县建立党支部的工作。这从湖南党组织在大革命失败后被破坏殆尽的历史条件和其后的工作开展来说，是具有重要的意义的。（四）在讲课方面记得讲过青年运动和抗战的形势与任务等方面的课题。在办党训班时讲过形势问题、统战政策、群众工作、建党原则等课题。（五）在教职工中做过一些团结工作。

　　下面，对编写塘院的历史，在指导思想上我再谈点建议：（一）要注意当时形势的变化。对创办塘院和被迫解散的历史背景要作全面的分析，大形势与小形势，全国的形势和地方的形势都是紧密相联的。1938年前，国民党军队节节败退，大片国土沦丧，在全国人民一致要求抗日的压力下，国民党不得不挂起抗日的招牌。在此之前，经过"八·一宣言"、西安事变等事件，逐步促成了国共第二次合作，我们的工作还比较顺利。但到了1939年形势就变了，日寇对国民党实行诱降政策，1939年1月，国民党召开五届五中全会，通过了蒋介石提出的《限制异党活动办法》，从此以后反共逆流日益扩大起来。在湖南，从张治中的统治到薛岳的统治，这也是一个变化，大形势的变化和小形势的变化既紧密相联，又会有某些区别。对于这些变化，我党六届六中全会精神是相适应的，我们是主动的，但在具体工作中，不同地区，不同条件会有些不同的具体措施。（二）塘院历史材料对一些问题的提法，要反映我们当时的历史情况，塘院是共产党办的，办学宗旨有两条，第一条强调了文化的延续是重要的，但这主要是为了对付国民党的；坚持抗日救亡的总方针，进行马列主义、毛泽东思想的教育，才是实质。在方式方法上，我们重视两条，一是旧瓶装新酒，一是寓政于文。这里反映出一个本质与形式的问题，本质是共产党，形式上就要适应国民党的。所以在建院的目的和宗旨、培养目标、课程设置、教学方法，以及人员的使用和招生等问题上，当时有当时的提法，不能用现在的提法代替过去的提法。

塘院的规模不大，时间不长，但成绩不小，影响很大，确实起到了星火燎原的作用。

● **注释**

[1] 根据记录摘要整理，整理人傅立卿、刘兴汤。

（《抗日战争时期党在邵阳的活动》，邵阳党史资料丛书第1辑，1985年10月）

## 林居先同志在塘田战时讲学院史料座谈会议上的发言[1]

1983年10月19日

刚才有几位同志就邵阳县委党史办写的《抗日战争时期的塘田战时讲学院》谈了自己的看法，补充了一些情况，很受启发。我去塘院最早，但时间很短，后来的情况如何，我不清楚。下面就我知道的补充几点。

（一）关于塘院的领导机构问题。塘院邀请国民党政府司法院副院长覃振当院长、湖南省参议会议长赵恒惕任学院董事会董事长、湖南省政府主席张治中等人任董事，这是事实。邀请国民党的这些大官当院长、董事长是根据当时形势决定的，是必要的。这体现了我们学院贯彻党的抗日民族统一战线政策的胜利。当时如果不打他们的招牌，学院就不能成立。

（二）塘院的招生工作是1938年8月正式决定的，招生广告是在长沙拟定、印刷的。8月中旬前，省委在长沙开了一次会，会上省委指定要我来的。参加开会的有徐特立同志的秘书、省委一位领导（记不得姓名了）、吕振羽同志和我。当时组织上交代，要我去塘院做招生筹备工作。为了工作上的方便，吕院长（即吕振羽）不管党的具体工作，专门负责上层统战工作及教学安排，至于发展党员、民先队队员这些事由我们抓。我的主要工作是发展组织、建立"中华民族解放先锋队"、从"民先"中挑选优秀分子吸收入党，为培养党的骨干做准备。

我是第一批去塘院的，时间大约是在8月20日。那时塘田不通公路，我们是坐船去的，同我们一起去的还有曹伯韩和他的爱人及女儿。王时真是后一批，也是坐船去的。我们刚到那里时学院还没有办食堂，事务主任吕遇文（又名吕政三）正在忙于做准备工作。他当时是个无党派人士，工作很认真、热情，与我们合作得很好。我们一到那里，他就给我们安排了住处。

当时正是抗日救亡，许多青年学生无家可归，他们都想到我们这个学校来。并且我们学校收费也低，又不要花很多钱。因此，我们刚到塘院，行李还没有打开，学生就来报到了。那时我们这些年轻人只想抗日救亡，不当亡国奴。而实践证明只有共产党才能救中国，我们就一心一意跟党走，其他的都不想。学生中有些是流浪出来的。我也是流浪出来的。我们常和学生一起谈心里话，感情很融洽。有的学生积极性很高，要求我们办"抗大"式的学校。我当时听了很高兴，觉得他们思想进步。

（三）塘院与一般旧学校不同，有它突出的特点。我们学校采取教学与当时的形势相结合，不读死书。同时，我们学校充分发扬民主，坚持走群众路线。它独特地吸收学生自治会中的干部参加院务会、教学研究会及伙食管理，反映学生的愿望与要求及学生生活上的困难，评议教师的教学情况。学院的伙食账按月公开。在这里，老师和同学打成一片，同吃同住，我和王时真同志就住在女生宿舍。我们到同学中去了解情况，学生能和我们讲心里话，有个叫周持中的同学说："我对父母都不敢讲的话，在这里愿意和你们讲。"

（四）当时党组织为什么把吕振羽同志安排在这里？不了解吕振羽同志的人对这个问题不一定很清楚。这是因为他是武冈人，熟悉情况；同时又是学者、历史学家，并且是用辩证唯物主义和历史唯物主义的方法研究历史的（也就是用马克思主义来分析历史的），在群众中有他的威信和地位。因此，不仅省委重视他，当时的长江局也很重视这个学校。

另外，吕遇文这个民主人士与我们合作得很好，伙食管理得好，房屋的修整，家具的添置，住宿安排等他都是做得很及时、很耐烦的，从没有耽误工作的进行。不管什么时候要办什么事，你只要告诉他一下，他就安排好了，并且很节约，像这样的事务主任是很难得的。这也说明我们的统战工作是成功的。

## ●注释

[1] 根据录音记录摘要整理，整理人：刘兴汤。

（《抗日战争时期党在邵阳的活动》，邵阳党史资料丛书第1辑，1985年10月）

# 塘田战时讲学院史料座谈会议纪要 [1]

1983年10月22日

为了立准立好塘田战时讲学院（以下简称讲学院）的史料，完成省委党史资料征集委员会分配给我区这一专题征集编写任务，1983年10月15日至22日，中共邵阳地委召开了曾在该院工作、学习过的部分老同志座谈会。出席会议的有天津市财政贸易委员会主任、党组书记杨黎原（又名阎丁南、阎戈南，曾任讲学院党的三人小组成员兼党支部委员），湖北省参事室原副主任兼办公室主任、离休老干部林居先（时任讲学院教师兼院党支部委员），江苏常州师范学校校长陈啸天（时任讲学院教师兼补习部主任），吕振羽同志的夫人、时任北京故宫博物院党委办公室主任、离休老干部江明（王时真，时任讲学院院长办公室秘书、学生会主席），中国出版工作者协会副秘书长李志国（原讲学院学生），安徽省人大常委会委员吕一平（原讲学院学生、原金称市支部第二任书记），时任湖南省政协秘书长、省委统战部副部长邓晏如（原讲学院学生），浙江省杭州市电机厂副厂长姜景（原讲学院学生），湖南省科技情报研究所副所长王锐聪（原讲学院学生），湖南省总工会副处级干部雷震寰（讲学院学生、时任原洞口党组织负责人），长沙市人民银行退休干部申剑涛（原讲学院学生），新宁县四中离休教师曾英明（原讲学院学生），绥宁县关下中学退休教师李子华（原讲学院学生，时任绥宁党小组负责人）等十三位老同志。列席会议的有地委副秘书长邓观胜、时任地委党史资料征集小组副组长左继庭、邵阳县委副书记张玉庭、省委征委征集处副处长李仲凡、省委征委会办公室副科级研究员陈锋同志以及地、县党史办全体工作人员。会议主要内容是请老同志审查邵阳县党史办起草的《抗日战争时期的塘田战时讲学院》（初稿），核定史料史实。地委副书记刘慈民同志主持了这次座谈会，地委书记刘中心和邵阳县委书记孟伯祥同志在会上讲了话。

座谈会坚持实事求是的原则，认真回顾了讲学院的历史情况，评价了讲学院的历史功绩，审议了初稿，对初稿的内容和结构提出了详细的修改意见，并对过去说法不一的一些问题，如该院的组织领导、办学宗旨、培养目标、学生人数、党组织情况等问题进行讨论，互相启发，共同回忆，统一看法。会议期间，还组织老同志去市内参观了原中共湖南省委、八路军驻湘办事处和观察日报社在邵旧址，去邵阳县塘田市察看了讲学院旧址。

会议通过严肃认真的讨论，基本上统一了以下几个方面的认识：

一、关于讲学院的组织领导问题。会议认为，讲学院是中共湖南省委直接领导的一所学校。其主要根据是：

（一）讲学院是由省委研究决定创办的，并由宣传部长蔡书彬同志负责领导的。办学过程中，省委负责同志曾多次听取该院的汇报，研究该院的工作。1938年底，蔡书彬同志曾亲自到该院传达党的六届六中全会精神，检查该院的工作。1939年4月21日，该院被国民党反动派武装查封后，李锐同志又到该院传达省委指示，组织领导撤退疏散工作。

（二）该院的教育方针、教学方法及学校学风，是经省委研究制定的，该院党组织主要负责人的任免是由省委确定的，该院的主要干部、教师是由省委调配的。原省委书记高文华、省委青委负责人于刚同志在有关回忆材料中都讲了这个问题。高文华同志说："省委与他们（指吕振羽等）联系他们的工作，我们讨论过，是蔡书彬领导那个学校，学校直属省委。"

（三）中共驻湘代表徐特立和省委负责人聂洪钧、郭光洲都把讲学院作为省委的一项工作写进了他们的工作报告，分别向党中央、长江局、南方局作了汇报。徐特立同志还将该院创办的情况写信报告了毛主席和张闻天（洛甫）同志。

（四）讲学院邀请一些国民党上层人士担任院长、董事长和董事，这只是当时我党所采取的一种斗争策略，并且实际负责该院工作的主要是吕振羽、张天翼、游宇、阎丁南等同志，不存在通过统一战线领导的问题。

二、关于讲学院的办学宗旨和培养目标问题，与会多数同志认为，讲学院的宗旨是培养基层抗日干部。至于过去有的同志回忆"培养区乡级地方干部和连排级游击军事干部"的说法，当时不一定那么明确。但培养抗日干部这一点是肯定的。第一，讲学院是省委和徐特立同志根据抗战形势的需要决定创办的。1938年5月以后，武汉已受到日本侵略者的威胁，湖南也有沦陷的危险，省委在这时决定创办讲学院，就是为保卫湖南进行干部和群众基础的准备。第二，徐特立同志在《在湘十个月的工作报告》中，说讲学院是"党训练干部的开始"。第三，讲学院在教学内容的安排上，注意对学生进行马列主义教育和抗日救亡教育。武汉失守后，还加强了对学生的军事训练。开设了哲学、政治经济学、国际问题研究，社会科学大纲、中国革命运动史、抗日民族战争讲座、军事常识、抗战常识等课程。第四，高文华同志在《七七事变后的湖南地下党》的回忆录中，也说讲学院是当时省委培训党的骨干的一个组成部分。并且肯定了该院为党输送了一批干部。因此，讲学院应定为党领导的一所培训基层干部的学校。

三、关于讲学院的行政机构、教职员队伍、学生人数问题。会议认定讲学院院长由国民党中央司法院副院长覃振（覃理鸣）兼任，副院长由中共党员、著名历史学家吕振羽同志担任，并且负责学院的全面工作。为了适应当时的政治环境，争取学院的合法地位，讲学院还邀请了一些国民党人士成立了董事会。董事会的成员是：赵恒惕（湖南省参议会议长）、张治中（湖南省政府主席）、刘子奇（又名刘岳厚，国民党湖南省党部执委，何键派）、李琼（湖南省第六区专员）、岳森（湖南省第六区保安司令）、林拔萃（武冈县县长）、李荣植（大革命时曾为湖南省土地厅负责人）、吕惠阶（学院当地士绅）、李心保（当地士绅）、李梯云（当地士绅）等人，赵恒惕任董事长。

学院设五部一室。教务部教务长先由张天翼（中共党员，兼教文艺理论与文艺创作）担任，后由曹伯韩（进步人士，教社会科学）接任；学生生活指导部主任由雷一宇（中共党员，教外语）担任，后由游宇（中共党员，教外语和抗日民族战争知识）接任；研究部主任由李仲融（中共党员，教哲学和政治经济学）担任；补习部主任由雷一宇兼任，后由陈啸天（中央党员，教国文）继任；事务主任由吕遇文（吕政三，当地一位校长）担任；院长办公室秘书由王时真（江明，中共党员，初为研究部学生）担任。先后在该院工作过的教职员工计有二十余人。干部教师除上面提到的吕振羽、张天翼等九人外，还有林居先（中共党员，音乐教师）、阎丁南（中共党员）、杨卓然（当时为中共党员，教游击战术）、王煜（当时为中共党员，教游击战术）、王西彦（进步人士，教文艺创作）、陈润泉（进步人士，教自然科学）、周白（中共党员，教音乐）、李华白（退居在家的国民党军官，教军事）、徐昭（中共党员，教数学）、吴剑丰（国学家，教孙子兵法）、廉叶（国民党党员，教三民主义）等人；另外还有教务员陈碧登（中共党员）、事务员许忠谋（中共党员）、工友周维合等。

根据《讲学院第二期招生广告》所载招生名额和《塘田战时讲学院学生

《告别武冈人士书》中的"生等二百余人"的说法，与会老同志一致认为，该院学生为二百五十余人。

四、关于讲学院的党组织、"民先队"的问题。与会老同志一致认为，当时讲学院只有一个党支部，下设党小组。第一任支部书记是杨卓然、组委是雷一宇、宣委是林居先；第二任支部书记是游宇，组委是王煜、宣委是阎丁南。经与会老同志回忆，在支部上面还有个党的核心组织。关于这个组织的名称，会议认为可根据多数老同志的回忆，暂定为"三人小组"，负责人是吕振羽，成员开始是张天翼、杨卓然；后来是游宇和阎丁南。党支部曾在师生中发展了大批党员。由于当时处于秘密时期，多是单线联系，其人数尚难以搞准确，会议建议应以地、市、县党史办调查的情况为准。

经与会老同志仔细回忆，反复推算，讲学院"中华民族解放先锋队"的队员为一百人左右，其负责人先是林居先，后是阎丁南同志。

五、关于学院学生自治会组织机构问题。经与会老同志回忆，学生自治会主席先由王时真担任，后由高剑云接任。下设组织部、宣传部、民众教育部、总务部、体育部等，各部负责人有郑圭田、姜景、曾国策、雷震寰、薛夏等。

六、关于油塘训练班的问题。与会老同志回忆，讲学院被国民党当局强行封闭后，学院党组织根据省委指示，在油塘举办了两期建党训练班，十多个同志参加了学习，时间十天左右，学习内容有党的政策和策略、群众工作方法、建党原则等。训练期间发展了一批党员。结束后，派往武冈、新宁、城步、绥宁等县建立党的组织。王时真在武冈县建立了金称市党支部，郑圭田在新宁县建立了新宁党支部，雷震寰在武冈县竹篙塘（今洞口县属地）、李子华在绥宁武阳、肖强钦在城步儒林镇也建立了党的组织，这五个党组织的关系，除新宁党支部由李锐同志转到省委外，其余由吕振羽同志转到邵阳中心县委。

由于地、县委重视，与会老同志的共同努力，座谈会基本上达到了预期的目的。但是，由于年代已久，参加会议的老同志大多数年事已高，有些问题一时还难以搞准，因此，会议建议以下问题还需继续进行调查。这些问题包括：1. 讲学院的教育方针；2. 徐特立同志写给毛主席、张闻天同志信的具体内容；3. 陈润泉是否担任过学院教务长；4. 游宇是否担任过三人小组的主要负责人；5. 学院被迫解散后王煜的情况；6. 方品、肖萍、吴总权、张震寰、廉叶等人的情况等。

●注释

[1] 中共邵阳市委党史办 中共邵阳县委党史办 记录整理。整理人：刘兴汤、钟玉恒、傅立卿。

（《抗日战争时期党在邵阳的活动》，邵阳党史资料从书第1辑，1985年10月）

电影《烽火塘田》篇

# 在电影《烽火塘田》开机仪式上的欢迎词

袁胜良

2022年8月1日

尊敬的仲池主席、蒋伟副市长，各位领导、各位嘉宾，朋友们、同志们：

在这骄阳似火的盛夏，在这曾经革命火花四溅的塘田战时讲学院旧址，《烽火塘田》正式开机了！我谨代表中共邵阳县委、县人大、县政府、县政协和全县105.8万人民，向各位领导、各位嘉宾表示最诚挚的欢迎和最衷心的感谢！向电影的顺利开机表示最热烈的祝贺！

今天，我们在此举行一场红色文化聚会。令人倍感荣幸的是，省政协原副主席、省文联原主席谭仲池，市人民政府副市长蒋伟，省委宣传部电影处副处长刘开云，市委宣传部常务副部长、市新闻出版局局长黄光荣等省市领导，亲临开机仪式现场。令人备受鼓舞的是，吕振羽同志之子、年逾古稀的吕坚先生，专程从北京带回吕振羽同志的《中国民族解放运动史教程》原稿和塘田战时讲学院学生会聘书原件，捐献给县档案馆，为电影注入强劲的精神本源。令人备受感动的是，长沙学院教授戴开柱、市委党校原副校长李小坚、李霞、蒋保强董事长等各界名流，从全国各地赶来为电影助力。

今天，我们在此追忆一段革命峥嵘岁月。塘田战时讲学院旧址，始建于清光绪三年，原为清末太子少保席宝田的庄园。1938年，吕振羽同志在此创办塘田战时讲学院，开讲8个月，培养基层抗日军政干部250余名，发展中共党员50余名，建立金称市、新宁、绥宁、城步、洞口五个省直属党支部，留下无私奉献的"一元钱"精神，点燃了革命的"星星之火"，被誉为"南方抗大"！1945年，周恩来同志将其比喻为"火花四溅的革命熔炉"。如今，这里已成为全国重点文物保护单位、全省爱国主义教育基地、全省党性教育基地。2018年以来，我们投入2000余万元用于修缮保护，研发出"南方抗大精神永放光芒""红色教授吕振羽"等党性教育精品课程，接待26万名党员群众在此沐浴革命之光、赓续红色基因。

今天，我们在此见证一部精品佳作诞生。《烽火塘田》将在塘田战时讲学院、五峰铺镇吕霞观等地取景，讲述吕振羽同志按照中共湖南省委的指示，克服万难创办塘田战时讲学院，巧妙化解国民党的接连破坏，用大爱感化乡绅与土匪，用真情团结人民群众，用党的创新理论指引爱国青年，所留下的一个个可歌可泣的故事。电影将生动再现那个艰苦奋斗的年代、那段波澜壮阔的历史、那群"忠诚勤敏"的革命先辈，把历经烽火与岁月洗礼、依旧闪闪发光的"南方抗大"精神搬上大银幕、推向全中国。我们坚信，这将是一部燃烧着革命火种的精彩电影，也是一部深度宣传邵阳县红色文化的精致名片，更是一份献给二十大的珍贵礼物！

今天，我们在此推动一个文旅强县崛起。邵阳县是一个正在强势崛起的文旅强县，山川秀美、风光迷人、历史悠久、人文厚重，天子湖里落霞与孤鹜齐飞，弄子口中游人如织，河伯岭上杜鹃漫山红遍，这里有夫夷侯国遗址、塘田战时讲学院旧址，先后孕育了唐代咏史诗人胡曾、清代蒙学家车万育、马克思主义史学家吕振羽，是"中国非物质文化遗产——蓝印花布之乡"。我们坚信，《烽火塘田》必将有力推动塘田战时讲学院旧址创建国家4A级景区，并与8月下旬在天子湖举行的全国桨板黄金联赛形成南北呼应，引爆邵阳县全域旅游燎原之火，合力将邵阳县文旅品牌推向全国！

《烽火塘田》的筹备过程，得到了各级领导、各界朋友的鼎力支持，特别是蒋保强、何爱华、李惠海、唐未德、银祎、邓勇平、胡向荣、刘世梁、李银生、周鹏飞、刘毅、李顺祥等企业家，为电影投资赞助1500万元。在此，我代表邵阳县向你们再次表示感谢并表明决心，我们将对电影的拍摄给予全力保障，确保电影顺利拍摄、如期公映，推动《烽火塘田》成为弘扬爱国主义、传承红色精神的代表力作，成为展现邵阳县历史文化与风土人情的传世经典，成为全省乃至全国的文化艺术精品，让"南方抗大"精神永放光芒！

最后，预祝电影《烽火塘田》拍摄圆满成功、公映票房大卖！祝全体剧组人员在邵阳县工作顺利、心情愉悦，祝各位领导、各位嘉宾，朋友们、同志们身体健康、家庭幸福、工作顺利！

谢谢大家！

（作者系中共邵阳县委书记）

# 电影《烽火塘田》在邵阳县开拍，唐国强将友情出演

湖南日报·新湖南客户端8月1日讯（记者 张佳伟，通讯员 刘爱阳 刘飞）今天，由潇湘电影集团有限公司与邵阳县联合摄制、出品的红色主题电影《烽火塘田》，在邵阳县塘田战时讲学院旧址开拍。

该片由湖南潇影第二影业有限公司副董事长周琦任总导演，演员曹磊任主演，著名演员唐国强友情出演。

1938年，日寇越过长江后，战火逼近湖南，马克思主义史学家吕振羽受中共驻湘代表徐特立和中共湖南省委指派，回到家乡邵阳县塘田市创办塘田战时讲学院。《烽火塘田》以此为背景，以吕振羽为人物主线，着重塑造一群青年学子的英雄形象，他们在中华民族生死存亡的危急关头云集塘田，在抗日民族统一战线旗帜下，坚定地走上抗战前线。

塘田战时讲学院于1938年9月16日开学，1939年4月21日被国民党当局查封并强迫解散。讲学院培训只举办了两期，学员仅250余名，但是接受信仰武装的学员成为星星点点的火种，带着燎原的希望播撒在抗日战场，为抗战胜利作出了重大贡献。

据介绍，塘田战时讲学院是中国共产党人正确执行抗日民族统一战线的产物，是抗日战争时期我党建立在国民党统治区的一所革命大学。在党的二十大即将召开之际，电影《烽火塘田》的摄制有着重要的现实意义。

如今，塘田战时讲学院旧址已成为全国重点文物保护单位、全省党性教育基地。2018年以来，邵阳县投入2000余万元修缮保护旧址，目前已有26万名党员群众在此沐浴革命之光、赓续红色基因。

开机仪式上，吕振羽亲属代表吕坚向邵阳县委捐赠吕振羽本人珍贵手稿与塘田讲学院实物。这些珍贵文物将作为讲学院馆藏重要历史文献，进行陈列布展。

2022年8月1日

# 电影《烽火塘田》综述

周　琦

在中国人民解放军建军九十五周年，迎接党的二十大胜利召开之际，由潇湘电影集团有限公司、中共邵阳县委、邵阳县人民政府、邵阳红城文化旅游开发有限公司、湖南潇影第二影业有限公司联合拍摄的电影《烽火塘田》在邵阳县塘田战时讲学院旧址举行新闻发布会暨开机仪式。湖南省政协原副主席、省文联原主席谭仲池，邵阳市人民政府副市长蒋伟，中共邵阳县委书记袁胜良，中共邵阳县委副书记、县人民政府县长周玉祥，潇湘电影集团有限公司副总经理欧阳翀等领导出席了开机仪式。

1938年，日寇的铁蹄越过长江后，战火逼近湖南，当代马克思主义史学家吕振羽受中共湖南省委指派回到家乡邵阳县塘田创办了塘田战时讲学院。电影《烽火塘田》以此为故事背景，以吕振羽为人物主线，着重塑造一群青年学子在中华民族生死存亡的危急关头云集塘田，在抗日民族统一战线旗帜下，建立信仰，走上抗战前线的英雄形象。塘田战时讲学院以"忠诚勤敏"为校训，于1938年9月16日开学，1939年4月21日被国民党当局查封并强迫解散。虽然讲学院只举办了两期，培训学员250余名，但是，接受信仰武装的学员和千百被熏陶的民众，已经成为星星点点的火种，带着燎原的希望播散在抗日战场的茫茫大地，为抗日战争的胜利作出了重大贡献。

在党的十九届六中全会上，"坚持统一战线"明确为党百年奋斗的十大历史经验之一。100年前，中共二大正式提出党的统一战线政策，100年来，统一战线，因党而生、伴党而行，在革命、建设、改革各个历史时期，中国共产党始终把统一战线摆到重要位置，汇聚了浩浩荡荡的磅礴力量。塘田战时讲学院的创办，就是抗日民族统一战线的成果，是中华民族优秀历史文化传统的继承和发扬，在党史特别是抗战史上写下了光辉的一页。在党的二十大即将召开之际，电影《烽火塘田》的投拍有着重要的现实意义。

开机仪式上，中共邵阳县委书记袁胜良为电影开机致辞：县委、县政府通过挖掘红色文化，传承红色基因，赓续红色血脉，推动党史学习教育常态化长效化，以文旅发展为抓手推进乡村振兴——举全县之力拍摄电影《烽火塘田》。

潇湘电影集团有限公司副总经理欧阳翀在致辞中说，在建军九十五周年的特别日子，我们仿佛依旧能看见进步抗日青年们奋力拼搏的身影，感受到革命先辈为民族振兴无惧牺牲的革命精神。要求剧组全体人员充分投入真心、真情、真爱，把《烽火塘田》这部电影打造成时代的杰作、行业的标杆、永远的记忆，真正地创作出习近平总书记所说的"展现中华历史之美、山河之美、文化之美，抒写中国人民奋斗之志、创造之力、发展之果，全方位全景式展现新时代的精神气象"的经典电影作品，向党的二十大献礼。

邵阳市人民政府副市长蒋伟在讲话中指出，习近平总书记在中国文联十一大、中国作协十大开幕式上的讲话中强调，文艺要对人民创造历史的伟大进程给予最热情的赞颂，对一切为中华民族伟大复兴奋斗的拼搏者、一切为人民牺牲奉献的英雄们给予最深情的褒扬。

为了生动如实展现这一重要事件，影片全程在邵阳县实景拍摄。影片《烽火塘田》如何在众多的革命历史题材电影中破茧而出，推陈出新，十分考验电影工作者的创作能力。影片一是要真实艺术地再现历史，营造出符合当时历史条件下的场景，强调艺术效果；二是要塑造丰满鲜活的人物形象，接近观众，感动观众。影片得到了邵阳县委、县政府及当地各方面的全力支持和积极配合，从剧本创作，到拍摄场景搭建，从资料提供到资金筹集以及各方面服务都为本片提供了优质条件和环境氛围。

影片将由曹磊、刘筠燃、王劲松主演。

影片将于年内完成拍摄。

（作者系《烽火塘田》导演）

## 《牵手塘田》歌曲

周琼 苏慧词　　苏慧 晓其曲

### 牵手塘田

独唱

周琼 苏慧 词
苏慧 晓其 曲

$1=\flat E$　$\frac{4}{4}$

♩=76 深情地

(本页为简谱乐谱，歌词如下：)

一曲巨浪抒豪情，那日潇湘大地赤潮涌，凶凶铁蹄肆意横行。炎黄子孙浩气卫国，热血盈，心连心，惊天骇地向前冲，驱赶豺狼力量无穷。啊，塘田牵手驱云雾，历史天空飘彩虹。

一轮红日升芙蓉，今日碧波荡漾露笑容，淙淙泉水心花放。如同甘露陶醉百姓生活中，手挽手，老街青石响叮咚，小溪温柔又从容。啊，花园桥上笑声浓，卫家卫国最光荣。花园桥上笑声浓，卫家卫国最光荣。

注：晓其，国家一级作曲家
　　苏慧，系湖南好人汤慧，笔名慧子、慧辉

# 编后记

塘田战时讲学院是在民族危机日益加深、日寇将要进攻湖南时，由中国共产党1938年在武冈县塘田市（今属邵阳县）夫夷江畔，创办的一所培养革命青年、军事干部的军政学校，史称"南方抗大"。

1959年4月，湖南历史考古研究所致信吕振羽同志，称正在编写《湖南省志》，希望吕振羽同志能撰写有关抗战时期创建湖南省文化界抗敌后援会、塘田战时讲学院的回忆文章。同月中共邵阳县委宣传部也致信吕振羽同志，反映县文教局正在收集与编写历史乡土教材，希望也能撰写一篇关于创办塘田战时讲学院的回忆录。

吕振羽同志因工作、身体原因，委托夫人江明同志与当年塘田战时讲学院学生王建中代他撰写了《回忆塘田战时讲学院》万余字的长篇文章，并亲自审订、修改。这是国内最早由亲历者全面撰写塘田战时讲学院从筹备到创办到被国民党反动派查封全过程的回忆录（收入《抗日战争时期党在邵阳的活动》一书），也为后人了解、研究塘田战时讲学院留下了宝贵的历史文献。

1983年10月，中共邵阳市委党史办、中共邵阳县委党史办在邵阳县召开了塘田战时讲学院史料座谈会，邀请了当年在塘田战时讲学院战斗、学习过的阎丁南、林居先、江明、邓晏如、吕一平、李志国等老同志参加，大家对塘田战时讲学院的组织领导、办学宗旨、培养目标、行政机构、地下党组织与民先队等问题经过回忆、梳理，基本形成了统一的认识。

2006年，国务院公布塘田战时讲学院为全国重点文物保护单位。2018年4月，塘田战时讲学院成为邵阳党性教育、爱国主义教育、国防教育基地，是邵阳地区宣传红色文化的闪亮名片，接待了成千上万来自全国各地的观众。

2019年5月，中共邵阳县委、邵阳县人民政府在邵阳县隆重举办了"塘田战时讲学院创建八十周年学术研讨会"。时任全国政协副主席

# 编后记

郑建邦同志于百忙之中，为会议发来题词、贺信，希望"通过此次研讨会，进一步挖掘史料，深入总结历史经验，更好地弘扬爱国主义精神和中华民族优秀文化传统"。

"塘田战时讲学院创建八十周年学术研讨会"收到了省内外知名学者及文史爱好者近百篇论文、评论、诗作。令人欣喜的是，部分优秀论文出自年轻的高校教师和研究生，反映了青年学子不断深入和提高对塘田战时讲学院历史价值、历史意义的认知。

2022年4月，中共邵阳县委、邵阳县人民政府、潇湘电影集团联合拍摄了电影《烽火塘田》，并于8月1日举办了隆重的开机仪式。这部电影把秉持"忠诚勤敏"革命精神的前辈们在塘田战时讲学院奋斗事迹、"南方抗大"精神搬上银幕，影片真实艺术地再现历史，营造符合当时历史条件的场景，强调艺术效果，通过塑造丰满鲜活的人物形象，接近观众，感动观众，有着极为重要的教育与现实意义。

不忘初心，牢记使命。为了缅怀老一辈革命者在塘田战时讲学院的光辉业绩，为了今人和后人更好地学习这一段历史，为了"南方抗大"的革命精神能够薪火相传，永载史册，中共邵阳县委、邵阳县人民政府支持编辑出版《南方抗大——塘田战时讲学院纪念文集》一书。文集除选录"2019年塘田战时讲学院创建八十周年学术研讨会"的部分论文、评论、诗作外，还特别辑入了一般读者不易看到的历史档案，有当年八路军高级参议、中共驻湘代表徐特立、中共湖南省委领导聂洪钧、郭光洲等同志给党中央、南方局的工作报告，老一辈塘院领导者、亲历者高文华、吕振羽等同志的回忆讲话、文章。惟其笃行，弥足珍贵。

《南方抗大——塘田战时讲学院纪念文集》编委大多是对塘田战时讲学院充满感情和有深度研究的专家、学者，在此由衷地感谢各位编委为编辑书稿的倾心付出，同时也衷心地感谢为本书的编选提供诸多帮助的友人！

衷心感谢党史专家陈晋老师、宇文利老师百忙之中审阅本书全稿，并给予高度评价意见。

由于年深日久，个别文字难免有些出入。本集为保留原貌，对所收文稿未作改动。

编　者<br>2024年4月